Gewidmet

meinen Kindern Walter und Erich
und allen Babys dieser Welt

Dank

an meine Frau Natalie, meinem Freund Karl F. Stifter,
meinem Wegbegleiter Ernst Beinstein und allen, die dieses
Projekt unterstützen, allen voran Stefan Frei.

Wissenschaftliche Begleitung:

Chris Bobel und Kyle Pruett (USA), Peter S. Cook (Australien),
Ludwig Janus (Deutschland), Evelin Kirkilionis (Usbekistan),
Frédérick Leboyer (Frankreich), Karl F. Stifter (Österreich),
Kotoko Suzuki (Japan), Mandy Young (Südafrika)

Gestaltung und Begleitung

Isabella Poredos, Daniel Adolph, Helmut Stefan
Assistenz: Susanne Feichtinger
Der Weg des Lebens 1–16: Michael Fleck
Fotos: Pedro Salvadore
Illustrationen: Ander Pecher
Layout & Grafiken: Fuhrer

Umfragen

Wenn nicht anders angegeben,
wurden alle Umfragen online im Auftrag der internationalen
my way-Stiftung durchgeführt.

Hinweis

Der Reinerlös aus den Verkäufen dieses Buches fließt der
internationalen my way-Stiftung und der „Academy for
Professional Parenting" zu Forschungszwecken, für Initiativen
und Elternhilfen zu. Mehr unter www.myway.org.

© by Tantum, 2010, Vienna

Dieses Werk ist urheberrechtlich geschützt. Die dadurch begründeten Rechte, insbesondere die der Übersetzung, des Drucks, des Vortrags, der Entnahme von Abbildungen und Tabellen, der Funksendung, der Mikroverfilmung oder der Vervielfältigung auf anderen Wegen und der Speicherung in Datenverarbeitungsanlagen, bleiben vorbehalten. Zuwiderhandlungen unterliegen den Strafbestimmungen des Urheberrechtsgesetzes.

ISBN: 978-3-200-01887-7

Erich Bruckberger

Buch 1

Die neuen Eltern

Wie Kinder gesünder, glücklicher, aggressionsfreier werden

9 + 36 = 90®
Die Lebensformel

Tantum

Für unsere Kinder

Wir können die Welt zerstören.
Wir können sie aber auch in einen
blühenden Garten verwandeln.

Erich Bruckberger

Gedanken des Autors

Die Erfindung des eigenen Lebens

Was ist das Kostbarste im Leben? Ist es Freiheit, Karriere, Geld oder doch Macht? Die Wahrheit zeigt sich meist in einem Moment, der unser Leben in Frage stellen könnte: Was ist dann das einzig Wesentliche?
In dieser Stunde, in der uns plötzlich sehr kalt wird, sehnen wir uns nach Liebe und Zeit.

Ich – als Mann – erlaube mir, das heute zu fühlen und auszusprechen. Denn wir sind schon weiter im 21. Jahrhundert, als wir glauben. Die alten Rollenbilder sind längst in Auflösung begriffen. Wir haben es nur noch nicht geschafft, darüber nachzudenken.

Wir können die Gefahren der Veränderung fürchten oder die Chancen einer neuen Selbstbestimmung suchen. Wenn wir wollen, wird es eine gute und glückliche Zeit, die jetzt im Entstehen ist. Für mich, der ich sehen wollte, öffnete sich ein weites Feld für die echten Chancen im Leben.

Arbeiten wir, um zu überleben, oder leben wir, um uns zu überarbeiten? Oder gibt es da noch etwas Lebenswerteres? Aber das wird uns niemand anbieten. Das müssen wir ganz allein für uns entdecken, denn es bedeutet für jeden von uns etwas anderes. Nennen wir es schlicht „die Erfindung des eigenen Lebens".

Wer könnte unser ganz persönlicher Coach für diese Herausforderung sein?

Die Natur – oder wer immer sie lenkt – hat für uns ein geniales Geschenk bereit, das uns zeigt, wie wir mit allen Sinnen zu leben lernen.

Wenn wir unser Leben neu erfinden wollen, begeben wir uns auf eine Reise, von der wir reich zurückkehren.

In der Hitze unseres Lebens, zwischen 25 und 40 Jahren, entscheiden wir unsere Zukunft. Die Entwicklung unserer Existenz, die Partnerwahl und die Frage, ob und wann wir wie viele Kinder wollen.

Da bleibt wenig Zeit, an sich zu denken.

Das ist die Falle!

Denn das schönste Haus hat keinen Bestand, wenn das Fundament nicht stabil ist.

Gerade wir Männer schöpfen unser Potenzial nur maximal zur Hälfte aus. Wir tun uns in vielen Dingen schwerer als Frauen. In der Kommunikation, im Krisenmanagement, im Einfühlungsvermögen, im Umgang mit Emotionen und in der Fähigkeit, mehrere Dinge gleichzeitig zu bewältigen. Um nur einige zu nennen.

Dafür gibt es einen Grund. Wir glauben noch immer, wir müssten als einsame Jäger durch die Wälder ziehen. Und dabei verpassen wir die spannende zweite Hälfte unseres Lebensfilms. Hierfür gibt es ein einmaliges Seminar. Es nennt sich „aktive Vaterschaft". Es dauert drei Jahre und ist gratis. Der begnadete Lehrmeister ist unser Baby.

Ich persönlich habe meinen Kurs abgeschlossen, und in meinem Zeugnis steht:

„Ich mag meinen Papa, denn er bringt mich zum Lachen." Und das ist viel.

Mit jedem Tag, da ich mich auf das Abenteuer mit meinem kleinen Sohn und seiner Entwicklung einließ, wurde mein Erfindungsreichtum größer. Eine ungeheure Komplexität baute sich auf. Und dank meines Sohnes entdeckte ich, dass es nicht so sehr das Hirn, sondern das Herz braucht, um dieses Wesen und mich ins Leben zu führen.

Die Natur ist genial und grausam zugleich. Sie stattet gerade jene Lebewesen, die noch „keine Stimme" haben, mit Potenzialen aus, die sie in ihrem späteren Leben in dieser Qualität nie mehr erhalten werden. Schon im Mutterleib und als Kleinkind in den ersten drei Jahren.

Wir kennen alle dieses Ereignis und die Hoffnungen, die damit verbunden sind, wenn die Kinder am ersten Schultag mit der Riesentüte vor dem Schultor stehen. Es ist ungeheuerlich, aber wahr, sie können nur noch auf das Vorhandene aufbauen. Die Chancen wurden bereits eingelöst – oder verpasst.

Das „Wunder-Kind" ist längst entschieden.

„Stimulieren und loslassen" ist der Schlüssel. Und zwar auf die weibliche und männliche Art. Und mit der Liebe, die nur die eigenen Eltern geben können.

Anscheinend ist alles im Leben eine Frage des Timings. So wie bei den Babys.

9 Monate Schwangerschaft plus die ersten 36 Lebensmonate entscheiden bis zu 90 %, wie gesund, klug und damit glücklich ein Kind wird – als Schulkind, als Jugendliche(r), als Erwachsene(r).

Daraus entstand die neue Lebensformel: $9 + 36 = 90$

Was haben alle NobelpreisträgerInnen gemeinsam?
Sie waren neugierig von der ersten Stunde ihres Lebens an. Das sind übrigens alle Babys.

Was unterscheidet die meisten Kleinkinder von Mozart?
Sie haben keinen Vater, der von Anfang an ihre Fähigkeiten und Begabungen weckt.

Es muss nicht jedes Kind ein Nobelpreisträger oder Mozart werden. Aber wir sollten wissen, dass jedes Neugeborene alle Voraussetzungen zu einem außergewöhnlichen Menschen hat.

Jede Zeit hat ihr Geheimnis: 9+36=90
Am ersten Schultag, wenn das Kind mit der Riesentüte vor dem großen Schultor steht, ist die Entscheidung bereits gefallen: Die Chancen wurden ergriffen – oder verpasst.

„Stimulieren und loslassen" ist der Schlüssel. Und zwar mit dem weiblichen und dem männlichen Weg. Und der Liebe, die nur die eigenen Eltern geben können.

Lassen Sie sich ein auf eine neue Realität und erfinden Sie Ihr eigenes Leben.

Buch 1

Buch 1	**Wie Kinder gesünder, glücklicher, aggressionsfreier werden**
EUROPA HEUTE	11
	13 „HALLO EUROPA, WIE GEHT ES DIR?"
DIE ZEIT IST REIF	17
	19 **1 DIE PRÄGUNG** Ist es Zufall oder Glück, ob eine Lebensformung positiv oder negativ ausfällt?
	45 **2 DIE SCHWANGERSCHAFT** Es kommt im Leben auf die kleinen Dinge an
	75 **3 DIE GEBURT** – mit Babys Augen Ich will zurück nach Hause
	101 **4 DIE GEBURT** – mit den Augen der Eltern Die Familien-Hochzeit
	121 **5 HAUTKONTAKT UND STILLEN** Die Magie der Berührung
	143 **6 TRAGEN UND FAMILIENBETT** Wie heißen die begehrtesten Plüschtiere der Welt?
	167 **7 SCHREIEN UND RESPEKT** Ich will leben, intensiv und laut
	203 **8 DIE KRIPPE** Eine Einrichtung für die Erwachsenen
	231 **9 DIE EMOTIONALE KINDESMISSHANDLUNG** Wo ist mein Schutzengel?
	257 **10 DIE NEUE CHANCE** Es ist (fast) nie zu spät

Buch 2		Wie junge Mütter und Väter einen neuen Staat schaffen	
EUROPA MORGEN	11		
	23	1 GANZHEITLICHE GESUNDHEIT Wir wissen nicht alles, aber wir wissen mehr, als wir glauben	
	51	2 DIE NEUE MUTTER Nicht Übermutter, nicht Rabenmutter – nur du	
	75	3 DER NEUE VATER Männer brauchen Babys	
	107	DIE TRENNUNGSVÄTER	
	125	4 PROFESSIONELLE ELTERNSCHAFT Wie viel Herz, Mut und Verstand haben wir?	
	175	5 DIE JAHRHUNDERT-CHANCE Bereiten wir eine Revolution vor!	
	191	6 DIE REISE DURCHS LEBEN Schreiben Sie Geschichte	
Buch 3		Wie 9+36=90 die Welt verändert	
GLOBALES WISSEN	11		
	15	Ludwig JANUS (Deutschland) Vorgeburtliche und geburtliche Traumen	
	27	Evelin KIRKILIONIS (Usbekistan) 50 Millionen Jahre „Traglingstradition"	
	39	Karl F. STIFTER (Österreich) Frühkindliche Lernvoraussetzungen für Sexualisation und Liebesfähigkeit	
	51	Chris BOBEL (USA) Die Vision von einem familienfreundlichen Utopia	
	65	Peter S. COOK (Australien) Positive Auswirkungen einer engen Eltern-Kind-Bindung	
	79	Kotoko SUZUKI (Japan) Die traditionellen japanischen Bräuche bei Geburt und Kinder-Betreuung	
	87	Mandy YOUNG (Südafrika) Die Ökotherapie	

EUROPA HEUTE

Europa heute

„Hallo Europa, wie geht es dir?"

John Lennon meinte, dass es für ihn und Yoko keine Frage gewesen sei, dass er zu Hause bei seinem Sohn Sean in dessen ersten Jahren blieb, um Brot zu backen und sich aktiv um das Kind zu kümmern. Er sagte: *„Es ist das Wichtigste, das ich je in meinem Leben gemacht habe, und ich bin sehr stolz darauf."*

Es ist überwältigend, wie viele wissenschaftliche Erkenntnisse über das Heranwachsen von Kindern John Lennon recht geben.

Und erschütternd, mit welcher Ignoranz diese Erkenntnisse konsequent übersehen werden: von der Wirtschaft, vom Staat und von vielen Menschen.

Über 10.000 Europäer (Jugendliche, Frauen und Männer) antworteten der my way-Stiftung spontan auf wichtige Lebensfragen. Tief gehende Antworten gab es in persönlichen Gesprächen und Gruppendiskussionen. Und daraus entstand das Bild einer zerrissenen Gesellschaft:

→ von heillos überforderten Müttern, aufgerieben zwischen Job und Kindern:

„Die Frau wird immer die sein, die in der Arbeitswelt auf etwas verzichten muss, wenn sie Kinder bekommt. Schon allein deswegen, weil Männer mehr verdienen als Frauen. Wenn es irgendwann eine diesbezügliche Gleichberechtigung geben wird, dann wird vielleicht auch der Vater bei den Kindern anwesend sein."

→ von hilflosen Männern, die ihrer Vaterrolle – aus finanziellen Zwängen oder gesellschaftlichen Vorurteilen – nicht gerecht werden können:

„Viele Frauen sind geschieden. Sie glauben, ein Kind ohne den Vater besser aufziehen zu können, da der Vater ohnehin nichts zur Erziehung des Kindes beiträgt."

→ vom Wissen um die wirklichen Bedürfnisse der Kleinkinder und kaum einer Hoffnung, sie auch befriedigen zu können:

„Betreuung von Kindern unter zwei Jahren, die sehr stark ausgelagert wird, ist einfach ein Wahnsinn. Ich denke, das ist eine Erkenntnis, die muss man einfach ernst nehmen."

→ von den vergebenen Chancen in der wichtigsten Zeit der Entwicklung:

„Wer eine schlechte Kindheit hatte, wird ein schlechtes Leben führen. Wer eine schöne Kindheit hatte, kann im späteren Leben leichter mit Problemen umgehen. Ein Kind ist wie ein Schwamm, es nimmt alles auf."

→ vom Ignorieren der Konsequenzen für den Staat, die Wirtschaft und vor allem für die Gesellschaft; also für uns ALLE:

„Ich habe über Jahre hinweg in einem Jugendprojekt gearbeitet. Das war im Prinzip nur nötig, weil in früher Kindheit die Eltern wenig gemacht haben: Werte vermitteln und ein bisschen Geborgenheit und Selbstbewusstsein den Kindern geben. Deshalb sind die späteren Projekte für schwer erziehbare Jugendliche nötig. Das könnte man viel günstiger haben."

Die hier angeführten Statements sind Originalaussagen von Europäerinnen und Europäern. Diese wurden von Mitarbeitern der my way-Stiftung bei Gruppendiskussionen auf Band festgehalten. Sie sind auch der Grund, warum diesem Buch eine CD/DVD beigelegt ist.

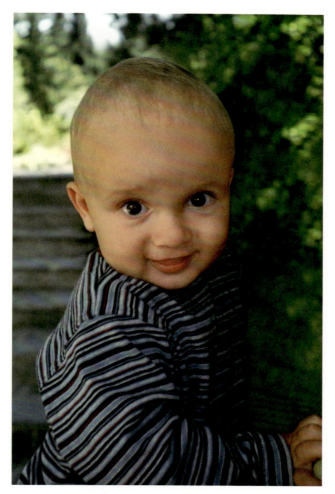

„Gebt mir Wurzeln! Gebt mir Flügel!"

DIE ZEIT IST REIF

Wir Menschen sind das Ergebnis Millionen Jahre dauernder Entwicklungsphasen. Das Ergebnis solcher einzelner Phasen ist immer vorläufig, also zunächst nicht beendet. Denn die angeborene kontinuierliche Folge von durch Triebe hervorgerufenen Erwartungen muss stets erst erfüllt werden – ehe sich der Mensch zu seiner nächstfolgenden Stufe weiterentwickeln kann. Dieser natürliche Vorgang ist evolutionär festgelegt.

Die Wissenschaft nennt diese Weiterentwicklung das menschliche Kontinuum.

16 Sehnsüchte der Menschen begleiten Sie durch dieses Buch. Sie suchen Ihr Herz, Ihren Mut, Ihren Verstand. Und sie erzählen Ihnen von einer ganz bestimmten Gemeinsamkeit.

1

DIE PRÄGUNG

Ist es Zufall oder Glück,
ob eine Lebensformung positiv
oder negativ ausfällt?

Vererbung ist Verantwortung.

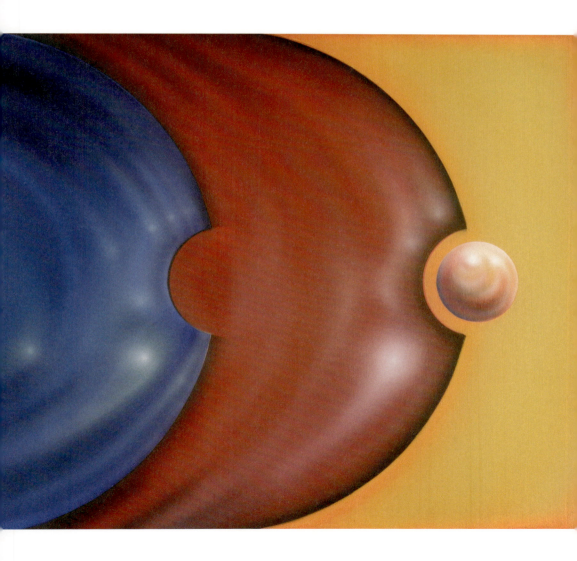

Die fünf Schritte ins Leben

Wenn wir zur Welt kommen, ist vieles bereits festgelegt. Die ersten zwei Schritte sind schon getan. Sie bilden die Grundlage für unser Leben. In die Schritte drei bis fünf greifen wir unmittelbar ein.

Der 1. Schritt
Unsere evolutionäre Bedingung: Die Evolution hat uns in Millionen von Jahren mit besonderen Merkmalen ausgestattet. Dort wo wir hineingeboren werden, ist auch unser Platz und der Beginn unserer Reise.

Der 2. Schritt
Unsere genetische Veranlagung: Die meisten körperlichen Eigenschaften des Menschen werden sowohl von genetischen Faktoren als auch von der Umwelt beeinflusst. Bei manchen Merkmalen, z. B. bei der Körpergröße, ist der genetische Anteil relativ hoch. Andere Eigenschaften wie das Körpergewicht werden in hohem Maße von nicht-genetischen Umständen bestimmt. Wieder andere Merkmale, beispielsweise Blutgruppen und Antigene, werden ausschließlich genetisch festgelegt. Nicht genetisch bedingt ist der oft vermeintlich angeborene Unterschied zwischen Mann und Frau: Ob ein Kind lieber mit Puppen als mit einem Fußball spielt, ist genauso „gelernt" wie die spätere Fähigkeit, besser einzuparken oder besser physikalische Formeln zu behalten. Der Unterschied innerhalb der Geschlechter ist wesentlich größer als zwischen den Geschlechtern.

Der 3. Schritt
Unsere Prägung: Die Ereignisse während der Schwangerschaft, der Geburt, des Bondings, der ersten Stillzeit und andere wichtige Faktoren, die noch näher beschrieben werden, sind in unseren drei ersten Lebensjahren für unser Leben prägend: Spätere Veränderungen sind im positiven oder negativen Sinn nur noch sehr schwer möglich – beispielsweise durch Therapien oder einschneidende Erfahrungen.

Der 4. Schritt
Unsere Konditionierung: Wir werden laufend Einflüssen ausgesetzt, die uns für unser gesamtes Leben konditionieren. Dieser Vorgang ist im positiven wie auch im negativen Sinn veränderbar.

Der 5. Schritt
Unser „ewiges" Lernen: Wir sind bis ins hohe Alter lernfähig.

Die Universität Yale spricht von NATURE & NURTURE (Natur & Pflege). Das heißt, es bedarf einer Balance zwischen dem, was jedem Menschen von der Natur aus gegeben ist (Gene), und dem, was man einem Kind im Laufe seiner Entwicklung mit viel Förderung und Aufmerksamkeit zugestehen muss. Gute Gene können durch eine schlechte Umgebung und mangelnde Aufmerksamkeit unterdrückt werden, und schlechte Gene können wiederum durch viel Aufmerksamkeit und Arbeit wettgemacht werden. Man muss also beide Komponenten gleich stark berücksichtigen.

Das „Wunder-Kind"

Das „Wunder-Kind" – welch phantastisches, einmaliges, unvergleichliches Wunder unseres Lebens!

Noch nie war es der Wissenschaft möglich, uns dieses Wunder in so einzigartigen Darstellungen näherzubringen – wie heute, indem sie uns zeigt, dass Hans tatsächlich nicht mehr so leicht das erlernen/erfahren kann, was er als Hänschen versäumt hat.

Schon während der Schwangerschaft sammelt das Gehirn des Ungeborenen begierig alle Informationen, um sie zu katalogisieren, zu formatieren und zu archivieren. Ab der Geburt gibt es dann kein Halten mehr. Noch mehr Fenster gehen auf, und immer weiter und weiter werden sie geöffnet: *„Leben, komm herein, ich will alles wissen, was es zu wissen gibt."* Mehr als zwanzig Sprachen kann so ein Gehirn in den ersten Lebensjahren in sich aufnehmen, speichern und für den Abruf bereithalten – so unterschiedliche Sprachen wie Chinesisch und Portugiesisch. Akzentfrei, versteht sich. Fassungslos stehe ich vor meinem dreijährigen Sohn und höre ihn Russisch verstehen und Spanisch antworten, um im nächsten Augenblick Deutsch zu reden …

Genie – wie jedes Kind für die stolzen Eltern? Mitnichten! Was sich in seinem kleinen Gehirn tagtäglich … Stunde für Stunde … Minute für Minute … in jeder Tausendstelsekunde abspielt, entspricht der Normalität eines Gehirns, das in den ersten drei Lebensjahren bis zu 90 % als Basis für das gesamte Leben geformt wird.

Wenn wir es nur zulassen, dieses einmalige Wunder.

Denn – Ironie unseres Lebens: Gerade in der Zeit, da das Gehirn unseres Kindes bereit ist, alles aufzusaugen, mit dem wir es konfrontieren, nehmen wir uns oft die allerwenigste Zeit. Und lassen es zu, dass unser Kind in der gleichen Intensität, in der es positiv geformt wird, auch negativ geprägt wird.

Für ein Kind, das in die Welt kommt, ist alles, was es wahrnimmt und zu tun versucht, völlig neu. Erst mit jeder gemachten Erfahrung kann es auf derselben aufbauen.

Der Auslöser hierfür ist eine schier unstillbare Neugier. Angetrieben von 100 Milliarden Gehirnzellen, die um ihr Überleben kämpfen. Jede neue Erfahrung wird im Gehirn gespeichert. Aber es ist ein Wettlauf mit der Zeit. Denn mit jeder neuen Kerze, die auf der Geburtstagstorte brennt, verkümmern in einer festgelegten Zeitspanne nicht benutzte Vernetzungen.

„Wenn die Verschaltung der Nervenzellen nicht zum richtigen Zeitpunkt erfolgt, lässt sich das nicht mehr nachholen", sagt Wolf Singer vom Frankfurter Max-Planck-Institut für Hirnforschung.

Niemand ist in diesen ersten Jahren als Lehrer aufgerufen. Unsere Aufgabe ist es, präsent zu sein und diese Neugier nicht zu verhindern, sondern ausleben zu lassen. Das scheinbar unsinnige Tun nicht in Frage zu stellen, sondern mit Ermutigung zu belohnen. Bewundern wir die unglaubliche Frustrationstoleranz des Babys, wie es jeden Schritt so lange wiederholt, bis es ihn geschafft hat.

Es ist Zeit, dem Geheimnis des Lebens auf den Grund zu gehen, um verstehen zu lernen, was ein Kind von uns erwartet.

Wir sprechen in diesem Buch von einem „Baby", solange es das dritte Lebensjahr nicht vollendet hat.

Das Baby ist bereit

Das Gehirn des Babys wird unaufhörlich von Milliarden Einzelvorgängen „gefüttert".

In seiner Leistungsfähigkeit kann das Baby dabei kaum überfordert werden, ausgenommen etwa durch permanentes Fernsehen oder akustische Überforderung. Hierbei kann eine völlige Überlastung und frühe Verstörung des kindlichen Gehirns eintreten.

Das kindliche Gehirn braucht Bedingungen, die seine Entwicklung fördern, denn Gehirn und Nervensystem sind noch relativ unreif. Zur unabhängig-selbständigen Steuerung von Körperfunktionen und Körpergefühl fehlen noch die Impulse derjenigen Sinnesaufnehmer bzw. Sinnesempfänger, die erst im Kontakt mit der Außenwelt aktiv werden. Darum ist ein Baby über die Geburt hinaus auf Stimulationen im vertrauten Körperkontakt und auf Botenstoffe (das sind Stoffe, die eine Antwort der Nerven auslösen) angewiesen. Nur so ist es möglich, dass die Körperfunktionen störungsfrei ablaufen können und gleichzeitig das Nervensystem reift.

Das Körpergewicht eines Neugeborenen entspricht etwa 5 % des Gewichtes eines Erwachsenen. Sein Gehirn wiegt aber 30 % des Gewichtes eines Erwachsenen-Gehirns.

In den letzten Millionen Jahren haben die neuen Bereiche „Soziales" und „Emotionales" das Gehirn (und damit den Kopf des Babys) beträchtlich vergrößert. **Unsere Babys kommen deshalb auch um zirka 13 Monate zu früh zur Welt** (Elaine Morgan, Biologin). Durch dieses biologische Faktum hat ein Baby zum Zeitpunkt der Geburt keinen Raumbegriff, keinen Zeitbegriff, keine Erinnerung, keine Hoffnung und kein Wissen – es ist aber voll der Erwartung hinsichtlich der Erfüllung seines Millionen Jahre währenden Kontinuums.

Im Yale Child Study Center in New Haven forschen und lehren die besten ProfessorInnen zum Wohle der Kleinkinder. Ihre Erkenntnisse sind für jedermann verständlich:

„Es ist wie eine Serie von einzelnen Schritten. Jeder Schritt, jedes Neuron, das sich jetzt entwickelt, beeinflusst die Entwicklung eines weiteren Neurons. Wenn es hier zur Unterentwicklung kommt, bedeutet es nicht, dass dies nie wieder aufgeholt werden kann, aber es dauert länger und wird umso schwieriger."

Ist bei der Geburt jede Hirnzelle durch etwa 2.500 sogenannte Synapsen mit anderen Hirnzellen verbunden, versechsfacht sich diese Zahl bis zum dritten Lebensjahr auf etwa 15.000 Synapsen. Danach sinkt sie bis zum Ende der Pubertät auf den Erwachsenenwert von 5.000 bis 10.000 Synapsen je Zelle ab.

Mehr und mehr schließen sich die Fenster zum Gehirn wieder – je älter das Baby wird. Viele Fenster sind schon am dritten Geburtstag wieder geschlossen. Deshalb ist es so wichtig, dass wir – Mutter UND Vater – gerade bis zu diesem Zeitpunkt zur Prägung und Konditionierung unseres Kindes präsent sind ...

Der Einfluss durch Bindungspersonen

Nie mehr in seinem Leben wird das Baby so viel in so kurzer Zeit lernen. Die Sinne – Tasten und Fühlen, Riechen, Schmecken, Sehen und Hören – müssen verfeinert werden. Die Sprache und der aufrechte Gang müssen erlernt werden, und das Kind muss sich in der Welt der Erwachsenen zurechtfinden. In dieser für das ganze weitere Leben entscheidenden Entwicklungsphase ist das Baby im besonderen Maße auf die fürsorgliche Unterstützung der Eltern angewiesen. Ohne deren Hilfe kann das Kind seine Fähigkeiten nur unvollkommen oder gar nicht entwickeln.

Wie wird so ein kleines Menschenkind geprägt, wenn es tageweise schon ab den ersten Monaten seines Lebens weg von Mutter und Vater in fremden Händen verbringen muss? Später im Schulalter tun solche Kinder oft alles, um „in der Norm" zu bleiben, um als brave, liebe, anständige Kinder zu gelten, die ihren Eltern nur Freude machen. *„Was ist daran falsch?"*, werden Sie jetzt fragen. Wir sagen: *„Vorsicht!"*

Die Verantwortung, die Eltern auf ihren Schultern tragen, ist so sensibel, aber letztlich so federleicht wie das Baby selbst. Sie besteht aus der verlässlichen Präsenz und der authentischen Vorbildhaltung.

Das ist für das Kleinkind die Basis für eine sichere emotionale Bindung zur Mutter und zum Vater, um selbstbewusst „hinauswachsen" zu können.

Die Professoren Bruce D. Perry von der Child Trauma Academy, Houston, Texas, und Gerald Hüther von der Universität Göttingen sind sich darin einig: Bindung UND Autonomie ist der Stoff, aus dem bedingungslose Liebe entsteht.

Wenn ich meinen kleinen Sohn hochwerfe und sicher auffange, jauchzt sein Herz.

Eine der bedrohlichsten und massivsten Störungen der psychischen Lernprozesse wird ausgelöst, wenn plötzlich eine Bindungsperson aus dem Blickfeld des Babys für längere Zeit oder für immer verschwindet. Bei einer Scheidung oder Trennung etwa, wenn Eltern ihr Baby zurücklassen, kann es zu nachhaltigen und schwer korrigierbaren Fehlentwicklungen kommen. Körperliche, seelische und geistige Erkrankungen sind möglich. Große Anstrengungen sind notwendig, um solche Defizite zu lindern!

Der Einfluss von außen

Für eine optimale Entwicklung des Kindes ist die Wechselwirkung und Kommunikation mit der Umwelt (mit der Umgebung, mit Eltern, Geschwistern und anderen Personen) erforderlich. Dies wurde bisher oft nur aus der „materialistischen" Sicht der neuronalen Vorgänge im Gehirn gesehen. Diese wird aber heute immer mehr durch eine „bio-psychosoziale", also ganzheitliche, Sicht (z. B. Einflüsse über die Bindung auf der Gefühlsebene, Kommunikation, soziale Interaktionen) ergänzt. Diese beiden „Ebenen" lassen sich nicht trennen.

Wie wäre es sonst zu erklären, dass impulsive Kinder, die nach sensorischem Input gieren und sich meist als Draufgänger gebärden, in bestimmter Umgebung aggressiv und destruktiv werden können, in anderer Umgebung aber aufmerksam und mitfühlend sind. Wie ein Kind die jeweiligen Entwicklungsstufen meistert, hängt auch davon ab, wie gut seine angeborenen Merkmale und der Einfluss von außen ineinander greifen.

Ob also bestimmte Merkmale von Kindern zu Talenten oder zu Problemen führen, hängt wesentlich davon ab, wie die Bindungspersonen – mit denen Kinder im intensiven Kontakt sind – auf deren Natur eingehen.

Die Art, wie ein Kind Eindrücke verarbeitet und seine motorische Reaktion organisiert, trägt in einem beständigen Wechselspiel dazu bei, die Reaktionen der Bindungspersonen herauszufordern, die dadurch eine neue Aktion beim Kind einleiten können.

Wir zeigen Ihnen jetzt anhand einer Grafik, worauf Sie bei der Betreuung Ihres Babys besonders achten sollten. Später nennen wir Ihnen die Gründe, die dahinter stehen.

Unsere Lebensformung
9 + 36 = 90

90 % Lebensformung heißt: Die 9 Monate der Schwangerschaft und die ersten 36 Monate unseres Lebens sind bis zu 90 % das Sprungbrett zu unserer weiteren Lebensentwicklung. Was in dieser Phase richtig oder falsch gemacht wird, zieht sich unweigerlich wie ein roter Faden positiv oder negativ durch das gesamte Leben weiter.

Warum Kinder krank sind

	zum Zeitpunkt der Zeugung	während der Schwangerschaft		zum Zeitpunkt der Geburt		während der Kleinkindphase (0–3 Jahre)		
	durch vererbte genetische Veranlagung	negative Prägung des Kindes durch	negative Konditionierung des Kindes durch	negative Prägung des Kindes durch	negative Konditionierung des Kindes durch	negative Prägung des Kindes durch	negative Konditionierung des Kindes durch	fehlende Lernprozesse des Kindes durch
	schwache Verfassung: • körperlich • seelisch • geistig	existenzielle Bedrohung ohne Vater übertriebene Angst Alkoholsucht Selbsthass	Dauerstress große Unsicherheit	Hightech-Geburt Kaiserschnitt Brutkasten Nichtannehmen des Kindes	fehlendes Bonding Einsamkeit	Nichtbeachtung Lieblosigkeit Misshandlung Trennung (Krippe)	Schlagen Schreienlassen konfliktvolles Umfeld	Unterbetreuung Vernachlässigung
ÄNDERUNGS-CHANCEN	nicht veränderbar	fast nicht veränderbar	schwer behebbar	kaum behebbar	mäßig behebbar	kaum behebbar	schwer behebbar	veränderbar

Schritt für Schritt werden wir Ihnen in diesem Buch zeigen, wie Sie die Lebens-Formel 9 + 36 = 90 verstehen und anwenden können. Was Ihnen vielleicht jetzt noch verwirrend vorkommt, wird Ihnen später völlig logisch und leicht anwendbar erscheinen.

Warum Kinder gesund sind

zum Zeitpunkt der Zeugung	während der Schwangerschaft		zum Zeitpunkt der Geburt		während der Kleinkindphase (0–3 Jahre)		
durch vererbte genetische Veranlagung	positive Prägung des Kindes durch	positive Konditionierung des Kindes durch	positive Prägung des Kindes durch	positive Konditionierung des Kindes durch	positive Prägung des Kindes durch	positive Konditionierung des Kindes durch	positive Lernprozesse des Kindes durch
starke Verfassung: • körperlich • seelisch • geistig	Wunschkind Stimulation (z. B. Musik hören)	Freude Singen Tanzen Lachen Reden	natürliche Geburt Hautkontakt	Bonding Kolostrum (Erstmilch)	Bindung (Mutter/Vater) Stillen Hautkontakt gegenseitiger Respekt	Tragen Loslassen Streicheln Familienbett	Reden Fremdsprachen Spielen Singen Fördern der Kreativität
WIRKUNG	Ganzheitliche Gesundheit als Basis für das gesamte Leben (körperlich, seelisch, geistig, sozial, spirituell).						

Hallo Papa!

Halt bitte mal inne und beantworte mir eine Frage: Wie oft machst du pro Tag die Kühlschranktür auf und wieder zu? Zehnmal, zwanzigmal? Schwer zu schätzen, richtig? Weil du gar nicht mehr darüber nachdenkst. Ich schon, denn ich muss es verstehen, das ist mein Job:

Wir sind in der Küche, du gehst zum Kühlschrank, du öffnest die Tür, holst etwas raus und schließt sie wieder. Ich sehe das und denke mir, hey, das sieht nicht so schwer aus, ich glaube, das kann ich auch, und bin schon auf dem Weg dorthin, nur bei mir geht das Ding leider nicht auf. Das sah irgendwie viel leichter aus, da sperrt sich irgendwas, aber nicht mit mir! Ich hänge mich mit beiden Händen an den Griff und lege mein ganzes Gewicht in die Aufgabe, denn das ist mein Job: Ich muss es verstehen!
Und dann geht die Tür auf, aber mich haut es voll nach hinten, okay, gut, das war nicht vorgesehen, aber egal, ich bin ja schon froh, dass das Ding überhaupt mal offen ist. Und jetzt sehe ich es: Da ist ein Licht drin – wow, geil, Schrank mit Licht drin und viel buntes Zeug, das würde mich auch interessieren, aber jetzt piepst da was. Du kommst und machst die Tür wieder zu. Moment mal, ich bin noch nicht fertig mit meinem Job, also mach ich die Tür wieder auf, nur diesmal weiß ich schon, dass ich mich voll reinhängen muss, und es haut mich zwar wieder auf den Po, aber jetzt kenne ich das schon, also kein Problem. Da sind wieder dieses Licht und das bunte Zeug, und dann wieder der Piepston, aber diesmal komme ich dir zuvor und schließe die Tür selbst. Yeah, das war gut, also gleich noch mal: Tür auf, zum ersten Mal ohne hinfallen, Licht checken, Zeug anschauen und Tür zu. Und wieder: Tür auf – Licht – Tür zu. Jetzt hab ich es verstanden!

Hier ist der Deal:

Ich habe einen Job, ich muss nämlich Dinge verstehen, und du hast einen Job, du musst mich beschützen. Aber so Sätze wie: „Pass auf, du wirst dir wehtun ..." helfen überhaupt nicht, weil ich erstens nicht verstehe, was du meinst, und zweitens meine eigenen Erfahrungen machen muss, sonst mache ich mich mein ganzes Leben lang abhängig von anderen Menschen, die mir sagen, was gut für mich ist und was nicht. Und das macht mich leider zum Loser, und hey, das wollen wir doch beide nicht, oder? Also lass mich meinen Job machen. Was ist denn eigentlich mit dieser Vase da ...?

Die ersten drei Lebensjahre

Jeder von uns ist eine einzigartige Persönlichkeit.
Wir entwickeln uns völlig individuell.

	MONAT	
SCHWANGERSCHAFT/GEBURT	1–9	Schon während der Schwangerschaft werde ich geprägt und konditioniert, für mein Leben GEFORMT. Ich beginne zu tasten und zu fühlen, zu riechen und zu schmecken – und auch zu hören, so z. B. Musik und die Stimmen von Mama und Papa. „Sanfte" Geburt ohne unnötige Schmerzen – ohne grelles Licht – ohne sofortige Vermessung und Abwaage: Ich komme sofort an die nackte Brust von Mama (Bonding!) – zu beider Erholung. Erst danach werde ich abgenabelt. Das Kolostrum der ersten Stunde (beim Stillen) macht mein Immunsystem intakt. Keine Trennung von Mama und Papa.
VON DER GEBURT BIS ZUM DRITTEN GEBURTSTAG	1	Ich liebe das Stillen und die nackte Haut. Meine Lieblingsfarben sind in dieser Zeit rot und orange. Das tägliche warme Bad erinnert mich an die Zeit in Mamas Bauch. Ich brauche viel Schlaf, um von den vielen neuen Einflüssen nicht überwältigt zu werden. Ich will kein Spielzeug sein.
	1–2	Ich will viel gestreichelt werden, höre gerne angenehme Geräusche, lächle bei bekannten Stimmen, will oft angesprochen werden, liebe Musik (die ich schon während der Schwangerschaft gehört habe), will vieles tasten, fühlen, riechen, schmecken, sehen und hören, ich brauche den ständigen Körperkontakt zu Mama und Papa.
	2–3	Ich will den Kopf heben, auf dem Bauch liegen, Gespräche führen, rascheln und Glöckchen hören, neue Düfte kennenlernen und den ganzen Tag herumgetragen werden, um Neues kennenzulernen. Ich höre gerne viel Lachen, will in alle Familienabläufe eingebunden sein.
	3–4	Ich liebe die Klingel, das Telefon, die brennende Kerze, Luftballons und schöne farbige Bilder. Ich liebe es, wenn Mama und Papa singen, will vieles schwingen sehen und ständig „Ich liebe dich" hören, will nackt strampeln und mit Mama und Papa im Familienbett schlafen. Habe ich Angst, sind Mama und Papa sofort bei mir.
	4–5	Ich entdecke meine Händchen und Füßchen als Spielzeug, ich lache viel aus purer Lebenslust, will weiter getragen werden. Ich freue mich über Opa und Oma, kreische vor Vergnügen, wenn ich mit Mama und Papa bade, will viel kommunizieren und alles in die Hände nehmen, will farbiges, quietschendes, weiches Spielzeug. Jeder Gesichtsausdruck von Mama und Papa wird mir vertraut.
	5–6	Ich sehe bereits scharf und möchte, dass mir vorgesungen und vorgelesen wird. Ich höre gerne Reime und unterschiedliche Stimmen, will ständig mit Mama und Papa zusammen sein. Jede neue Umgebung regt meine

MONAT

Phantasien an. Ich will in alle Abläufe eingebunden sein, möchte Rituale erleben, will meine Kräfte beweisen, hasse „Bäuerchen" machen.

6–7 Ich bin glücklich, nicht schreien zu müssen und den bedingungslosen Respekt meiner Umwelt zu genießen. Wenn ich unter Stress stehe, verweigere ich den Blickkontakt.

7–8 Mein erster Zahn erfordert noch mehr Zuneigung. Ich zeige gerne, was ich schon kann: vom Rücken auf den Bauch und zurück. Dafür will ich immer und immer gelobt werden. Ich kann schon aus einer Tasse trinken, will beim Familientisch sitzen und liebe babyfreundliche Restaurants. Neues macht mich besonders neugierig.

8–9 Ich sehe mich gerne im Spiegel, will frei sitzen und bei meinen Stehversuchen bewundert werden. Alle Gegenstände werden im Mund geprüft. Ich unterscheide immer mehr Stoffe und Eigenschaften. Ich liebe es manchmal laut und will mit ins große Schwimmbecken oder ins Meer.

9–10 Ich rutsche auf allen Vieren und will ständig meinen Namen hören. Fremden will ich nur auf den sicheren Armen von Mama und Papa begegnen. Ich sage bereits „Mama" und „Papa". Ich will ständig reden und mit Papa bereits ein wenig boxen.

10–11 Jetzt geht's erst richtig los: Ich krieche und krabble immer geschickter und schneller. Es gibt kein Halten mehr. Mama und Papa müssen „loslassen" lernen. Ich will alles auf eigene Faust erkunden, weiß ich doch, dass ich jederzeit in den Armen von Mama und Papa Schutz finde. Ich erkenne bereits Größenunterschiede.

11–12 Ich richte mich am Tisch auf und werfe viele Dinge zu Boden. Was für eine Freude, das immer und immer wieder zu tun! Neues Spielzeug finde ich in Mamas und Papas Küche: klirrendes Geschirr, klappernde Tassen. Ich liebe bunte Bücher, kann gar nicht genug davon kriegen. Ich erlebe den Genuss des Essens.

13–15 Ich liebe Versteckenspielen, helfe gerne im Haushalt mit und höre gerne Lob. Ich will jetzt immer öfter selbst bestimmen und meinen Willen durchsetzen. Meine Entdeckungsfreude ist unbegrenzt. Ich kann frei stehen und lerne langsam gehen. Meine sozialen Fähigkeiten baue ich laufend aus.

16–18 Ich entdecke mein eigenes Ich, will meine Trotzphase ausleben und meine Unabhängigkeit unter Beweis stellen. Ich zeige Launen und lehne Mama und Papa zeitweise ab. Ich will als vollwertiger Mensch respektiert werden. Meine ganze Liebe gehört bedingungslos meinen Eltern. Vom Zähneputzen halte ich nicht viel.

24 Ich kann schon manches sprechen, zeige die ersten Schamgefühle und versuche Erlebnisse zu erzählen, helfe beim Ausziehen, kann rückwärts gehen und Treppen steigen, darf hin und wieder ein Märchen sehen. Brauche Mama und Papa aber weiterhin als hundertprozentige Bindungspersonen.

36 Ich bin kein Baby mehr. Ich kann wahrscheinlich schon aufs Töpfchen gehen und bin vielleicht schon reif für den Halbtags-Kindergarten. Ich übe soziales Verhalten. Werde zunehmend schöpferisch und finde mich auch in mehreren Sprachen zurecht. Ich bin bereits bis zu 90 % für das Leben als Kind, als Jugendlicher und als Erwachsener geformt.

Die Zeit ist reif · **Die Prägung**

Europa heute

"Hallo Europa, wie geht es dir?"

Es gab immer wieder amerikanische Präsidenten, die es verstanden, mit richtungweisenden Sätzen die Welt – oder zumindest die westliche Welt – zu elektrisieren.

So ist den Europäern noch heute der Satz von John F. Kennedy in Erinnerung und im Bewusstsein, als er 1963 vor der Berliner Mauer stand und in deutscher Sprache rief:

„Ich bin ein Berliner!"

Ronald Reagan nützte die historische Konstellation im Jahre 1987 vor dem Brandenburger Tor, indem er den reformfreudigen sowjetischen Staats- und Parteichef Michail Gorbatschow ermahnte, die Mauer zu entfernen. Dies begründete den Ruf Reagans als Kommunisten-Bezwinger.

Auch Bill Clinton ließ am 8. Oktober 1997 aufhorchen, als er ein Thema ansprach, um die Zukunft Amerikas zu sichern:

„Die neueste Forschung hat gezeigt, dass ein Kind, das liebevolle, Anteil nehmende Eltern hat […], bis zu seinem vierten Lebensjahr zirka 700.000 positive Verknüpfungen in seinem sich entwickelnden ‚Hirn-Computer' erstellt. Ein Kind dagegen, das Eltern hat, die nie gelernt haben, ihren betreuerischen Aufgaben nachzukommen, kann ungefähr nur 150.000 solcher positiver Verknüpfungen herstellen, das heißt weniger als ein Viertel. Jetzt sagen Sie mir, welches Kind Ihrer Meinung nach die besseren Chancen hat, wenn es einmal 17, 21, 30, 40 oder 50 Jahre alt ist?"

Ungefähr das sagten die Dorfältesten zu den Bewohnern der Mittelerde in Tolkiens „Herr der Ringe":

> *„Die bestehende Ordnung ist überholt; ein weltweit scharfer Wettbewerb treibt uns in eine nie da gewesene kritische Lage; wir stehen vor gewaltigen Aufgaben zum Schutz unserer Kinder, dabei werden wir immer älter …"*

Die sich aufdrängende Frage, was das mit uns zu tun hat, beantwortete der deutsche Bundespräsident Horst Köhler in seiner ultimativen Rede an sein Volk am 21. Juli 2005, in der er sich gezwungen sah, den Bundestag aufzulösen.

Die gesellschaftspolitisch entscheidenden, ja historischen ersten Sätze lauten:

> *„Unsere Zukunft und die unserer Kinder steht auf dem Spiel. Millionen von Menschen sind arbeitslos, viele seit Jahren. Die Haushalte des Bundes und der Länder sind in einer nie da gewesenen, kritischen Lage. Die bestehende föderale Ordnung ist überholt. Wir haben zu wenige Kinder, und wir werden immer älter."*

Gut möglich, dass die Kinder eines Tages aus diesem Text ihre Anklageschrift gegen uns formulieren:

> *„Ihr wusstet seit jenem 21. Juli 2005, was auf dem Spiel stand. Und ihr hattet es in der Hand."*

Noch spricht die Politik eine Wählerschaft an, die im Namen der Kinder zu handeln bereit sein könnte. Was aber, wenn – wie in Deutschland in einigen Jahren der Fall – mehr als die Hälfte der Älteren gar keine Enkel mehr haben? Denken sie dann noch an eine Zukunft, die nicht mehr ihre und die ihrer Nachkommen ist?

> Eine alternde Gesellschaft ist eine Gesellschaft, die zu verlieren hat; eine junge Gesellschaft ist eine, die nur zu gewinnen hat.

Eines scheint uns jedoch wichtig festzuhalten:
Keine junge Frau und kein junger Mann wünscht sich ein Kind, um die Renten zu sichern. Und auch nicht, um die Reproduktionsrate wieder zu steigern. Im Normalfall werden Kinder immer noch aus Lust und Liebe geboren.

(Eine Zusammenfassung aus einem Artikel von Frank Schirrmacher aus der „Frankfurter Allgemeinen Zeitung" vom 23. Juli 2005)

Väter-Gedanken

Die Babys von heute werden in zwanzig Jahren sagen: „Gut, dass wir in eine Zeit hineingeboren wurden, in der das große Umdenken stattfand. Das hat uns viel erspart und uns das Leben so viel lebenswerter gemacht."

Was muss eigentlich passieren, damit eine Gesellschaft sich und ihre Regeln ändert? Ist es der Leidensdruck der Eltern, die ihren aggressiven bzw. depressiven Kindern, die sich in Drogen, Gewalt oder Apathie flüchten, nicht mehr gewachsen sind? Wie sehr muss ein gesellschaftliches Zusammenleben kollabieren, damit Aufklärung nicht mehr verdrängt wird?
In welchem Stadium befindet sich unsere Gesellschaft?
In welchem Stadium befinden Sie sich, liebe Leserin, liebe Leser?

Wir haben eine Hoffnung!

Jetzt ist die Zeit der Saat! Alle spüren wir, dass wir in eine Zeit der großen Veränderungen gehen. In unserem Alltag genauso wie in der globalen Wirtschaft. Und es kommt eine Zeit, die jedem Einzelnen eine Chance gibt, wenn er das Zeug dazu hat. Dazu braucht es keine aufopfernde Mutter, sondern zwei Elternteile, die ihre so unterschiedlichen Kompetenzen einbringen und gemeinsam ernten.

Denn das „Wunder-Kind" zu bestaunen ist eines. Aber ein „Wunder" zu ermöglichen – und wer will sich diese Chance entgehen lassen – ist nicht reine Glückssache, sondern liebevolle Investition.

Der Weg zum gesunden* Kind

→ Es sind nur fünf Schritte ins Leben!

→ Das „Wunder-Kind" ist keine Glückssache oder Zufall!

→ Babys Gehirn ist komplexer als der NASA-Computer!

→ Babys leben im JETZT!

→ 9 + 36 = 90!
(9 Monate Schwangerschaft + 36 Monate Babyzeit = 90 % Lebensformung)

→ Auch Babys haben einen Job!

→ Hallo Europa, geht es dir bald besser?

* Gesundes Kind heißt: körperliche, seelische, geistige, soziale und spirituelle Gesundheit in der Babyzeit als Basis für das gesamte Leben bis ins hohe Alter (= ganzheitliche Gesundheit).

RAUM FÜR MEINE GEDANKEN

....

....

....

....

....

....

....

Gehen wir an den Anfang. Dahin, wo das Menschsein wirklich beginnt – nämlich während der Schwangerschaft. Zu einer **Zeit, die Sie vielleicht noch nicht als so wichtig erachten**, da das Baby noch gar nicht geboren ist. Aber lassen Sie sich von dieser Tatsache nicht täuschen …

2

DIE SCHWANGERSCHAFT

Es kommt im Leben auf die kleinen Dinge an

Die Augen schließen, um das Leuchten zu fühlen.

Ich werde Vater!

Vater?

Was heißt das überhaupt?

Bin ich bald Mann **und** Vater – oder nur noch Vater?

Was sind meine Rechte?

Meine Pflichten?

Verwirrung über Verwirrung, denn ich habe das Vatersein nirgendwo gelernt. In keiner Schule. In keinem Kurs. Es gibt da keine Prüfung. Keine Lizenz – wie etwa fürs Autofahren. Du wirst da einfach hineingestoßen – ob du es kannst oder nicht. Wo sind die Kurse für Väter? Wo sind die Abschlussprüfungen? Gibt es einen Baby-Führerschein, und kann mir der abgenommen werden? Emotional befinde ich mich in einem Meer der Gefühle, ich freue mich und gleichzeitig habe ich Angst. Schon kommen die ersten lächelnden Bemerkungen der Freunde: „Jetzt ist dein Cent nur noch ein Drittel wert, bald kannst du nur noch Windel wechseln und überhaupt: Hast du noch Zeit für ein Bier mit uns?"

Ich versuche herauszufinden, wie es ist, schwanger zu sein, und ich höre meine Partnerin sagen: *„Du kannst nicht mitreden. Du weißt ja nicht, was sich im Körper einer Frau abspielt. Das kannst du nicht fühlen. Das kannst du nicht einmal erahnen."*

Bei den Gesprächen über die Schwangerschaft denke ich mir oft: Verdammt noch mal, es stimmt. Ich kann nicht schwanger werden. Ich weiß nicht, wie das ist, wenn einem plötzlich am Morgen schlecht wird. Wenn die Hormone verrückt spielen. Wenn da plötzlich mein Baby zu strampeln beginnt. Ich kann nicht tief in mich hineinhorchen, um dieses wunderbare Gefühl des Einsseins mit meinem Kind zu erforschen. Ich kann gerade noch bei der Auswahl des Arztes und vielleicht der Hebamme mitreden, aber emotional bin ich aus dem Gespräch ausgeschlossen. Wissende unterhalten sich. Ich bin ein Unwissender.

Aber ich will nicht ausgeschlossen sein.

ICH BIN DER VATER: Das ist nicht wichtiger als die Mutter, aber auch nicht weniger wichtig.

Ich will alles wissen, was mit meinem Kind zu tun hat. Ich will auch in alle gefühlsmäßigen Entscheidungen eingebunden werden. Nicht nur wenn es darum geht: *„Wir brauchen mehr Wohnraum, wir brauchen ein größeres Auto."*

Ich berühre den Bauch meiner Partnerin. Ich glaube mein Baby zu fühlen. Da drin sitzt es also und wartet darauf, mich zu sehen. Mich, seinen Vater! Stolz erfüllt mich. Das ist ein „bäriges" Gefühl – so richtig männlich.

Hallo Mama, hallo Papa,

genießt unsere
gemeinsame
Reise …

Die Urerfahrungen für das Welt- und Menschenbild

Alle Urerfahrungen während der Schwangerschaft bleiben als eine Art Hintergrundfilm im Leben erhalten und können sich, durch äußere Ereignisse aktiviert, als positive oder negative Gefühle und Empfindungen bemerkbar machen. Vereinfacht ausgedrückt heißt das: Eine gestresste Mutter wird – mit hoher Wahrscheinlichkeit – ein gestresstes Kind zur Welt bringen. Positive vorgeburtliche Erfahrungen sind eine lebenslange Quelle für Zuversicht und Selbstvertrauen. Uns Vätern kommt hier eine wichtige Rolle zu.

Das Gefühl der Geborgenheit während der Schwangerschaft ist fundamental auch für das spätere Welt- und Menschenbild – ob sich jemand als eingebunden in einen größeren Zusammenhang (körperlich, seelisch, geistig, sozial und spirituell) empfinden kann oder sich als isolierte Existenz erfährt.

Es ist herrlich warm in meinem Nest. Ich fühle mich wohl und sicher. Dies ist mein Leben: Die Nabelschnur, durch die ich esse und trinke, ist bequem und zuverlässig. Mein Herz pumpt täglich 28 Liter Blut durch meinen kleinen Körper. Außerdem verfüge ich bereits über alle Organe und Sinne. Wenn ich im Fruchtwasser auf der Stelle trete, dann ist das Fitness für mich (keine Sorge, später unterlasse ich diesen Sport, liebe Mama, weil es in dir zunehmend enger wird). Ich kann die Fäuste ballen und mein Gesicht verziehen, ja, manche Sachen kann man nicht früh genug lernen. Ich bin schon ein richtiges Wasserwesen …

Vom Empfinden und Fühlen

Das erste Sinnesorgan, das seine Funktion aufnimmt, ist die Haut. Sie liefert ständig Informationen über die Umgebung und sensibilisiert den wachsenden Körper für Empfindungen.

Körperliches Empfinden und seelisches Fühlen werden dabei eng miteinander verknüpft, denn was Babys empfinden, hat Einfluss darauf, was sie fühlen und wie sie sich fühlen.

Ich spüre bereits Veränderungen, Geschwindigkeit und Richtung. Mein Gleichgewichtssinn beginnt zu funktionieren, denn wenn du dich bewegst, Mama, wenn du gehst, läufst oder tanzt, versuche ich, mich in eine stabile Lage zu bringen. Wenn du isst und trinkst, dann gluckst es bei mir. Ich höre deine Stimme und spüre Papas Hände, wenn er dich zärtlich streichelt. Das alles macht mir große Freude. Und weißt du was, Mama, ich spüre ganz genau, ob du glücklich bist oder traurig. Also Mama, tanzen wir Samba!

Eine Schwangerschaft verläuft schon von den äußeren Umständen her nicht stressfrei. Es bedarf viel an Einfühlungsvermögen und Rücksichtnahme. Hier die Gründe:

Für Frauen bedeutet ein positiver Schwangerschaftstest oft nicht nur die Ankündigung vom Wachsen eines Kindes, sondern das Auf-den-Plan-Treten einer Skalierung im Risiko-Schema der westlichen modernen Medizin. Im Rahmen vorgeschriebener Untersuchungen wird der Körper der Frau oft zur nährenden Hülle degradiert, die durch eine Vielzahl von medizinisch-technischen Untersuchungen ein geplantes, gesundes, perfektes und schönes Kind austragen soll. Die Schwangerschaftsdiagnostik spricht den Schwangeren oft ihre eigene individuelle Wahrnehmung und „Empfindlichkeit" ab. Für diese ist entscheidend, welche Daten und Abmessungen bei Ultraschall-Untersuchungen, Nacken-Transparenzmessung, Triple-Test, Organ-Screening etc. berechnet und mit Tabellen verglichen werden. Die normale Schwangerschaft wird damit ihres zutiefst menschlichen, komplexen, kreativen und schöpferischen Seins beraubt. Ist das wirklich notwendig? Das fragt man sich als Mann und werdender Vater.

Zitat von Paul, einem jungen Vater:

„Bei Carolines Schwangerschaft ging es bei der medizinischen Versorgung nicht menschlich zu. Unser Baby war nur eine Reihe von Tests und Diagrammen, die durchzuführen und zu untersuchen waren. Irgendwann in der Mitte des Ganzen hatten Caroline und ich das Gefühl, dass das Wunder des Lebens in der Wissenschaft der Lebensbeobachtung verloren geht. Wir wollen zwar die beste medizinische Versorgung für unser Kind, aber unser Kind ist mehr als nur Zellen."

Hallo Mama,
hallo Papa,
ihr macht schon alles richtig …

Pop oder Klassik?

Wie kommt es, dass eine schwangere Frau, die bisher mit Vorliebe Pop-Musik gehört hat, plötzlich Lust auf klassische Musik bekommt? Oder umgekehrt? Wird sie von Veränderungen in ihrem Hormonhaushalt bestimmt? Oder gibt sie einfach ihren Gefühlen nach, die ihr instinktiv vermitteln, dass eine Symphonie von Mozart unter ihrem Herzen ein kleines Wunder auslöst? Es ist dieser Moment, der vor dem Denken kommt. Mütter und Väter haben das Recht auf ihre Instinkte und die Chance, ihnen freien Lauf zu lassen.

Jetzt wisst ihr also, ob ich ein Junge oder ein Mädchen bin, was mir persönlich zum jetzigen Zeitpunkt ziemlich egal ist. Mir geht es mehr um meinen Tastsinn, der entwickelt sich immer intensiver. Ich bewege auch schon meine Zunge, meine Lippen und meinen Mund, und das ist für euch bei der Ultraschall-Untersuchung wie ein aufregender Film.

Was ihr beim Ultraschall nicht sehen könnt, ist mein Gehirn, aber lasst euch sagen: Es entwickelt sich prächtig und schneller als jeder andere Körperteil, ist das nicht irre?

Also ihr da draußen, spielt doch mal Mozart!

Sex: ja oder nein?

„*Ist es O.K.*", frage ich mich oft als Mann, „*wenn ich meine schwangere Frau von Monat zu Monat erotischer finde? Ist es einfach ihr veränderter Körper? Wie ist das überhaupt mit dem Sex während dieser Zeit? Können z. B. die Stöße dem Baby schaden? Oder die eindringenden Keime?*" Einmal mehr: keine Angst! Bei Beginn der Schwangerschaft bildet der Muttermund eine undurchdringliche, schützende Barriere, die sich (wenig erotisch) „Schleimpfropf" nennt. Die Fruchtblase selbst ist durch die Gebärmutterwand gut geschützt. Also alles O.K. mit dem Sex bis zur Geburt.

Meine Haut wird mehr und mehr von einer weißen Creme bedeckt. Ihr nennt das „Käseschmiere", ich nenne es meinen ersten Anzug. Übrigens: Ich kann bereits hören und Schmerz empfinden! Also wenn ihr miteinander streitet, verstehe ich zwar eure Sprache noch nicht, aber es tut mir dennoch weh.

Das Wunderwerk Gehirn

Schon vor der Geburt sind Babys zahlreichen Reizen ausgesetzt, die aus dem mütterlichen Organismus oder der Lebenswelt der Mutter stammen. Freude, Angst und Stress der Mutter führen zu hormonalen Veränderungen in deren Blut. Über die Nabelschnur gelangen diese Botenstoffe in die Blutbahn des Ungeborenen und lösen physiologische Reaktionen aus, die wiederum neurologische Spuren hinterlassen. Das Gehirn baut auf diese Weise während der rund neun Monate der Schwangerschaft ein Netzwerk neuronaler Schaltstellen und Leitungen auf.

Ich bereite mich auf die Geburt vor. Ich übe das Saugen, indem ich am Daumen lutsche, ich kann die Augen öffnen, obwohl ich noch nichts sehe, aber ich fange an, mir Dinge zu merken, Stimmen zum Beispiel. Alle Geräusche regen mein Gehirn an, sind gute Übungen für mich. Mir wachsen Haare, Wimpern, Augenbrauen, aber jetzt kommt's: Ich kann schon träumen, wow, Bilder, die in meinem Kopf entstehen, und damit fühle ich mich schon richtig als Mensch. Ich werde Präsidentin!

Auch Ungeborene lieben Schokolade

Der Geschmack und Geruch des Fruchtwassers hängt von der Ernährung der Mutter ab. Experimente haben gezeigt, dass ungeborene Kinder Unterschiede wahrnehmen können. Eine Gruppe von Müttern hat in der Schwangerschaft Anis gegessen, eine zweite Gruppe nicht. Die Babys der Anisgruppe reagierten nach der Geburt positiv auf Anisgeruch, die Babys der anderen Gruppe zeigten keine Reaktion. Ungeborene lieben Süßes, dagegen schmecken ihnen nicht Bitteres, Alkohol und Nikotin.

Babys können schon im Mutterleib Mama und Papa an ihrer Stimme von allen anderen Menschen unterscheiden. Das bedeutet Sicherheit und Geborgenheit.

Manchmal gähne ich. Warum unternehmt ihr so wenig? Ihr braucht mich nicht zu schonen. Meine Nägel beginnen bereits zu wachsen, und ich beginne, Fettreserven anzulegen. Ich kann auch bereits schmecken. Wenn du, Mama, gerne Matjesfilets isst, dann wundere dich nicht, wenn ich später einmal ebenfalls gerne Matjes esse. Du gewöhnst mir schon im Bauch das Leben an. Nur von dir kann ich diese wunderbaren Erfahrungen lernen. In deinem Bauch ist es bereits sehr eng. Bald drehe ich meinen Kopf nach unten.

Die Natur, reich an Wundern,
nähert sich an diesem Punkt ihrem
größten Wunder: Mutter und Vater
schenken der Welt ein Kind …
    Respekt ist angesagt!
    Respekt!
    Respekt!

Hallo Mama,
hallo Papa,
wisst ihr, dass ich noch rund dreizehn Monate in Mamas Bauch bleiben sollte, um in Ruhe und Geborgenheit noch mehr heranwachsen, noch mehr reifen, noch mehr erfahren zu können? Dann würde ich schon nach der Geburt gehen, ein wenig sprechen und vieles essen können.

Aber mein Gehirn und damit mein Kopf sind schon zu groß geworden. Und durch den aufrechten Gang in den letzten Millionen Jahren ist dein Becken zu schmal geworden, liebe Mama.

Ich spüre,
dass uns allen
eine große
Veränderung
bevorsteht …

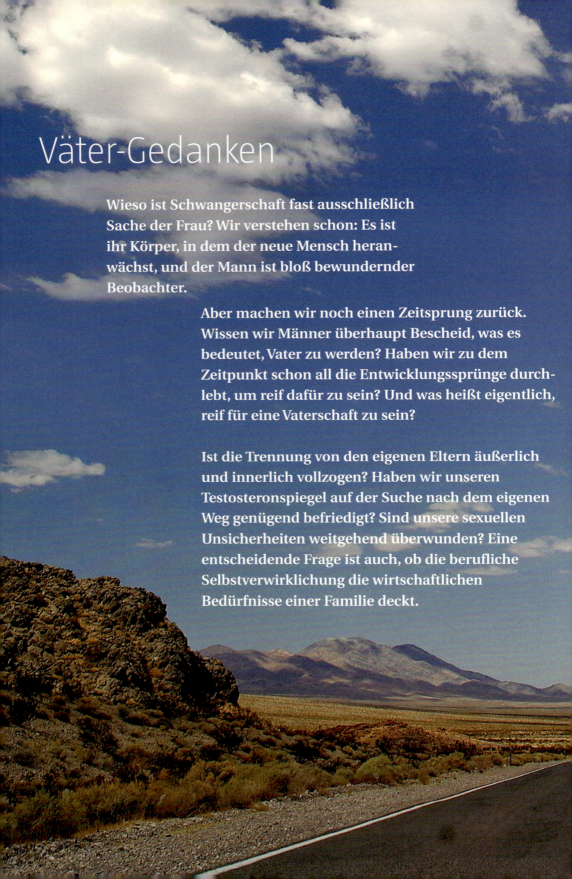

Väter-Gedanken

Wieso ist Schwangerschaft fast ausschließlich Sache der Frau? Wir verstehen schon: Es ist ihr Körper, in dem der neue Mensch heranwächst, und der Mann ist bloß bewundernder Beobachter.

Aber machen wir noch einen Zeitsprung zurück. Wissen wir Männer überhaupt Bescheid, was es bedeutet, Vater zu werden? Haben wir zu dem Zeitpunkt schon all die Entwicklungssprünge durchlebt, um reif dafür zu sein? Und was heißt eigentlich, reif für eine Vaterschaft zu sein?

Ist die Trennung von den eigenen Eltern äußerlich und innerlich vollzogen? Haben wir unseren Testosteronspiegel auf der Suche nach dem eigenen Weg genügend befriedigt? Sind unsere sexuellen Unsicherheiten weitgehend überwunden? Eine entscheidende Frage ist auch, ob die berufliche Selbstverwirklichung die wirtschaftlichen Bedürfnisse einer Familie deckt.

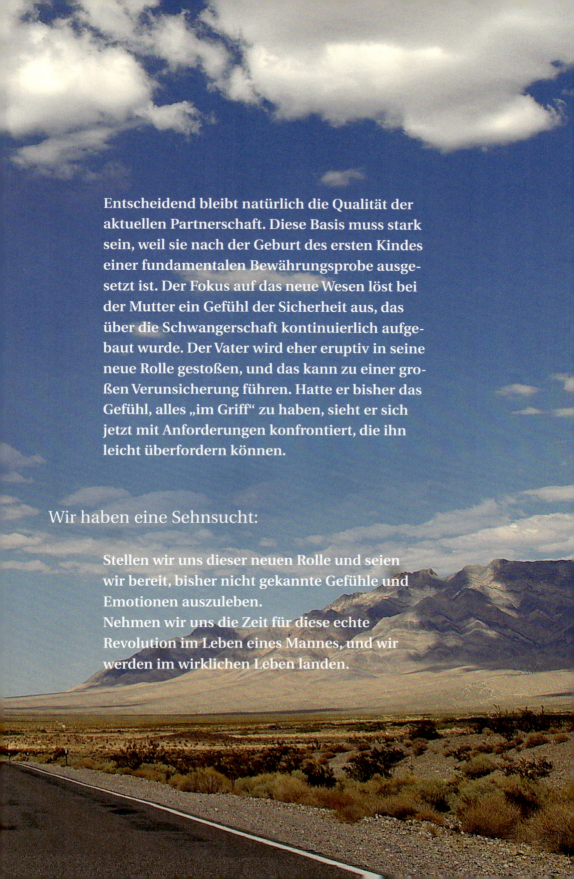

Entscheidend bleibt natürlich die Qualität der aktuellen Partnerschaft. Diese Basis muss stark sein, weil sie nach der Geburt des ersten Kindes einer fundamentalen Bewährungsprobe ausgesetzt ist. Der Fokus auf das neue Wesen löst bei der Mutter ein Gefühl der Sicherheit aus, das über die Schwangerschaft kontinuierlich aufgebaut wurde. Der Vater wird eher eruptiv in seine neue Rolle gestoßen, und das kann zu einer großen Verunsicherung führen. Hatte er bisher das Gefühl, alles „im Griff" zu haben, sieht er sich jetzt mit Anforderungen konfrontiert, die ihn leicht überfordern können.

Wir haben eine Sehnsucht:

Stellen wir uns dieser neuen Rolle und seien wir bereit, bisher nicht gekannte Gefühle und Emotionen auszuleben.
Nehmen wir uns die Zeit für diese echte Revolution im Leben eines Mannes, und wir werden im wirklichen Leben landen.

Der Weg zum gesunden* Kind

→ Auch Männer werden schwanger!

→ Freude statt Stress!

→ Sex während der Schwangerschaft – wo ist das Problem?

→ Mozart oder Pop!

→ Natur und Hightech!

→ Matjes und Anis – warum manche Menschen ein Leben lang davon träumen!

→ Bereiten wir eine Revolution vor!

* Gesundes Kind heißt: körperliche, seelische, geistige, soziale und spirituelle Gesundheit in der Babyzeit als Basis für das gesamte Leben bis ins hohe Alter (= ganzheitliche Gesundheit).

RAUM FÜR MEINE GEDANKEN

....

....

....

....

....

....

....

VERTIEFUNGEN ZU DIESEM KAPITEL
von **LUDWIG JANUS** (Buch 3, ab Seite 15) und **KOTOKO SUZUKI** (Buch 3, ab Seite 79).

Auf den nächsten Seiten wird die ideale Geburt für Eltern und Kinder betrachtet. Sie werden auch erfahren, wie Sie die früheste Kindheit zum Grundstein eines großartigen Lebens machen können. Während wir zwar in Bezug auf Babys idealistisch sind, ist das, was mit Eltern und Babys vielfach passiert, oft nicht ideal.

Vielleicht wurden Sie von einem Arzt davon überzeugt, dass eine klinische und unpersönliche Geburt die einzige Wahl ist. Vielleicht ist ein Kaiserschnitt aus medizinischen Gründen notwendig.

Oder vielleicht wurden Sie von der Werbung beeinflusst und glauben, Säuglingsnahrung ist besser als Muttermilch.

Wenn Sie aus welchen Gründen auch immer nicht in der Lage sind, Ihrem Kind die idealen Umstände zu bieten, bitte verzweifeln Sie nicht! Dieses Buch handelt von Hoffnung, und mit Liebe und Bindung an Ihr Kind kann vieles überwunden werden. Liebe kann Verzweiflung ersetzen. Und das ist das kostbarste Geschenk, das wir einem Kind geben können …

3

DIE GEBURT
mit Babys Augen
Ich will zurück nach Hause

Wer bestimmt, was ein Wunder ist?

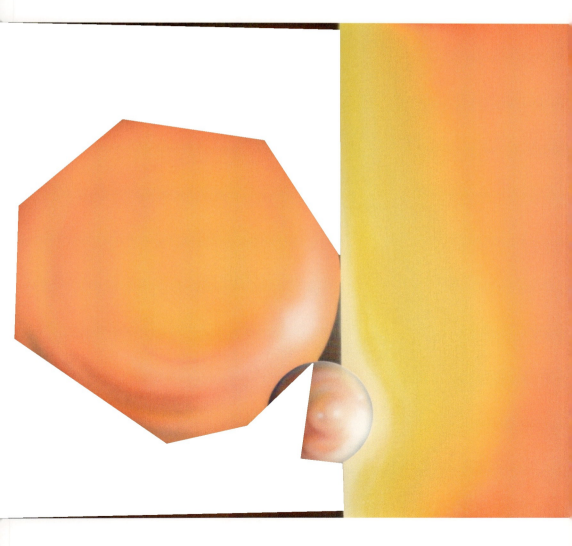

NEIN!!!

Mein willkommener Geburtsschrei ist in Wahrheit ein Schrei des Entsetzens! Ich hatte mir eine andere Ankunft erwartet!

Hallo Mama, hallo Papa!

Damit das mal klar ist:

Durch mich werdet ihr zu Mama und Papa, ich habe euch diesen Job gegeben. Ihr müsst mir dafür nicht übermäßig dankbar sein, aber ihr solltet wissen, wie es mir dabei geht. Also aufgepasst: Meine Geburt ist für mich ein Kampf auf Leben und Tod, und ob ihr es glaubt oder nicht, dieser Kampf ist ungeheuer wichtig für mich. Also bitte nehmt mir diese Erfahrung nicht weg. Es ist die erste wirkliche Herausforderung in meinem Leben, denn ich rufe hier meine ganze Geschicklichkeit ab, absolviere meine erste eigenständige Reise. Mein Durchsetzungsvermögen wird extrem auf die Probe gestellt, denn ich will ja ankommen.

Hier ist der Deal:

Es ist geschafft! Danke dir, Mama, du hast mir toll geholfen.
Nur jetzt keine Action mit wiegen, messen, waschen und so.
Lasst mich landen, ruhig und lang. Auf deiner weichen Brust.
Und wo ist Papa? Nimm mich auch zu dir, damit ich den
Unterschied zwischen euch beiden kennenlerne.
Und was kitzelt mich da am Ohr?

Nur damit ihr euch mal vorstellen könnt, was hier eigentlich läuft: Ich komme zur Welt und muss mich von einem Wasserwesen zu einem Landwesen verwandeln, das heißt, ich muss lernen, mit der Schwerkraft umzugehen.

15.00 Uhr

Warum so schnell?
(Lebenswichtige Hormone
gehen verloren!)

Temperatur stürzt
von 36° C auf 22° C

Bin ich hier
am Nordpol?

15.00 Uhr

Bonde mich!

15.00 Uhr

Bonde mich!

15.30 Uhr

15.30 Uhr – ∞

Bonde mich weiter!

Wenn ein Baby in unsere Welt kommt, werden gleichzeitig eine Mutter und ein Vater geboren.

Warum beginnen wir unser Leben erst ab der Geburt zu zählen?

Respektiert mich! Ich bin schon neun Monate alt.

15.30 Uhr

Warum?

20.00 Uhr

Jetzt könnt ihr mich abwiegen!

Eingeschlossen in kleine Behälter, die oft keinen Blick nach links und rechts zulassen, nur nach oben auf eine weiß getünchte Zimmerdecke – das ist oft die neue Welt des Neugeborenen. So ist jedes Erwachen nach einem langen Schlaf ein weiterer Schock, der gequältes und meist unbeachtetes Schreien auslöst.

Das panische Gefühl der unerträglichen Leere, das das Baby nach seiner Geburt bei dieser Behandlung überkommen muss, ist kaum beschreibbar. Plötzlich ist da nichts Vertrautes mehr, das seinen Körper hält, das seinen Rücken stützt, innerhalb von Sekunden wurde es allen Naturmechanismen entzogen, um dem Menschheitsmechanismus im wahrsten Sinne des Wortes geopfert zu werden. Und zwar in fachlicher und sachlicher Routine, denn „dem Kind darf nichts geschehen". Alles muss hundertprozentig nach technischem Geburtenplan ablaufen: Wichtig ist, dass alle „alles" wissen, als ob es so wichtig wäre, die genaue Größe, das genaue Gewicht bei der Geburt zu kennen.

Das Känguru-Junge kommt, weil die Känguru-Mutter anatomisch ebenso wie die Menschenmutter „zu schmal" gebaut ist, auch zu früh auf die Welt. Aber hier hat die Natur vorgesorgt: Das Neugeborene kriecht schnell in den Beutel der Mutter, wo es sich so beschützt fühlt wie vorher in der Gebärmutter. Und es kriecht aus diesem Beutel erst heraus, wenn es alt genug ist und sich der Natur stellen kann.

Hätten Babys eine Lobby, würden sie schon längst auf die Barrikaden steigen!

Warum sind nach der Geburt die ersten Stunden des Zusammenseins so wichtig? Was spielt sich dabei im Körper der jungen Mutter ab? Was sind die Folgen eines nicht vollständigen Bonding? Und welche Rolle spielt dabei der Vater?

Die Wichtigkeit des Bonding

Wenn wir Väter bei der Geburt unserer Kinder eine wichtige Aufgabe haben, dann besonders diese: dafür zu sorgen, dass unsere Babys nackt von der Mutter umschlungen werden. Dieses sofortige Bonding, noch vor der üblichen medizinischen Versorgung, zählt zu den elementarsten positiven Prägungen eines Kindes.

Es besteht heute kein Zweifel mehr daran, dass sowohl die Mutter als auch das Baby nach der Entbindung für eine bestimmte Zeit von Opiaten geradezu überschwemmt sind. Beide befinden sich in einem emotionalen Zustand, in dem das Außen keinen Platz hat. Wenn ein Neugeborenes auf dem Körper der Mutter liegt und ruhig wird, zeigen wir die größte Achtung, indem wir dieses Bild in Stille genießen. Nichts kann so wichtig sein (außer in einem medizinischen Notfall), dass wir die Frau ansprechen und aus dem emotionalen Wahrnehmungszustand holen müssen. Die Bonding-Phase braucht den Genuss des eigenen Seins, den Genuss des Glücks durch sich selbst.

Durch die vertrauten Wahrnehmungen am Körper der Mutter findet das Kind die Impulse zur Aktivierung der Organfunktionen, die es vitalisieren.

Wird die Prägung verhindert, das Baby fortgetragen, wenn die Mutter darauf eingestellt ist, es zu liebkosen, an die Brust zu legen, in die Arme und ins Herz zu schließen, oder die Mutter ist zu sehr mit Narkotika vollgepumpt, um die Prägung voll zu erfahren – was geschieht dann? Jean Liedloff, amerikanische Psychotherapeutin, hat beobachtet, dass der Prägungsreiz einem Zustand der Trauer weicht, wenn die Reaktion der erwarteten Begegnung mit dem Baby ausbleibt. Wenn während der formenden Ewigkeiten, in denen Menschengeburten stattfanden, der aufwallenden Zärtlichkeit der Mutter das Objekt fehlte, dann aus dem Grunde, dass das Baby tot geboren war. Die psychobiologische Reaktion war das Trauern. Wenn der Moment verpasst ist, die Reaktion auf den Reiz ausbleibt, werden die Kontinuum-Kräfte von der Annahme geleitet, es sei kein Baby da und der Prägungsreiz müsse annulliert werden. Wird also in einer „nur Hightech-Klinik" einer Mutter, Stunden oder auch nur Minuten nachdem sie in einen physiologischen Zustand der Trauer geraten ist, plötzlich ein Baby hingehalten, so folgt häufig die Reaktion, dass sie sich schuldig fühlt, weil sie nicht imstande ist, Muttergefühle aufzubringen oder „das Baby besonders lieb zu haben". Das schreibt Liedloff, die in ihrem Buch „Auf der Suche nach dem verlorenen Glück" der Zerstörung der Glücksfähigkeit in der frühen Kindheit nachspürt. Außerdem leidet die Mutter dann an der klassischen Zivilisationskrankheit, die als nachgeburtliche Depression bezeichnet wird – genau in dem Augenblick, da die Natur sie ganz ausgezeichnet auf eines der tiefsten und folgenreichsten Gefühlserlebnisse ihres Lebens vorbereitet hat.

Zum ersten Mal haben Mutter und Baby beim Bonding Blickkontakt. Zum ersten Mal sehen sie sich direkt in die Augen. Beide blicken wie in einen Spiegel: Sie suchen im Gegenüber das „Ja" zum Glück des eigenen Seins.

Ein Neugeborenes, das in dieser ganz entscheidenden Prägungsphase eine Verbindung zu den vorgeburtlichen Erfahrungen findet, gewinnt sein emotionales Selbstvertrauen – auch dann, wenn der Kampf bei der Geburt schwierig verlaufen ist.

Ohne Bonding-Erfahrung ist eine Mutter-Kind-Beziehung von Beginn an belastet, weil das Vertrauensverhältnis einen entscheidenden Bruch erlitten hat. Wenn man nun bedenkt, wie wichtig Bonding für Mutter und Kind gleichermaßen ist, muss man den Ablauf vieler Geburten als unverantwortlich bezeichnen.

An uns Vätern liegt es, diesem Missstand ein für allemal einen Riegel vorzuschieben:
→ **Mutter und Kind sind uns anvertraut.**
→ **Mutter und Kind bauen auf uns.**

Lesen Sie nun über Maßnahmen der modernen Medizin, die diesen Bonding-Prozess stören.

Kaiserschnitt – der neue Jahrhundert-Trend?

In Deutschland werden bereits über 22 % der Babys durch Kaiserschnitt geboren!

Ich bin wohl in den falschen Zug gestiegen.

Mutter und Baby produzieren vor der Geburt gemeinsam vermehrt Steroide, die die Plazenta zur Produktion von Östrogen anregen, gleichzeitig wird das Progesteron gedrosselt, und die Hypophyse produziert Oxytozin. Dieses einmalige Zusammenspiel der Natur schüttelt das Baby hin und her, wir nennen diesen Vorgang die Wehen.

Mit dem Kaiserschnitt wird die Anregung der Organe frühzeitig unterbrochen. Das positive Geburtserlebnis des Babys wird gestört. Auch die gängige Epiduralanästhesie (weitgehende Schmerzfreiheit) verhindert für die Mutter das Eintreten in den Zustand eines höheren natürlichen Bewusstseinszustands. Das Kind bleibt ein Stück allein.

Der OP-Geburtstermin wird oft willkürlich festgelegt: Wann ist ein Bett frei, wann haben die Geburtshelfer Zeit, welchen Tag findet die Mutter nett? Oft ist das Kind zu diesem Termin weder reif noch bereit. Hier kommt dem Bonding eine noch größere Bedeutung zu.

Kaiserschnitt-Babys vermissen ein Leben lang eine sehr wichtige Erfahrung: das Erfolgserlebnis, sich selbst aus dem Bauch der Mutter herausgedreht zu haben. Wird dieses elementare Ereignis unterdrückt, kann es zu Ausfällen im Kindes- und Erwachsenenalter kommen. Die Motorik und Sensorik des Kindes können eingeschränkt sein. Im Erwachsenenalter kann ein gewisses Durchsetzungsvermögen fehlen wie auch die Fähigkeit, sich selbst wichtige Grenzen zu setzen.

Manche Frauen haben keine andere Möglichkeit als die Entscheidung für einen Kaiserschnitt. Frauen mit übermäßiger Angst folgen nicht der Kraft ihres Körpers. Sie verzweifeln am Durchleben ihrer Schmerzen. Dadurch kann die Beziehung zwischen Mutter und Kind ebenfalls nachhaltig gestört werden. Das Risiko bei einer normalen Geburt steigt rapide an.

Kaiserschnitt-Babys sind daher besonders liebevoll zu behandeln: durch wirklich intensives Tragen, durch gemeinsames Schlafen im Familienbett, durch besonders häufigen Hautkontakt etc. kann die erfolgte negative Prägung in einem gewissen Sinne gelindert werden.

Liebe Mama,

bis 16 Stunden kann es dauern, bis ich bei dir liege. Mir ist schon klar, dass du das so schnell wie möglich hinter dich bringen willst. Aber ich spüre, dass dieses ewige Pressen und Ziehen für mich ganz wichtig ist. Erstmals fühle ich intensiv, dass ich eine eigene äußere Hülle habe, und immer mehr Funktionen melden sich zum Dienst. Weiter so, Freunde, denn ich mache da gerade meine erste Reifeprüfung in Sachen Lebenserfahrung!

Doch plötzlich wird es still in meinem Paradies. Ich ahne, dass etwas vorgeht – aber was? Was ist hier los? Alles wird plötzlich weiter, ich spüre Kälte, Hände fassen mich an meinem Kopf, langsam werde ich hochgehoben. Grelles Licht strahlt mich an. Jetzt ist die Kälte überall. Das war nicht ausgemacht. Ich will zurück zu dir! Ich schreie!

Frédérick Leboyer – der „Vater der sanften Geburt"

Als Klinikchef der University of Paris School of Medicine hat der französische Arzt Frédérick Leboyer mehr als 10.000 Geburten begleitet. „Ich bin stolz", sagte er während eines persönlichen Treffens, „dass meine Babys ohne Geburtsschrei zur Welt kamen!" Er sagte aber noch etwas sehr Bedeutendes: „Wir müssen endlich erkennen, dass Kinder nicht das Eigentum irgendeines Menschen sind. Kinder sind wie anspruchsvolle Gäste, die wir zu bewirten, zu betreuen und zu umsorgen haben. Bis sie reif für unsere Welt sind."

Frédérick Leboyer hat diesen Beitrag eigens für dieses Buch geschrieben:

Sie sind der Meinung, dass die Geburt eine angenehme Erfahrung ist? Angenehm? Die Geburt! Jede Frau wird Ihnen erzählen …

Nein, nein! Hier muss ich gleich klarstellen: Ich rede nicht von der Frau und nicht von der Erfahrung der Mutter. Ich meine nicht das Gebären. Ich spreche hier von „geboren werden", von der Erfahrung des Neugeborenen. Und hier stelle ich die Frage: Glauben Sie, dass Babys glücklich sind, wenn sie das Licht der Welt erblicken?

Babys? Glücklich, geboren zu werden? Wie ist das möglich? Ein Neugeborenes kann weder glücklich noch unglücklich sein.

Oh, das glauben Sie also? Und warum, wenn ich fragen darf?

Einem Neugeborenen fehlt doch das Bewusstsein. Wie soll es also zwischen Glück und Unglück unterscheiden?

Kein Bewusstsein? Und warum schreien dann Babys vom ersten Moment der Geburt an so bitterlich und verzweifelt? Und wieso scheint es, dass ihr herzzerreißendes Geschrei und Seufzen wie ein leidenschaftliches „Nein, nein, nein!" klingt? Es ist dieses „Nein", das ich in einem Stadium meiner Karriere als Geburtshelfer versuchte zu verstehen. Und dann versuchte ich dieses „Nein" in ein „Ja" umzuwandeln: Wie glücklich ich doch bin, geboren zu sein, auf der Welt zu sein, frei zu sein!

Seltsam dass mir erst am Ende meiner Karriere diese fundamentale Frage über den „untragbaren Schmerz der eigenen Geburt" bewusst wurde, der einen so langen und dunklen Schatten über unser Leben wirft …

Jahrelang war ich ausschließlich mit den Schmerzen der Frau während der Wehen, mit denen sie ihr Kind zur Welt bringt, beschäftigt. „Etwas" in mir hat sich einfach geweigert, sich mit dem Schmerz des Kindes auseinanderzusetzen.

Was war dieses „Etwas"?

„Sie haben Ohren und hören nicht. Sie haben Augen und sehen nicht."

Ja, das war genau das „Etwas".

Wie war es dann möglich, dass sich in mir „Etwas" zu einem bestimmten Zeitpunkt meiner beruflichen Laufbahn öffnete? Es war die Tatsache, dass ich zurück zum Anfang meines eigenen Lebens kam, durch Bewusstseinsrückführungen zu meiner eigenen Geburt, durch das Erfahren meiner „eigenen Schmerzen" konnte ich in meinem Inneren wahrnehmen, was in einem Kind vorgeht, während es geboren wird.

In dem Augenblick, als ich mich mit „dem Schmerz der Geburt" zu beschäftigen begann, zaghaft und geduldig, aber mit Leidenschaft, versuchte ich den Schmerz, den Widerstand des Neugeborenen zu verstehen und wie man all das ins Gegenteil verwandeln könnte: in die Freude des Geborenwerdens.

Es dauerte vier oder fünf Jahre geduldiger Arbeit, um einen „Weg" zu finden, um den jungen Reisenden, den tapferen Abenteurern, die unser Ufer erreichen und im Hafen ankommen, zu begegnen.

Es war unglaublich, als ich endlich Babys erlebte, die nicht einen einzigen Schrei von sich gaben!

Und als sie im „Leboyer-Bad", das natürlich nicht zum Waschen und Reinigen des Kindes konzipiert war, ihre Augen öffneten. Die Babys sollten sich von all den Spannungen befreien, die sich, während sie wie „ein kräftiger aufgebrachter Bulle" mit dem Kopf durch den Geburtskanal drängten, aufgestaut hatten.

Es war wirklich außergewöhnlich, diese Kinder zu beobachten – so ruhig, so still, als sie ihre Augen öffneten, um sich schauten und … sofort zu spielen begannen … mit ihren Händen, ihren Füßen, ihrem ganzen Körper! Sie schienen von Anfang an sofort die „Essenz des Lebens" zu verstehen und es anzunehmen, was sich in ihrem zufriedenen Spielen äußerte. Wie ein Theaterstück, ein Tanz.

Kinder, die durch den „Leboyer-Weg" geboren werden, sind so grundsätzlich anders.

In welcher Art?

Wie ich schon sagte: Menschen, die frei sind.

Frei wovon?

Frei von Angst!

Das ist die einzige Freiheit, die wir suchen sollten.

In der privaten Klinik, in der ich ordinierte und wo die „Leboyer-Geburt" sich langsam entwickelte, sagten die Schwestern, die die Säuglinge gleich nach der Geburt betreuten: *„Unglaublich! Diese Kinder sind so ruhig, so friedlich!"*

Selbst die Mütter und Väter sagten: *„Unser Kind ist so ruhig. Es vermittelt mir ein Gefühl des Friedens, das ich vorher noch nicht empfunden habe."*

Frieden und Ruhe, das es förmlich ausstrahlt …

Dies steht in starkem Gegensatz zum üblichen Geschrei Neugeborener, das die ganze Nacht hindurch den armen Frauen ihren so nötigen Schlaf raubt.

Es gibt sogar so etwas wie wissenschaftliche Beweise für die Vorteile solch einer Geburt. Die Psychologin Danielle Rapoport machte eine Studie: Sie interviewte dreihundert Frauen, deren Kinder durch den „Leboyer-Weg" zur Welt kamen. Die Resultate dieser Studie wurden vom renommierten „Journal der Psychologie" der Sorbonne-Universität in Paris veröffentlicht.

Wann immer Danielle Rapoport junge Mütter traf, hatten diese viele Fragen an die Psychologin: *„Was soll ich machen, wenn mein Kind …?"*

Bei den „Leboyer-Frauen" war das anders: *„Haben Sie denn keine Fragen, keine Probleme mit Ihrem Kind?"*, erkundigte sich Danielle Rapoport.

„Eigentlich nicht."

„Keine Probleme mit dem Schlafen, mit Blähungen?"

„Nein, überhaupt keine Probleme. Mein Kind ist so ruhig, so einfach zu betreuen. Im Gegenteil: Mein Kind ‚macht' mich auch ruhig. Ich fühlte mich noch nie so friedlich, so glücklich."

Und als diese außergewöhnlichen Kinder älter wurden, waren immer die gleichen Charakteristika zu erkennen: Während andere Kinder am Abend ungern zu Bett gingen und immer eine Geschichte erzählt bekommen wollten oder sich an irgendein Kuscheltier klammerten, ohne das sie nicht einschlafen konnten, sagten die „Leboyer-Kinder" einfach: *„Gute Nacht. Ich gehe jetzt schlafen."* Und sobald sie alleine im Bett waren, konnten sie auch sofort einschlafen!

Warum? Was konnte solche Wunder bewirken?

Diese Kinder waren von Anfang an frei von irgendwelchen Ängsten!

Kinder, die auf die Welt kommen und mit Intelligenz und Respekt empfangen werden, sind in kürzester Zeit von allen Spannungen, die sich in ihrem Körper, in ihrem Kopf, in ihrem Becken und ihrer Wirbelsäule aufgestaut haben, erlöst. Befreit von allen Ängsten, und daher auch befreit von … Wut!

Hallo
Frédérick!
Du bist
großartig!

Der große Schock für Mama, Papa und das Baby: FRÜHGEBURT!

Wir kommen alle um zirka 13 Monate zu früh zur Welt. Doch es gibt Babys, die noch früher geboren werden …

Ein Inkubator (Brutkasten) ist nicht viel mehr als ein Glaskasten, in dem es warm ist. Die Dauer der Schwangerschaft und das Geburtsgewicht beeinflussen die Dauer des Aufenthalts im Inkubator.

„Kangarooing" (Streicheln und Körperkontakt) verringert Atempausen, Atemprobleme und Atemstörungen. So „verwöhnte" Frühchen erholen sich sichtbar rascher und können den körperlichen Rückstand gegenüber „normal geborenen" Babys schon nach einigen Monaten wettmachen.

Einen Sonderfall stellen zu früh geborene Kinder dar. Ihr Übergang von der Mutterleibswelt in die Säuglingswelt ist durch die Entbehrungen der Frühgeburtssituation belastet. Sie müssen ihre erste Lebenszeit in einem unbehaglichen Inkubator verbringen, den kontinuierlichen Kontakt mit der Mutter vermissen und vielerlei medizinische Maßnahmen wie Blutabnahme usw. über sich ergehen lassen. Lange Zeit stand hier das körperliche Überleben im Vordergrund. In den letzten Jahren wird aber deutlich, wie sehr gerade diese Kinder auf seelische Unterstützung bei ihrem Weg in die Welt angewiesen sind, damit sich Bindungsfähigkeiten entwickeln können. Andernfalls kann die Schwächungs- und Entfremdungserfahrung der Frühgeburtssituation als eine sich immer wieder wiederholende Belastung mit ins Leben genommen werden. Dies kann in Form von Selbstentwertungs- und Entfremdungsgefühlen in Belastungssituationen augenfällig werden[*]. Auch in spätere Liebesbeziehungen kann diese im Inkubator erlebte Entfremdungserfahrung störend hineinwirken. Darum ist das Kangarooing, d. h. das Halten des frühgeborenen Kindes am Körper der Mutter oder des Vaters, eine so bedeutende Alternative zum Inkubator, weil hier die emotionale Kontinuität bewahrt wird.

[*] Joyv. Brown, Universität Colorado

Lebe, bitte lebe!

Wie Väter Frühgeborenen ins Leben helfen.

Alles kann noch so genau geplant werden: der Verlauf der Schwangerschaft, jede Untersuchung. Und dann passiert es doch: Die Partnerin muss in die Klinik – Frühgeburt! Wie wichtig es dann ist, dass der Mann, der Vater zur Stelle ist, beweist die nachfolgende Geschichte:

Als ich von einer Auslandsdienstreise um ein Uhr nachts nach Hause kam, fand ich auf dem Küchentisch eine Nachricht meiner schwangeren Frau: *„Ich muss dringend in die Klinik, habe Blutungen."* Ich rief auf der Geburtenstation an und erfuhr, dass meine Frau, erst im sechsten Monat schwanger, entbunden hatte. Mein Sohn wog 900 Gramm, die Überlebenschance sei 10 Prozent. Ich raste zur Klinik. Die Nachtschwester verwehrte mir den Zutritt in die Frühgeburtenstation: *„Dazu muss ich den Chefarzt fragen, und der ist erst ab acht Uhr morgens in der Klinik."* *„Hören Sie"*, sagte ich, *„Sie können mir nicht zumuten, dass mein Kind stirbt und ich es nicht lebend gesehen habe. Sie müssen mir mein Kind zeigen. Ich habe als Vater ein Recht darauf."* Die verständnisvolle Stationsschwester führte mich in desinfizierter Kleidung zum Inkubator: Da lag also mein Kind, ein Winzling, den Körper voller Ödeme, ohne richtige Nieren- und Lungenfunktion.

Ich griff schnell in den Inkubator und ertastete das schwächliche Händchen meines Kindes. Die Schwester neben mir erstarrte: *„Das dürfen Sie nicht tun, Sie sind nicht steril."* Aber ich ließ die Hand meines Kindes nicht mehr los: Ich begann es zu streicheln. Über seine Händchen, über seine Ärmchen, über seinen ganzen schwachen Körper. Ich war wie besessen von der Idee, dass mich dieses Kind brauchte und dass es ohne meine Berührungen nicht überleben würde. Als der Chefarzt morgens kam, hatte ich mich noch nicht von der Stelle bewegt. Ich streichelte und streichelte. Der Chefarzt sagte: *„Machen Sie weiter so. Das ist vielleicht die einzige Chance, dass Ihr Sohn überlebt."* Ich verbrachte viele Tage und Wochen auf der Station. Es wurde für mich die glücklichste Zeit meines Lebens, mein Kind sichtbar heranwachsen zu sehen. Die Nieren und die Lunge begannen richtig zu funktionieren, sein Körper wurde größer und stärker. Er entwickelte sich zu einem prächtigen Jungen.

Väter-Gedanken

Das Kind kämpft sich ins Leben, die Frau wird überschwemmt von Schmerz und Glück. Was ist mit uns? Sind wir nur Helfer, Zeuge einer Schöpfung?

Wir haben eine Bestimmung:

Auch wir Männer gebären. Wir gebären uns selbst. Als Teil der kleinsten, aber wichtigsten gesellschaftlichen Zelle – der Familie.

Vaterwerden ist etwas völlig Irrationales!

Der Weg zum gesunden* Kind

→ Die Natur braucht keine Hilfe – Babys wissen, wann es Zeit ist!

→ Aus einem Wasserwesen wird ein Landwesen!

→ Hallo Baby, wir kennen uns schon neun Monate!

→ Bonding – die große Leidenschaft!

→ Kaiserschnitt-Babys brauchen noch mehr Zuneigung!

→ Kangarooing weckt in jedem Vater Emotionen!

→ Kinder sind nur in unserer Obhut!

* Gesundes Kind heißt: körperliche, seelische, geistige, soziale und spirituelle Gesundheit in der Babyzeit als Basis für das gesamte Leben bis ins hohe Alter (= ganzheitliche Gesundheit).

RAUM FÜR MEINE GEDANKEN

....

....

....

....

....

....

....

....

VERTIEFUNGEN ZU DIESEM KAPITEL
von **LUDWIG JANUS** (Buch 3, ab Seite 15) und **KOTOKO SUZUKI** (Buch 3, ab Seite 79).

Gibt es eine schönere Fügung der Natur als jene, dass es ein und dasselbe Hormon ist, nämlich Oxytozin, das bei den intensivsten Momenten menschlichen Empfindens – **also beim Liebesakt, beim Orgasmus von Frau und Mann, bei der Geburt, beim ersten Hautkontakt zwischen Mutter und Neugeborenem sowie beim Stillvorgang** – vom sogenannten primitiven Teil unseres Hirns produziert und freigegeben wird? Michel Odent nennt es das „Hormon des Altruismus", der Selbstlosigkeit, des Sich-selbst-Vergessens.

Dieses von der Lebenslust gesteuerte Gefühl braucht einen körperlichen und seelischen Raum, um sich entfalten zu können. **Jeder Mensch hat ein Recht darauf, ganz besonders die Mutter beim Geburtsakt ...**

4

DIE GEBURT
mit den Augen der Eltern
Die Familien-Hochzeit

Wenn man liebt, braucht man kein Glück.

Große Gefühle

„In der Art, wie eine Gesellschaft ein Neugeborenes empfängt, zeigt sie ihre tiefen Ressourcen und ihr Wissen vom Leben. Wenn es etwas Unabänderliches, Banales, Universelles, aber auch Heiliges im Geschehen der Geburt gibt, so ist es die Art und Weise, eine gebärende Frau zu begleiten und ein Neugeborenes zu empfangen." (Jacques Gelis).

Ich finde es beeindruckend, dass sich viele Frauen vor einer Erstgeburt mit dem wahren Ausmaß der Geburtsstrapazen nicht wirklich konfrontieren. Sonst wären sie schon bei anderen Geburten dabei, um zu sehen, was ihnen da bevorstehen kann. Frauen leben in der Angst, das heißt, sie lassen sich darauf ein, gehen in ihr auf und bewältigen sie somit. Wahrhaft große Gefühle! Wir Männer leben neben der Angst, lassen uns davon irritieren, ja mitunter beherrschen. Wir durchleben keine körperlichen Schmerzen bei der Geburt, und das sollte uns die Kraft geben, umso mehr für unsere Frauen da zu sein, wenn es so weit ist.

Meiner Ansicht nach ist es die wichtigste Aufgabe von uns Männern, unseren Frauen in dieser Phase noch deutlicher zu zeigen, dass wir die Dramatik einer Niederkunft (im wahrsten Sinne des Wortes) nur erahnen können und deshalb noch mehr Respekt als sonst für sie empfinden. Unsere großen Gefühle.

Bei all der Routine, der fast schon provokanten Gelassenheit, ja mitunter Anteilnahmslosigkeit, mit der im Krankenhaus manchmal eine Geburt vorbereitet und durchgeführt wird, vermisse ich genau diese großen Gefühle. Ich sehe schon ein, dass es sich hier um professionelle Vorgänge für Mediziner und Betreuer handelt, aber letztlich ist und bleibt die Geburt ein Wunder. Wenn eine Mutter unserer Gesellschaft ein Kind schenkt, dann sind wir Väter angehalten, diesem Wunder unseren Respekt zu erweisen, in jeder nur denkbaren Art. Große Gefühle eben!

Wie denken die Frauen über die kritische Phase der Geburt?

Chris Melloy hat als Hebamme schon mehr als 1.400 Geburten begleitet. Sie sagt:

„Den Weg jeder einzelnen Schwangeren sollten wir frei zulassen und deshalb respektieren, wenn Frauen sich zu Schmerzfreiheit und Kaiserschnitt entschließen. Häufig sind solche Entscheidungen jedoch die Folge von Verunsicherung in der Schwangerschaft. Auch müssen wir erkennen, dass die Angst vor dem Gebären häufig in früheren Gewalterfahrungen und sexuellem Missbrauch ihren Ursprung hat. Ich verstehe den Sinn von notwendigen medizinischen Interventionen, doch das massive Einbrechen in und Manipulieren von jedem Gebärvorgang kann nur als Missachtung, Missbrauch und Gewalt gegen Frauen und Kinder gesehen werden.

Wir sollten Frauen den Zugang zu Hebammen ermöglichen, die sie durch die Schwangerschaft begleiten. Hebammen, die Frauen in ihrem Vertrauen auf eigene Ressourcen stärken und auf ihre individuellen Bedürfnisse eingehen. Wir sind aufgefordert, als Begleiter von Gebärenden und als Gesellschaft insgesamt unsere Haltung zu überprüfen: Wie lassen wir das Geburtsgeschehen zu? Nehmen wir uns selbst wichtig? Lassen wir Frauen und Kindern Zeit und Raum? Ertragen wir das Animalische bei Geburten, haben wir Geduld und empfinden wir Demut vor dem Geschehen, das nicht perfektionierbar ist?

Akzeptieren und schätzen wir Gebären als menschliche Initiationserfahrung, die uns auf psychischer, körperlicher, sexueller und sozialer Ebene verändert und wachsen lässt?

Wir sind aufgefordert, uns anzusehen, warum wir so viel Wert darauf legen, das Geschehen um Schwangerschaft und Geburt zu beengen, was uns ängstigt und wie weit es mehr um Macht und Dominanz als um beste Betreuung geht."

Was Hebammen meinen

„Je mehr Menschen bei einer Geburt anwesend sind, desto länger, schwieriger und schmerzvoller wird der Geburtsvorgang."
(Den Frauen könnten in vielen Fällen seelische und körperliche Schmerzen erspart bleiben, wenn wir ihnen Intimität zugestehen würden!)

„Vielfach geht alles nach Plan. Wie bei einer Operation. Die nächste Gebärende wartet schon."
(Immer mehr Frauen werden hightech ambulant entbunden. Für Gefühle bleibt oft kein Platz!)

„Viele Geburten sind ein geschäftlicher Vorgang. Für die Ärzte, für die Hebammen, für die Kliniken."
(So werden die meisten Kinder tagsüber zur Welt gebracht, weil es besser ins Kostenschema passt.)

Geburt und Medizin – was Sie wissen sollten:

→ Zum Zeitpunkt der Geburt steigt der Östrogen-Spiegel der Frau um das Eintausendfache (!). Herz und Lunge sind stark vergrößert. Die Frau braucht daher Ruhe, inneren Frieden, Selbstsicherheit …

→ Eine gesunde Frau kann ein gesundes Kind haben. Ein spontaner physiologischer Geburtsprozess kann nicht verbessert, er kann nur gestört werden. Keine Maschine besitzt die Intelligenz des weiblichen Körpers. Technologie kann ein wichtiges Hilfsmittel sein, ist aber nur ganz selten nötig.

Die Wünsche der Frauen zur Geburt werden allzu selten wirklich berücksichtigt.

Gebärende wünschen sich manchmal eine Stütze

Diese Art von „Stütze" soll eine starke Präsenz ausstrahlen – für alle Bedarfsfälle, die die Gebärende betreffen.

Diese „Stütze" soll die Interessen der Gebärenden bei den Geburtshelfern vertreten.

(Die Mutter oder der Partner der Gebärenden ist dann hilfreich, wenn keine Probleme zwischen beiden stehen.)

Diese „Stütze" darf keine Angst vor Körperlichkeit haben.

(Der anwesende Partner verhindert oft das wichtige Sich-total-gehen-Lassen – viele Geburtshelfer schätzen das.)

Geburt und das Umfeld – was Sie wissen sollten:

→ Gebären ist nicht niedlich und idyllisch. Gebären ist Körperlichkeit: Schweiß, Blut, Urin, Kot stehen einer gesellschaftlichen Ästhetisierung gegenüber, die sich planbar, sauber, schön und leise präsentiert.

→ Wenn eine Frau in einer solchen Situation vom Partner nicht mehr begleitet werden will und ihn aus dem Geburtszimmer bittet, sollte dies liebevoll respektiert werden.

In der Natur ist die Geburt ein fundamentales Thema. Ohne Geburt kein Leben, ohne Leben kein Kontinuum.

Frauen fühlen selbst, was ihnen und ihrem Baby am besten tut ...

Seit vielen Jahren verfolgen wir mit großem Respekt die wissenschaftlichen Arbeiten von Michel Odent, dem ärztlichen Leiter des Forschungsinstitutes Prinal Health Research Center in London, der einen großen Erfahrungsschatz zum Thema Hausgeburt sammeln konnte. Wenn Michel Odent zu einer Hausgeburt kommt, dann lässt er sich vom allerersten Eindruck leiten, der ihm sehr viel über die Situation erzählt. So ist es ein gutes Zeichen, wenn sich die Frau ins Bad gesperrt hat. Dieses Verhalten, das Mitglieder der Geburtshilfeteams in einem Krankenhaus in der Regel sehr nervös macht und veranlasst, an die Tür zu klopfen und zu rufen: *„Schließen Sie auf!"* und *„Was ist, wenn das Baby kommt und wir nicht aufmachen können?"*, wertet Odent als ein positives Zeichen, nämlich dass das Baby bald kommen wird. Er ist ebenfalls optimistisch, wenn er die gebärende Frau auf dem Boden kauernd vorfindet – gerade dabei, sich auf einen anderen Planeten zu begeben. Eine erfahrene Hebamme wird sich in dieser intimen Phase der gebärenden Frau nie wie eine Beobachterin verhalten und durch wiederholte vaginale Untersuchungen eingreifen und stören.

Erfahren sind Hebammen für Michel Odent dann, wenn sie mit Frauen vertraut sind, deren Geburten nicht „geleitet" werden müssen, die keine Hemmungen haben, laut zu sein, zu atmen, wie sie gerade wollen, und jede mögliche Körperhaltung einzunehmen, die ihnen bequem erscheint. Wenn eine Hebamme den Geräuschen der Gebärenden zuhört, dann wird es ihr möglich sein, mehr über den Geburtsverlauf zu erfahren, als sie jemals beim Eindringen mit ihren Fingern herausfinden könnte.

In einer „Privacy"-Geburt können Frauen die natürlichen Geburtshormone in tiefer Bewusstseinsphase empfangen:

Eines dieser Glückshormone ist Endorphin. Es wird vom Körper der Frau produziert, wenn sich diese ungestört und geschützt im Geburtsprozess befindet. Durch monotone Atmung, Bewegung oder Schmerz wird es ausgeschüttet. Es lässt Frauen in ein starkes und mystisches Erleben eintreten. Die zur Welt kommenden Babys werden in der Welle dieses Glückshormons schmerzfreier als sonst getragen/geboren. Einem weiteren Hormon wird seit kurzem noch mehr Aufmerksamkeit gewidmet – dem Oxytozin. Michel Odent spricht von ihm als dem Liebes- und Bindungshormon. Es wird beim Gebären (Wehenproduktion und -regulation) und beim Stillen („Loslassen" der Milch) frei. Damit diese Hormone zum Wirken kommen, braucht es gewisse Voraussetzungen. Eine wichtige davon ist die Privacy, d. h. keine fremden Menschen im Gebärzimmer, nicht zu viele Blicke, Rückzugsmöglichkeit, dämmriges Licht, Wärme, Wasser, nach der Geburt genügend Zeit für das Bonding mit dem Kind und frühes Stillen des Kindes.

Die Frau fühlt selbst, was ihr am besten tut. Der Geburtsvorgang ist evolutionär in ihr gespeichert. Die Geburtshelfer achten oft nicht auf diese Prägung. Sie zwingen der Frau ihre Vorstellungen von einer Geburt auf, fügen damit ihr und dem Kind viele unnötige Ängste zu und prägen weibliche Nachkommen negativ. Die Zustimmung zum Schmerz, das Archaische des Geburtsvorganges ist es, das anerkannt werden muss. DIESE Kraft ist es, die von Gynäkologen oft gefürchtet wird.

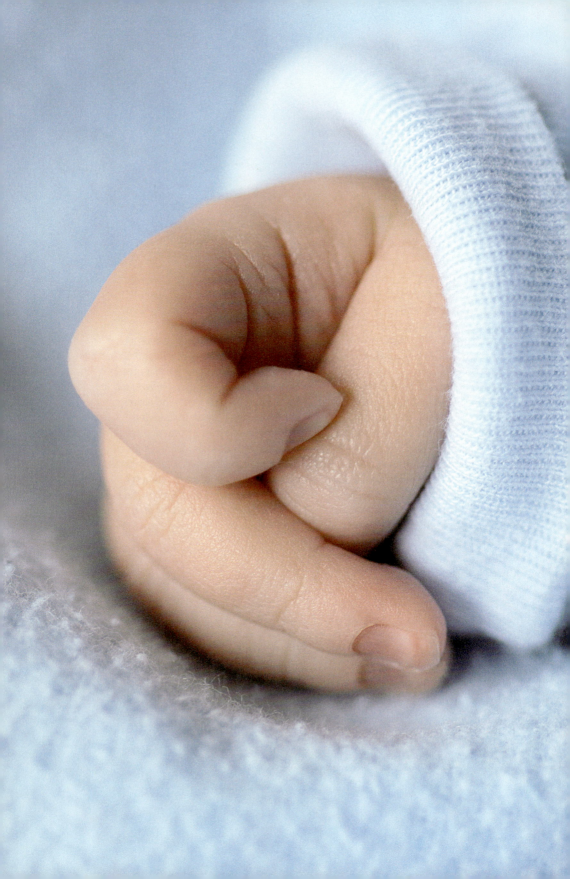

Hier unsere Wunschliste

Ganz oben steht:
Wo gibt es die nächste Klinik mit einem Geburtszimmer, ähnlich unserem gemütlichen Schlafzimmer, das Privatsphäre entstehen lässt ... noch besser: In welcher Klinik gibt es „familiengerechte" Wohnungen, in denen eine Niederkunft wie eine Heimgeburt ablaufen kann?

Was uns weiter bewegt:
→ Wird die Hebamme sich genügend Zeit für uns nehmen, wann immer wir ihre Hilfe brauchen? Wird sie Geduld haben, wenn die Geburt länger dauert? Dürfen sie und der Arzt meine Partnerin im entscheidenden Moment allein lassen?
→ Können wir die Geburtshaltung selbst aussuchen: stehend, hockend, im Wasser, allein in einem dämmrigen Raum etc.?
→ Können wir selbst den Zeitpunkt wählen, wann die Nabelschnur durchtrennt wird?
→ Können wir den Zeitpunkt mitbestimmen, wann unser Baby nach der Geburt gewaschen, vermessen und gewogen wird?
→ Ist ein harmonisches Bonding mit unserem Baby gewährleistet?
→ Können wir vor und nach der Geburt im gleichen Zimmer schlafen?
→ Kann auch unser Kind rund um die Uhr bei uns sein?
→ Wird die Hebamme uns auch nach der Geburt einige Tage lang betreuen, sofern wir dies wünschen?

In malaysischen Dörfern werden jungen Müttern vierzig Tage Ruhe und Verwöhnen zugestanden. In dieser Zeit erhalten sie warme Bäder, auf dem Bauch werden zart Kräuter eingerieben, und sie werden täglich von Kopf bis Fuß massiert. So haben die Mütter genug Zeit und Ruhe, sich dem Baby zu widmen.

Die Geburt ist für einen Mann GEBEN und ERHALTEN!

GEBEN:

Die Bereitschaft des Mannes,
- → die Entwicklung der Schwangerschaft und die Vorbereitung auf die Geburt aktiv mitzuerleben,
- → die Wünsche seiner Partnerin über die Art und Vorgangsweise bei der Geburt zu verinnerlichen und als ihre „Stütze" auch dafür zu kämpfen,
- → abzuwägen, ob er bei der Geburt durch seine Anwesenheit eine echte Hilfe sein kann.

Und ERHALTEN:

→ Ein Kind macht aus einem Mann einen ganzen Mann samt dem unvergleichlichen Stolz, der damit einhergeht,
→ Vater zu werden ist die wahrscheinlich archaischste Emotion, die Männer kennen,
→ es entsteht eine völlig neue Liebesqualität zur Partnerin, gepaart mit enormer Achtung, und somit eine großartige Basis für echte Partnerschaft.

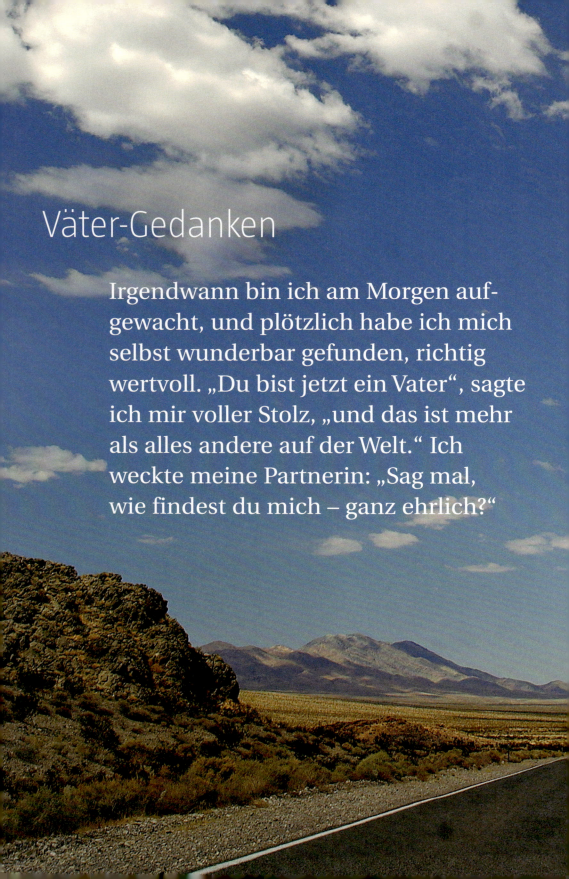

Väter-Gedanken

Irgendwann bin ich am Morgen aufgewacht, und plötzlich habe ich mich selbst wunderbar gefunden, richtig wertvoll. „Du bist jetzt ein Vater", sagte ich mir voller Stolz, „und das ist mehr als alles andere auf der Welt." Ich weckte meine Partnerin: „Sag mal, wie findest du mich – ganz ehrlich?"

Sie blinzelte mich zuerst verblüfft an, dann nahm sie mich zärtlich in die Arme. Ab da lernte ich endlich auch dieses unbeschreibliche Gefühl kennen, sich selbst als Vater zu schätzen!

Der Weg zum gesunden* Kind

→ Privacy statt Kontrolle!

→ Die Intelligenz des weiblichen Körpers ist jedem Computer überlegen!

→ Keine Angst vor Körperlichkeit!

→ Frauen fühlen, was zu tun ist!

→ Von Glückshormonen kann man nie genug bekommen!

→ Schreiben wir unseren Wunschzettel!

→ Machen wir es den Malaysiern nach!

→ Die Geburt ist eine Familien-Hochzeit!

* Gesundes Kind heißt: körperliche, seelische, geistige, soziale und spirituelle Gesundheit in der Babyzeit als Basis für das gesamte Leben bis ins hohe Alter (= ganzheitliche Gesundheit).

RAUM FÜR MEINE GEDANKEN

....
....
....
....
....
....
....

VERTIEFUNGEN ZU DIESEM KAPITEL
von LUDWIG JANUS (Buch 3, ab Seite 15) und KOTOKO SUZUKI (Buch 3, ab Seite 79).

Es ist das Recht der Frau, über ihren eigenen Körper frei zu entscheiden. Dazu zählt auch die Entscheidung, nicht zu stillen. Ist sie sich aber bewusst, was sie damit sich selbst und ihrem Baby vorenthält? Weiß sie, dass gerade der Stillvorgang für ihre Erholung nach der Geburt von eminenter Bedeutung ist? Ist ihr bekannt, dass das so wichtige Kolostrum der ersten Stunde ihr Baby vor vielen Infekten und anderen Problemen schützt?

5

HAUTKONTAKT UND STILLEN
Die Magie der Berührung

Zuwendung nährt das Vertrauen.

Hallo Papa!

Ein Teddybär ist keine Alternative zu dir und Mama. Du kannst mir alle Spielsachen dieser Welt zuwerfen, sie werden mir nicht das geben können, was du mir gibst:
Liebe!
Warum?

Kein Herzschlag.
So einfach ist das.

Ja, Baby, dein Schicksal liegt in meinen Händen.
Es liegt an mir, ob es dir als Baby … später als Kind … dann als Jugendlicher … und schließlich als Erwachsener gut … besser … oder noch besser geht!

Du vertraust mir voll, dass ich mir Zeit nehme für dich … dass ich dich mit Geduld und Toleranz präge und konditioniere … dir ist egal, ob ich arm oder reich bin, dick oder schlank, alt oder jung … für dich zählt nur mein Herz. Geborgenheit suchst du bei mir … eine feste Säule, an der du dich festhalten kannst … einen Freund fürs ganze Leben … Ich rieche anders als Mama. Ich umarme dich anders. Ich spiele anders. Du weißt, wann du zu Mama gehst und wann zu mir. Du brauchst uns beide. Männer sind angeblich vor allem für andere „Dinge" geboren – für die sogenannten „harten Sachen im Leben". Die großen Gefühle traut man uns nicht zu. Vor allem nicht im Umgang mit angeblich zerbrechlichen Babys. Ach ja, wir Männer können nicht stillen. Und was können wir sonst noch alles nicht? Wir können alles. Wir können Windeln wechseln, mit unseren Babys schmusen, mit ihnen Spaß haben. Sie in die Luft wirbeln und ihnen dabei so nebenbei das Urvertrauen zu uns geben. Können wir sie in den ersten drei Jahren ihres Lebens nicht Schritt für Schritt ins Leben führen? Können wir nicht U-Bahn fahren, im Supermarkt einkaufen und uns mit Freunden treffen – und immer ist das Baby dabei? Können wir unsere Zeit nur mit „toten" Produkten verbringen und am wirklichen Leben einfach vorbeigehen? Können wir wirklich sagen: Ich habe keine Zeit für mein eigenes Kind, obwohl ich weiß, wie sehr mich gerade dieses Kind braucht, wie es sich sehnt nach meiner Stimme, nach meinen Bewegungen, nach meinen Handlungen? Und ich? Warum fordere ich meinen Platz nicht ein?

Ich habe ein Recht auf mein Baby, so wie Mama das Recht auf ihren Beruf hat. Wir haben beide die gleichen Rechte. Das Wunder Mensch entscheidet sich während der Schwangerschaft und in den ersten drei Jahren!

Wie wichtig ist der direkte Kontakt mit dem Baby?

Keine Frage, es gibt Kinder, die ohne ständigen Kontakt mit ihren Bezugspersonen groß werden müssen und das auch körperlich gesehen überleben und durchstehen. Aber wie sieht es mit der Psyche dieser Kinder aus, welche Auswirkungen hat dieser Entzug auf das Erwachsenen-Leben und die spätere Beziehungsfähigkeit dieser Menschen?

Die Wissenschaft weiß längst über die Bedeutung von Hautkontakt Bescheid. Viele Ärzte in aller Welt haben ihr gesamtes Leben lang dieses Phänomen erforscht. Unter ihnen der amerikanische Psychotherapeut Dr. Ashley Montagu (1905–1999). Seine Entdeckungen machen ihn noch heute zum Freund aller Babys:

„Anfang des 20. Jahrhunderts waren amerikanische Kinderärzte alarmiert, als sie feststellten, dass die Sterblichkeitsrate von Kindern unter einem Jahr in Waisenhäusern bei fast einhundert (!) Prozent lag. Der Mangel an Hautkontakt (als wichtiges Indiz der Liebe) war schuld an diesem entsetzlichen Mysterium. Dies bestätigte sich, als Dutzende von Kindern aus den Waisenhäusern zu Familien gebracht wurden, wo es ihnen in der familiären Geborgenheit schlagartig besser ging und ihnen so das Leben gerettet werden konnte." *

Seit Franz Anton Mesmer (Arzt, 1734–1815, Wien) wissen wir um die lebenswichtige Bedeutung des Magnetismus: Viele Krankheiten würden erst gar nicht entstehen, wenn wir unsere Hände „spielend" einsetzen würden.

Jede Berührung von Mutter und Vater hat für den gesamten Körper und Organismus des Babys „magnetische" Wirkung. Wie die heilenden Hände eines Schutzengels stärken sie das Immunsystem und machen auch psychisch stark.

Das erste Zärtlichkeitserlebnis wird durch den Hautkontakt vermittelt. Es ist die Basis des späteren sexuellen Antriebsgefühls. Wenn dies nicht erfüllt wird, können sich später Störungen im Sexualverhalten zeigen. Woher kommen diese Berührungsängste bei uns Menschen? Liegt es vielleicht daran, dass wir nur noch kopfgesteuerte Wesen sind? Wann hat uns das letzte Mal etwas wirklich „berührt"? Vielleicht ein Film, und wir haben sogar – heimlich im Dunkeln – geweint?

Dank unserer Babys gehen wir in eine geniale „Schule der Gefühle"! Sie öffnen unseren Panzer, den wir uns für eine harte, zweckorientierte Welt zugelegt haben. Wir müssen es nur zulassen und werden dafür reichlich belohnt. Es taucht ein längst vergessenes Lustgefühl auf, das Jungbrunnen und Lebenselixier in einem ist. Ist es nicht unbegreiflich, dass der Begriff „verwöhnen" bei uns negativ besetzt ist?

Die Angst vor Nähe wird bei Erwachsenen schlimmer und schlimmer. Selten nur umarmen wir unsere Eltern, Brüder und Schwestern und Freunde, obwohl dies die größte Freude und Zuneigung ausdrücken würde.

Wir halten Abstand.

Dieses Verhalten beinhaltet auch den Verlust von persönlicher und sexueller Intimität. Und der Ursprung dieses Verhaltens wird im Säuglingsalter gelegt.

Aber es muss nicht so sein. Babys, die von ihren Eltern viel berührt werden, werden viel eher zu Menschen, die im Lauf ihres Lebens lieben, berühren, halten und unterstützen. Stellen Sie sich eine Welt vor, in der jeder sich dabei wohlfühlt, seine Liebe mittels liebender Berührungen auszudrücken. Durch die Einbeziehung von Hautkontakt in die Elternschaft (wo dieser unbedingt hingehört) können wir den ersten Schritt zur Schöpfung einer solchen Welt setzen.

* Dr. Ashley Montagu: „Körperkontakt", erschienen im Ernst Klett Verlag.

Berührung hat magische Wirkung

Vielleicht haben Sie schon einmal beobachtet, wie eine Katzenmutter ihre Jungen leckt ... Das ist keine Frage der Hygiene, sondern eine Frage des Überlebens für die kleinen Kätzchen. Dies gilt für fast alle Säugetiere. Erst durch das Lecken der Mutter werden die lebenserhaltenden Systeme wie Atmung, Kreislauf, Verdauung und Nervensystem aktiviert.

Wenn der Tiermutter ihre Jungen entzogen werden, geht es auch ihr schlecht. Dies hat nichts mit einem Trennungsleid zu tun, sondern ist rein physisch bedingt. Die Natur hat hier ein Wechselspiel eingebaut: Das Lecken stimuliert die Organe beider Körper. Versuchsreihen bei Pferden zeigten, dass nach der Geburt geleckte Fohlen einen wesentlich schnelleren Reifeprozess erleben als vernachlässigte. Diese Erkenntnisse lassen sich auch auf die „Gattung Mensch" übertragen. Auch hier zeigt sich, dass der intensive Hautkontakt zum Kind in gleichzeitiger Verbindung mit sanftem Streicheln über Kopf, Nacken, Rücken, Po, Oberschenkel und Füße dem Wachstum des Babys außerordentlich gut bekommt. Der intensive Kontakt mit der Brustwarze der Mutter spielt sowieso eine große Rolle in der Entwicklung des kleinen Wesens.

Und so kommen wir zu einem elementaren Thema in der Entwicklung eines Kindes: zum Stillen und den damit verbundenen lebensnotwendigen Stoffen bzw. zur Verbindung Mutter–Baby.

Wie entscheidend ist Stillen wirklich für Baby UND Mama?

Die Super-Rakete Kolostrum

Wenn eine Mutter nicht stillen kann – aus welchen Gründen auch immer –, so ist darauf Rücksicht zu nehmen. Aber jeder Geburtshelfer hat die Verpflichtung, der Mutter zu sagen, dass ihre Brust unmittelbar nach der Geburt das für das Neugeborene so wichtige Kolostrum (Erstmilch) abgibt, eine zitronengelbe Flüssigkeit. Auf diesen Energiestoß hat jedes Neugeborene ein Anrecht. Denn es ist der einzige Stoff, der das Mekonium, das so genannte Kindspech, aus dem Magentrakt des Kindes vollkommen entfernt. Es führt auch zu einer weitreichenden Immunisierung des Kindes gegen eine ganze Reihe von Krankheiten. Denn in diesem Kolostrum der ersten Stunden existieren pro Kubikmilliliter auch Millionen von immun-aktiven Zellen. Diese Makrophagen und andere Arten weißer Zellen können die gefährlichsten Keime neutralisieren und auflösen. Die Milch der Mutter ist wichtig für den Schutz der Atemwege und für die Sauerstoffanreicherung des Blutes, aber auch die wirksamste Vorbeugung gegen Durchfall und gegen die Entstehung schädlicher Bakterien.

Gib mir mein Kolostrum, Mama!

Stillen signalisiert: „Mama liebt mich!"

Eine Langzeitstudie von Wissenschaftlern des „Institute for Child Health" in London erfasste bei 216 Kindern verschiedene Stoffwechselparameter. Es zeigte sich, dass jene – 13- bis 16-jährigen – Jugendlichen, die mit Muttermilch ernährt worden waren, ein um 14 Prozent niedrigeres Verhältnis von LDL- zu HDL-Cholesterinen und geringere CRP-Konzentrationen im Blut aufweisen als ihre Altersgenossen, die mit künstlicher Säuglingsnahrung gefüttert wurden. Die Stimulation, die das Baby durch die Berührung der Nase, der Lippen und der Zunge mit der Brustwarze erfährt, signalisiert ihm: *„Ich werde geliebt."*

Beim Stillen kommt es zu einer Rückkoppelung. Nuckelt das Baby an der Brustwarze, schüttet die Hypophyse der Mutter Oxytozin aus, das gefühlsstärkste aller körpereigenen Opiate.

Dr. C. Hoefer und Dr. M. C. Hardy* kamen in Chicago bei der Untersuchung von 383 Kindern zu folgenden Ergebnissen: Kinder, die gestillt worden waren, waren Flaschenkindern physisch und geistig überlegen, vier bis neun Monate lang gestillte Kinder entwickelten sich schneller und besser als Kinder, die nur drei oder weniger Monate gestillt worden waren. Flaschenkinder nahmen bei jeder physischen Untersuchung den untersten Rang ein. Sie waren am schlechtesten ernährt, am anfälligsten gegenüber Kinderkrankheiten und lernten nur langsam gehen und sprechen.

Stillen verbessert die geistigen und körperlichen Gesundheitsaussichten für Babys – in ihrer Kindheit und während ihres gesamten Lebens. Gleichzeitig verringert es das Risiko von vielen ansteckenden Krankheiten, Asthma, Übergewicht (!), Fettleibigkeit, Diabetes, Herzkrankheiten, Arthritis und bösartigen Krankheiten wie Krebs.

Die „American Academy of Pediatrics" dokumentiert in einer Erklärung vom Jahre 2005: „Stillen hat immunologische, psychologische, soziale und wirtschaftliche Vorteile." Babys sollten daher bis zum sechsten Lebensmonat ausschließlich und bis zur Vollendung des ersten Lebensjahres mit Zusatzspeisen gestillt werden.

Stillen kann die Lebensweise einer Nation auf vielen Wegen beeinflussen und möglicherweise sogar den nationalen Durchschnitts-IQ um bis zu sechs Punkte erhöhen! Im „Journal of the American Medical Association" berichtet Mortensen im Jahre 2002 über zwei große Gruppen in Kopenhagen, deren „Still-Geschichte" bekannt ist. Dabei wurde eine bedeutsame positive Verbindung zwischen der Dauer des Stillens und der Intelligenz festgestellt. Diejenigen, die neun Monate gestillt worden waren, hatten im Durchschnitt einen um sechs Punkte höheren IQ als diejenigen, die weniger als einen Monat lang die Mutterbrust genossen hatten. Die erste Gruppe bestand aus 2.280 18-jährigen Männern, die andere aus 973 Männern und Frauen im Durchschnittsalter von 28 Jahren.

* Quelle: www.openportals.org/training/pbr/pec.html

Wenn Stillen nicht funktioniert ...

Es gibt viele Gründe, warum Frauen nicht stillen wollen oder nicht stillen können. Diese Gründe sind meist körperlicher oder seelischer Natur. Eine Schuldzuweisung an sich selbst ergibt deshalb keinen Sinn. Darüber hinaus hat die letzte Entscheidung immer die Frau.

Mütter können aber sehr viel tun, um ihrem Baby über diesen Verzicht hinwegzuhelfen:

→ Suchen Sie mit Ihrem Baby noch intensiveren Hautkontakt – besonders dann, wenn Sie Ihr Baby von der Milchflasche trinken lassen.

→ Kümmern Sie sich um eine Milch, die den Qualitäten von Muttermilch so nahe wie möglich kommt – Ihre Hebamme oder Ihr Arzt werden Sie entsprechend beraten.

→ Tragen Sie Ihr Baby häufig in neue Umgebungen – dies erhöht die Befriedigung seines Neugierde-Potenzials und erhöht auf diese Weise seinen IQ.

→ Lassen Sie es zu, täglich glücklich zu sein. Ihr Glück überträgt sich wohltuend auf Ihr Baby.

→ Vergessen Sie den Papa nicht – Ihr Baby braucht seinen „Input" genauso wie den Ihrigen.

DIE AKTUELLE UMFRAGE

In einer bislang wohl einzigartigen Umfrage wurden von der internationalen my way-Stiftung über 16.000 Mütter und Väter (jeweils zwischen 20 und 40 Jahren) und über 11.500 Jugendliche (im Alter von 16 bis 25 Jahren) zu den „Eckpfeilern" unseres Lebens befragt: in neun Ländern der EU und in den USA. Die Ergebnisse sind mehr als ein interessanter Spiegel unserer Gesellschaft.

Frage an die Mütter: Stillen Sie Ihr Kind?

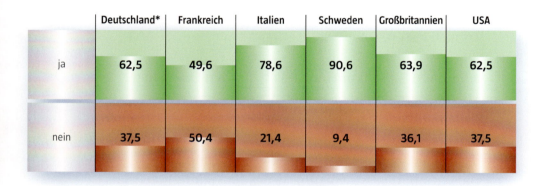

	Deutschland*	Frankreich	Italien	Schweden	Großbritannien	USA
ja	62,5	49,6	78,6	90,6	63,9	62,5
nein	37,5	50,4	21,4	9,4	36,1	37,5

(Angaben in %) Quelle: my way, Online-Umfrage

Schwedens Mütter stillen mit 90,6 % ihre Babys am meisten, in Großbritannien sind es 63,9 %. Die in Deutschland befragten Mütter liegen mit jenen in den USA mit jeweils 62,5 % gleichauf.

* (Inklusive Österreich und Schweiz. Dies betrifft alle Umfragen in diesem Buch.)

Frage an die Mütter: Glauben Sie, dass sich Ihr Baby durch das Stillen körperlich, seelisch und/oder geistig besser entwickeln kann?

	Deutschland	Frankreich	Italien	Schweden	Großbritannien	USA
ja	65,9	60,6	87	78,1	59,2	67,4
nein	15,7	14,6	5,5	7	16,8	11,6
weiß es nicht	18,4	24,8	7,5	14,9	24	21

(Angaben in %) Quelle: my way, Online-Umfrage

Die Mehrheit aller Frauen ist der Meinung, dass ihr Baby sich durch das Stillen körperlich, seelisch und/oder geistig besser entwickeln könnte. Angeführt wird diese Gruppe von Italien mit 87 %. Deutschland bejaht diese Frage mit 65,9 % – wieder etwa gleichauf mit den USA (67,4 %). Dies entspricht auch ungefähr der Zahl der Mütter, die ihre Kinder tatsächlich stillen. Selbst die Französinnen glauben zu 60,6 %, daran, obwohl nur 49,6 % ihr Baby tatsächlich stillen.

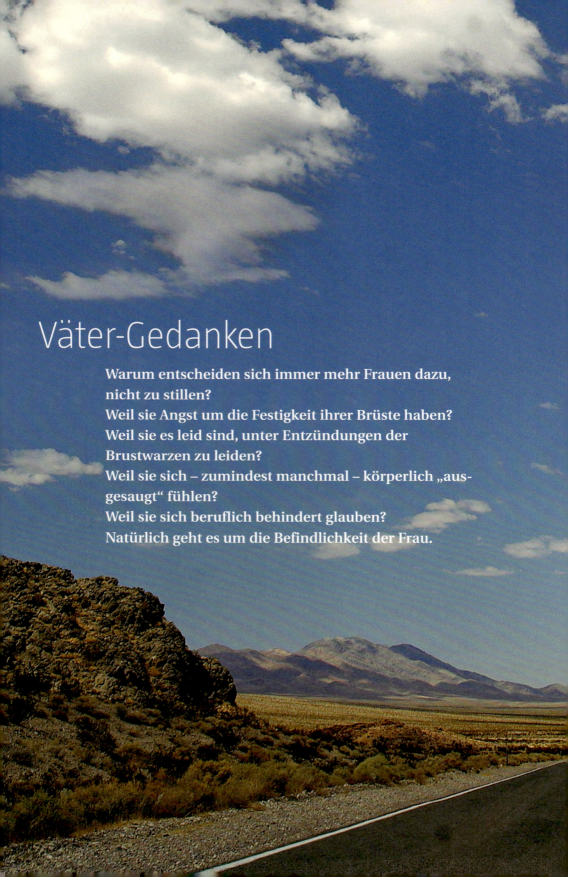

Väter-Gedanken

Warum entscheiden sich immer mehr Frauen dazu, nicht zu stillen?
Weil sie Angst um die Festigkeit ihrer Brüste haben?
Weil sie es leid sind, unter Entzündungen der Brustwarzen zu leiden?
Weil sie sich – zumindest manchmal – körperlich „ausgesaugt" fühlen?
Weil sie sich beruflich behindert glauben?
Natürlich geht es um die Befindlichkeit der Frau.

In einer Anzeigenwerbung steht Folgendes:

„Unsere Flaschenmilch ist besser als Muttermilch."

Und es folgen im direkten Vergleich die Vorteile der Flaschenmilch XY gegenüber der Muttermilch. Zugegeben – es ist schwer, angesichts einer solchen Wucht an Meinungen überhaupt noch eine eigene Meinung zu entwickeln.

Wir haben eine Erkenntnis:

Auf diesem Gebiet haben wir nun mal nichts zu sagen.

Der Weg zum gesunden* Kind

→ Väter können nicht stillen – aber alles andere!

→ Ich bin nicht schön und reich, aber ein prima Vater!

→ Magnete ziehen Eisen an – Babys Väter!

→ Kolostrum heißt das Zauberwort der ersten Stunde!

* Gesundes Kind heißt: körperliche, seelische, geistige, soziale und spirituelle Gesundheit in der Babyzeit als Basis für das gesamte Leben bis ins hohe Alter (= ganzheitliche Gesundheit).

RAUM FÜR MEINE GEDANKEN

....

....

....

....

....

....

....

VERTIEFUNGEN ZU DIESEM KAPITEL
von CHRIS BOBEL (Buch 3, ab Seite 51) und PETER S. COOK (Buch 3, ab Seite 65).

Wie kommt es, dass wir plötzlich den Gesetzen der Natur nicht mehr vertrauen und unseren Kindern nicht jene Plätze zuteilen, **auf die sie gemäß ihrem Kontinuum festen Anspruch haben?**

Und wie kommt es, dass wir der Industrie in vielen Dingen mehr vertrauen als unserem eigenen Urinstinkt, der uns immer ermöglicht, das Richtige zu tun?

6

TRAGEN UND FAMILIENBETT

Wie heißen die begehrtesten Plüschtiere der Welt?

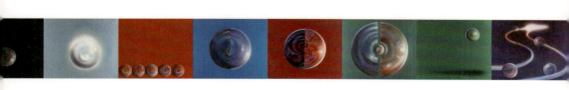

Der gemeinsame Herzschlag lässt uns wachsen.

Wie sehr kann ein Mann sich ändern?

Ich erinnere mich noch genau, als ich das erste Mal Vater geworden war und meine Frau und ich sonntags spazieren gingen: Meine Frau schob den Kinderwagen, ich ging neben ihr. Der Gedanke, selbst den Wagen meines Kindes zu schieben, war mir peinlich. Das schien mir für einen Mann „unwürdig" zu sein – oder zumindest unmännlich. Ein Kinderwagen wurde damals „Windel-Mercedes" genannt – und viele Männer lächelten abschätzig, wenn sie einen Vater mit einem Kinderwagen sahen ...

Meinen zweiten Sohn habe ich bis zur Krabbelzeit extrem viel getragen. Und das war mir plötzlich gar nicht peinlich. Ganz im Gegenteil. Ich war stolz, meinen Erich auf den Arm zu nehmen und durch die Straßen zu tragen.

Was war mit mir geschehen?

Bei meinem zweiten Sohn fiel mir auf, dass irgendetwas an dieser Kinderwagen-Situation nicht stimmte.

Ich sollte einen Kinderwagen schieben, in dem mein Baby nur den Himmel sieht!

**Her mit dir, mein Baby!
Raus aus dem Kinderwagen!
Rauf auf meinen Arm!**

Beim Bummel durch die Stadt beobachte ich immer Paare, die Probleme mit dem Kinderwagen haben: beim Gang über die Straße ... im Geschäft ... im Restaurant ... beim Zugang in die U-Bahn ... beim Einstieg in den Bus ... Und dann noch das weinende, unzufriedene Baby ... Kein Wunder, dass das alles nervt und die Eltern mürrisch macht ...

Dabei wäre das so leicht zu lösen. Es gibt kein zufriedeneres Baby als das auf dem Arm seiner Eltern. Da lässt es sich bequem sitzen und die Umgebung beobachten. Schlafen? Ein Baby schläft bei fast jedem Lärmpegel, egal in welcher Stellung, tief entspannt. Warum denn auch nicht? Es spürt, dass wir bei ihm sind. Und alles andere ist nicht wichtig.

Keineswegs soll der Kinderwagen verdammt werden – es mag sogar Situationen geben, da er unentbehrlich ist –, aber immer muss sich das Baby glücklich fühlen.

Für ein Baby, das getragen wird, ist Schlaf und Bewegung, Entspannung, Erholung und Lärm gleichzeitig erlebbar.

Hallo Papa!

Wenn ich mich manchmal vernachlässigt fühle, wenn ich etwas Zärtlichkeit brauche, nämlich von dir, dann mache ich mich bemerkbar, damit du mich aus dem Kinderwagen nimmst. Und dann hilft es überhaupt nicht, wenn du das Ding etwas hin- und herschüttelst, O.K.? Genauso wenig, wenn du dich über mich beugst und die Baby-Brabbel-Nummer abziehst, das langweilt mich enorm und kann niemals ersetzen, was ich wirklich will. Also nimm mich einfach raus, Mann! Und wo wir schon dabei sind: Dieses ganze industriell gefertigte Baby-Zeug, also die Wagen, die Möbel, die Klamotten, das wird nicht für uns Babys gemacht, sondern für euch, die Eltern, denn ihr zahlt dafür. Nur falls ihr das noch nicht wusstet!

Ich will überall dabei sein. Es reicht mir ein Wickeltuch, in dem ich hänge, oder diese Babytragen, die ihr um die Brust tragt, das ist cool, denn da spüre ich euch und sehe alles. Lasst mich das Glas berühren, das ihr aus dem Schrank holt, denn dort sehe ich so viel Interessantes: Dosen und Säckchen und Schachteln, und gerade will ich hingreifen, da läutet etwas. Wir gehen zum Telefon, und ich höre ganz leise Omas Stimme und freue mich total, denn Oma trägt mich auch immer herum.

Es heißt immer, dass Babys verwöhnt werden könnten, wenn man sie zu viel trägt. Schwachsinn – ich bin neun Monate in meiner Mama getragen worden, und habe ich etwa einen verwöhnten Eindruck gemacht, als ich zur Welt kam? Na eben.

Allerdings – wenn ich acht oder neun Monate alt bin, dann gehe ich schon mal auf eigene Faust los, und dann haltet mich bitte nicht zurück, sonst traue ich mir später überhaupt nichts zu. Wenn ich zurückwill, mache ich das Zeichen, ihr wisst schon: Ärmchen zu Mama und Papa – funktioniert immer.

Oft rätselt ihr auch, ob mir zu kalt ist oder vielleicht zu warm oder zu langweilig oder zu laut. Es ist leicht, mit uns Babys richtig umzugehen – ihr braucht euch immer nur zu fragen: „Was würde mir gerade guttun?"

Hier ist der Deal:

Ihr kauft Zeug, das gut für MICH ist, egal wie es aussieht oder wie angesagt es ist, ICH bin wichtig, das Baby, nicht die Baby-Mode, O.K.?
Nimm mich zu dir, wenn ich schreie, gib mich nie fremden Menschen, das macht mich jetzt noch nervös und unsicher, denn ich weiß dann nie, ob ich jemals wieder zurück zu dir darf. Sieh mich nicht nur mit deinen Augen, sondern auch mit deiner Seele, gib mir all deine Zärtlichkeit und Liebe, denn nur dann werde ich später imstande sein, mit einem Partner glücklich zu sein, du weißt, was ich meine: Wir sehen uns, wir lachen miteinander, wir küssen uns, und dann noch mal und noch mal, und dann mache ich dich zum Großvater!

Ach ja, liebe Hersteller von Baby-Produkten, hier ist euer Deal:

Bevor ihr uns nicht den Auftrag gebt, eure Sachen so zu entwerfen, wie wir sie mögen, macht das bitte auch nicht für uns. Keine Kinderwagen mehr mit ausschließlichem Blick in den Himmel, gebt uns Rikscha, gebt uns Rucksack, gebt uns irgendwas, aber lasst uns das Leben spüren!

Unsere Babys sind nicht aus Glas!

Es ist wichtig, den normalen Familienrhythmus einzuhalten, damit unser Baby „ganz selbstverständlich" in die Familie hineinwächst.

Wenn wir schon immer gerne Reisen unternommen haben, sollten wir das auch in dieser Phase nicht unterlassen. Ein Baby braucht zwar unsere totale Hilfe und unseren totalen Schutz – aber es ist nicht aus Glas. Es ist robuster, als wir oft denken. Darauf zu verzichten, am Wochenende mit dem Auto aufs Land zu fahren oder eine Wochenendreise in eine interessante Stadt zu unternehmen, ist nicht im Sinne unseres Babys. Es möchte jederzeit Neues erleben. Ein Baby hat keine Erinnerung. Dennoch „speichert" es Sekunde für Sekunde jede gewonnene Erfahrung: jede Oberflächenstruktur, jede Stoffart, jedes Metall, jedes Holz, jedes Papier, das Telefon, den Teppich, das Auto, ja selbst die Haare der Nachbarin – alles, alles will das kleine „Menschenkind" beriechen, betasten, bewegen. An jeder Reaktion lernt es. Jede Erfahrung prägt es. Und jede Erfahrung zahlt indirekt auf das Konto „gesundes Kind" ein.

Durch den ständigen Körperkontakt mit unserem Baby können wir bald in seinem Gesicht lesen – wie in einem offenen Buch. Jedes Stirnrunzeln, jedes Mundverziehen, jeder Blick wird uns mehr und mehr verraten, was unser Baby gerade fühlt oder wonach es gerade verlangt.

So merken wir sofort, wenn unser Baby keinen Kontakt zu einem Fremden möchte. Wir wissen, was unser Baby bewegt, und können auf seine Bedürfnisse gezielt eingehen. Und es wird uns durch die so enge Beziehung niemals in den Sinn kommen, unser Baby zu bestrafen, egal, was es gerade getan hat. Wir müssen nicht hoch erfreut tun, wenn es einen Teller zerbricht.

Wir sollen zeigen, dass wir darüber traurig sind, aber Strafe ist immer negativ.

Und warum dem kleinen „David" zeigen, dass wir als „Goliath" alle Macht der Welt besitzen?

Wenn wir unserem Baby unsere Traurigkeit wahrheitsgemäß darlegen, dann wird es mit der Zeit daraus lernen. Ein Baby verletzt nicht. Das Millionen Jahre währende Kontinuum hat ihm diese Eigenschaft nicht mitgegeben.

Papa, bitte lass das:

… wir tun es schon seit Jahrhunderten. Warum also nicht weiterhin?

Warum wird ein Baby der Lächerlichkeit des sinnlosen, aber weit verbreiteten „Bäuerchen-Machens" ausgesetzt, bei dem noch als „Draufgabe" dem gesättigten Baby auf den Rücken geklopft wird? Das Ergebnis sind oft völlig unnötiges Erbrechen und Verdauungsprobleme durch Stress.

Beim Getragen-Werden ist das Baby in der richtigen Haltung und fühlt sich automatisch wohl.

Mama, Papa, bitte macht das:

Wenn Mama und Papa des Tragens müde sind, ist das Baby in einer Wiege gut aufgehoben. Diese ist in ihrer Form ähnlich dem Mutterleib. Sie hüllt das Baby im engen Raum ein. (Im Gitterbett dagegen verliert es sich, ohne eine beruhigende Orientierung zu finden.) Wenn nun Mama oder Papa die Wiege in rhythmische Bewegungen versetzt (manche tun dies sitzend mit dem Fuß), fühlt sich das Baby in etwa wie im Mutterleib – einfach wohl!

Die gleiche beruhigende Wirkung wie eine Wiege übt ein Schaukelstuhl aus. Tatsächlich gibt es bereits Geburtsstationen, die sich dieses ehrwürdigen Stuhls erinnern und diesen zum Mittelpunkt ihres Programms machen. Die gleichmäßigen Schaukelbewegungen erinnern wieder an die Bewegungen im Mutterleib. Es entsteht eine angenehme Symbiose, die auch Mama und Papa verwöhnt. So ein Schaukelstuhl ist erstaunlich wirksam!

DIE AKTUELLE UMFRAGE

Frage an die Mütter: **Tragen Sie Ihr Baby während der Wachphasen (wenn Ihr Baby nicht schläft)?**

	Deutschland	Frankreich	Italien	Schweden	Großbritannien	USA
fast immer	11,8	11,7	31,1	15,7	9	13,7
länger als 3 Stunden pro Tag	27,9	13	16,1	23,6	13,1	22,7
3 Stunden pro Tag	14,1	27,8	21,6	17,3	19,9	24,1
1 Stunde pro Tag	18,2	23,8	15,9	13,4	22	15,9
zeitweise für wenige Minuten	24,9	21,5	7,6	22,8	25,1	16,8
gar nicht	3,1	2,2	7,7	7,2	10,9	6,8

(Angaben in %) Quelle: my way, Online-Umfrage

„Ja, fast immer", sagen 11,8 % der deutschen Mütter, 27,9 % von ihnen tragen ihr Baby für mehr als drei Stunden, 24,9 % nur für einige Minuten pro Tag. Das Schlusslicht bilden die englischen Frauen: 25,1 % tragen das Baby einige Minuten pro Tag, 10,9 % gar nicht.

Warum das Tragen am Körper so wichtig ist:

Häufig getragene Babys verbringen ihre Wachphasen in zufriedenerer Stimmung als Babys, die nicht getragen werden. Sie haben in ihrem Blut weniger Stresshormone und wachsen schneller.

Außerdem haben sie die Chance, klüger als andere zu werden. Denn im Wiegeschritt die Welt zu erleben, unterstützt die Entwicklung des Gehirns und schult den Gleichgewichtssinn – die Basis der Intelligenz. Bedenken von früher, wie „Babys bekommen so eng am Körper getragen keine Luft" oder „Tragen verursacht Rückgratverkrümmung", sind längst ausgeräumt.

Zusammenfassend kann man festhalten, dass sich bei regelmäßig getragenen Kindern das Schreiverhalten in den ersten drei Lebensmonaten folgendermaßen modifiziert:
1. Die tägliche Schreidauer wird kürzer,
2. die Zunahme der Schreidauer nach der Geburt bis zur sechsten Lebenswoche wird verhindert,
3. besonders das abendliche Schreien wird günstig beeinflusst – bis zu 40 % weniger,
4. selteneres Schreien verbindet sich mit längerem zufriedenem Wachverhalten, und
5. das Schlafverhalten bleibt unbeeinflusst.

Dr. Urs A. Hunziker, Zürich, Studie am Birth Hospital Montreal (Kanada)

Hallo Papa!

Wenn es am Abend ins Bett geht, habe ich kein Problem. Ich weiß ja, dass ihr bei mir sein werdet. Wir Babys brauchen diese Nestwärme. Wie könnten wir uns sonst angstfrei und beschützt entwickeln? Schon zehn Zentimeter Abstand von eurem Kuschelbett können für uns die Hölle bedeuten. Das ist so ein schreckliches Gefühl des Alleinseins. Manche von uns sind dann noch als Schulkinder Bettnässer. Wir Babys mögen Menschen in der Nacht, die Symphonie des Schnarchens, die Arie des Hustens, die nächtliche Oper, wie ich es nenne. Manche von uns Babys lassen sich Zeit mit dem Umzug ins eigene Bettchen, und das hat immer einen Grund. Aber es ist wichtig, dass wir ein eigenes Bettchen haben und die Wahl, wo wir schlafen wollen.

Ist das Familienbett gefährlich?

In den USA wurde von der US-Verbraucherproduktsicherheitskommission (CPSC) eine Studie durchgeführt, in der die Gefahren für Kinder unter zwei Jahren im Bett der Eltern untersucht werden sollten. Es wurden 515 Todesfälle von Kindern im Elternbett in einem Zeitraum von sieben Jahren ermittelt. Ursachen waren in der Tat das Überliegen durch Eltern oder Geschwister oder das Einklemmen zwischen Matratzen und Bettkanten. Nachdem die Ergebnisse dieser Studie vorlagen, wurde die Empfehlung veröffentlicht, Kinder unter zwei Jahren nicht mit ins Elternbett zu nehmen. Viele Eltern, die gerne das Familienbett praktizieren, sind durch diese Studie und die damit verbundenen Warnungen verunsichert. Inwieweit ist es tatsächlich gefährlich, Babys mit ins Elternbett zu nehmen, und ist für das Kind wirklich ein eigenes Bett vorzuziehen?

Die genannte Studie ist problematisch, weil bei der Auswertung einige Faktoren nicht berücksichtigt wurden. Beispielsweise wurden die näheren Umstände der Todesfälle nicht genauer betrachtet. So wurde nicht nachgeprüft, ob die Eltern, die mit ihren Kindern zusammen schliefen, rauchten, betrunken waren oder Drogen eingenommen hatten. Auch wurde nicht darauf eingegangen, dass unter allen Todesfällen durch SIDS (plötzlichen Kindstod) erheblich mehr Babys allein im Kinderbett verstorben waren als im Familienbett.

Die La-Leche-Liga weist auf die Vorteile des gemeinsamen Schlafens mit dem Baby hin:
+ Dadurch, dass sich die Schlafrhythmen von Eltern und Kindern angleichen, können die Eltern Warnsignale leichter bemerken und darauf reagieren. Deshalb scheint es auch eher unwahrscheinlich, dass Eltern sich im Schlaf auf ihr Kind rollen könnten.
+ Der Körperkontakt schützt das Kind davor, in einen Tiefschlaf zu verfallen, aus dem es möglicherweise nicht mehr erwacht. Er wirkt sich im Allgemeinen positiv auf die Entwicklung des Kindes aus.
+ Die Bewegungen der Eltern hindern das Kind daran, mit der Atmung auszusetzen.

Wichtige Hinweise:
Es sollte genügend Platz für Eltern und Baby sein. Das Bettzeug sollte an die Matratze angepasst sein, und es sollte gewährleistet sein, dass das Baby nicht überdeckt oder in Ritzen eingeklemmt werden kann. Das Baby sollte nicht auf dem Bauch schlafen, und es sollten keine losen Kissen oder Decken über den Kopf geraten können. Wer sich davor fürchtet, auf sein Baby zu rollen, kann ein Stillkissen zwischen das Baby und sich legen. Matratzen oder dicke Kissen vor dem Bett sichern den „weichen Fall".

DIE AKTUELLE UMFRAGE

Frage: Schläft Ihr Baby nachts mit Ihnen im Bett?

	Deutschland	Frankreich	Italien	Schweden	Großbritannien	USA
im selben Bett	8,9	3,6	12,6	24,4	6,7	15
im selben Zimmer	47,1	32,4	49	52	40	28
nein	28	55	26,3	6,3	38,1	36,8
manchmal	16	9	12,1	17,3	15,2	20,2

(Angaben in %) Quelle: my way, Online-Umfrage

Auch hier geht es den Babys in Schweden am besten: 24,4 % dürfen mit ins Bett, 52 % im selben Zimmer schlafen. Die deutschen Babys sind aus dem Familienbett so gut wie ausgeschlossen (nur 8,9 %), 47,1 % dürfen im selben Zimmer schlafen. Ein klares „Nein!" zu beidem hören in Deutschland 28 % der Babys, in Frankreich 55 %.

Frage: Angenommen, Ihr Baby entwickelt durch das Alleinsein in der Nacht Ängste – würden Sie es dann nachts in Ihrem Bett schlafen lassen?

	Deutschland	Frankreich	Italien	Schweden	Großbritannien	USA
ja	52	24	57,8	58,6	33,9	46,8
nein	16,4	35,1	21,8	5,5	28,4	18
vielleicht	31,6	40,9	20,4	35,9	37,7	35,2

(Angaben in %) Quelle: my way, Online-Umfrage

52 % der deutschen Befragten würden nicht zögern, ihr Baby nachts mit ins Familienbett zu nehmen, wenn sie über die positiven Folgen Bescheid wüssten. Und weitere 31,6 % würden zumindest darüber nachdenken. Bei einem „Nein!" bleibt es, allen voran, in Frankreich (35,1 %), gefolgt von England (28,4 %).

Was Väter über das Familienbett sagen

Gregor, Vater eines zweijährigen Babys:

„Meine Frau und ich haben unsere Tochter nicht bei uns schlafen lassen. Irgendwann hat sie das akzeptiert. Aber es war tagsüber nicht mit ihr auszuhalten. Immer quengelte sie herum. Sie fing auch erst mit 13 Monaten zu laufen an. Bis der Kinderarzt uns sagte: ‚Ihr Kind braucht mehr Nähe, mehr Wärme.' Da nahmen wir sie mit 18 Monaten in unser Bett. Es wurde schlagartig alles besser. Wir haben jetzt ein total ruhiges und fröhliches Kind."

John, Vater eines sieben Monate alten Babys:

„Ich habe zu meiner Frau gesagt: ‚Das kommt überhaupt nicht in Frage, dass der junge Mann bei uns schläft.' Ich hatte einfach Angst, dass die Erotik zu kurz kommt. Aber er war mit nichts zu bewegen, in seinem Kinderzimmer im Gitterbett durchzuschlafen. Irgendwann in der Nacht begann immer das große Geheul. Jetzt schlafen wir gemeinsam im Familienbett."

Was Mütter über das Familienbett sagen

Constanze, Mutter eines fünf Monate alten Babys:

„Mein Mann war strikt dagegen, unser Kind im gemeinsamen Bett schlafen zu lassen. ‚Das stört unsere Beziehung', meinte er. Es folgten Nächte des Horrors. Mein Mann legte Tommy in das Gitterbett, das gleich neben unserem Bett stand. Als Tommy erwachte, brüllte er los. Ich holte ihn zum Stillen ins Bett, mein Mann legte ihn nachher wieder zurück. Wieder das Brüllen, ich holte ihn unter unsere Decke, er schlief ruhig ein, mein Mann trug ihn zurück, er brüllte wieder los. So ging das nächtelang, bis mein Mann aufgab. Seitdem schlafen wir friedlich in einem Bett."

Kristina, Mutter eines elf Monate alten Babys:

„Unser Baby war ziemlich temperamentvoll. Kaum eingeschlafen, drehte es sich herum und beanspruchte das ganze Bett. Mein Mann schlief am linken Rand, ich am rechten. Nach zwei Wochen hatte ich genug. Ich kaufte ein Riesenbett, und nun schlafen wir alle kreuz und quer. Ich genieße aber auch die Wärme und den Geruch des Babys. Auch meinem Mann geht es so. Wir möchten dieses Zusammensein nicht mehr missen."

Und was ist Ihre Meinung?
www.myway.org

Väter-Gedanken

Zeit ist eine Illusion, und wir alle wissen das. Ein kluger Mann sagte einmal, dass die Uhren und Kalender nur deshalb erfunden wurden, damit nicht alles zur gleichen Zeit passiert.
Es gibt Situationen im Leben, die erscheinen uns endlos, so wie ein Sommerurlaub mit 16. Und dann ist da wiederum jenes Phänomen, dass die Zeit schneller zu laufen scheint, je älter man wird.

Was ist Echtzeit? Zeit, die gut genutzt ist, würden wir sagen. Und die Zeit, die du mit deinem Kind verbringst, ist immer Echtzeit. Gibt es gute Zeit? Oh ja, immer dann, wenn du plötzlich erkennst, dass es nicht mehr so wichtig ist, dies zu machen und jenes zu kaufen, den einen Anruf zu erledigen und das andere Meeting zu absolvieren. Zeit, die du mit deinem Baby verbringst, ist die beste Zeit der Welt.

Wir haben einen neuen Job:

Du trägst dein Kind herum, es greift nach allem, hebt Gegenstände auf, untersucht sie, schaut dich an, um zu sehen, was du davon hältst, um dann auf die nächste Expedition zu gehen. Es ist ein Wunder, denn dein Baby lehrt dich nicht nur die Vorteile der Langsamkeit, du lernst auch etwas über Bescheidenheit. Ein gutes Geschäft!

Der Weg zum gesunden* Kind

→ Männer können sich ändern – und wie!

→ Tragen ist wie Fliegen!

→ Mütter und Väter sind die besten Plüschtiere!

→ Babys sind nicht aus Glas!

→ Der Erlebnisdrang der Babys ist größer als die Welt!

→ Wiege und Schaukelstuhl überrunden den „Windel-Mercedes"!

→ Wer will schon allein schlafen!

→ Eine Kissenschlacht macht nur Spaß im Familienbett!

→ Langsamkeit ist ein herrlicher Genuss!

* Gesundes Kind heißt: körperliche, seelische, geistige, soziale und spirituelle Gesundheit in der Babyzeit als Basis für das gesamte Leben bis ins hohe Alter (= ganzheitliche Gesundheit).

RAUM FÜR MEINE GEDANKEN

....

....

....

....

....

....

....

VERTIEFUNGEN ZU DIESEM KAPITEL
von EVELIN KIRKILIONIS (Buch 3, ab Seite 27), CHRIS BOBEL (Buch 3, ab Seite 51), PETER S. COOK (Buch 3, ab Seite 65), KOTOKO SUZUKI (Buch 3, ab Seite 79) und MANDY YOUNG (Buch 3, ab Seite 87).

Der „Gast", den Mutter und Vater bei sich aufgenommen haben, ist kein höflicher Gast. Das Baby ist weder scheinheilig noch psychologisch geschult. Es signalisiert, was es will. Und wenn seine Bedürfnisse nicht umgehend befriedigt werden, dann gebraucht es die Sprache, die einem Baby gegeben ist: Es schreit!

Was geht in einem solchen Augenblick im Baby vor? Schreit es manchmal aus Lust, die Eltern zu ärgern? Schreit es manchmal aus Langeweile? Schreit es um des Schreiens willen?

7

SCHREIEN UND RESPEKT

Ich will leben, intensiv und laut

Nur wer sucht, hinterlässt Spuren.

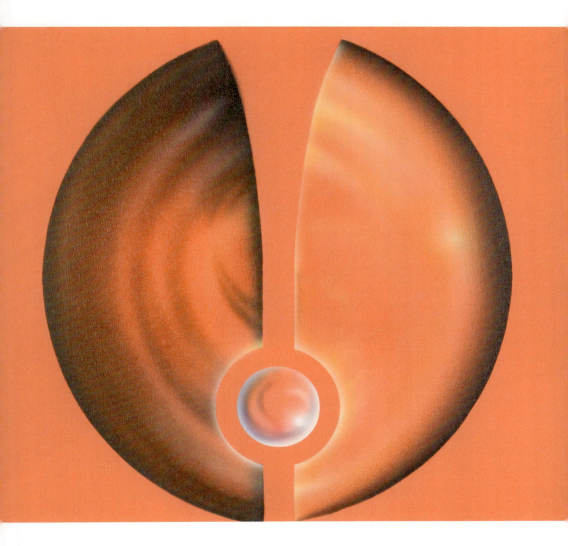

Europa heute

„Hallo Europa, wie geht es dir?"

(Originalzitate von Europäerinnen und Europäern)

„Wenn das Kind schreit, warum auch immer, da kann man als Mann immer noch sagen: ‚Ich glaube, es ist besser, du kümmerst dich.'"

„Ein Kind ist wie ein Schwamm, es nimmt alles auf. Wenn es in der Familie Streitigkeiten gibt, merkt das Kind es. Wenn es hungern muss, geht es ihm nicht gut."

„Beide Elternteile würden das Kind besser wahrnehmen, wenn die Aufgaben geteilt sind."

„Wenn das Kind geschlagen werden muss, wer schlägt es? Wenn die Mutter zuschlägt, dann bringt das nichts, vom Vater wirkt das besser."

„Wichtig ist auch für Kinder, egal welcher Altersklasse, dass man geliebt wird, und zwar ohne Wenn und Aber."

„Mir ist das egal, ob das Kind in der Krippe oder bei der Oma ist. Hauptsache, ich kann weiter meiner Arbeit nachgehen."

„Ich erinnere mich, dass ich fasziniert war zu beobachten, wie sich in der Krippe alle Zweijährigen auf Kommando in eine Reihe stellten, um sich die Hände waschen zu gehen."

„Wir sprechen immer darüber, was für Kinder gut ist, aber wir müssen auch darüber sprechen, was für Eltern gut wäre. Das Gefühl, mehr Eltern sein zu dürfen, ein besseres Gefühl den Kindern gegenüber zu haben …"

Respekt

Respekt ist einfach verlangt, aber oft schwer zu geben. Respekt kann nicht wie eine Doktrin gelehrt oder per Gesetz auferlegt werden, denn Respekt ist eine persönliche Angelegenheit. Aber eines ist sicher: Der Respekt, den man bekommt, ist der, den man gibt!

Liebe Mama, lieber Papa!

Stellt euch einen Horrorfilm vor:

Du wachst mitten in der Nacht auf, du öffnest deine Augen, es ist stockdunkel draußen, wie in einer Nacht ohne Sterne. Du weißt nicht, wo du bist. Du weißt nicht, wer du bist, und du bist paralysiert von Kopf bis Fuß vor Angst. Du kannst kaum atmen, und du hörst gespannt nach Geräuschen, die du kennst. Aber es ist nichts außer absolute Stille.

Du bewegst langsam deine Arme. Dann fühlst du, wie die Angst in deinen Körper kriecht, du lässt dich gehen! Du machst in die Hose. Das beruhigt dich ein wenig, aber als du die kühle Nässe deiner Angst fühlst, kannst du nur noch schreien! Schreien aus tiefster Lunge, schreien, als wäre es das Letzte, was du tun würdest.

Es kommt dir vor wie eine Ewigkeit, dann beginnt Musik. Die Musik kommt näher, eine magische Tür öffnet sich, und sanftes Licht fließt in den Raum, – wie wunderschöne Elfen. Du riechst den wundervollen Duft der Nähe, und du hörst die friedliche Stimme, die du so gut kennst. Sie spricht sanft und warm im flüsternden Ton zu dir. Diese wunderschöne Person. Sie lächelt dich an. Du kennst dieses Lachen, weil es dich daran erinnert, wer du bist. Ein geliebtes Kind von wundervollen Eltern, von denen einer hier bei dir ist und die Kälte zwischen deinen Beinen wegzaubert. Dankbar streckst du deine Arme zu dieser geliebten Person, du fühlst das Gesicht an deinem, die Küsse, das Schmusen. Das macht dich richtig glücklich!

Doch dann, ganz plötzlich, geht das vertraute Gesicht weg. Es hört auf zu sprechen. Das Licht geht wieder aus, und das grausame Geräusch einer schließenden Türe ist das Letzte, was du hörst. Die Dunkelheit ist zurück!

Du kannst nur eines tun: schreien!

MAMA! PAPA!

Hier ist der Deal:

Ich bin kein Tyrann, sondern ein kleiner Angsthase, der sich noch nicht auskennt in dieser unheimlichen Welt, die selbst euch Großen noch öfters Angst macht. Je weniger Angst ich als Baby haben muss, umso mutiger werde ich als Großer sein können. Wenn ich schreie, dann ist mir wirklich danach. Und wenn ihr mich im Stich lasst, dann verliere ich nicht nur den Glauben an euch, sondern auch an mich selbst, und die Welt wird für mich immer bedrohlich bleiben.

Vergesst euren Verstand und euer Herz nicht.

Wenn aus dem Baby ein Kind geworden ist, sollen die Eltern stolz sein:

„Wir sind glücklich, dass unser Kind in der Nacht durchschläft, dass es kein Bettnässer ist, dass es idealen Kontakt zu anderen Kindern findet und in der Schule konzentriert ist!"

Noch später, wenn dieses Kind erwachsen ist, sollen sich die Eltern freuen:

„Wir sind glücklich, dass unser Kind nicht egoistisch ist, dass es zu uns eine enge Bindung hat, dass es im Beruf erfolgreich ist, dass es eine gute Ehe führt und zufrieden mit dem Leben ist!"

Und noch viel später, wenn die Eltern alt geworden sind, sollen sie zufrieden zurückblicken:

„Wir sind glücklich, dass unser Kind uns an seinem Leben teilhaben lässt!"

Für solche positiven Entwicklungen kann es natürlich mehrere Ursachen geben. Wir sollten uns nur bewusst sein, dass systematisches Nichtschreien-Lassen einen entscheidend positiven Einfluss auf die Entwicklung des Kindes nehmen kann.

Umgekehrt ist es einleuchtend, dass verschiedene Ursachen im Babyalter (wie eben beispielsweise das Schreien-Lassen) durch die individuelle und höchst komplexe Entwicklung eines Menschen zu völlig unterschiedlichen Folgen führen können. Diese werden dann im Regelfall nicht auf die eigentliche Ursache zurückgeführt, sondern mehr oder weniger „symptomatisch behandelt". Ärzte, Psychotherapeuten oder Sozialarbeiter können sich dann nur bemühen, die Symptome zu „lindern".

Letztlich ist das Schreien-Lassen eine kollektive falsche Einstellung zum Lebensbeginn und damit ein massives Problem der Gesellschaft, das endlich beseitigt werden muss. Auch dazu will dieses Buch einen Beitrag leisten.

Die „Sanduhr-Methode"

Die sogenannte „Sanduhr-Methode" für den Umgang mit Babys bei Einschlafproblemen wird von allen Babys dieser Welt gehasst. Dennoch wird sie häufig in Baby-Magazinen propagiert und deshalb von vielen Müttern angewandt:

„Legen Sie Ihr Kind abends nach maximal 30-minütigem Einschlafritual in sein Bett. Auch wenn es schreit, gehen Sie aus seinem Zimmer und stellen Sie eine Drei-Minuten-Sanduhr. Sobald diese abgelaufen ist, gehen Sie zu Ihrem Kind. Jetzt drehen Sie die Sanduhr, um Ihr Kind maximal drei Minuten zu beruhigen. Verlassen Sie wieder das Zimmer. Erhöhen Sie die Wartezeiten bis zur nächsten Beruhigung Ihres Kindes schrittweise auf sechs und dann auf neun Minuten. Die Verweilzeit im Zimmer bleibt konstant bei drei Minuten. Das machen Sie so lange, bis Ihr Kind eingeschlafen ist."

Aber es kommt noch menschenunwürdiger:

„Wenn Sie vom Dauergeschrei Ihres Babys gestresst sind, nehmen Sie ein Kissen und schlagen Sie darauf ein, um Ihr Adrenalin abzubauen. Und wenn Sie gar nicht anders können, ziehen Sie einen Kopfhörer über die Ohren und hören Sie Ihre Lieblingsmusik."

Es schmerzt in der Seele, solche Ratschläge lesen zu müssen. Millionen Babys in aller Welt erleiden durch eine solche Gemeinheit lebenslange Traumen, von denen sie sich nie wieder erholen werden. Und die Umwelt fragt sich, warum selbst offenbar geliebte Kinder in Rauschgift und Kriminalität ihren Lebenssinn suchen. Der seelische Schmerz, den das Gefühl, verlassen zu werden, hervorruft, ist wohl das Schlimmste, was man einem Menschenleben antun kann.

Wenn wir einem nach Hilfe schreienden Erwachsenen unsere Unterstützung verweigern, bestraft der Gesetzgeber uns. Babys können wir meist ungestraft quälen. Denn die seelischen Wunden bleiben den Blicken anderer verborgen. Wo bleibt das Recht des Babys?

Wie sehr verwöhnen wir unsere Babys?

Es ist erschreckend, wie unwissend manchmal Mütter aus den Kliniken entlassen werden, in einer Tragetasche das schlafende oder schreiende Baby. Die Eltern haben oft keine feste Vorstellung, wie sie ein Menschenkind vom ersten Tag seiner Geburt an betreuen sollen. Woher denn auch? Wir lernen in der Schule zwar Rechnen und chemische Formeln, aber so gut wie gar nichts darüber, wie eine Elternschaft „professionell" erfolgen könnte.

Das erste „Wissen" bekommen die Erstgebärenden meist von ihren Müttern. Diese Mütter haben wieder bei ihren Müttern gelernt. Diese Überlieferung lässt sich viele Generationen zurückverfolgen – mit allen Weisheiten und Erfahrungen, aber auch mit allen Irrtümern und Katastrophen. So kommt es, dass Mütter ihren Töchtern und den oft hilflos nickenden Schwiegersöhnen unter anderem folgende gut gemeinte Ratschläge mit auf ihren Elternweg geben:

„Wenn euer Baby trocken ist, wenn es satt ist, wenn es in seinem warmen Bett liegt, wenn es nicht krank ist und es dennoch schreit, dann müsst ihr es so lange schreien lassen, bis es von selbst aufhört. So verwöhnt ihr es nicht. So könnt ihr in Ruhe euer Elterndasein genießen."

So kann es passieren, dass gestresste Eltern in Problemsituationen zornig reagieren: *„Jetzt lassen wir unser Baby schreien."* Das sieht auch nach Strafe aus.

Ein Baby kann nichts Böses und nichts Gutes tun. So kann zwar der elterliche Zorn verständlich sein, aber schuld ist das Baby in keinem Fall. Auch die Strafe geht ins Leere, weil ein Baby eine Strafe nicht verstehen kann.

Viele Babys schreien, weil sie das Geburtstrauma noch nicht überwunden haben.

Logisches Denken ist dem Baby noch fremd. Es hat auch kaum Erinnerung. Es erinnert sich an Musik, die es im Mutterleib gehört hat. Es erinnert sich auch an Wärme und Geborgenheit, es empfindet also. Es erinnert sich aber morgen nicht daran, dass Sie lieb zu ihm waren und es auf dem Arm getragen haben. Alle Erwartungen des Babys müssen ständig von Neuem erfüllt werden, denn es lebt ausschließlich im „Jetzt". Ein Baby hat auch keine Hoffnung. Es kann also nicht hoffen, dass Sie irgendwann zu ihm kommen und es von seiner zerstörerischen Qual der Einsamkeit befreien.

Weil unser Baby auch keine Erinnerung hat, vergisst es glatt, dass es regelmäßig Milch von der Mutter bekommt. Im Augenblick des Hungers spürt es einen wilden, beißenden Schmerz, der sich zu einer echten Panik entwickelt, weil das Baby plötzlich fürchtet, verhungern zu müssen. Wenn ein Baby mit voller Kraft nach der Milch brüllt, dann befindet es sich in Todesangst!

Die Frage, ob so ein kleines Menschenkind verwöhnt werden kann, beschäftigt aus gutem Grunde auch die Wissenschaft. So hat sich auch der Biologe Prof. Dr. Bernhard Hassenstein sehr intensiv mit dieser Frage auseinandergesetzt:

Ein großer Fehler ist es, ein Baby in einem entlegenen Raum unterzubringen, so dass man sein Weinen nicht hört. Man belässt den Säugling damit in der Situation des Verlassenseins, so dass er immer wieder lange Zeit seine gesamte Verhaltenskapazität auf die Beseitigung seiner vermeintlichen Bedrohung richten muss.

Es ist auch falsch zu meinen, einem Säugling müsse zwar geholfen werden, wenn er aus Hunger weint oder weil die Windeln nass sind, man sollte ihn aber ruhig schreien lassen, wenn er „nur Gesellschaft will, weiter gar nichts".

Die in den letzten drei Zeilen deutlich werdende Einschätzung ist aus drei Gründen unrichtig:

1. Der Säugling kann nicht die gleiche Einsicht in seine gesicherte Lage haben wie die Erwachsenen und wissen, dass er, obwohl allein im Zimmer oder in der Dunkelheit, nicht verlassen ist. Aus diesem Grunde ist für ihn das Fehlen des Anwesenheitssignals der Mutter oder des Vaters ein Zeichen für den vermeintlichen Verlust des Kontaktes mit ihnen.

2. Die Anwesenheitsbestätigung der Erwachsenen ist für den Säugling eine Lebensnotwendigkeit wie das Füttern und das Trockenlegen. Das Fehlen des Kontaktes ruft Verlassenheitsangst hervor. Angst ist keineswegs eine „rein subjektive Angelegenheit", sondern sie geht, wie wir wissen, mit weitreichenden Umschaltungen im Nerven- und Hormonsystem einher. Beispielsweise werden die Verdauungsfunktionen weitgehend unterdrückt. Ein in Verlassenheitsangst weinender Säugling ist im Zustand des Stresses. Völlig irrig ist auch die Meinung, Weinen wäre für den Säugling gesund: Es sei ein „Verdauungsspaziergang" oder es stärke seine Lunge.

3. Die Ansicht, das Baby wolle ja „nur" Gesellschaft, ist Ausdruck eines völlig verkehrten Menschenbilds, das beinahe ausschließlich die physische Ebene betont und die seelische und soziale Dimension verdrängt. Für das Baby ist aber Physisches (Nahrung, Versorgtsein), Seelisches (Emotionen, Zuwendung) und Soziales (Bindung, die einer

Bernhard Hassenstein: „Verhaltensbiologie des Kindes", Münster.

ständigen Bestätigung bedarf) gleich wichtig und lebensnotwendig.

Manche Eltern geben weinenden Säuglingen darum keine Anwesenheitszeichen, weil sie fürchten, sie zu verwöhnen und daraufhin von ihnen tyrannisiert zu werden. Diese Vorstellung wäre nur dann begründet und richtig, wenn Säuglinge schon Einsicht in räumliche Verhältnisse („Mutter oder Vater im Nebenzimmer") hätten, was aber, wie eben gezeigt, nicht der Fall ist. Das Weinen ist ein Hilferuf aus einer vermeintlichen Notlage heraus. (Im Übrigen scheint gerade ein vernachlässigtes Baby und Kleinkind seine Eltern durch ewiges Schreien und angstvolles Klammern „tyrannisieren" zu wollen, nicht aber ein rundum zufriedenes Kind.)

Wenn Eltern den Säugling durch ihre liebevolle Betreuung zufriedenstellen, so ist das kein Sich-tyrannisieren-Lassen, sondern das Erfüllen einer notwendigen Betreuungsaufgabe.

Kinder, die zu Beginn ihres Lebens ausgiebig betreut wurden, werden später schneller selbstständig und unabhängig von der elterlichen Fürsorge, sie werden weniger leicht zu klammernden Problemkindern. Mangelnde Fürsorge im ersten Lebensjahr (wie auch in der Folgezeit) kann dagegen, falls der Mangel nicht rasch ausgeglichen wird, später zu einem Vielfachen an notwendigem Einsatz der Eltern in den Kleinkindjahren und in der Schulzeit führen.

Es gibt kein Zuviel an Liebe. Schon gar nicht in den ersten drei Lebensjahren!

DIE AKTUELLE UMFRAGE

Frage an die Mütter: Wie lange ist es Ihrer Meinung nach angebracht, ein Baby schreien zu lassen, bevor man seine Bedürfnisse befriedigt?

	Deutschland	Frankreich	Italien	Schweden	Großbritannien	USA
gar nicht	29,5	15,5	30,3	18	12,9	15,3
1 Minute	20,7	16,4	28	37,5	23,3	30
3 Minuten	31,9	33,2	28	33,6	37,8	34
6 Minuten	11,6	19,5	7,2	6,2	15,7	13,6
9 Minuten	3,2	11,1	3,9	2,3	6,1	4,7
länger	3,1	4,3	2,6	2,4	4,2	2,4

(Angaben in %) Quelle: my way, Online-Umfrage

29,5 % der deutschen Frauen lassen ihre Babys nie schreien. Allerdings 17,9 % bis zu 6 Minuten und länger. Den negativen Rekord halten die Französinnen: Jede dritte Mutter lässt ihr Baby bis zu 6 Minuten und länger schreien.

Warum gerade Schreien?

Der Schrei ist ein naturgegebenes Zeichen, das dazu dient, die Eltern zu beunruhigen, damit sie die Bedürfnisse des Kindes erkennen und befriedigen können. Jan Hunt, amerikanische Psychotherapeutin, setzt das Ignorieren des kindlichen Schreiens dem Nichtbeachten eines Rauchdetektors gleich. Denn dieses besondere Geräusch dient dazu, uns zu bewegen, einer wichtigen Aufgabe nachzugehen. Nur ein tauber Mensch würde einen Rauchdetektor nicht bemerken, doch viele Eltern halten sich die Ohren zu, wenn ihr Kind schreit. Der Schrei soll genauso wie ein Rauchdetektor die Aufmerksamkeit erregen, damit das Umfeld den Bedürfnissen des Kindes entsprechen kann.

Hallo Mama, hallo Papa!

Respekt ist der Weg, wie wir funktionieren! Wir sehen diesen Film nicht – wir sind der Film! Die Szenen verändern sich schnell, wir müssen auf alles reagieren, und wir kennen die Handlung nicht. So sind wir immer in Alarmbereitschaft, und wir brauchen alle Sinne!

Ihr seid die Direktoren, die Regisseure. Ihr beobachtet uns. Das ist toll! Danke! Aber seid nicht zu ängstlich. Wenn ihr uns immer steril haltet, wird es ein langweiliger Film. Als gute Regisseure möchtet ihr doch die beste Performance. Also lasst uns arbeiten, lasst uns durch den Dreck wühlen und durch den Staub pflügen, lasst uns durch Pfützen kriechen und schmecken, was wir auf unserem Weg finden. Wann immer ihr glaubt, es sei genug, sagt das magische Wort: CUT! (Schnitt!)

Wir lieben unseren Job.

Wo bleibt das Recht des Babys, wenn ...

- in Handbüchern für Kindererziehung angemerkt wird, dass manche Babys in den Krippen „nur" ein halbes Jahr brauchen, bis sie sich eingewöhnt haben.

- viele Babymatratzen nur 20 % des vom Baby in Bauchlage ausgeatmeten Kohlendioxid der eigenen Atemluft durchlassen. Die Folge: Das Baby atmet das Kohlendioxid wieder ein. Der plötzliche Kindstod kann die Folge sein.

Die Liste der Respektlosigkeiten gegenüber Babys lässt sich beliebig fortsetzen:

- Die Gesetzgeber vieler Länder schreiben (mit Recht) einen Babysitz im Fond eines Autos vor: Internationale Autoclubs berichten, dass von zehn getesteten Babysitzen acht gefährlich sind. Warum werden solche Sitze nicht unverzüglich vom Markt genommen?

- Rund 60 Prozent der Medikamente, die heute weltweit in der Kinderheilkunde angewendet werden, sind ausschließlich für Erwachsene ausgetestet. Wie viele Kinder deshalb gefährlichen Nebenwirkungen ausgesetzt sind, ist statistisch nicht erhoben. Es fragt auch niemand danach!

- Bei einem Test „Wie freundlich werden Kleinkinder in Kindergeschäften behandelt?" zeigte sich bei rund 60 Prozent ein erschreckendes Bild: Babys sind weitgehend unerwünscht.

Es gibt kaum kleinkindgerechte Toiletten ... kaum Spielecken in Restaurants ... keine (erhöhten) Kindersitze in Kinos und im Theater ... kaum Verständnis für neugierige Händchen in Supermärkten ... kaum ebene Einstiegsmöglichkeiten in Bussen und Bahnen ... **unsere Welt ist ausschließlich eine (egoistische) „Spielwiese" für Erwachsene ... für Rücksicht und Entgegenkommen gegenüber kleinen Kindern bleibt kaum Platz. Wozu denn auch, sie haben ohnehin keine Stimme ...**

„Kinder werden nicht erst Menschen, sie sind schon welche."

Dieser Ausspruch von Janusz Korczak* (1878–1942) klingt selbstverständlich – und ist es doch keineswegs. Korczak, Kinderarzt, Pädagoge und Waisenhausvater, verstand sich zeitlebens als Anwalt der Kinder. Er achtete das Kind als einen eigenständigen Menschen. Er proklamierte in seinem Werk „Wie man ein Kind lieben soll" seine „Magna Charta Libertatis" für das Kind mit drei elementaren Rechten:

- „Recht des Kindes auf den heutigen Tag"
- „Recht des Kindes, so zu sein, wie es ist"
- „Recht des Kindes auf sein Leben"

Die letzte Forderung klingt im ersten Augenblick befremdlich, doch liest man in seinem Werk, so wird verständlich, was er damit meint: das Recht des Kindes auf eigene Erfahrung und Selbstbestimmung.

Die praktische Umsetzung der UN-Kinderrechtskonvention von 1989 sieht anders aus. Kinder sind zwar grundrechtsfähig, allerdings können die ihnen zugestandenen Rechte nur über die Eltern wahrgenommen werden. Kinder sind daher weitgehend wehrlose Objekte elterlicher und staatlicher Gewalt. Die Möglichkeit zur Vertretung der eigenen Interessen ist nicht vorhanden. **Und: Warum gibt es keine „Rechte für Babys"?**

* Janusz Korczak: „Magna Charta Libertatis".

Die bedingungslose Liebe

Alice Miller, in der Schweiz lebende vielfache Buchautorin und Therapeutin, schreibt in ihren Büchern*:

„Wenn es den Eltern gelingen würde, ihrem eigenen Kind den gleichen Respekt entgegenzubringen, den sie schon immer ihren eigenen Eltern entgegengebracht haben, dann würde dieses Kind alle seine Fähigkeiten im besten Sinne entwickeln können."

Kinder lieben und respektieren ihre Eltern bedingungslos.

Bedingungslos heißt: ohne Bedingungen. Es gibt kein Wenn und Aber. Niemals würde es einem Kind einfallen, seinen Eltern mit Sanktionen zu drohen – so wie es manche Eltern bei ihren Kindern tun.

* Alice Miller: „Am Anfang war Erziehung", „Du sollst nicht merken", beide erschienen im Suhrkamp Verlag.

Wenn auch Eltern ihre Kinder bedingungslos lieben und respektieren, könnten viele Krankheiten und viele Probleme wie Abhängigkeiten, Kriminalität und Gewalt reduziert werden. Gesündere und intelligentere Menschen könnten die Folge sein.

Kinder-Respekt

Das kriegen wir schon hin, Mama!

Frédérick Leboyer hat als Chef seiner Geburtenklinik in Frankreich über 10.000 Geburten begleitet. Er sagt:

„Wir müssen akzeptieren lernen, dass ein Kind kein Besitz ist. Es ist uns zur Fürsorge nur anvertraut, ohne dass wir davon irgendwelche Rechte ableiten könnten."

Eltern-Respekt

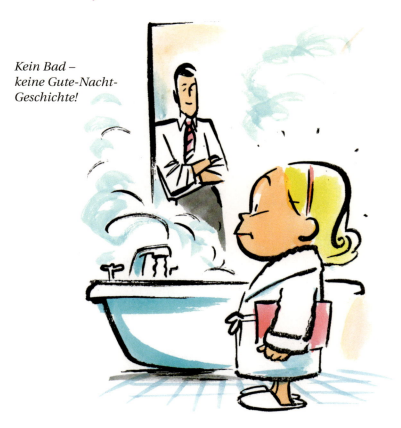

*Kein Bad –
keine Gute-Nacht-
Geschichte!*

Jan Hunt zählt zu den bekanntesten Psychotherapeutinnen für Kinderprobleme in Amerika. Sie sagt:
   „Babys haben es verdient, das Mitgefühl durch Beispiel zu erlernen."

Wir sollten ganz ehrlich zu uns sein: Sind wir nicht schon längst vorprogrammiert? Reagieren wir nicht stereotyp auf bestimmte Szenen? Wenn unser Dreijähriger trotz Ermahnung ein Fenster einschießt, werden wir uns eine Strafpredigt nicht verkneifen. Wenn unsere Zweijährige nicht ins Bad möchte, werden wir mit einer kleinen Drohung nachzuhelfen versuchen …
   Kinder würden sich Eltern gegenüber niemals so verhalten.
   Ist es nicht an der Zeit, zu lernen?

Jetzt!

Es geht mich zwar nichts an, aber eines kapier ich nicht: Warum könnt ihr Erwachsenen nicht bei einer Sache bleiben? Wenn ihr Auto fahrt, müsst ihr telefonieren, wenn ihr telefoniert, müsst ihr essen, wenn ihr esst, müsst ihr lesen – was ist da los?

Habt ihr keine Wertschätzung mehr für das JETZT!

Früher, als ihr so in meinem Alter wart, da konntet ihr euch stundenlang auf etwas konzentrieren, da gab es nichts anderes, als den Kran auseinanderzunehmen oder die Puppe anzuziehen. Aber irgendwann ist irgendwas passiert, und danach war alles anders: das JETZT war weg.

Kann mir nicht passieren. Ich liege im Gras und schaue in den Himmel, das ist es, was ich JETZT tue, und ich weiß nicht mal, was ich als Nächstes machen werde, weil es mich gar nicht interessiert. Ich sehe, dass sich ständig etwas verändert da oben am Himmel, neue Wolken, neue Vögel, neue Bilder. Plötzlich kommt ein Erwachsener und stört mich, will spielen, will mir was zeigen. Warum? Nur weil er sich nicht mehr vorstellen kann, dass man nichts anderes tut als nur so dazuliegen, und deshalb darf ich das auch nicht? Will er mich schon als Baby an die Zeit-ist-Geld-Philosophie gewöhnen, der alle Auto-Telefonierer und Zeitungs-Esser verfallen sind? Tut das bitte nicht! Es verkürzt meine Kindheit, es nimmt mir die Freiheit zu träumen, und es macht Stress.

Aber wehe, ich komme mal von mir aus und will spielen. Dann höre ich plötzlich: „Nicht jetzt. Später." Was ist später? Wer bestimmt das? Für mich ist eines klar: Ich bin ein Baby, und mir steht alle Zeit der Welt zur Verfügung. Wer mit mir zusammen sein will, kann das JETZT erleben, mit all seinen Abenteuern und all seiner Kraft. Leg dich neben mich ins Gras und genieße. Und schalte das Handy ab. JETZT!

Väter-Gedanken

Respekt – der gegenseitige Respekt – ist der Schlüssel zu unserem glücklichen Dasein.

Wer respektiert sein will, muss etwas leisten. Wer nichts leistet, bekommt auch keinen Respekt. Wenn wir die Umwelt nicht respektieren, schlägt sie erbarmungslos zurück, wenn wir unsere Partner nicht respektieren, werden sie uns früher oder später verlassen, und wer sich selbst nicht respektiert, wird ein jämmerliches Leben führen. Aber das größte Unheil kann Respektlosigkeit bei unseren Kindern anrichten. Sie werden das weitergeben, was wir sie lehren.

Und nun schließt sich der Kreis: Wenn wir unsere Kinder in dem Maße respektieren, das ihnen und den nachfolgenden Generationen zusteht, dann können wir auch Respekt von ihnen einfordern. Somit lernen sie beides, Respekt zollen und respektiert werden.

Wir haben ein Ziel:

Lasst uns unsere Leistung als Vater an der Entwicklung unserer Kinder messen. Sie müssen nicht die Schnellsten, Schönsten und Reichsten werden, aber sie sollen Menschen werden – Menschen, die andere respektieren und die von anderen respektiert werden.

Wir haben noch viel vor – gemeinsam!

Der Weg zum gesunden* Kind

→ Babys sind keine Tyrannen, sondern Angsthasen!

→ Manche Babys schreien laut, weil ihre Eltern taub sind!

→ Was Sie frühzeitig in die „Sparbüchse" werfen, rentiert sich im Alt

→ Manche Väter leben im Morgen – Babys im „Jetzt"!

→ Kinder lieben und respektieren ihre Eltern bedingungslos.

→ Respekt ist die stärkste Waffe!

* Gesundes Kind heißt: körperliche, seelische, geistige, soziale und spirituelle Gesundheit in der Babyzeit als Basis für das gesamte Leben bis ins hohe Alter (= ganzheitliche Gesundheit).

RAUM FÜR MEINE GEDANKEN

Die meisten Regierungen in der westlichen Welt versuchen, familienfreundliche Maßnahmen zu setzen, und denken, das wäre der richtige Weg. Ein Teil davon beinhaltet die Etablierung von Tagesbetreuungsstätten für Babys zwischen drei Monaten und drei Jahren. Sie machen das in dem tiefen Glauben, den Eltern damit zu helfen. Und tatsächlich wird dieser Service immer mehr akzeptiert.

* Der Begriff „Krippe" bezeichnet im deutschen Sprachraum regional unterschiedliche Einrichtungen. Wir verwenden ihn für Institutionen, in denen Kinder unter drei Jahren stundenweise betreut werden.

8

DIE KRIPPE*
Eine Einrichtung für die Erwachsenen

Bewusstsein ist ein großes Wort. Nehmen wir uns die Zeit.

Europa heute

„Hallo Europa, wie geht es dir?"

(Originalzitate von Europäerinnen und Europäern)

„Die Krippen sind ein gesellschaftlich notwendiges ‚Übel': wenn es notwendig ist, dass beide arbeiten, aus welchen Gründen auch immer."

„Es gibt sicherlich tolle Pflegefamilien, die die Kinder großartig großziehen, aber es bleibt immer, dass sie es für Geld und nicht aus Liebe machen."

„Krippen sind Betreuungsmaschinen. Man kann sich nicht um fünf Kinder gleichzeitig kümmern. Und diese Betreuerinnen haben auch keine affektive Bindung zum Kind, da es ja nicht ihr eigenes Kind ist."

„Ich habe immer sehr versucht, mit den Leuten, die auf meine Tochter aufpassen, ein gutes Verhältnis zu haben. Sogar wenn es ein Problem gab, habe ich mich zurückgehalten, weil ich weiß, dass Leute schrecklich sein können, wenn man nicht da ist."

„Man stellt sich die Frage, auf welche Kosten man arbeiten geht. Man verdient viel Geld – aber auf welche Kosten …"

„Die Werte sollen meine sein, die ich mitgebe, und nicht von Externen, weil die vielleicht ganz andere Werte haben, die auf mich gar nicht zutreffen."

„Kindergarten-Tante" Lucia:
„Zu Beginn eines Kindergarten-Jahres, wenn die neuen Kinder kommen, sehe ich auf einen einzigen Blick, ob ein Kind vorher zuhause oder in einer Krippe betreut worden ist …!
Die Unterschiede sind oft so groß, dass mir das Herz wehtut …!"

Hallo Mama, hallo Papa!

Die Wahrheit ist: Ich werde morgens in eine Krippe gebracht, immer hektisch und immer unter Zeitdruck. Ihr gebt mich bei irgendeiner lächelnden Frau ab, und ihr glaubt tatsächlich, dass es mir deshalb die nächsten drei bis sechs Stunden gut geht? Sorry, aber das ist Hollywood. Da habt ihr euch ein Ticket gekauft, um an etwas zu glauben, was in Wirklichkeit nicht stattfindet. In der Krippe bin ich nämlich nur eines von vielen Kindern und muss mich so benehmen, dass ich möglichst pflegeleicht bin.

Zur gleichen Zeit seid ihr im Büro, starrt auf ein Foto von mir und hofft, dass es mir gut geht. Die Wahrheit ist: Ich sehne mich nach meiner Mama und meinem Papa, nach eurem Geruch, euren Händen, nach eurer Stimme. Ich brauche euch, damit ich mich richtig entwickeln kann, statt so viele Stunden am Tag die Rolle des „braven Kindes" spielen zu müssen.

Was ich nicht kapiere, ist Folgendes: Ihr wolltet mich, ich bin das Produkt eurer Liebe, ich war euer Wunsch, und ihr habt euch nach mir gesehnt. Aber jetzt, da ich hier bin, müsst ihr mich abschieben, um Geld zu verdienen!

Nach Stunden in diesem bunten Gefängnis Krippe kommt ihr also zur Tür herein, seht mich, ich sehe euch, und natürlich freue ich mich, und ihr denkt: „Mein Kind lacht, also ist es glücklich in seiner Krippe." Falsch, ich lache, weil ich endlich befreit werde.

Dann fahren wir nach Hause, und eigentlich will ich nur noch ganz nah bei euch sein, aber ihr habt jetzt so viel zu tun. Die Wahrheit wird größer und stärker, ich habe Angst, ich möchte schreien, aber ich tu es nicht, weil ich weiß, dass meine Chance auf eure Liebe besser ist, wenn ich mich ruhig verhalte.

Ich lache, ich glucke ein wenig, ich mache auf braves Kind, um endlich, irgendwann, euch zu spüren, zu riechen, zu schmecken. Dann sind wir für eine kurze Zeit glücklich, und zwar in Wirklichkeit. Bis zum nächsten Morgen.

Die Krippen – Segen oder Fluch

Kaum ein Thema wird (mit Recht) so verteidigt und (zum Glück) gleichzeitig so kontrovers diskutiert wie das der Kinderkrippe. Mit Recht verteidigt, denn die Krippe stellt mit den aktuellen gesellschaftlichen Rahmenbedingungen oft die einzige Möglichkeit dar, sich auch als Mutter beruflich weiterzuentfalten und zu entwickeln. Nicht zu vergessen die Familien und AlleinerzieherInnen, die schlichtweg auf das Einkommen nicht verzichten können. Und zum Glück kontrovers diskutiert, da die Krippen-Unterbringung in der entscheidendsten Entwicklungsphase des Kindes die Prägung des Gehirns und damit seine weitere Entwicklung nachhaltig negativ beeinflussen kann.

Wir befinden uns in einer emotional hochbrisanten Pattsituation: Sind Mütter schlechte Mütter, wenn sie einen Anspruch auf die Wiederaufnahme ihres Jobs stellen, ihrer beruflichen Bestimmung folgen oder finanziellen Zwängen unterliegen?

Ist der Vorwurf berechtigt, weil diese Mütter einem anderen Frauenbild folgen als dem der Mutter bzw. Großmutter, vielleicht auch: wegen Trennung folgen müssen?

Ja, der Vorwurf ist berechtigt!

Doch er richtet sich nicht an die Mütter, sondern an die Verantwortlichen, die wider besseres Wissen und funktionierenden Vorbildern (Skandinavien) nicht die geeigneten Rahmenbedingungen für eine „neue" Elternschaft durch Mutter und Vater ermöglichen.

Die Empfehlung für eine neue Form der Elternschaft (beschrieben in Buch 2, Kapitel 4 „Professionelle Elternschaft") basiert auf einer Vielzahl von aktuellen Studien, die Risiken durch den zu frühen Entzug von Elternnähe in Krippen nachweisen. Auch wenn es weh tut …

Die Krippen sind weltweit im Vormarsch

2002 formulierte die EU das Ziel, dass bis 2015 die Fremdbetreuungsquote für Kleinkinder unter drei Jahren bei mindestens 33 % liegen soll. Als „Qualitätskriterium" wird vor allem die optimale Öffnungszeit angesprochen.

In nahezu allen europäischen Ländern wird die verfügbare Krippe als wesentlichster Lösungsansatz für die Vereinbarkeit von Job und Familie angesehen.

Es ist unbestritten, dass die wünschenswerte Entwicklung der Frauen, zu qualitativ hochwertiger Berufsausbildung zu gelangen und diese Berufe auch auszuüben, nicht nur berücksichtigt werden muss, sondern zu fördern ist. Hier darf jedoch der Denkprozess zum ungelösten Thema „Karriere und Familie" nicht aufhören. Die Realität zeigt immer deutlicher, dass es zu einer Polarisierung „Job **oder** Kind" kommt. Beide Entscheidungen sind für die Frau unbefriedigend.

Leise, fast als Alibi-Floskel, taucht die Forderung auf, auch der Partner sollte seinen Beitrag zu einer aktiven Elternschaft einbringen. Im Wissen, dass ökonomische Gründe diesen Ansatz schnell vergessen lassen. Die idealistische Ausnahme liegt bei ca. 2 %.

In dieser endlosen und trotzdem immer wiederkehrenden Debatte tauchen die Bedürfnisse der Babys überhaupt nicht auf. Man hat den Eindruck, dass sich keine öffentliche Diskussion ernsthaft dieser Frage stellt. Liegt das vielleicht daran, dass die Meinungsmacher zumeist kinderlos sind?

Unzureichende Ausbildung der Krippenbetreuung, Anzahl und wechselndes Personal in der Krippe haben starke Auswirkungen auf die Entwicklung unserer Babys:

- **Sie verbringen unendlich viel Zeit unbeschäftigt in völlig unzureichenden sozialen Wechselwirkungen.**
- **Sie werden in ihrer geistigen, seelischen, sozialen und sprachlichen Entwicklung gebremst.**
- **Sie zeigen erhöhte Aggressivität gegenüber anderen Kindern und Erwachsenen.**
- **Sie befinden sich in unsicheren seelischen Bindungen.**

Hier soll auf keinen Fall der Weg „zurück zum Herd" angedacht werden! Aber wir brauchen endlich ein zeitgemäßes Modell, das die Erfordernisse **aller** berührt. Gerade deshalb sind wir bemüht, nicht nur die Probleme aufzuzeigen, sondern auch einen realistischen Weg für die Zukunft zu beschreiben. (Das Zukunftsmodell wird im Kapitel „Professionelle Elternschaft" ausführlich dargestellt.)

Sichere seelische Bindung – was ist das?

Unter seelischer Bindung versteht man eine in ihrer jeweiligen Art einmalige Beziehung zwischen Menschen, die nicht austauschbar ist.

Der Bindungsvorgang beginnt schon in der Schwangerschaft, erfährt seine kritische, entscheidende Periode zwischen dem sechsten und zwölften Lebensmonat und dauert bis zum dritten Lebensjahr an.

Das Bestehen der sozial-emotionalen Bindung des Babys an Mutter und Vater lässt sich durch drei Anzeichen verdeutlichen:
1. Das Kind lässt sich von der Bindungs- oder Bezugsperson besser beruhigen und zufriedenstellen als von anderen.
2. Das Kind wendet sich der Bezugsperson häufiger zu, wenn es spielen oder getröstet werden will.
3. Das Kind ist in Anwesenheit der Bezugsperson weniger ängstlich als in ihrer Abwesenheit.

Ein besonderes Augenmerk verdienen Adoptiv-Babys. In vielen Fällen hat bei diesen keine sichere Bindung vor der Adoption stattgefunden. Hier bedarf es besonders intensiver Zuwendung seitens der Adoptiveltern.

Das Bindungssystem wird vom Baby in Situationen aktiviert, die ihm nicht vertraut sind. Damit erreicht es eine Reduzierung seiner unangenehmen Gefühle, indem es mit der Bezugsperson interagiert. Wissenschaftler haben bei Untersuchungen festgestellt, dass Kinder mit starker Bindung sozial extrovertierter, neugieriger im Bezug auf ihre Umgebung, bereiter zu Erkundungen und fähiger zur Bewältigung von Stress sind als Kinder, denen eine starke Bindung fehlt.

Sicher gebundene Kinder zeigen später im Kindergarten adäquateres Sozialverhalten. Sie können auftauchende Konflikte selbstständig lösen. Im Spiel zeigen sie mehr Phantasie und Ausdauer. Sie sind konzentrierter und frustrationstoleranter. In einer 18 Jahre dauernden Studie stellten Glenn I. Roisman und seine Forscherkollegen fest, dass Bindungssicherheit bei Säuglingen ein Maßstab für die berufliche Entwicklung in der späten Pubertät bedeutet, wobei höhere Sicherheit mit größerem Einfallsreichtum bei der Auswahl und Planung zukünftiger Berufsziele verbunden ist. Ebenso veranschaulicht die Forschung mit Blick auf parallele Bindungsbewertungen, dass enge Bindungen und Annahme der Unabhängigkeit durch die Eltern Jugendlichen ein erhöhtes Gefühl der Kompetenz bei der Berufsauswahl geben.

Aus diesen genannten Gründen ist es sinnvoll, die Institution Kinderkrippe zu hinterfragen.

Warum Nicht-Krippenkinder kreativere Erwachsene werden

Bei Krippenkindern ist die emotionale Bindung an primäre Bindungspersonen nur unzureichend entwickelt. Sie sind gezwungen, den daraus resultierenden Mangel an emotionaler Sicherheit durch verstärkte Selbstbezogenheit zu kompensieren.

So schaffen sie sich eine eigene, von ihnen selbst bestimmte Lebenswelt und schirmen sich gegenüber fremden Einflüssen und Anregungen ab, die nicht mit ihren Vorstellungen übereinstimmen. In dieser nun von ihnen selbst bestimmten Welt gibt es keine wirklichen Herausforderungen mehr. Es können keine vielfältigen neuen Erfahrungen gemacht und im sich entwickelnden Gehirn verankert werden. Wichtige Entwicklungsprozesse im kindlichen Gehirn finden nicht mehr oder nur eingeschränkt statt.

Für das Lernverhalten der Kinder bedeutet dies einen Rückgang an Motivation, Verstehen, Behalten, Erinnern, Erkennen von Zusammenhängen und eine eingeschränkte Fähigkeit beim Erkennen und Lösen von Konflikten. Ihr Sozialverhalten wird von zunehmendem Rückzug in selbst geschaffene Welten, Ablehnung fremder Vorstellungen und aggressiver Verteidigung ihrer eigenen Ansichten und Haltungen bestimmt.

Meist handelt es sich hierbei um sehr rigide, einseitige, pseudoautonome Strategien der Angstbewältigung. Die dabei aktivierten neuronalen Verschaltungen werden umso nachhaltiger gebahnt, je früher und je häufiger sie eingesetzt werden. Sie können schließlich das gesamte Fühlen, Denken und Handeln dieser Kinder bestimmen. Die betreffenden Kinder grenzen sich zunehmend von den Vorstellungen anderer, vor allem denen Erwachsener ab. Ihr mangelndes Einfühlungsvermögen behindert sie beim Erwerb vielfältiger sozialer Kompetenzen.

Damit fehlt ihnen die Grundvoraussetzung dafür, gemeinsam mit möglichst vielen unterschiedlichen Menschen nach tragfähigen Lösungen zu suchen und Verantwortung für sich und andere übernehmen zu können.

In einer Krippe ist die wichtige spontane Verarbeitung von Schmerz, Trauer und Freude oft nicht möglich.

Die Auswirkungen früher Bindungsstörungen auf die Entwicklung des Gehirns und der Persönlichkeit sind im späteren Leben nur schwer korrigierbar. Kinder, die keine sicheren Bindungen ausbilden konnten, haben Angst vor körperlicher und emotionaler Nähe. Wenn es ihnen nicht gelingt, diese Angst zu überwinden, bleiben sie zeitlebens isoliert, ich-bezogen und bindungsunfähig. Manche haben Glück und finden einen Lehrer oder Erzieher, der sie versteht und ihnen hilft, allmählich wieder Beziehungen zu anderen Menschen einzugehen, das Vertrauen in menschliche Bindungen wiederzuerlangen und sich auf die gemeinsame Suche nach gemeinsamen Lösungen einzulassen. Manche scheitern irgendwann an den selbstzerstörerischen Folgen ihrer pseudoautonomen Bewältigungsstrategien.

Die Tragödie in diesem Zusammenhang ist, dass im späteren Leben die Einsamkeit, der Egoismus und die Unfähigkeit, Beziehungen einzugehen, kaum auffallen. Wenn Erfahrungen wie Bonding, Nähe, Kommunikation, Liebe, Vertrauen und Beteiligung in einem größeren Zusammenhang nicht im frühen Kindesalter gemacht wurden, werden diese Werte später unbewusst unterdrückt, und das Leben wird auf das „Skelett" des Materiellen reduziert. Wenn jedoch Eltern diese Liebe und Nähe schon von Beginn anbieten, wird das Gegenteil der Fall sein. Wenn ein Kind die Liebe direkt von seinen Eltern erhält (und nicht von einer Ersatzbetreuung), kann dieses Kind zu einem Erwachsenen heranreifen, der Liebe in die Welt bringt und diese den Menschen in seiner Umgebung zeigen kann.

Ein Kind, das keine echte Elternliebe erfährt, wird später vielleicht ein erfolgreicher Manager werden, aber seinen Selbstbezug verlieren. Wenn jedoch die Betreuung und Aufmerksamkeit von der Bezugsperson kommen (und nicht von der Krippe), dann sind die Liebe und die Hoffnung im Kind für das ganze Leben vorhanden. Das Kind wird zu einem Erwachsenen heranreifen, der sich in seiner Seele wohlfühlt und sich selbst kennt.

Neben den psychischen Folgen des Verlustes der gewohnten Bezugsperson in einem so jungen Alter können Krippen auch weitere Gefahren für unsere Kinder mit sich bringen.

Der Kindergarten ist eine Einrichtung für Kinder – aber für wen gibt es Krippen?

Auch Dr. Jaroslav Sturma* sieht in Krippen große Gefahren. Er sagt:

„Die Situation der außerfamiliären Betreuung von Kindern unter drei Jahren muss aus der Sicht der Bindungstheorie als ein mögliches Risiko gesehen werden, denn ein kleines Kind erlebt auch einen vorübergehenden Verlust eines sicheren Umfeldes als stressvoll. Außerdem begreift es nicht, warum und für wie lange dies geschieht. Eben deswegen stellt der Prozess der Eingewöhnung des Kindes in der Krippe einen so komplizierten und zeitlich anspruchsvollen Prozess dar, bei dem sich das Kind in Anwesenheit zumindest einer Bindungsperson auf eine neue, die bisherigen Beziehungen ergänzende und teilweise übernehmende Kontaktperson allmählich orientiert. Es kommt natürlich auch darauf an, wie gut die Zeit ausgefüllt ist, die das Kind außerhalb seines Heimes verbringt, wie individualisiert seine Betreuung ist.

Die Vorstellung, die Krippe sei nichts anderes als ein in die untere Altersgrenze verlängerter Kindergarten und der Kindergarten nur eine in die höhere Altersstufe verlagerte Krippe, ist vom Standpunkt der Entwicklungs- und Evolutionspsychologie falsch und entspricht nicht den natürlichen Bedürfnissen der Kinder.

Der Kindergarten ist eine Einrichtung für Kinder – die Kinderkrippe eine für die Erwachsenen! Eine Kinderkrippe werden Kinder von sich aus nicht schaffen – einen Kindergarten wohl!"

In jeder modernen Gesellschaft gibt es Fälle, in denen die Krippe für das Kind einen besseren Schutz seiner Gesundheit im Vergleich zu den Belastungen und bedrohenden Faktoren im Familienmilieu bedeuten kann. Und es gibt sicher Fälle, in denen sich die Belastung und Bedrohung durch den Aufenthalt in der Krippe und durch die familiäre Umgebung ungefähr die Waage halten. Und es gibt zweifellos auch Mütter und Väter, die nicht durch eigene Schuld in die Situation geraten, in der sie keine andere Wahl haben, als das Kind in die Krippe zu geben.

Einige Studien weisen darauf hin, dass starke Eltern-Kind-Beziehungen gesundheitsfördernd sein können. Forschungen über Atemwegserkrankungen deuten darauf hin, dass soziale Unterstützung die Verbindung zwischen niedriger Stressrate und Auftreten vom Atemwegserkrankungen im Kindesalter einschließlich Asthma verringern kann; dies bedeutet, dass unter Bedingungen mit relativ geringer Belastung Kinder mit Asthma und anderen Atemwegserkrankungen mit starker sozialer Unterstützung besser abschneiden als Kinder ohne diese Beziehungen. Ähnlich weisen Kinder mit angeborenem Herzfehler mit sicherer Elternbindung bessere gesundheitliche Ergebnisse aus als solche mit unsicherer Bindung.

In einer Krippe, wie wir sie kennen, wird das anzustrebende Verhältnis der Zahl der Kinder pro BetreuerIn nicht erreicht. Es sollten ungefähr zwei BetreuerInnen für vier Kinder sein, während in der Praxis zwei BetreuerInnen für etwa zehn Kinder sorgen. Noch problematischer ist ein mehrmaliger Wechsel des Personals.

Wissenschaftler stellten im Rahmen einer Studie bei einer Gruppe von 609 Kindern aus Tageskrippen eine zwei- bis dreimal höhere Krankheitsanfälligkeit als bei einer gleich großen Vergleichsgruppe von Familienkindern fest. Auch Klinikaufnahmen kamen bei Kindern aus Krippen dreimal häufiger vor:

Es stimmt, dass bei Krippenkindern, bei denen die üblichen Infektionserkrankungen früher vorkommen, die Erkrankungsrate im Kindergarten im Vergleich mit deren Altersgenossen, die keine Krippe besuchten, niedriger ist.

Es ist jedoch die Frage, ob die früher durchgemachten Erkrankungen den Organismus nicht eher belasten als stärken.

Es ist anzunehmen, dass der Schutz des Immunsystems durch den Familienverband, der ja auch ein evolutionäres Phänomen ist, eine optimale Entwicklung gewährleistet. Wie sich das verfrühte Auftreten von Infektionskrankheiten tatsächlich (nämlich im späteren Leben) auswirkt, können nur Langzeitstudien ergeben. Wie wichtig es ist, gewisse Erfahrungen zum richtigen Zeitpunkt (phasengerecht) zu machen, wissen wir jedoch aus der Gehirn- und Lernforschung.

„Alles braucht seine Zeit." Das ist eine entscheidende Sichtweise im Zusammenhang mit der Entwicklung eines Kindes.

Schauen wir uns das Verhalten von Kindern im Sandkasten genau an. In den ersten Jahren ist die volle Konzentration des Kindes auf es selbst gerichtet. Erst später entsteht das Bedürfnis nach gemeinsamem Gestalten.

Denn in den ersten Lebensjahren denken Kinder nur im ICH und DU.

Das für eine gesunde Sozialisierung wichtige WIR-Gefühl stellt sich frühestens ab dem dritten Lebensjahr ein. Im Kindergarten können die Kinder es nun mit Gleichaltrigen befriedigend entfalten.

* Dr. Jaroslav Sturma, Family and Child Center Sun Bean.

Wie die Krippen Sinn bekommen ...

Babys leiden, wenn sie von Mutter und Vater getrennt werden. So wie jedes Säugetier die Abwesenheit der Eltern als schmerzlich empfindet. Der emotionale Trennungsschmerz wird von den gleichen chemischen Vorgängen im Gehirn gesteuert wie körperlicher Schmerz. Man kann durchaus sagen, Babys verglühen in Krippen seelisch. Dies alles ist nur dadurch möglich, weil die Kleinsten – die Babys – keine Stimme und keine Lobby haben.

Wenn die gesellschaftlichen, volkswirtschaftlichen und menschlichen Dramen ignoriert werden, wird es in einigen Jahren doppelt so viele Fremdbetreuungsplätze wie heute geben! Um das zu verhindern und um eine natürliche Betreuungsphase, die allen Wünschen gerecht wird, zu ermöglichen, müssen wir für eine professionelle Elternschaft kämpfen.

Was aber in Zukunft tun mit den vielen Krippen von heute?

Zum einen sollten sie zu einer professionellen „Zufluchtstätte" familiär belasteter Babys werden. Gerade für Kleinkinder von Alleinerziehenden muss für die ersten drei Jahre eine besonders sensible Form der teilweisen „Außer-Haus-Betreuung" geschaffen werden. (Im Detail in Band 2 auf Seite 148/49 dargestellt.)

Zum anderen könnten sie ein Tummelplatz krabbelnder, tanzender, quietschender Babys mit ihren Müttern und Vätern sein. Diese Krippen könnten also zur längst notwendigen Ergänzung öffentlicher Spielplätze werden und damit zu zeitgemäßen Kommunikationsstätten von Müttern und Vätern.

Diese Nutzung stundenweiser Sozialkontakte zwischen Babys unter professioneller Aufsicht und der der eigenen Bindungspersonen würde allen gut tun: dem Baby, der Mama, dem Papa – und damit der gesamten Gesellschaft.

Mama, Papa, seid ihr bereit für einen kleinen Test?

Was ist aus eurer Sicht das Beste für mich?

Bitte, Mama und Papa, kreuzt so ⊠ an!

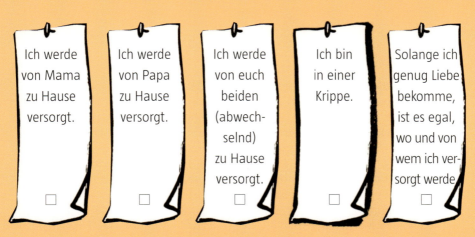

Ich werde von Mama zu Hause versorgt.	Ich werde von Papa zu Hause versorgt.	Ich werde von euch beiden (abwechselnd) zu Hause versorgt.	Ich bin in einer Krippe.	Solange ich genug Liebe bekomme, ist es egal, wo und von wem ich versorgt werde.
☐	☐	☐	☐	☐

Wenn ihr wissen wollt, wie andere denken, blättert bitte um!

DIE AKTUELLE UMFRAGE

Frage an die Väter: Was ist Ihrer Ansicht nach für das Baby das Beste?

	Deutschland	Frankreich	Italien	Schweden	Großbritannien	USA
Baby wird von der Mutter zu Hause versorgt	21,5	17,1	13	7,4	27,3	33
Baby wird von dem Vater zu Hause versorgt	2	0,7	1	1,4	1,2	2,2
Baby wird von den Eltern (abwechselnd) zu Hause versorgt	52,3	50,4	42,3	65,2	44,5	44,4
Baby ist in der Krippe	1	2	5,4	4,1	1	1,5
Solange es genug Liebe bekommt, ist es egal, wo und von wem es versorgt wird	23,2	29,8	38,3	21,9	26	18,9

(Angaben in %) Quelle: my way, Online-Umfrage

Es sind die Väter, die ihren Anteil an der Betreuung der Babys einfordern. Denn sie sehen darin die sinnvollste Entwicklung für ihre Kinder: *„Hallo, Mütter: Mehr Mut zum Loslassen!"*

Die Mehrheit der Väter tritt dafür ein, dass ein Baby am besten abwechselnd von den Eltern zu Hause versorgt wird. In Schweden 65,2 %, aber auch in Deutschland 52,3 %, gefolgt von Frankreich (50,4 %) und England (44,5 %). Dass sich die Väter geradezu weltweit einig sind, zeigen auch die amerikanischen Väter: 44,4 %. Geringer ist die Zahl der Väter, wenn es um die Frage geht, ob denn das Baby von der Mutter alleine zu Hause versorgt werden sollte: zwischen 7,4 % (Schweden) und 33 % (USA) sagen dazu „ja". Eine klare Absage wird der Krippe erteilt. Maximal 5,4 % der Väter sprechen sich dafür aus.

Frage an die Mütter: Warum sind Mütter Ihrer Meinung nach während der Babyzeit berufstätig?

	Deutschland	Frankreich	Italien	Schweden	Großbritannien	USA
aus finanziellen Gründen	73,5	69	66,4	72,7	68,9	82,3
aus gesellschaftlichen Gründen (Image)	4,3	3,7	3,7	7	5	2,1
aus eigener Befriedigung (z. B. Karriere nach Studium)	16	19,4	22,6	18	18,9	11
weil Muttersein stresst	6,2	7,9	7,3	2,3	7,2	4,6

(Angaben in %) Quelle: my way, Online-Umfrage

Die überwiegende Mehrheit der befragten Mütter sagt, dass sie aus finanziellen Gründen einer Arbeit nachgeht.

Bedarf das Resultat dieser Umfrage noch eines Kommentars?

Warum in die Ferne schweifen …
Hallo Oma, hallo Opa!

„Ein Baby erfährt durch Bewegungen mit dem ganzen Körper, wie es sich in Beziehung zur Umwelt fühlt. Wer es ist. Deshalb wirken sich Krippen in seinen ersten drei Jahren oft so katastrophal aus. Denn da gibt es nur Norm und wenig Raum für individuelle Neugier, Bewegungsfreude und Entdeckungsgeist. Kinder brauchen in dieser Zeit auch individuelle Ruhephasen, um ‚verdauen', ‚verarbeiten' zu können. Diese Ruhephasen sind genauso wichtig wie die Aktivitätsphasen. Wenn dieses Verhältnis gestört wird, wird das ganze Wesen im eigenen Lern- und Erfahrungsrhythmus gestört."

Das sagt die erfahrene Psychotherapeutin Dr. Nurit Sommer. Und sie sagt noch etwas: *„Wo sind die guten, ‚alten' Omas und Opas?"* Ja, wo sind sie in den Familien geblieben?

Die Omas und Opas sitzen allein in Altersheimen oder bestenfalls auf Mallorca und sind traurig. Man braucht sie nicht mehr, sie fühlen sich abgeschoben, und sie sehnen sich nach ihren Enkeln.

An einem Swimmingpool konnte ich mich nicht sattsehen an einer Szene zwischen einem Opa und seiner Enkeltochter: wie er die Zweijährige immer wieder in die Luft hochwarf, das Mädchen mit einem freudigen Schrei ins Wasser stürzte und vom Opa „gerettet" wurde …

„Sehen Sie", erzählte mir der Mann, *„ich habe eine phantastische Schwiegertochter. Sie überlässt mir Evelyn an manchen Nachmittagen. Das ist für mich ein großes Erlebnis. Erst als Großvater habe ich mich als Vater kennengelernt. Mein Leben hat wieder Sinn …, verstehen Sie?"*

Wie sehr braucht ein Baby Oma und Opa?
Wenn die ganze Familie zu Hause ist, kann ich meinen kleinen Erich genau beobachten, wem er an diesem Tag welche Rolle zuerkennt. Er geht zur Oma mit einem Bilderbuch: *„Bitte vorlesen"*, sagt er. Später nimmt er Opa an der Hand und führt ihn zu seiner kleinen Ritterburg. Dann läuft er in den Garten und lockt mich: *„Komm, laufen wir! Achtung, fertig, los!"* Später geht er zu seiner Mama und bringt ihr den Helm: Er möchte Rad fahren. Von Zeit zu Zeit will er dann auch allein spielen … Jedes Familienmitglied hat seinen Kontakt mit dem Baby, jedes Familienmitglied hat aber auch genügend persönlichen Freiraum. Und das Baby durchlebt verschiedene Qualitäten der Zuneigung, des Handelns, der Erfahrung. Die Welt der Erwachsenen wird ihm transparenter und verständlicher.

Glücklich ist jenes Paar, das zwei Omas und zwei Opas hat.

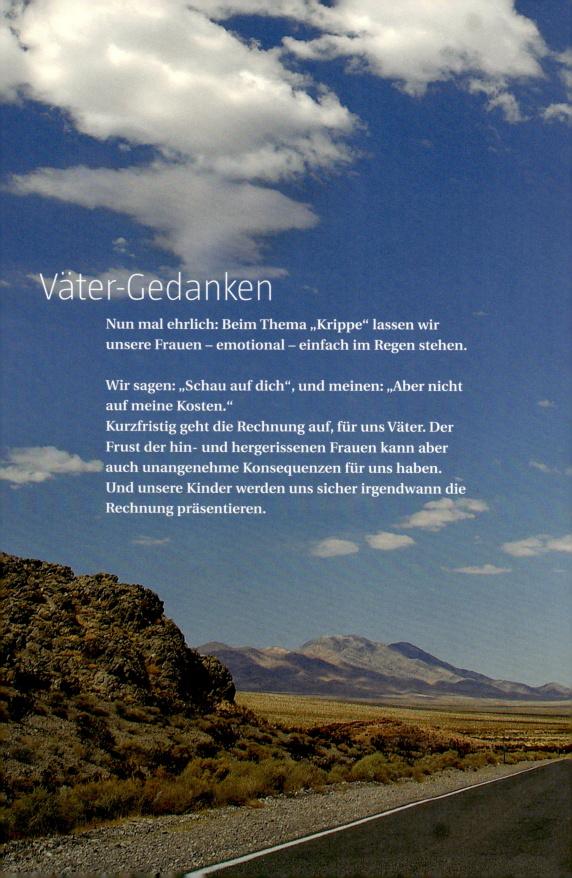

Väter-Gedanken

Nun mal ehrlich: Beim Thema „Krippe" lassen wir unsere Frauen – emotional – einfach im Regen stehen.

Wir sagen: „Schau auf dich", und meinen: „Aber nicht auf meine Kosten."
Kurzfristig geht die Rechnung auf, für uns Väter. Der Frust der hin- und hergerissenen Frauen kann aber auch unangenehme Konsequenzen für uns haben. Und unsere Kinder werden uns sicher irgendwann die Rechnung präsentieren.

Wir haben eine Verantwortung:

Wir sollten unsere Frauen ermutigen, ihren Beruf und ihre Berufung zu vereinbaren. Das geht nur, indem sie unterstützt werden – von uns Vätern. Aber auch durch die Bereitschaft der Gesellschaft. Letztlich durch den Willen des Gesetzgebers, dieses Problem grundlegend lösen zu wollen.

Damit unsere Frauen und wir Männer Beruf und Elternschaft sinnvoll vereinbaren können, bedarf es unseres vollen Engagements. Das Geld dafür sollte der Staat nicht in seelenlose Babykrippen investieren, sondern in unseren Job als Eltern.

Wir kämpfen doch so gerne – hier wäre eine gute Gelegenheit dazu.

Ring frei zur ersten Runde!

Der Weg zum gesunden* Kind

→ Das „Wunder-Kind" sitzt auf Ihren Armen!

→ Wen machen Kinderkrippen glücklich?

→ Tausche Krippe gegen Vater!

→ Kinderkrippen können Spaß machen, solange Sie dabei sind und mitmachen!

→ Oma und Opa statt „Fanny" und „Nanny"!

→ Eltern-Job ist das beste Investment!

* Gesundes Kind heißt: körperliche, seelische, geistige, soziale und spirituelle Gesundheit in der Babyzeit als Basis für das gesamte Leben bis ins hohe Alter (= ganzheitliche Gesundheit).

RAUM FÜR MEINE GEDANKEN

....

....

....

....

....

....

....

....

Was geschieht mit der Psyche eines Menschen, wenn man ihm sagt: *„Das hast du schon wieder falsch gemacht!", „… das kannst du ja doch nicht!", „… mein Gott, bist du ungeschickt!"*?

Misshandeln wir unsere Kinder, ohne es zu wissen?

9

DIE EMOTIONALE KINDES-MISSHANDLUNG

Wo ist mein Schutzengel?

Können wir die Wahrheit ertragen?

Niemand von uns – von
Ausnahmen abgesehen –
will ein Baby verletzen.

In fast allen Fällen geschieht
es aus Unwissenheit.

Dies zu erkennen, kann sehr
schmerzhaft sein.

Lesen Sie deshalb dieses Kapitel in einer Atmosphäre der Abgeschiedenheit, in der Sie genug Zeit und Ruhe finden, das Gelesene kritisch nachzufühlen.

Eure Kinder sind nicht eure Kinder.

Sie sind Söhne und Töchter der Sehnsucht
des Lebens nach sich selbst.

Sie kommen durch euch, aber nicht von euch.

Und obwohl sie mit euch sind,
gehören sie euch doch nicht.

Ihr dürft ihnen eure Liebe geben, aber nicht eure
Gedanken.

Ihr dürft ihren Körpern ein Haus geben,
aber nicht ihren Seelen.

Denn ihre Seelen wohnen im Haus von morgen,
das ihr nicht besuchen könnt,
nicht einmal in euren Träumen.

Ihr dürft euch bemühen, wie sie zu sein,
aber versucht nicht, sie euch ähnlich zu machen,
denn das Leben läuft nicht rückwärts,
noch verweilt es im Gestern.

Khalil Gibran

Die dunklen Seiten

In meinem Heimatdorf ist Volksfest. Eine Band spielt, es gibt frisches Bier und Bratwurst. Auch eine „Luftburg" für Kinder ist aufgestellt. Neben mir steht eine etwa 35-jährige Frau. Sie zeigt stolz auf ein fünfjähriges Mädchen. Es springt hoch in die Lüfte. Aber es lacht nicht dabei. *„Sehen Sie"*, sagt die Mutter, *„das ist Kathi. Früher ging sie hier im Dorf in den Kindergarten und war immer frech. Sie wollte einfach nicht gehorchen. Jetzt geht sie in den Kindergarten in der Stadt. Die können viel besser mit Kindern umgehen. Passen Sie auf…"*

Sie schreit kurz: *„Kathi!"*, und in der Sekunde wirbelt das Mädchen herum, schaut zur Mutter, verlässt die „Luftburg", zieht sich die Schuhe an und läuft zu uns. *„Ja, Mama, hier bin ich."*

„Sehen Sie", lächelt die Frau freudig, *„so ein braves Mädchen ist meine Kathi geworden. Sie hört aufs Wort…"*

Allgemein gilt als „normal", wenn ein Kind normiert ist, wenn es sich also so verhält, wie es sich die Eltern von einem „braven" Kind erwarten, einem Kind, das Anordnungen sofort nachkommt, folgsam ist, wie wir das so nennen: *„Wenn du Mama und Papa lieb hast, dann tust du jetzt, was von dir verlangt wird …"*

Wenn so ein „normiertes" Kind schon mit einem Jahr „aufs Töpfchen" geht, der besuchenden Tante trotz Abneigung artig ein Küsschen gibt, immer dann lächelt, wenn man es von ihm erwartet, auch wenn ihm nicht danach zumute ist, dann haben die Eltern auch die Erwartungen ihrer Umwelt erfüllt. Eine so manipulierte Seele hat es aber schwer im späteren Leben.

Eltern ist eine solche Erziehung nicht zum Vorwurf zu machen. Sie handeln meist in absoluter Unwissenheit. In großer Liebe wollen sie das Beste für ihre Sprösslinge.

Liebe Mama, lieber Papa, gestern habe ich mich hinter die Couch im Wohnzimmer gestellt und losgebrüllt … ihr seid gelaufen gekommen, habt mich gefragt: *„Baby, was ist mir dir?"* Ich habe „Auto! Auto!" gerufen und mit dem Finger in die Zimmerecke gezeigt. Dort stand mein geliebter roter Lastwagen.

Ihr habt gesagt: *„Hole ihn dir."* Ich habe noch lauter gerufen. Du, liebe Mama, hast mir dann das Auto gebracht, aber ich habe nach dem Auto geschlagen und noch lauter gebrüllt. Jetzt habe ich auf meinen kleinen gelben Kran gezeigt. Und als du, Papa, mir diesen bringen wolltest, habe ich *„Nein, nein, nein!"* geweint.

Eine Zeit lang seid ihr völlig ratlos vor mir gestanden, und schließlich wolltet ihr mich hochnehmen, aber ich habe euch weggestoßen. Ich wollte euch einfach beweisen, dass ich auch jemand bin.

Ich bin kein Spielzeug. Ich habe meinen eigenen Willen. Ich will nicht immer essen müssen, wenn ihr wollt. Ich möchte nicht immer mein Spielen unterbrechen müssen, nur weil ihr mich ruft. Ich möchte nicht immer gewaschen werden, wenn die Schokolade noch immer süß um meinen kleinen Mund klebt.

Da kann es schon vorkommen, dass ich mit meinen kleinen Füßchen aufstampfe oder meinen Körper in energischer Abwehr verbiege.

Liebe Mama, lieber Papa, ich brauche meinen Trotz. Ohne meinen Trotz kann ich mich nicht richtig entwickeln. Ohne diesen Trotz fühle ich mich später im Erwachsenenleben nur als halber Mensch.

Was sollt ihr tun, wenn ich so vor euch stehe und gegen euch protestiere?

Hier ist der Deal:

Lasst mich trotzen! Lasst mir meinen Willen! Lenkt mein Interesse ab! Zeigt mir etwas, mit dem ich normalerweise sehr gerne spiele. Redet miteinander. Das weckt meine Neugierde. Und selbstbewusst werde ich mein Trotzen aufgeben. Ich habe mich erfolgreich durchgesetzt.

Ein Kind braucht diese kleinen Siege über den Willen der Erwachsenen. Nur so kann es sich zu einer eigenen Persönlichkeit entwickeln, sich später im Beruf durchsetzen, ein selbstbewusstes Erwachsenenleben führen und eine harmonische Partnerschaft eingehen.

Den Trotz auszuleben, gehört zu den elementarsten Bedürfnissen des Kindes. Genauso wie ein Kind Anrecht auf seine Traurigkeit besitzt.

Was ist nun die richtige Reaktion? Im Grunde ist es ganz einfach.

Man muss nur auf sein eigenes Herz hören.

Wenn ein Baby weint, weil es etwa durch einen Sturz plötzlich Schmerzen verspürt, gibt es kein Warten: schnell das Baby an die Brust, den Kopf an die Schulter und mit beruhigenden Worten den körperlichen Schmerz akzeptieren. So fasst das kleine Kind Vertrauen, sich immer wieder von den Eltern entfernen zu können, weiß es doch, dass es jederzeit zurückkehren kann, um Trost zu empfangen. Es gibt aber auch Situationen, in denen ein Kleinkind echte Traurigkeit zeigt: weil es ein Spielzeug kaputt gemacht hat, weil es den Teddybären verloren hat oder weil der Vater zur Arbeit gegangen ist.

Mark, Vater eines 18 Monate alten Jungen:

„Als mein kleiner Jakob zusehen musste, wie sein Stofflöwe in den Bach fiel und einfach wegschwamm, kullerten ihm Tränen über die Wangen. Ich nahm ihn hoch und tröstete ihn: ‚Mein Babylein, weine nicht. Wenn du traurig bist, dann ist auch dein lieber Papi traurig, und das willst du doch nicht haben.' Und Jakob hörte wirklich auf zu weinen. Ich war richtig zufrieden."

Einem Kind ist es nicht erlaubt traurig zu sein, weil es damit seine Eltern traurig macht. Solche Kinder werden ihr ganzes Leben lang keine Trauer mehr zulassen. Wir müssen aber unsere seelischen Schmerzen verarbeiten, und Trauerarbeit gehört dazu, sonst kommen wir nie zur Ruhe.

Elisabeth, Mutter von zwei kleinen Kindern:

„Wenn Erziehung so viel Subtilität erfordert, vielleicht mache ich ja alles falsch? Man muss sich als Mutter und Vater an gewissen Regeln orientieren können. Am besten an den Regeln der Eltern? Wenn es mir nicht geschadet hat, wie meine Eltern mich erzogen haben, dann wird es doch auch meinen Kindern nicht schaden."

„Mir hat es doch auch nicht geschadet", „Ich bin doch auch erfolgreich geworden" – diese Sätze hört man immer wieder. Hinterfragt man dann das Leben des Einzelnen, hört man von vielen Dingen, die gerade dieses Leben beschränken – ohne dass die Betroffenen eine Ursache dafür nennen können. Dass die wahren Ursachen oft in den frühkindlichen Erziehungsmaßnahmen liegen, wollen nur ganz wenige sich selbst eingestehen.

Helene, Mutter von zwei Kindern:

"Ich habe den richtigen Umgang mit einem Kind leider erst bei meinem zweiten Baby verstanden. Als ich beim ersten merkte, dass meine Erziehung es im wahrsten Sinne des Wortes verzogen hatte, begriff ich, dass es ja gar keiner Erziehung bedarf. Ein Kind lernt ausschließlich durch Erfahrungen und Beobachtungen."

Kindliche Beschränkungen, besonders in den ersten drei Lebensjahren, können eine mangelnde Gehirnentwicklung im emotionalen Bereich auslösen. Diese Gefühlsreduktion kann zu Mängeln im Erwachsenenleben führen – bis hin zu schwersten körperlichen und seelischen Erkrankungen.

In solchen Fällen bedarf es eines Menschen in der unmittelbaren Umgebung des Kindes, der den schmerzlichen Verlust von echter Zuneigung liebevoll ausgleicht.

Robert erzählt über seinen Großvater:

"Meine Eltern verfolgten mich immer mit dem bösen Blick. Wann immer ich etwas tat, was ihnen nicht in den Kram passte, straften sie mich mit ihren Augen. Dahinter stand die ständige Drohung vor irgendetwas Schrecklichem. Diese bösen Blicke waren bald schlimmer als Schläge. Aber mein Großvater glich alles aus. Er war für mich der Hort der Liebe, bei dem ich mich immer ausweinen konnte. Wie oft hat er mich in seine Arme geschlossen und mich abgeküsst. Diese Küsse fühle ich noch immer auf meiner Haut. Sie sind für mich das Schutzschild vor allem Bösen geworden."

Diese Erkenntnis verlangt von uns allen ein erhebliches Verantwortungsbewusstsein. Denn nicht nur unser Kind, sondern jedes Kind braucht respektvolle Liebe.

So können wir alle etwas Positives tun, wenn wir in unserer Umgebung mitansehen, dass Kinder von ihren Erziehungsberechtigten "fürs Leben verbogen werden". Jede noch so kleine liebevolle Zuwendung ist für solche Menschenkinder von größter emotionaler Bedeutung und wird von ihnen in einem unglaublichen Überlebenswillen wie ein rettender Strohhalm aufgesogen ...!

Was tun, wenn wir uns durch unsere Kindheit geschädigt fühlen? Wir alle haben es zum Teil in der Hand, uns selbst aus einer unglücklichen seelischen Tiefe zu ziehen. Dazu ist es wichtig, dass wir uns als Erwachsene wieder in unsere Kindheit zurückbegeben.

Celina berichtet von solchen "Reisen":

"Ganz allein in einem Zimmer lege ich mich auf den Boden, schließe die Augen und versuche, die Stationen meines Lebens zurückzuspulen: meine Heirat, die Zeit an der Universität, meine erste Liebe, meine Freundinnen, die Urlaube mit meinen Eltern, dann ich am ersten Schultag. Schließlich ich als kleines Kind im Sandkasten mit einem roten Kübel und einer kleinen gelben Schaufel. Ich sitze allein und versuche, kleine Kuchen zu ba-

cken. Ich gehe als erwachsene Frau auf dieses Kind (auf mich) zu. Ich setze mich zu ihm. Sehe ihm beim Spiel zu. Eine liebevolle Wärme durchströmt meinen Körper. Ich, die ich noch nie in meinem Leben geliebt habe, liebe jetzt dieses kleine Etwas, das da im Sandkasten spielt, nämlich mich. Ich frage das kleine Mädchen: ‚Geht es dir gut?' Das kleine Kind hebt den Kopf, sieht mich an. Die Augen sind groß, so viel blauer als heute, aber diese Traurigkeit, diese Traurigkeit. ‚Was ist mir dir, was ist mit dir?', beginne ich zu weinen, aber das Kind sieht mich an, und unendlich langsam, in einem unglaublichen Akt der Traurigkeit, schüttelt es den Kopf. Die kleinen Locken wehen im Wind, und ich sitze starr da, kann nicht mehr sprechen, eine riesengroße Faust in der Brust verhindert mein Atmen. In diesem Augenblick springt das Kind aus dem Sandkasten und läuft Richtung Haus. Dort steht meine Mutter mit drohender Gebärde und schüttelndem Zeigefinger. Dieser Zeigefinger, er hat mich meine Kindheit lang verfolgt. Ich wache auf, kann mich minutenlang nicht rühren. Unglaubliche Schmerzen lähmen mich. Ich spüre die gleichen Schmerzen wie damals, als meine Mutter mich bedrohte."

Celina schaffte den Weg zu sich selbst. *„Heute"*, sagt sie, *„weiß ich, dass diese Schmerzen notwendig sind, um sich von einer alten Last für den Rest des Lebens zu befreien."*

Solche Schmerzen zuzulassen, um die schmerzlichen Erinnerungen körperlicher und seelischer Pein in der Kindheit zu vergessen, muten sich die meisten Menschen nicht zu – sehr oft mit dem Argument, dass etwas nicht wahr sein kann, das nicht wahr sein darf.

Die Eltern, die ehemaligen Erziehungsberechtigten, in einem anderen Licht zu sehen als in der liebevollen Verklärtheit vergangener Jahre, ist natürlich nicht leicht.

Da mutet man sich schon viel eher zu, alles als Unwahrheit und nicht als „richtig" zu bezeichnen, was man selbst nicht erfahren haben will.

Wie schrecklich die Folgen sein können, ist Karls Erzählung zu entnehmen:

„Mein Vater hat mich immer wieder erniedrigt. Als ich dann eine Tochter bekam, konnte auch ich nicht anders: Ich erniedrigte sie ebenfalls. Irgendwann tat sie mir so leid, dass ich mich einem Psychotherapeuten anvertraute. Er machte mir klar, dass ich gar nicht meine Tochter misshandelte, sondern meinen Vater. Mich packte das Entsetzen vor mir selbst. Aber diese Erkenntnis führte dazu, dass ich meine Tochter nie wieder erniedrigte."

Oft hört man auch solche Aussagen:

David: *„Aus mir wäre ganz bestimmt kein so erfolgreicher Manager geworden, hätte mir mein Vater nicht hin und wieder die berühmte gesunde Ohrfeige gegeben."*

Albert: *„Meine Eltern sperrten mich oft stundenlang in ein dunkles Zimmer. Ich finde, damit haben sie mich widerstandsfähig gemacht. Ich liebe sie über alles."*

Susanne: *"Wenn ich mit einer schlechten Note nach Hause kam, bestrafte mich meine Mutter mit Liebesentzug. Sie ist die beste Mutter der Welt."*

Wird ein Kind von seiner Bindungsperson, dem Menschen, zu dem es die engste Beziehung hat, misshandelt, muss es sich schützen, sonst müsste es an gebrochenem Herzen zugrunde gehen. Dazu baut das Kind eine Mauer auf. Die Mauer der Scheinliebe: Das Kind beginnt, seinen Peiniger mehr denn je zu lieben. Diese (falsche) Liebe ist eine Fessel, oft für das ganze Leben!

Es gibt keine harmlosen Ohrfeigen und Klapse, beide Formen der Gewaltanwendung bedeuten eine Demütigung, einen Missbrauch der Macht, und schädigen das gesunde Selbstwertgefühl des Kindes, das wie jeder Mensch das Recht auf das Respektieren seiner Würde hat.

Schon eine einzige Misshandlung kann das für das gesamte Erwachsenenalter wichtige Urvertrauen ins Wanken bringen. So wie bei einer Partnerschaft, in der einer der Partner betrogen wird.

Ein weiteres Klischee der Baby-Betreuung soll in diesem Zusammenhang ebenfalls erwähnt werden:

Eine Repräsentativumfrage des Allensbacher Instituts für Demoskopie ergab, dass 55 Prozent aller Eltern der folgenden Erziehungsmaxime zustimmen: *„Man muss Kinder schon früh an alle möglichen Interessengebiete heranführen und ihnen viele Anregungen geben, damit sich ihre Interessen und Neigungen entfalten können."*
22 Prozent waren zudem der Meinung, Kinder sollte man, wenn nötig, zwingen, bestimmte Interessen weiterzuverfolgen, zum Beispiel bei Sportarten oder beim Erlernen eines Instruments.

Was beunruhigt Eltern manchmal so sehr, wenn sie beobachten, wie ihr Kind seine ersten Jahre mit scheinbarem Nichtstun verbringt? Ist es nichts, glücklich zu sein? Ist es nichts, den ganzen Tag lang zu springen, zu spielen, zu laufen? Sein Leben lang wird es nicht wieder so zwanglos beschäftigt sein. Das Kind fühlt sozusagen genug Leben in sich, um alles, wovon es umgeben ist, zu beseelen. Ob es schafft oder zerstört, ist nicht wichtig: Es genügt, dass es den Zustand der Dinge verändert, und jede Veränderung ist eine Aktion. Wenn es scheint, dass es eine größere Neigung zum Zerstören habe, so ist das kein Zeichen von Bösartigkeit; es rührt daher, dass das formschaffende Handeln immer langsam ist, während das zerstörerische, weil es schneller ist, seiner Lebhaftigkeit besser entspricht.

Vieles geschieht aus Unwissenheit. Elternsein wird ja nirgendwo gelehrt. So wird die Praxis der „konsequenten Eltern" in vielen Familien angewandt:

Die Familie geht in der Stadt an einer Eisdiele vorbei. Die aus dem Lokal kommenden Gleichaltrigen wecken im Kind das Bedürfnis nach einem Eis. Es äußert seinen Wunsch, die Mutter verneint: *„Du bekommst so leicht Halsweh, Jennifer."* Das Kind wendet sich an den Vater. Auch dieser wehrt sofort ab: *„Du hast doch gehört, was deine Mutter gesagt hat."*
Die dreijährige Jennifer sieht verzweifelt nach oben und findet keinen Fürsprecher. Jeder Mensch, der auf Ablehnung trifft, will sich an jemanden wenden, an einen Anwalt, an einen Schiedsrichter, an einen Vermittler, um wenigstens gehört zu werden.

Einem Kind ist dies in solchen Fällen verwehrt: Zwei große Erwachsene stehen einem kleinen Kind gegenüber und beweisen ihre ganze Macht.

Auf Kinderspielplätzen kann man oft beobachten, dass kleine Kinder sich nicht schmutzig machen sollen.

Wichtiger Hinweis:
Kleine Kinder haben keine Beziehung zu Kleidern und zum Begriff Reinlichkeit. Außerdem bringen wir dem Spiel unserer Kinder generell viel zu wenig Respekt entgegen. Wenn ein Kind spielt, so spielt es nicht das Spiel, wie wir dies vermuten oder ihm unterstellen. Spielen ist Entdeckung, Erfahrung sammeln, es ist wichtig, wie etwas schmeckt, riecht, welche Form es hat (rund, kantig, lang, groß, dick oder dünn) … für ein Kind ist Spielen wie die Arbeit für uns Erwachsene. Wenn ein Kind spielt, müssten wir deshalb sagen: Das Kind erarbeitet sich neues Wissen.

> Liebe Mama, lieber Papa,
> wollt ihr wissen, was für mich die schlimmsten Sätze sind?
> „Lass das, das kannst du nicht."
> „Jetzt hast du schon wieder etwas zerbrochen. Du bist einfach zu ungeschickt."
> „Immer verletzt du dich, weil du alles falsch machst."
> „Gib brav Küsschen!"
> „Du bist unmusikalisch."
> „Du bist ein Chaot."
> Natürlich sind meine Entdeckungsreisen nicht immer angenehm für euch. Die Vase geht drauf, damit ich entdecke, wie Scherben entstehen; ich schneide mich mit dem Messer, um zu lernen, dass Messer wehtun können, usw., das ist für euch oft ein Horror. Aber für mich ist es wichtig, weil ich durch Worte eben nicht lerne, dass ich auf einer Treppe hinfallen kann, sondern nur durch die Beule, die ich mir hole. Lasst mich lernen, auch wenn es wehtut. Und bitte keine schlimmen Sätze mehr.

Für ein Kind ist es nicht wichtig, ob es in einer Kleinwohnung mitten in der Stadt, in einer Villa am Stadtrand oder auf einem Bauernhof in den Bergen heranwächst:

Es will geliebt, respektiert und individuell betreut werden.

Das ist die seelische und geistige Nahrung des jungen Menschenkindes für sein gesamtes Leben.

Alle von uns, die wir unter den verschiedensten Schwächen leiden, sind als Kind verletzt worden.

Dieses so verletzte Kind wohnt in uns. Ohne es zu heilen, werden wir als Erwachsene niemals das Leben führen können, das wir uns ersehnen. Es gilt daher, dieses verletzte Kind in uns aus seinem Versteck zu holen, um schrittweise das verlorene Vertrauen wieder aufzubauen. Das ist selbst für erfahrene (und gut meinende) Therapeuten ein schwieriger und langer Weg. Bis zu einem gewissen Grad kann aber jeder von uns (als Erwachsener) mit dem verletzten Kind in uns Freundschaft schließen. Das ist wichtig, um nicht als erwachsenes Kind auf vieles im Leben zu verzichten.

Hier eine kleine Aufgabe mit großer Wirkung:

Auch wenn Ihnen das Folgende seltsam vorkommt, zögern Sie nicht, dem verletzten Kind in Ihnen Briefe zu schreiben. Zum Beispiel:

„Lieber kleiner …!
Jahrzehntelang habe ich dich nicht beachtet. Während ich so dahinlebte, hast du in deinem Versteck gelitten. Bitte, verzeih mir. Ich will alles gutmachen. Ich liebe dich so, wie du bist, mein kleiner … Ich möchte dich nicht anders haben. Vertraue mir. Dein dich über alles liebender großer …"

Nach Ihrem Brief geben Sie dem verletzten Kind in Ihnen die Chance, Ihnen geistig zu antworten, etwa so:

„Mein lieber großer …!
Endlich kümmerst du dich um mich. Ich leide sehr unter allem, was mir angetan wurde. Bitte lass mich nie wieder allein. Auch ich liebe dich.
Dein kleiner …"

Es ist wichtig, dass Ihre Worte wahrhaftig aus Ihrem Herzen fließen. Sie müssen dem verletzten Kind in Ihnen plausibel darstellen, dass Sie nunmehr immer für es da sind. Nie wieder darf es sich verlassen vorkommen. Es muss hoffen dürfen, die früheren Bedürfnisse endlich nachholen zu können.

Schreiben Sie dem verletzten Kind in Ihnen regelmäßig. Die Antworten des verletzten Kindes an Sie schreiben Sie immer mit der linken Hand, wenn Sie Rechtshänder sind (sonst umgekehrt). Mit dieser Technik umgehen Sie die auf Logik aufgebaute Hirnhälfte und wenden sich direkt an die nicht dominante Hälfte.

Nach einer Zeit des Briefeschreibens, wenn Sie die ersten Schmerzen und Trauerhürden überwunden haben, beginnen Sie mit dem verletzten Kind in Ihnen zu sprechen. Setzen Sie es dazu, bildhaft gesprochen, auf einen Stuhl so hoch Ihnen gegenüber, dass Sie dem verletzten Kind in Ihnen in die Augen schauen können. Beginnen Sie jedes Gespräch mit folgenden zwei Fragen:

„Wie alt bist du, mein geliebter kleiner …?"

Antworten Sie (zum Beispiel):
„Heute bin ich drei Jahre, großer …"

Die jedes Mal gestellte zweite Frage:
„Wie geht es dir, mein Liebling?"

Danach lassen Sie das Gespräch je nach Ihren Gefühlen sich frei entwickeln. Fragen und antworten Sie ohne Überlegungen. Fragen und antworten Sie, was Sie gerade empfinden. Sprechen Sie besonders schmerzhafte Erinnerungen an, und diskutieren Sie darüber. Fragen Sie vor allem das Kind in Ihnen, was es will, was es sich wünscht, was es tun möchte. Wenn Sie fragen: *„Was willst du heute Abend unternehmen?"*, und es antwortet: *„Ich will auf den Rummelplatz gehen und alles tun, was ICH will, ohne dass mich jemand bevormundet"*, dann heilen Sie diese Wunde tief in Ihrem Innersten:

Gehen Sie noch am gleichen Abend auf den Rummelplatz und lassen Sie sich wie ein kleines Kind nach Herzenslust gehen. Enttäuschen Sie das verletzte Kind in Ihnen nicht. Tun Sie wirklich all das, was SIE wollen. Nur so können Sie das Vertrauen weiter ausbauen.

Durch das gegenseitige liebevolle Vertrauen wird das verletzte Kind in Ihnen immer mehr aus einem Versteck hervorkommen, und Sie werden ein immer befreiteres und glücklicheres Leben führen, wie es Ihnen schon immer zugestanden hat. Sie werden vor allem erkennen, wie wichtig es ist, ein Kind als eigene Persönlichkeit anzuerkennen, um erst gar keine Verletzung zuzulassen.

Barbara, Mutter eines acht Monate alten Babys, kann sich sehr gut in ihr Kind versetzen:

„Für mich ist so ein kleines Kind wie ein Schloss mit vielen kleinen Türmen, Balkonen, geheimen Gängen, aber auch mit vielen visuellen Baustellen. Da muss immer noch vieles getan werden, bis das Schloss als Festung dasteht und allen Wirrnissen von außen trotzen kann."

Die 5 Säulen der Eltern-Kind-Beziehung

Eltern, die ihrem Kind entwicklungsfördernde Unterstützung geben, sind bereit, ihren Lebensentwurf mit dem des Kindes zu verbinden. Sie rechnen mit Veränderungen in ihrem eigenen Leben, verstehen diese sogar als individuelle Entwicklungschance. Diese Haltung stellt die Basis für die Entwicklung von Liebe, Respekt, Mitbestimmung, Ritualen und Förderung dar.

nach Prof. Dr. Sigrid Tschoeppe-Scheffler, Institut für Kindheit, Jugend und Familie, Fachhochschule Köln

1. **Liebe** zeigt sich durch liebevolle Zuwendung, Anteilnahme, Verständnis und Trost. Das Kind bekommt die Chance, aus dem Urvertrauen heraus seine eigenen Schritte zu wagen und zunehmend selbstständig und unabhängig zu werden. Der emotionale Aspekt bekommt durch Körperkontakt, Lächeln, eine zugewandte Haltung und Blickkontakte seinen Ausdruck. Gefühle werden gezeigt und sind zärtlich, innig, fürsorglich, mitleidend, mitsorgend, herzlich, gütig und einfühlsam. Die Atmosphäre in der Familie ist wohlwollend, das Kind fühlt sich zugehörig und geliebt.

2. **Respekt** erfährt das Kind, wenn es als Person mit seinen Eigenheiten, seinen eigenen Sichtweisen und Bedürfnissen angenommen und respektiert wird. Das Kind bekommt vermittelt: „So wie du bist, bist du in Ordnung", wodurch es Selbstsicherheit und Selbstvertrauen aufbauen kann. Die Grundhaltung von Vater und Mutter ist von hoher Wertschätzung gegenüber der kindlichen Individualität geprägt, sie trauen und muten ihrem Kind eigene Wege zu und halten es für fähig, selbst Lösungen für sein Wollen und Streben zu finden. Im Vordergrund steht der Respekt vor dem „Eigen-Sinn" des Kindes.

3. **Mitbestimmung** heißt, das Kind fühlt sich in der Beziehung zu seinen Eltern als gleich-würdige Person. Seine Meinung ist den Eltern wichtig, und es wird an Entscheidungen, die es selbst betreffen, beteiligt. Das Kind lernt somit, die Konsequenzen für sein eigenes Verhalten zu tragen, es lernt, Probleme selber zu lösen, und entwickelt auf dieser Grundlage Kooperations- und Kommunikationsfähigkeiten sowie Verantwortungsbewusstsein. Das Miteinander, Begegnungen, Gespräche und wechselseitiges Verstehen und ein „Um-Verständnis-Ringen" in der Eltern-Kind-Beziehung stehen im Mittelpunkt.

4. **Rituale** müssen allen bekannt und einsichtig sein. Auch Rituale des Alltags, wie Mahlzeiten oder eine „Gute-Nacht-Geschichte". Gewohnheiten in der Lebensführung geben dem Kind Orientierung. Es nimmt seine Eltern als Autorität wahr und lernt, notwendige Regeln und Grenzen zu akzeptieren.

5. **Förderung** führt auch zu sprachlichen, intellektuellen und sinnlichen Erfahrungen. Nicht das „Eintrichtern" von Wissen, sondern das selbsttätige Lernen durch Erfahrungen steht hierbei im Vordergrund. Die natürliche Neugier des Kindes wird unterstützt, Fragen werden gemeinsam erarbeitet oder dem Kind ein Weg gezeigt, um selbstständig Antworten finden zu können. Das Kind entwickelt vielfältige Interessen und Fähigkeiten und lernt, seine eigenen Stärken wahrzunehmen und zu nutzen.

Aus der Sicht des Babys könnte ein FAMILIEN-VERTRAG wie folgt aussehen:

Hallo Mama, hallo Papa, bitte:

Prägt mich schon ungeboren
als Menschenwesen!

Wählt meine Geburt so,
dass alle unsere Wünsche erfüllt werden!

Nehmt mich sofort an euch
und tragt mich bis zur Krabbelzeit!

Mama, stille mich, wenn du kannst!

Lasst mich immer eure Haut spüren!

Lasst mich bei euch schlafen!

Lasst mich niemals schreien!

Liebt mich ohne jede Strafe!

Respektiert mich bedingungslos!

Seid bis zu meinem dritten Lebensjahr
abwechselnd immer bei mir!

Und wie sieht ein FAMILIEN-VERTRAG aus Ihrer Sicht aus?

Hallo Baby:

Väter-Gedanken

Wieso sind Väter immer automatisch die Täter?

Dieses Urteil hat man in unserer „Abwesenheit" gefällt!
Es wird Zeit, dass wir präsent sind, wenn über uns verhandelt wird. Dass wir Farbe bekennen und unser Vatersein aktiv in die Hand nehmen.

Das wird eine spannende Zeit, nicht nur für unsere Kinder, sondern auch für unsere Frauen. Und wir werden alle umdenken müssen. Aber nur so kommen wir aus diesem Teufelskreis der Schuld heraus. Uns steht ein Vertrauensvorschuss zu, und dessen müssen wir uns würdig erweisen.

Wir haben eine Mission:

Aus Respekt vor uns sollten wir aufstehen und gegen dieses Täter-Image ankämpfen. Und unser Anspruch sollte sein, Vorbild für unsere Kinder zu werden.

Das ist die wirkliche Rolle unseres Lebens. Nicht indem wir unserer Familie etwas vorspielen, was wir nicht sind. Nein, nur indem wir unserer Sehnsucht, „auch geliebt zu werden", freien Lauf lassen.

Niemand ist vollkommen. Und gerade das sollten vor allem unsere Kinder täglich von uns erfahren. Diese Unvollkommenheit gibt ihnen die Luft, mit ihrem Unvermögen ohne Zwang zu experimentieren und fallweise auch zu versagen.

Scheitern ist die wichtigste Erfahrung im Leben auf dem Weg zur eigenen Größe!

Der Weg zum gesunden* Kind

→ Kinder gehören sich selbst – sonst niemandem!

→ Brave Babys – späte Reue!

→ Trotz schafft Chefs!

→ Unsere Hände haben keinen Zeigefinger!

→ Wir alle sind „Zeit-Zeugen"!

→ Eine Reise in die eigene Kindheit ist wie eine Achterbahn!

→ Lassen wir unseren Kindern ihre Unbeschwertheit – ernst wird es früh genug!

→ Spielen heißt arbeiten!

→ Ein Kind ist wie ein Schloss – irgendwo gibt es immer wieder ein Türmchen, das wir noch nicht kennen!

→ Die Eltern-Kind-Beziehung baut auf 5 Säulen!

* Gesundes Kind heißt: körperliche, seelische, geistige, soziale und spirituelle Gesundheit in der Babyzeit als Basis für das gesamte Leben bis ins hohe Alter (= ganzheitliche Gesundheit).

RAUM FÜR MEINE GEDANKEN

....

....

....

....

....

....

....

VERTIEFUNGEN ZU DIESEM KAPITEL
von **EVELIN KIRKILIONIS** (Buch 3, ab Seite 27), **CHRIS BOBEL** (Buch 3, ab Seite 51), **PETER S. COOK** (Buch 3, ab Seite 65), **KOTOKO SUZUKI** (Buch 3, ab Seite 79) und **MANDY YOUNG** (Buch 3, ab Seite 87).

Wir wissen also, dass viele Krankheiten, Kriminalität, Abhängigkeiten und andere Probleme ihre Ursache in der mangelnden vor- und nachgeburtlichen Betreuung der Kinder bis zum dritten Lebensjahr haben. Wir bemühen uns doch, alles richtig zu machen – oder erkennen wir, dass wir doch etwas falsch gemacht haben? Unsere Kinder sind vielleicht schon älter als drei Jahre, vielleicht sogar schon erwachsen. Auch wenn wir wollten, können wir überhaupt noch korrigierend eingreifen? **Haben wir noch eine Chance?**

10

DIE NEUE CHANCE
Es ist (fast) nie zu spät

Wer war nicht taub und blind?

Werdende Mütter und Väter haben es relativ leicht. Sie können ihre Einstellung zu ihrem Baby von Beginn an planen. Dabei will dieses Buch Ihnen helfen. Aber was tun, wenn das Baby schon ein oder zwei Jahre alt ist? Was tun, wenn das Baby bereits ein Schulkind ist? Oder bereits jugendlich? Oder schon erwachsen? Wir alle haben immer wieder eine neue Chance …

Wenn Ihr Kind noch ein Baby ist ...

Wenn Sie nach dem Lesen der ersten neun Kapitel zur Auffassung gelangen, dass mit Ihrem Kind bisher nicht alles so „gelaufen" ist, wie Sie sich dies aus der jetzigen Sicht vorstellen, so verzweifeln Sie nicht, befreien Sie sich aber auch von allen Vorurteilen. Jeden von uns schmerzt es, seinem Kind eventuell das nicht gegeben zu haben, was wir ihm geben wollten.

Jetzt einen „Schuldigen" zu suchen oder gar die Schuld in sich selbst zu finden, hilft Ihrem Baby nicht. Ordnen Sie vielmehr Ihre Gefühle und bringen Sie diese auf der Nebenseite zu Papier.

Gehen Sie die ersten neun Kapitel nochmals durch, möglichst Punkt für Punkt und ganz bewusst, und machen Sie sich darüber ebenfalls Notizen:

- Wenn Sie Ihr Baby bislang schreien ließen – egal aus welchen Gründen –, dann versuchen Sie nach Möglichkeit, dies in Hinkunft nicht mehr zu tun.
- Wenn Sie Ihr Baby bislang kaum getragen haben, dann nehmen Sie jetzt Ihr Baby sooft Sie nur können, an sich, gewöhnen Sie sich an, Ihr Baby überall mitzunehmen, auch wenn dies von Fall zu Fall mehr Zeit kostet. Hören Sie nicht auf andere, wenn diese nach dem „Wozu?" fragen, ES IST IHR LEBEN MIT DEM BABY!
- Wenn Sie mit Ihrem Baby bislang wenig Hautkontakt hatten, so nützen Sie ab jetzt jede Gelegenheit, die Wärme Ihres Babys „hautnah" zu spüren. Sie werden neue Energien entdecken und feststellen, dass das gut tut, mit Ihrem Baby zu kuscheln.

Nochmals: Ein Baby in den ersten drei Lebensjahren „durch ein Zuviel an Liebe" zu verwöhnen, ist unmöglich. Ihren (körperlichen und seelischen) Liebkosungen sind also keine Grenzen gesetzt.

Vielleicht klingt das hier Gesagte „mütterlich", gemeint ist es aber ganz und gar nicht so. Ganz im Gegenteil: Angesprochen sind auch die Väter, denn aus den Kapiteln eins bis neun haben wir eines erfahren: DER VATER IST GENAUSO WICHTIG WIE DIE MUTTER!

Vielleicht verspüren manche Männer eine gewisse Scheu, sich ihrem Baby so intensiv zuzuwenden. Aber keine Angst: Nach ein paar „Gewöhnungswochen" werden Sie allmählich eine neue Sucht verspüren, eine Sucht, die stärker als alles bisher Erlebte sein kann – die Sucht, mit Ihrem Baby so oft wie möglich zusammenzusein. **Und erstaunt könnten Sie feststellen, dass nicht nur Babys Männer brauchen, sondern auch Männer Babys.**

Meine Gedanken.
Meine Hoffnungen.
Meine Erkenntnisse.

....

....

....

....

....

....

....

....

....

....

Wenn Ihr Kind schon ein Schulkind ist ...

Nehmen Sie es mehr denn je zärtlich in die Arme. Zeigen Sie Ihrem Schulkind, dass Sie es sehr lieben. Nach und nach wird es bestehende Ängste abbauen und immer wieder Ihre beruhigende – nie besitzergreifende – Nähe suchen.

Es bedarf eines sensiblen Wechselspiels zwischen Präsenz und Loslassen. Ihr Kind muss spüren, dass es jederzeit – ohne Angst – zu Ihnen kommen kann, wenn es ein Problem hat. Aber auch dann, wenn es seine Freude ausleben will.

Jedoch braucht es jetzt auch das Gefühl der Freiheit, um auszuprobieren und sich selbst und seine Fähigkeiten und Grenzen kennenzulernen.

In dieser Zeit sind Erfahrungen und Erlebnisse zwischen Ihnen als Vater und Ihrem Kind enorm wichtig. Sie sind fester Bestandteil späterer Erinnerungen – aber auch das Fundament der Selbstfindung Ihres Kindes sowie der lebenslangen Beziehung zu Ihnen.

Nehmen Sie sich dazu ausgiebig Zeit. Diese Anlässe können – egal ob Sie eine Tochter oder einen Sohn haben – einen gewissen Abenteuercharakter haben. Denn es geht hier um die „Vater-Kind-Beziehung".

Allein mit dem Vater in einem Zelt – mitten in der Natur – zu übernachten, kann einen unauslöschbaren Eindruck hinterlassen. Aber auch andere Naturerlebnisse, sportliche Aktivitäten und Begegnungen mit Tieren können für das ganze weitere Leben des Kindes von großer Bedeutung sein.

Das alles wird nur dann eine positive Wende in der Beziehung zu Ihren Kindern bewirken, wenn es zwangfreie und auf die Kinder abgestimmte Aktivitäten sind.

Daraus kann Ihr Kind ein neues Selbstbewusstsein entwickeln. Verbunden mit einem – erstmals bewusst erfahrenen – Selbstwertgefühl werden nach und nach eine innere Ruhe, Sicherheit, aber auch Neugierde entstehen.

Ihr Kind fühlt sich, vielleicht erstmals in seinem Leben, bedingungslos GELIEBT und RESPEKTIERT.

Ihr Kind wird ausgeglichener werden, hilfsbereiter, liebevoller, selbstständiger und klarer in seinen Ansichten.

Sie werden sich und Ihre Familie mit neuen Augen sehen.

Meine Gedanken.
Meine Hoffnungen.
Meine Erkenntnisse.

Wenn Ihr Kind schon jugendlich ist …

Vielleicht sitzen Sie jetzt da und denken: „Was habe ich alles versäumt!" Denken Sie vielmehr: „Was darf ich ab heute nicht mehr versäumen …!" Versuchen Sie, mit Ihrer Familie einen Raum der Zuflucht zu gestalten. Respektieren Sie die Handlungen der anderen. Fordern Sie diesen Respekt aber auch für sich ein.

Wir denken oft viel zu rasch: *„Gut, wenn mein Kind nicht mit mir reden will, dann soll es so sein."* Zumeist kann Ihr Kind nicht mit Ihnen sprechen, denn es denkt, Sie würden es als eine Schwäche auslegen. Oder Sie sind derzeit kein geeigneter Gesprächspartner für Ihr Kind. Dagegen müssen Sie jedoch rasch etwas tun. Und zwar bei sich! Denn letztlich klagen die meisten Kinder, dass ihre Eltern nicht mit ihnen reden. Sie sehen, wie komplex in diesem Alter die Gesprächsbasis zwischen Eltern (vor allem dem Vater) und den Kindern ist.

Stellen Sie eventuelle „Strafpredigten", Vorwürfe und Drohungen ein. Versuchen Sie ALLE in die Familienentscheidungen einzubinden. Hören Sie auf deren Meinungen, wenn Ihnen diese auch nicht immer zielführend erscheinen. Zeigen Sie vor allem eines ganz deutlich:

„Ich stehe zu dir. Bedingungslos. Du kannst mir in allen Situationen vertrauen. Was immer geschehen mag."

Sie ahnen gar nicht, wie wichtig Sie für Ihre Kinder – bei all deren vorgespieltem Desinteresse – sind. Jede Ihrer Handlungen und Entscheidungen wird genau beobachtet und bewertet. Das heißt, Ihre Vorbildhaltung ist das zentrale Thema: Leben Sie im öffentlichen Raum Zivilcourage und Toleranz vor? Strahlen Sie die nötige Sicherheit aus, und vor allem, geben Sie auch Ihre Schwächen preis und stehen Sie dazu. Humor ist dabei eine wunderbare Hilfe.

Das ergibt ein authentisches und menschliches Bild von Ihnen, wodurch die Vertrauensbasis zu Ihnen wächst.

Achten Sie sensibel auf die kleinsten Zeichen Ihrer Kinder, ohne sie sofort zu bewerten. Seien Sie präsent, wenn Sie spüren, dass Ihr Kind Sie braucht. Scheuen Sie sich nicht, Ihre Kinder in die Arme zu nehmen.

Falls Sie dies alles oder vieles davon bis jetzt versäumt haben, gehen Sie mit kleinsten und kleinen Schritten vor. Niemand darf in dieser Situation verschreckt werden. Der Annäherungsprozess kann ein schwieriger sein, und manchmal werden Sie darüber auch verzweifeln. Auch wenn Sie immer wieder Rückschläge und Zurückweisungen erhalten, bleiben Sie bei Ihrem neu gesteckten Ziel, einen echten Zugang zu Ihrem Kind, zu Ihren Kindern zu erhalten.

All das bekommen Sie im späteren Leben vielfach zurück.

Meine Gedanken.
Meine Hoffnungen.
Meine Erkenntnisse.

Wenn Ihr Kind schon erwachsen ist ...

Lassen Sie das bisherige Leben Ihres Kindes Revue passieren. Vielleicht werden Sie auf diese Weise verstehen, warum Ihr bereits erwachsenes Kind in manchen Situationen zu Ihrem Missfallen gehandelt hat und noch immer handelt. Vielleicht werden Sie auch zu dem Schluss kommen, dass Ihre Tochter oder Ihr Sohn für seine Haltung gar nichts kann, weil sein Kontinuum in der Babyzeit nicht erfüllt worden ist. Ihr erwachsenes Kind schreit seine Seelenqualen nicht mehr heraus. Diese Qualen haben sich in seine Seele stumm eingegraben und äußern sich nur durch negative Charakterzüge und Handlungen – eventuell auch durch auffallende Distanz zu Ihnen.

Wie können Sie Ihrem Kind jetzt noch helfen?

Führen Sie ein ehrliches Gespräch. Erklären Sie, dass Sie heute anderer Ansicht sind als damals, als Sie noch unerfahren waren. Wenn Sie nicht sofort offenen Zugang zu Ihrem Kind erhalten, wiederholen Sie das Gespräch zu einem späteren Zeitpunkt. Bald kann ein neues, tiefes Verstehen zwischen Eltern und Kind entstehen. Das dadurch gestärkte Selbstwertgefühl Ihres Kindes kann eine Vielzahl seiner negativen Eigenschaften und Handlungen korrigieren.

Wenn ein Gespräch von Angesicht zu Angesicht nicht möglich ist, so schreiben Sie Ihrem Kind einen Brief. Den kann es dann, wenn es bereit ist oder ein Bedürfnis danach hat, immer wieder lesen.

Eines können Sie auf jeden Fall erreichen: dass Ihr Kind das Wissen, das es nun durch Sie erfahren hat, bei seinen eigenen Kindern nutzbar macht. Das kann Sie persönlich befriedigen. Das kann Ihnen beglückende Zufriedenheit schenken. Sie brauchen sich nicht schuldig zu fühlen! Sie haben in der Babyzeit Ihres Kindes in Unwissenheit gehandelt. Nun suchen Sie nach einer neuen Gemeinsamkeit.

Manches kann zum Beispiel durch Systemische Familientherapie (durch Hilfe von außen) oft in wenigen Stunden bewirkt werden. Da entstehen neue Sichtweisen, Perspektiven, Überraschungen!

Es ist nie zu spät, mit sich und seinen Kindern Frieden zu schließen.

Meine Gedanken.
Meine Hoffnungen.
Meine Erkenntnisse.

Väter-Gedanken

Kennen Sie dieses Naturereignis? Vor Sonnenaufgang wird es plötzlich noch einmal kalt. Ist es der letzte Hauch der scheidenden Nacht?

Ich denke, es ist die Frische des jungen Tages, die uns Kraft gibt, den dunklen Elementen unseres Lebens mit einer neuen Klarheit zu begegnen …

Gewidmet
meinen Kindern Walter und Erich
und allen Babys dieser Welt

Dank
an meine Frau Natalie, meinem Freund Karl F. Stifter,
meinem Wegbegleiter Ernst Beinstein und allen, die dieses
Projekt unterstützen, allen voran Stefan Frei.

Wissenschaftliche Begleitung:
Chris Bobel und Kyle Pruett (USA), Peter S. Cook (Australien),
Ludwig Janus (Deutschland), Evelin Kirkilionis (Usbekistan),
Frédérick Leboyer (Frankreich), Karl F. Stifter (Österreich),
Kotoko Suzuki (Japan), Mandy Young (Südafrika)

Gestaltung und Begleitung
Isabella Poredos, Daniel Adolph, Helmut Stefan
Assistenz: Susanne Feichtinger
Der Weg des Lebens 1–16: Michael Fleck
Fotos: Pedro Salvadore
Illustrationen: Ander Pecher
Layout & Grafiken: Fuhrer

Umfragen
Wenn nicht anders angegeben,
wurden alle Umfragen online im Auftrag der internationalen
my way-Stiftung durchgeführt.

Hinweis
Der Reinerlös aus den Verkäufen dieses Buches fließt der
internationalen my way-Stiftung und der „Academy for
Professional Parenting" zu Forschungszwecken, für Initiativen
und Elternhilfen zu. Mehr unter www.myway.org.

© by Tantum, 2010, Vienna

Dieses Werk ist urheberrechtlich geschützt. Die dadurch begründeten Rechte, insbesondere die der Übersetzung, des Drucks, des Vortrags, der Entnahme von Abbildungen und Tabellen, der Funksendung, der Mikroverfilmung oder der Vervielfältigung auf anderen Wegen und der Speicherung in Datenverarbeitungsanlagen, bleiben vorbehalten. Zuwiderhandlungen unterliegen den Strafbestimmungen des Urheberrechtsgesetzes.

ISBN:978-3-200-01887-7

Erich Bruckberger

Buch 2

Die neuen Eltern

Wie junge Mütter und Väter einen neuen Staat schaffen

$9 + 36 = 90$®
Die Lebensformel

Tantum

Für unsere Kinder

Babys brauchen Männer,
Männer brauchen Babys,
Mütter brauchen Partner.

Erich Bruckberger

Gedanken des Autors

Wir brauchen Herz, Mut und Verstand

Woher stammen die Erkenntnisse, die in diesem Buch ausführlich dargelegt werden?
Die my way-Stiftung und ihre Mitarbeiter haben Gespräche mit den engagiertesten und besten Universitäten gesucht. Wissenschaftler aus allen Teilen der Welt stellten ihre Erfahrungen zur Verfügung.
10.000 Europäerinnen und Europäer gaben bereitwillig ihre Meinung preis. In vielen Diskussionen wurden diese Gedanken vertieft und hinterfragt.

Das Ergebnis lautet:
Das bisherige Hindernis für eine bessere Zukunft ist im Wesentlichen die Abwesenheit der Väter (auch in intakten Familien).
Mit allen gesellschaftlichen, wirtschaftlichen und politischen Folgen. Und mit den alleingelassenen Frauen, die sich daher immer mehr weigern, Kinder in die Welt zu setzen.
Eine alternde Gesellschaft ist eine Gesellschaft, die zu verlieren hat; eine junge Gesellschaft ist eine, die nur gewinnen kann.
Wir brauchen dazu keinen neuen Sozialstaat, sondern eine neue Empfindsamkeit jedes Einzelnen und der Gesellschaft zum Wohle aller:

→ Wir müssen das Herz, den Mut und unseren Verstand einsetzen und einen neuen Sinn für Gemeinschaft entwickeln.

→ Wir dürfen von der Wirtschaft ein zeitgemäßes Chancen-Denken erwarten.

→ Wir können einen politischen Willen einfordern, der über den Tag hinausreicht und eine neue Zuversicht in die Zukunft schafft.

Heute ist es unser Auftrag, für unsere Kinder die physischen, psychischen und sozialen Voraussetzungen zu schaffen, damit sie morgen ihre Fantasie, Kreativität und Lebensfreude ausleben können.
Babys brauchen Männer!
Männer brauchen Babys!
Es geht mir um die Frauen und Männer, die in ihrem Streben, richtige Mütter und Väter zu sein, fundierte Antworten suchen.

Ein Beispiel:
Kindergärten sind für die Kinder, Babykrippen sind für die heillos überforderten Eltern. Dabei trifft es fast immer die Mütter, hin- und hergerissen zwischen Gelderwerb und Mutterschaft, mit Schuldgefühlen in beiden Richtungen. Die meist besser verdienenden Väter stehen ja voll im Job.

Die beste fremdbetreuende Person kann nicht die notwendige Bindung zu den Babys aufbauen, die diese für ihr späteres Selbstbewusstsein so dringend benötigen.

Und „Quality Time" kann nicht die „Jetzt-Zeit" ausgleichen, zu der das Kleinkind spontan Freude und Leid mit seinen Eltern teilen will.

Das alles darf nicht heißen: Mütter zurück zum Herd. Vielmehr muss es um ein neues Chancenmanagement für alle gehen.

Denn jedes Kind, das geboren wird, ist ein Wunder. Es hat ein Recht, zu den Gewinnern zu zählen.

Und jede Frau und jeder Mann haben ein Recht auf aktive Elternschaft, um die Entwicklung dieses Wunders mitzuerleben und mitzugestalten. Aber beide haben auch in dieser Zeit das Recht auf ihre berufliche Entwicklung.

Wollen wir den Zufluchtsort für glückliche Momente, Vertrautheit und Geborgenheit retten, bedarf es einer neuen Chancengleichheit und Partnerschaft. Das sind wir den Frauen schuldig. Auch zu unserem Wohle.

Wir haben ein verantwortungsvolles Angebot: PROFESSIONELLE ELTERNSCHAFT.

Sie ist eine glückliche Reise durch das 21. Jahrhundert.

5 Thesen führen zu einer Lösung, die 6 Glücksfälle auslöst

Die 5 Thesen
1. 9 Monate Schwangerschaft plus die ersten 36 Lebensmonate entscheiden bis zu 90%, wie gesund, klug und glücklich ein Mensch wird.
2. Wenn wir den genetischen Code von der „Abwesenheit der Väter" löschen, haben wir **alle** die Chance auf ein besseres Leben.
3. Kindergärten sind für Kinder, Babykrippen für die Eltern.
4. Wir können den Zufluchtsort für glückliche Momente, Vertrautheit und Geborgenheit retten, wenn Mütter und Väter Zeit für ihre Kleinkinder bekommen.
5. Es bedarf einer Revolution in den Köpfen und Herzen, und es wird die erste friedliche und glückliche Revolution sein.

Die Lösung
PROFESSIONELLE ELTERNSCHAFT: Sie vereint erstmals berufliche Entfaltung und partnerschaftliche Elternschaft für die Mutter und den Vater in den ersten drei Lebensjahren ihres Kindes.

Die 6 Glücksfälle
1. Körperlich, geistig, seelisch, sozial, spirituell gesündere Kinder.
2. Entlastete Mütter, die sich sowohl ihrer Zukunft als auch der ihrer Kinder widmen können.
3. Väter, die ihr Leben neu erfinden und völlig neue Potentiale an sich entdecken.
4. Eine tolerantere Gesellschaft, in der das Lachen der Menschen nicht ausstirbt.
5. Eine Wirtschaft, die nicht nur vom Verkauf von Produkten und Dienstleistungen profitiert, sondern auch von der Entwicklung ihrer Mitarbeiter und Kunden.
6. Eine Politik, die jeden investierten Euro fünffach zurück bekommt.

Buch 2

Buch 1   Wie Kinder gesünder, glücklicher, aggressionsfreier werden

EUROPA HEUTE   11

           13   „HALLO EUROPA, WIE GEHT ES DIR?"

DIE ZEIT IST REIF   17

           19   1   DIE PRÄGUNG
Ist es Zufall oder Glück, ob eine
Lebensformung positiv oder negativ ausfällt?

           45   2   DIE SCHWANGERSCHAFT
Es kommt im Leben auf die kleinen Dinge an

           75   3   DIE GEBURT
– mit Babys Augen
Ich will zurück nach Hause

           101   4   DIE GEBURT
– mit den Augen der Eltern
Die Familien-Hochzeit

           121   5   HAUTKONTAKT UND STILLEN
Die Magie der Berührung

           143   6   TRAGEN UND FAMILIENBETT
Wie heißen die begehrtesten Plüschtiere der Welt?

           167   7   SCHREIEN UND RESPEKT
Ich will leben, intensiv und laut

           203   8   DIE KRIPPE
Eine Einrichtung für die Erwachsenen

           231   9   DIE EMOTIONALE KINDESMISSHANDLUNG
Wo ist mein Schutzengel?

           257   10   DIE NEUE CHANCE
Es ist (fast) nie zu spät

Buch 2   Wie junge Mütter und Väter einen neuen Staat schaffen

EUROPA MORGEN

11

23   **1   GANZHEITLICHE GESUNDHEIT**
Wir wissen nicht alles, aber wir wissen mehr, als wir glauben

51   **2   DIE NEUE MUTTER**
Nicht Übermutter, nicht Rabenmutter – nur du

75   **3   DER NEUE VATER**
Männer brauchen Babys

107   **DIE TRENNUNGSVÄTER**

125   **4   PROFESSIONELLE ELTERNSCHAFT**
Wie viel Herz, Mut und Verstand haben wir?

175   **5   DIE JAHRHUNDERT-CHANCE**
Bereiten wir eine Revolution vor!

191   **6   DIE REISE DURCHS LEBEN**
Schreiben Sie Geschichte

Buch 3   Wie 9+36=90 die Welt verändert

GLOBALES WISSEN

11

15   Ludwig JANUS (Deutschland)
Vorgeburtliche und geburtliche Traumen

27   Evelin KIRKILIONIS (Usbekistan)
50 Millionen Jahre „Traglingstradition"

39   Karl F. STIFTER (Österreich)
Frühkindliche Lernvoraussetzungen für Sexualisation und Liebesfähigkeit

51   Chris BOBEL (USA)
Die Vision von einem familienfreundlichen Utopia

65   Peter S. COOK (Australien)
Positive Auswirkungen einer engen Eltern-Kind-Bindung

79   Kotoko SUZUKI (Japan)
Die traditionellen japanischen Bräuche bei Geburt und Kinder-Betreuung

87   Mandy YOUNG (Südafrika)
Die Ökotherapie

EUROPA MORGEN

„Das Kind hat
100 Sprachen,
100 Hände,
100 Weisen zu denken, zu sprechen
und zu spielen,
100 Welten zu entdecken,
100 Welten zu träumen.
Von diesen 100 Sprachen raubt ihm
die Gesellschaft 99.
Alle außer der Verbalsprache."

Prof. Loris Malaguzzi (Begründer der „Reggio-Pädagogik")

Die Auswirkungen einer negativen $9 + 36 = 90$ Lebensformung

Worunter die Deutschen besonders leiden:

588.000 unter den Folgen von Selbstmordversuchen
1,4 Millionen unter Medikamentensucht
500.000 unter Kaufsucht
120.000 unter Spielsucht

über 4 Millionen an Asthma

über 1,6 Millionen unter Trunksucht
7,6 Millionen unter missbräuchlichem oder riskantem Trinkverhalten

→ Anteil der Eltern, die bereit sind, die Leistungen ihrer Kinder mit Medikamenten zu fördern: 33 %
→ Anzahl der Jugendlichen zwischen 12 und 19 Jahren mit Selbstmordgedanken: 25 % (!)
→ Anzahl der Kinder mit Verhaltens- oder Persönlichkeitsstörungen bei Eintritt in die höhere Schulstufe: 40 % (!)

→ Jeder zweite Erwachsene leidet unter Übergewicht, davon rund 14 % unter Fettsucht. Schon haben Fälle von Makrosomie (übergroße Babys mit mehr als 5 kg!) zugenommen: Die Babys haben viel zu breite Schultern.

Und jetzt stellen Sie sich vor, es gelingt uns, diese Zahlen jährlich um nur 5 % zu reduzieren. An welches Ziel gelangen wir in nur einer Generation?

Als Basis müssen wir uns folgende Frage stellen:

Wie entstehen Krankheiten?

(Nur wenn wir das wissen, können wir etwas dagegen tun)

Frühkindliche Traumatisierung ist die Ursache zahlreicher psychischer Störungen, die meist schon im Kindesalter auftreten. Das negativste traumatisierende Erlebnis ist der Verlust von Sicherheit bietenden Bindungen, beispielsweise bei Trennung der Eltern.

Die Kinder verlieren das bis dahin entwickelte Urvertrauen in die Bindungspersonen und die eigene Kompetenz. Angst und Verunsicherung sind emotionale und psychische Belastungen, die zu Defiziten der Gehirnentwicklung führen können. Die Spätfolgen, die viele Menschen oft bis an ihr Lebensende verfolgen, zeigen sich in unterschiedlichen Störungsbildern:

→ verringertes Hirnvolumen,
→ verminderte oder fehlende Bindungsfähigkeit,
→ Defizite in den Bereichen Körperempfinden, Schmerzempfinden, Bewegungskoordination,
→ vielfältige Verhaltensstörungen,
→ Störungen des Sozialverhaltens,
→ Defizite auf der geistigen Ebene: beim Lernen und bei Gedächtnisleistungen,
→ unterschiedliche psychische Störungsbilder, z. B. Selbstverletzung, Depressionen, Angststörungen, Zwangsstörungen, Essstörungen, Drogenabhängigkeit, Persönlichkeitsspaltung.

Felitti und Kollegen haben in einer epidemiologischen Studie mit über 9000 amerikanischen Erwachsenen festgestellt, dass eine größere Anzahl traumatischer Vorfälle in der frühen Kindheit mit höheren Raten von gesundheitsschädigendem Verhalten (z. B. Alkoholismus, Rauchen, Drogenmissbrauch), Depressionen und Suizid, Fettsucht und Krankheiten wie Krebs, Lungenkrankheiten und kardiologischen Erkrankungen im Erwachsenenalter verbunden war.

In jeder Entwicklung, auch in der ganz normalen, gibt es Krisen, Verstimmungen, Konflikte und Gesundheitsstörungen. Es ist von größter Bedeutung, dass das Kind diese kritischen Perioden seines jungen Lebens ungefährdet besteht. Eltern unterstützen das Kind, indem sie es unbeschadet aus einer Krise herausführen! Hat es die Krise gemeistert, so hat es etwas gelernt und wird später den Herausforderungen des Lebens besser gewachsen sein. Das Kind hat eine neue Stufe der Persönlichkeitsentwicklung erreicht.

Bekommt hingegen ein Kind, das in seiner Persönlichkeitsentwicklung bereits gestört ist, keine Unterstützung durch die Eltern und bleibt es in dem Krisenzustand stecken, so werden die Symptome stärker, worauf die Umwelt negativ reagiert und ein Teufelskreislauf entsteht: Die krankhaften Symptome werden fixiert.

Das Verhalten und die Einstellung der Umwelt bestimmen maßgeblich die gesunde Entwicklung des Menschen mit.

Die Auswirkungen einer negativen 9 + 36 = 90 Lebensformung

Worüber die Deutschen besonders entsetzt sind:

→ Alle 5 Sekunden geschieht eine Straftat!

→ Alle 24 Sekunden erfolgt ein schwerer Diebstahl!

→ Alle 2 Minuten erfolgt ein Rauschgiftdelikt!

→ Alle 2 Minuten ist der Tatverdächtige ein Jugendlicher (14–18 Jahre)!

→ Alle 5 Minuten ist der Tatverdächtige ein Kind (bis 13 Jahre)!

→ Alle 3,5 Minuten passiert ein Mord oder eine gefährliche Körperverletzung!

→ Alle 36 Minuten geschieht ein sexueller Missbrauch an Kindern!

→ 87 von 100.000 Deutschen sind inhaftiert!

NOCHMALS:
Und jetzt stellen Sie sich vor, es gelingt uns, diese Zahlen jährlich um nur 5 % zu reduzieren. An welches Ziel gelangen wir in nur einer Generation? Deshalb ist es genauso wichtig, sich auch die folgende Frage zu stellen:

Wie entsteht Gewalt?

(Nur wenn wir das wissen, können wir etwas dagegen tun)

Der Charakter eines Menschens, seine „Menschlichkeit", präsentiert sich zum Zeitpunkt der Geburt unfertig. Lange Zeit verweigerte sich die Allgemeinheit der These, dass die ersten drei Lebensjahre in jeder Hinsicht prägend und formend sind: Hier werden wichtige Erfahrungen gesammelt, hier setzt eine aufmerksame Betreuung an, hier kommt das Baby und Kleinkind mit positiven Anreizen erstmals in Kontakt – und im schlimmsten Fall mit den negativsten Anreizen überhaupt: Gewalt, Leid und zerstörerischen Trieben.

Gewalt ist kein ursprünglicher, allgemeiner Aspekt menschlicher Natur. Einige Menschen genießen es, andere zu quälen und zu demütigen. Gewalt heißt ihr erstes Mittel der Wahl, um Probleme aus dem Weg zu räumen und sich in ihrem Umfeld zu behaupten. Wieder andere Menschen entsagen jeder Form der Gewalt. Warum werden Menschen gewalttätig und andere nicht? Und wo wurzelt der Trieb der Zerstörung und Vernichtung?

Eine außerordentlich wichtige und auch wissenschaftlich bewiesene Erkenntnis führt eindeutig vor Augen: Gewalt verhindert nie Gewalt! Jene Babys und Kleinkinder, die mit körperlicher Strafe zu sogenannten „gehorsamen Menschen" erzogen wurden, neigen im Erwachsenenalter sogar besonders häufig zu gewalttätigen Handlungen, werden krank und fallen aus dem Gesellschaftssystem heraus. Die „American Academy of Pediatrics" hat dieses Wissen 1998 endlich auch offiziell anerkannt.

Wer geschlagen wird, schlägt selbst, wer die Sprache der Gewalt kennengelernt hat, spricht diese, wer nie geliebt wurde, kann nicht lieben. Erschreckende Konsequenz eines gescheiterten Umgangs mit einem der wertvollsten Güter des Menschen, mit seinen ersten Lebensjahren. Dass die durch Gewalt hervorgerufene Traumatisierung nicht nur tiefe Wunden in der Seele des kleinen Menschenkindes hinterlässt, zeigen Studien über ausgesetzte und misshandelte Kinder. Die wiederholte Gewalteinwirkung führt zu einer erhöhten Ausschüttung von Stresshormonen. Gewebe im Gehirn wird angegriffen, schon aufgebaute Neuronen zerstört. Sichtbare Verletzungen bleiben zurück. Die Folge: Zwanzig bis dreißig Prozent kleiner als bei gleichaltrigen Kindern präsentiert sich jener Teil des Gehirns, der für unsere Emotionen verantwortlich ist. Die Schädigungen werden nicht nur vermutet, sie sind entsetzlich greifbar.

Die These „Gewalt erzeugt Gewalt" stößt trotz wissenschaftlicher Beweise nicht nur auf Zustimmung. Menschen, die selbst Opfer von Misshandlung und

Gewalt wurden, entgegnen, dass sie trotz der schlimmen Erfahrungen in der Kindheit ein gewaltfreies Leben führen und keine kriminellen Tendenzen aufweisen.

Forscht man etwas nach, fällt eine Gemeinsamkeit auf: Zumindest eine Person, etwa ein Geschwisterteil, die Lehrerin oder ein guter Freund, hat diesem Kind uneingeschränkte Liebe und Vertrauen geschenkt und damit zu einer unschätzbaren Stabilität und einer positiven Wende in dem sonst von Gewalt geprägten Leben beigetragen.

Auch mutige und aufmerksame Zeugen leisten große Hilfe, wenn sie Ungerechtigkeiten und Gewalttätigkeiten aufzeigen und das Leid des Kindes damit beenden.

So kann auf die negativ geprägte Kindheit ein durchaus „normales" Leben ohne Tendenzen zu Gewalt und Kriminalität folgen.

Gefährdet sind in erster Linie jene Kinder, denen die helfende Hand und der schützende Zeuge fehlte. Sie erleben eine Spirale aus Bedrohung und Angst, aus der sie sich aus eigener Kraft nicht befreien können. „Schuld" daran sind die unbewussten Erinnerungen an die erlebten Traumatisierungen. Um mit dem Schmerz überhaupt umgehen zu können, verdrängt das misshandelte und gequälte Kind die schrecklichen Szenen seiner Kindheit. Als Erwachsener können diese Szenen aber erneut aufbrechen und sich Raum bahnen. Die Emotionen – wie eine große, nicht endende Angst etwa – wandeln sich in Hass um. Dieser richtet sich gegen sich selbst oder andere. Die anderen, die vermeintlichen Sündenböcke, können projizierte Feindbilder sein, im schlimmsten Fall die eigenen Kinder. Unbewusst wurden die Emotionen aus der eigenen Kindheit nämlich im Körper, im limbischen Gehirn, gespeichert.

Kinder, die misshandelt wurden, können dazu neigen, als Erwachsene wiederum ihre eigenen Kinder zu misshandeln, wobei die bewusste Erinnerung an die eigenen, sehr frühen Erfahrungen aber fehlt.

Leben in Ein-Eltern-Familien

Unvorstellbar viele Kinder wachsen heute bei nur einem Elternteil auf – allein in Deutschland sind es 2,2 Millionen Kinder, der Großteil bei alleinerziehenden Müttern.

Vor allem Jungen fällt es schwer, in einer weiblich dominierten Gesellschaft zurechtzukommen. Da in Kindergarten und Grundschule Männer kaum vertreten sind, kann es leicht sein, dass ein Kind erst mit zehn oder elf Jahren einer männlichen Bezugsperson begegnet. Daher auch die Forderung *„Mehr Männer in die Kindergärten!"*, um den Mangel an männlichen Bezugspersonen wenigstens teilweise auszugleichen.

Eine vaterlose Kindheit hat einschneidende Folgen, die betreffenden Kinder leiden auch noch nach Jahrzehnten unter seelischen und körperlichen Folgen. *„Die Abwesenheit des Vaters scheint lebenslang zu wirken"*, stellt Elmar Brähle von der Universität Leipzig fest.

Eine 2003 in Schweden durchgeführte Studie mit mehr als 65.000 Kindern alleinerziehender Eltern, die vom Stockholmer Zentrum für Epidemiologie acht Jahre lang begleitet wurden, zeigt, dass es problematisch ist, mit nur einem Elternteil aufzuwachsen. Bei den Jungen aus Ein-Eltern-Familien war das Risiko, die Jugend nicht zu überleben, um die Hälfte größer als bei Kindern, die mit Mutter und Vater aufwachsen konnten. Das Risiko, an einer Suchtkrankheit zu sterben, war mehr als fünfmal so groß. Viermal so viele kamen durch Gewalt, Stürze oder Vergiftungen um.

Vater- oder mutterlose Mädchen wurden doppelt so häufig Opfer von Gewalttaten oder begingen Selbstmord. Todesfälle aufgrund von Alkohol- oder Drogenmissbrauch waren auch bei Mädchen dreimal so häufig.

Der Vater ist auch notwendig, damit die Kinder sich irgendwann von der Mutter distanzieren und eine eigene Identität entwickeln können. Eine gute Bindung und eine gute Vater-Beziehung können vieles kompensieren.

Es darf hier aber nicht zu einer Verteufelung der ohnehin extrem belasteten AlleinerzieherInnen führen. Denn die wenigsten haben diese Situation freiwillig gewählt. Und in allen Studien zur Armut innerhalb einer Bevölkerung ist diese Gruppe stark gefährdet. Schon deshalb muss der Staat hier sowohl finanziell als auch logistisch unterstützend eingreifen.

Die Bildung von lokalen Alleinerziehergruppen könnte ein Lösungsansatz sein: Die Kleinkinder hätten dort eine stabile weibliche und männliche Betreuung, unter Einbeziehung der eigenen Bindungsperson.

Die alleinerziehenden Mütter und Väter könnten halbtags ihrem Beruf nachgehen und die übrige Zeit – teilweise – an der Gruppenbetreuung teilnehmen.

Retten wir Pisa!

90.000
(neunzigtausend)
Menschen in der EU nehmen sich jährlich selbst das Leben:

246 pro Tag!

Damit verlässt uns Jahr für Jahr
eine Stadt wie Pisa.

Ist es nicht höchste Zeit,
unser Wissen endlich richtig anzuwenden?

1

GANZHEITLICHE GESUNDHEIT

Wir wissen nicht alles, aber wir wissen mehr, als wir glauben

Was werden wir tun, wenn wir wissen, was wir dadurch auslösen?

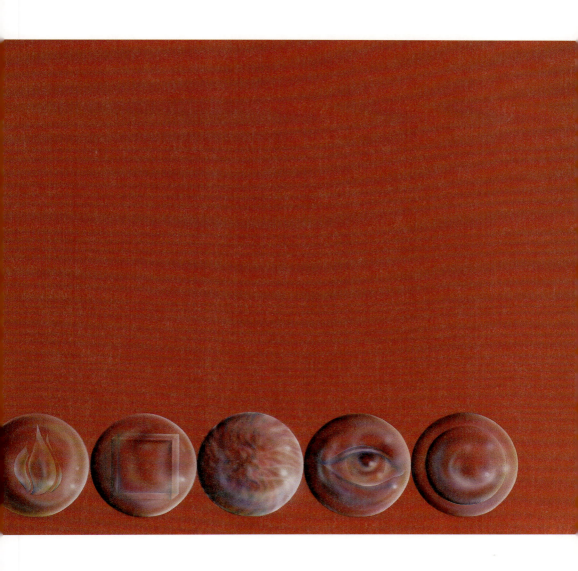

Auf der Suche nach dem Regenbogen:
GANZHEITLICHE GESUNDHEIT

Gesundheit ist nicht mehr nur eine organmedizinische Frage, sondern bezieht sich auf den gesamten Menschen, in seiner körperlichen, seelischen, geistigen, sozialen und spirituellen Dimension.

Die Umsetzung besteht aber nicht in der Summierung der Einzelteile, sondern in einer neuen Sicht der Wirklichkeit und des Menschen – in einer ganzheitlichen Sicht.

Wirklich gesund sein kann man nur in einem lebendigen, nährenden sozialen Umfeld sowie in einer intakten und nachhaltig gepflegten natürlichen Umwelt.

Über den Begriff der ganzheitlichen Gesundheit (die Wissenschaft spricht von „bio-psychosozialer Gesundheit") kommen wir zu einem Modell, wie das neue gesellschaftliche Ideal im 21. Jahrhundert aussehen kann:

→ **Im körperlichen Bereich**
setzen sich immer mehr die ausgeglichene, natürliche Nahrung und der moderate Ausdauersport als Grundlage der Gesundheitsidee durch, während die Ideen „Diät" und „Fitness" im Sinne von Fun-Sport verblassen. Die althergebrachte Spaltung in Leib und Seele wird ebenso wie ein einseitiger, mechanistischer Biologismus zugunsten eines ganzheitlichen Lebens- und Menschenbildes aufgelöst. Das freud- und lustvolle Empfinden des eigenen Körpers wird zur Selbstverständlichkeit.

→ **Im seelischen Bereich**
wird die Offenheit zum Unter- und Unbewussten, zum Fremden oder Anderen, aber auch zum Überbewussten zunehmend (wieder) wichtig. Denn das Fehlen dieser Einstellung ist deutliche Ursache nicht nur für psychisches, sondern auch für materielles Unglück. Balance, Verlangsamung („Lessness" und

"Downshifting"), Gemeinschaftsgefühl, aber auch Autonomie, Privatheit und Kreativität sowie die Orientierung an persönlichem wie gemeinschaftlichem Wachstum werden zu Leitwerten.

→ **Im geistigen Bereich**
kommt es in Zukunft entscheidend auf die Offenheit und „innere Mobilität" an, lebenslanges Lernen zu organisieren. Medienkompetenz und Offenheit für neue Erfahrungen entscheiden über das Schicksal des Individuums. Vorurteile und Diskriminierungen gehören ebenso der Vergangenheit an wie die Annahme der Allmacht des Intellekts.

→ **Im sozialen Bereich**
werden Themen wie Nachbarschaft und Familie, Sicherheit in einer erweiterten „Wahlfamilie", neue gemeinschaftliche Lebensformen und eine intakte soziale Umwelt wichtig.

→ **Im spirituellen Bereich**
wird die Frage nach dem Lebenssinn individuell gestellt und gemeinschaftlich gelebt. Wichtig werden eine starke und klare ethische Grundhaltung sowie die offene Wertschätzung aller Kulturen und Ethnien.

Wenn wir imstande sind, die Freude wahrzunehmen, mit der uns gerade die Kinder begegnen, wenn ihre Bedürfnisse beachtet und befriedigt werden, können wir gar nicht anders als richtig handeln. Mit diesem Schlüssel können wir zum Ursprung unseres Regenbogens – unserer ganzheitlichen Gesundheit – gelangen.

Unser Leben in ganzheitlicher Gesundheit

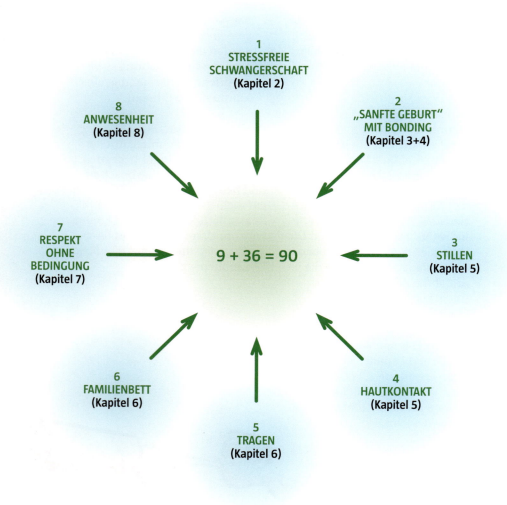

Die acht Entwicklungssphären der ganzheitlichen Gesundheit

Ganzheitliche Gesundheit heißt: körperlicher, seelischer, geistiger, sozialer und spiritueller Wohlstand.

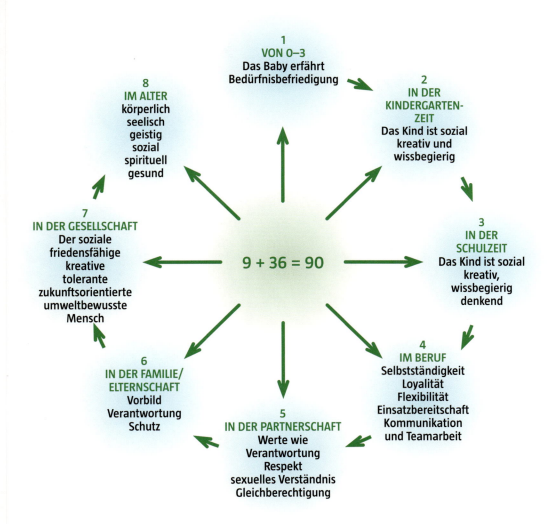

Die acht Lebensphasen der ganzheitlichen Gesundheit

Die Gesundheit und Intelligenz unserer Kinder ...

… hängt grundlegend davon ab, wie positiv wir sie in der Schwangerschaft und in ihren ersten drei Lebensjahren formen.

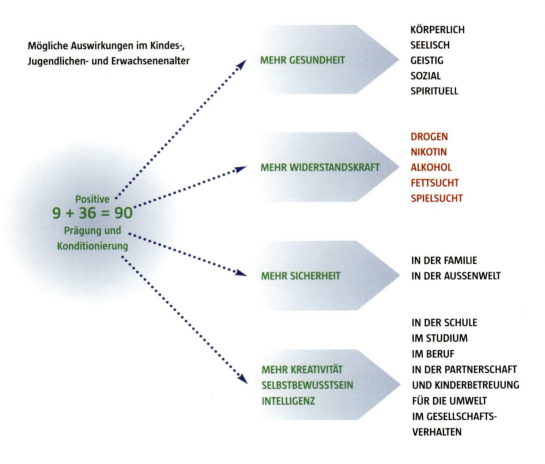

Die Saat geht auf …

Das Gerede über die „schlechte" Jugend muss endlich aufhören. Kranke, Abhängige und Kriminelle fallen nicht einfach vom Himmel. Diese Probleme stricken wir uns selbst – hier auf Erden.

„Wir müssen erreichen", sagt der international bekannte Psychologe Prof. Dr. Friedrich Lösel, *„dass unter den komplexen Veränderungen der modernen Gesellschaft seelisch gesunde, sozial kompetente und leistungsfähige Menschen heranwachsen."*

Wer kann solche Worte ignorieren? Jeder von uns möchte ein Kind groß werden sehen, das sich optimal entwickelt: Wir möchten gesunde Kinder haben! Glückliche! Erfolgreiche!

Den Beginn dazu kennen wir: die richtige Betreuung der Babys während der Schwangerschaft und während der ersten drei Lebensjahre. Der weitere Weg ist ein sukzessiver: Jede neue Phase baut auf der vorhergehenden auf. Ist die erste Phase gut gelaufen, ist der weitere Lebensweg entsprechend gut vorgezeichnet. **Die Saat kann aufgehen, das Zauberkunststück ist schon fast gelungen …**

Eine lebenswerte und sichere Zukunft – DAS ist unser Ziel!

Jeder für Förderprogramme zur frühkindlichen Entwicklung ausgegebene Euro wird später einmal fünf Euro für spezielle Programme einsparen, die derzeit aufgewendet werden, um Folgeschäden zu verringern.

Dies betonen Wissenschaftler, die sich jahrzehntelang mit Forschungen zu diesem Thema befassen. Das sollte nicht nur zu denken, sondern auch Anlass zum Handeln geben. Noch dazu wären die meisten unserer Probleme in nur einer Generation zu einem großen Teil in den Griff zu bekommen. Es ist völlig unverständlich, warum bisher nichts in dieser Richtung geschehen ist. Die Lösung liegt in einer neuen Einstellung zu Schwangerschaft, Geburt und den ersten drei Lebensjahren des Babys.

Wir wollen uns jetzt noch einmal – wie zu Beginn des Buches 1 – damit befassen, wie Wahrnehmung im Gehirn vor sich geht, um daraus wichtige Schlüsse für unser Verhalten gegenüber Kleinkindern zu ziehen.

Bis vor Kurzem war es den Wissenschaftlern nicht möglich, direkte Einblicke in die Funktionsweise des Gehirns zu bekommen und die Entwicklung auf neuronaler Ebene zu verstehen. Bekannt war, dass ein geliebtes, in positiver Umgebung mit entsprechenden Reizen ausreichend versorgtes Kind gewöhnlich zu einer aufgeweckten, positiven Persönlichkeit heranwächst, während ein misshandeltes Kind in der Regel als Erwachsener selbst wieder Kinder misshandeln wird. Was dabei genau im Gehirn vor sich geht, konnte bisher niemand nachvollziehen.

Heute, im Zeitalter der Molekularbiologie, Genetik und Gehirnphysiologie, kann die Frage *„Wie funktioniert das Gehirn?"* tatsächlich gestellt und teilweise beantwortet werden.

Zu den wichtigsten und überraschendsten Entdeckungen gehört die Erkenntnis, dass das Gehirn sich in der Auseinandersetzung und Kommunikation mit der Außenwelt formt. Dabei durchläuft es entscheidende Entwicklungsphasen, in denen die Gehirnzellen auf spezifische Reize aus der Umwelt angewiesen sind, um bestimmte Fähigkeiten überhaupt aufbauen zu können.

Einerseits ist die Wahrnehmung ein aktiver Vorgang – wir nehmen in einer Weise wahr, wie es unserer inneren Natur entspricht. Andererseits ist die Auseinandersetzung mit der Außenwelt tatsächlich die eigentliche Nahrung des Gehirns. Über unsere Sinne, Sehen, Hören, Riechen, Fühlen und Schmecken, werden alle verfügbaren Erfahrungen begierig aufgenommen, und daran wird eine komplexe Welt in Form von Billionen von Verbindungen oder Synapsen zwischen den Gehirnzellen gebildet.

Diese Verbindungen müssen wir uns außerordentlich dynamisch vorstellen, sie sind ständig im Entstehen und Vergehen, werden stärker oder schwächer – je nachdem, wie reichhaltig und differenziert unsere Umwelteindrücke ausfallen.

Es macht nicht nur Spaß, ein Baby zum Lächeln oder zum fröhlichen Vor-sich-hin-Plappern zu bringen oder dazu, sich am elterlichen Finger festzuklammern – für das Baby bedeutet das wesentlich mehr, nämlich ernsthafte Aufbauarbeit am Gehirn. Jeder Blick, jede Bewegung des Babys spiegelt sich in seinem Gehirn: Millionen von Neuronen gehen Verbindungen ein und kommunizieren über Synapsen, wodurch ein komplexes neuronales Netzwerk ausgebildet wird.

Es ist eine Entdeckung mit weitreichenden Konsequenzen: Das Gehirn eines Kleinkindes bildet sich in der Interaktion mit seiner Umwelt. Das Baby reift zum denkenden und fühlenden Menschen heran, indem sein Gehirn an den Erfahrungen mit der Umwelt wächst. Erfahrungen in Form von Berührungen, Bildern, Klängen, Gerüchen, Geschmacksreizen und durch die besonders wichtige Interaktion mit seinen Bindungspersonen und anderen Menschen. Diese vielfältigen Rückkopplungen, dieses Kommunizieren, Geben und Nehmen formen das Gehirn.

Die Zuwendung und Empathie der Bindungspersonen, allein die Anzahl der Worte, die ein Säugling täglich zu hören bekommt, hat einen dramatischen Einfluss auf den Aufbau seines Gehirns, seine Intelligenz, seine sozialen Umgangsformen und seinen späteren schulischen Werdegang. Musik, und hier vor allem klassische Musik, wirkt auf das im Aufbau befindliche Gehirn wie Fitnessübungen für einen Bodybuilder. Sie trainiert dieselben neuronalen Netzwerkstrukturen, die uns das Lernen und Erinnern ermöglichen, und fördert so die Entwicklung der geistigen Kapazität des Gehirns.

Der frühe Bewegungsdrang des Babys und Kleinkindes ist ein Fitnesstraining für das Gehirn, daher ist ausreichende ungebremste Bewegung nicht nur als Ich-Raum-Stimulus in dieser Entwicklungsphase so besonders wichtig.
Laut Research Center RAND ist es wissenschaftlich belegt, dass intensive Bewegung im Kleinkindalter vor Fettleibigkeit schützen kann. Schließlich ist Zuckerkrankheit – ausgelöst durch Fettleibigkeit – stark im Zunehmen.

Wichtig daher: Bereits am Lebensanfang, besonders in den ersten drei Lebensjahren, kann das Gehirn zu wenig oder auch falsch stimuliert werden. Und genau das kann der Grund sein, warum viele Schulanfänger bereits am ersten Schultag gegenüber ihren Mitschülern benachteiligt sind. Sie haben mit intellektuellen, psychischen oder sozialen Mängeln zu kämpfen, die bei einer angemessenen psychosozialen Stimulation in den ersten Lebensjahren nicht aufgetreten wären. Statt Vertrauen wurde Angst aufgebaut, statt Lebenskraft Missstimmung, statt Zuwendungsbereitschaft Unzufriedenheit – das hat die Emotionalität des Kindes geprägt. Die intellektuelle Neugier wurde nicht stimuliert oder sogar unterdrückt.

Wichtig ist außerdem für alle Eltern zu verstehen, dass sich das Gehirn in gewissen Lernphasen weiterentwickelt. Folgendes ist daher zu beachten:
  Prägung bedeutet, dass bestimmte Informationen mit spielerischer Leichtigkeit durch „Fenster" in das Gehirn einfließen, diese Fenster aber nur für eine kurze Zeitspanne geöffnet bleiben (sensible Phasen). Solche Entwicklungsfenster treten von der Geburt bis zum zwölften Lebensjahr jeweils in Phasen auf, in denen das Gehirn für ganz be-

stimmte Fähigkeiten aufnahmebereit ist und das Kind am eifrigsten von seiner Umgebung lernt. In diesen sensiblen Phasen, besonders während der ersten drei Lebensjahre, werden die Grundlagen für Denken, Sprache, Verhaltensmuster, Begabungen und andere Fähigkeiten gelegt.

Das Kind lernt in dieser Zeit, seine elementaren Bedürfnisse wie Hunger, Wünsche nach Bindung, Zärtlichkeit, Selbstbehauptung und Besitz zu befriedigen. Ohne ausreichende psychosoziale Stimuli wird es dagegen in seelisch krankmachender Weise daran gehindert.

Diese frühen Lernphasen sind daher von entscheidender Bedeutung; denn danach schließen sich die Fenster wieder, und ein wesentlicher Entwicklungsschritt im Gehirnaufbau ist abgeschlossen.

Diese Lernphasen sind sozusagen Chancen, die in dieser Form nicht wiederkehren. In den frühen Phasen erfolgt der Formungsprozess des Gehirns, und am Ende dieses Prozesses – im Alter von zwei, drei oder auch vier Jahren – ist der Prototyp des Gehirns fertig ausgebildet. Es wird sich in den wesentlichen Bereichen wahrscheinlich nicht mehr allzu sehr verändern, jedenfalls aber nicht mehr so leicht.

Verläuft diese frühe Lernphase nicht optimal, ist noch nicht alles verloren. Das Gehirn gibt uns eine zweite große Chance, die bis etwa zum zwölften Lebensjahr offen steht. Und auch danach hört die Lernfähigkeit des Gehirns nie auf.

So leicht wie in diesen ersten Prägungsphasen lernt das Gehirn später allerdings nicht mehr. Wie wir aus Erfahrung wissen, ist beispielsweise das Erlernen einer Fremdsprache als Erwachsener sehr mühsam. Für ein Kind ist es dagegen noch sehr einfach, sich mehrere Sprachen anzueignen.

Ein Baby kann bereits im Mutterleib Geräusche, Töne von Sprachlauten unterscheiden.

Interessanterweise gibt es zwar ca. 8.000 Sprachen auf der Welt, aber nur ca. 70 Sprachlaute. Eine Ausnahme bilden einige exotische Regionssprachen in Afrika, die auf bis zu 100 Sprachlaute kommen.

Jede Sprache besitzt eine Reihe bedeutungsunterscheidende Sprachlaute. Die meisten gebräuchlichen Sprachen kommen mit 35 bis 45 Lauten aus.

Sie sind der Grundstock und die Bausteine für das intuitive Erfassen einer Sprache.

Kehren wir zu unserem Baby zurück. Bei seiner Geburt hat es die Fähigkeit, alle Sprachlaute aufzunehmen. Aber bereits mit einem Jahr konzentriert es sich nur noch auf die Laute seiner Umgangssprache.

„Mit zwölf Monaten haben die Kinder die Fähigkeit verloren, Laute zu unterscheiden, die in ihrer Sprache keine Rolle spielen", bestätigt Patricia Kuhl von der University of Washington.

Zwischen dem sechsten Monat und einem Jahr saugt ein Kleinkind begierig alle Sprachlaute, die es immer wieder hört, in sich auf und speichert sie in seinem Gehirn ab.

Wenn es also in dieser Periode mit mehreren Sprachen empathisch konfrontiert wird, können sich deren Laute im Gehirn als neuronale Schaltmuster verankern. „Das ermöglicht dem Kind, zu einem späteren Zeitpunkt akzentfrei in mehreren sogenannten Muttersprachen zu kommunizieren", eröffnet Gerald Hüther von der Universität Göttingen.

Der US-Forscher Stanley Greenspan ist überzeugt, dass Eltern und Familie für ein Kind von so unverzichtbarer Wichtigkeit sind, dass man, wenn es sie nicht gäbe, sie schleunigst erfinden müsste. Denn die Natur stellt für den Aufbau des Gehirns die Materialien zur Verfügung, die konkrete Ausgestaltung und Weiterentwicklung erfolgen in der Erfahrung und Kommunikation mit Bindungspersonen und Umwelt:

„Das Denken kann nur dann zu einem flexiblen und schöpferischen Medium der menschlichen Intelligenz werden, wenn seine Entwicklung den Weg über das Bewusstsein anderer nimmt. Einem Menschen, der die geeigneten Formen der Interaktion mit anderen Menschen nicht erlebt, fehlen die Grundvoraussetzungen, die für Denken und Vernunft notwendig sind."

Menschliches Bewusstsein entsteht nicht in einem Menschen, sondern zwischen Menschen. Indem man die Welt aus der eigenen und aus der Perspektive anderer wahrnimmt und dadurch zu einem Austausch kommt.

So der Psychologe und Psychiater Prof. Peter Hobson vom Londoner University College.

Angesichts dieser Erkenntnisse wäre es vielleicht durchaus zielführend, den Begriff der „Intelligenz" nicht an bestimmten Fähigkeiten aufzuhängen, sondern mehr als bisher als Funktion der komplexen neuronalen Vernetzungsfähigkeit des Gehirns zu definieren.

Wir wären dann nicht gezwungen, Intelligenz immer neu zu definieren, immer neu zusammenzusetzen (sprachliche, mathematische, räumliche, kreative usw. Fähigkeiten) und zu erweitern, sondern könnten von einer Ganzheit, nämlich der Komplexität des Gehirns, ausgehen, um diese allmählich auszuloten.

Wir hätten keinen linkslastigen IQ (Intelligenzquotient), dem wir einen rechtslastigen EQ (Emotionaler Quotient) gegenüberstellen müssten, denn im Gehirn hat eben das analytische Vermögen (linke Gehirnhälfte) ebenso Platz wie das eher synthetische (rechte Gehirnhälfte), das zudem nicht nur emotional, sondern auch mehr ganzheitlich ausgerichtet ist. Intelligenz wäre sowohl „input-abhängig" (Erfahrung) als auch teils genetisch determiniert, als auch beispielsweise durch Bewegung (mit direkter Wirkung auf die rechte Hemisphäre) stimulierbar.

Intelligenz wäre dann eine offene Skala – offen für die Möglichkeiten der (neuronalen) Vernetzung und der Komplexität des Gehirns. Und besonders interessant: offen für die in früher Kindheit angelegte Komplexität, die dann im Verlauf der weiteren Entwicklung durch die Erfahrungen mit der Umwelt und Sozialkontakte sozusagen „auf den Boden" gebracht werden muss. (Das Gehirn eines Zehnjährigen ist weniger komplex vernetzt als das eines Dreijährigen, dafür ist es am konkreten Erleben und Erfahren herangebildet.)

Wenn die vorgeburtliche und frühkindliche Phase des Menschen eine derart große Bedeutung für seine spätere Entwicklung hat, dann kommt jede Vorbeugung, wie wir sie bisher verstehen, zu spät und ist nicht wirklich Prävention, sondern bereits Schadensbekämpfung!

Natürlich ist Krankheitsvorbeugung und Bekämpfung der Risikofaktoren für verschiedenste Zivilisationskrankheiten wichtig und notwendig, kann aber immer nur auf dem aufbauen, was da ist. Oft ist das nur noch das Ziehen der Notbremse. Prävention, die diesen Namen verdient, kann nur bedeuten, am Fundament des Menschen zu bauen – Prävention muss bereits in der frühesten Kindheit und in der Schwangerschaft beginnen. Jede spätere Intervention kann, wie gesagt, nur noch Schadensbekämpfung sein.

„PISA" beginnt im Mutterleib ...

... und ist fast schon zu Ende, bevor wir in die Schule kommen!

Was braucht man es, um im Alter von 15 Jahren alle Voraussetzungen zu haben, seine geistige Kompetenz voll ausschöpfen zu können?

In der Schwangerschaft und den ersten drei Jahren entscheidet sich, ob die Menschen – auf die das Baby vertraut – seine nahezu grenzenlose Neugier befriedigen können.

Es gibt eine weltweit einzigartige Langzeitstudie über 20 Jahre mit 200 Kindern, begonnen am Max-Planck-Institut für psychologische Forschung in München und unter der Leitung von Wolfgang Schneider von der Universität Würzburg vollendet. Sie trägt den umfassenden Titel „Logik – Longitudinalstudie zur Genese individueller Kompetenzen" und erfasste die intellektuellen Fähigkeiten, das soziale Verhalten, prüfte die Feinmotorik und erkundete das Moralverständnis von Kindern ab den ersten Jahren. Dabei stellte sich heraus, dass Auffälligkeiten, die bei Dreijährigen gemessen wurden, über 20 Jahre weitgehend erhalten blieben oder sich ausbauten. Und zwar im positiven Sinne wie im negativen.

Wolfgang Schneider macht dabei den genetischen Einfluss in viel geringerem Ausmaß verantwortlich als die Prägung in den ersten Jahren. Speziell, wenn es um intellektuelle Defizite geht oder die Förderung von Begabungen. Lediglich im Persönlichkeitsbereich können Krisen, wie Scheidung oder der Tod naher Verwandter, später noch zu signifikanten Schwankungen führen.

Das Gehirn ist vorerst einmal Rohmaterial. Die Hirnforschung belegt, dass Musik einen idealen Nährstoff für die Entwicklung der wichtigen „grauen Masse" im Kopf eines Menschen abgibt. Musik aktiviert auch wechselseitig die rechte oder linke Gehirnhälfte. Je nachdem, welche Töne wahrgenommen werden oder welche Instrumente man spielt. Dies fördert die Dualität des Denkens und Fühlens.

Ist es Zufall oder hat es System, dass sowohl Mozart als auch Bach Väter hatten, die in frühester Kindheit mit ihnen musizierten? Mozart spielte schon mit drei Jahren Cembalo!

Wie wichtig die ersten Lebensjahre sind, belegt auch Hirnforscher Manfred Spitzer: *„Wer bis zum sechsten Lebensjahr nicht viele Erfahrungen mit Tönen gemacht hat, wird kein absolutes Gehör mehr ausbilden."*

Es bedarf unbedingt eines Gleichklangs mit einer unstrukturierten, verspielten Kindheit. Denn dort bilden sich über die freie Phantasie spätere Kreativität und ästhetisches Empfinden. Vor allem Mehrsprachigkeit und musisches Erleben, aber auch mathematische und naturwissenschaftliche Grunderfahrungen können Räume im geistigen Potenzial öffnen.

Das „Wunder-Kind"

Wünschen sich nicht alle Eltern in ihrem Innersten ein Wunderkind? Aber: Was macht ein Wunderkind aus? Es ist doch so, und das ist völlig normal, dass jede Mutter und jeder Vater ihr Neugeborenes als das klügste, schönste und liebste Kind der Welt ansehen.

Und es ist zuallererst ein wirkliches Wunder, so ein kleines Lebewesen gezeugt, ausgetragen und geboren zu haben. Völlig egal, welches Aussehen, welche Veranlagungen und welches Verhalten es zeigt. Des Stolzes der Eltern ist es gewiss. Daher sollten wir vorweg ganz bewusst zwischen dem „Wunder" und dem „Kind" einen dicken Gedankenstrich setzen.

Dennoch sollten die Eltern deshalb nicht zu bescheiden sein.

Stanley I. Greenspan führt mit Recht in seinem Standardwerk „Die bedrohte Intelligenz" aus: *„Die Serie von Ereignissen, die zur Transformation eines hilflosen, nicht artikulationsfähigen Neugeborenen in einen voll funktionsfähigen Menschen führt, der mit all den emotionalen, sozialen und intellektuellen Fähigkeiten ausgestattet ist, die den Menschen auszeichnen, stellt wohl die bemerkenswerteste Leistung dar, die wir in der Natur antreffen."*

Natürlich ist dazu der Beitrag des Babys gewaltig. Und die Natur liefert Rohstoff in Hülle und Fülle, gerade in dieser wichtigen ersten Lebensphase.

Die bekannte Kinderpsychologin Jan Hunt sagt es in ihren Worten: *„Jedes Kind gibt in jedem Fall sein Bestes, entsprechend seinem Alter, seiner Erfahrung und den gegenwärtigen Umständen."*

Ausschlaggebend ist jedoch die vorurteilslose, ja absichtslose Liebe, die ein Mensch in dieser Absolutheit nur einem („seinem") Kind geben kann.

Erst wenn das sichergestellt ist, kann man wagen, diese beiden so bedeutsamen Begriffe „Wunder" und „Kind" behutsam und Schritt für Schritt zusammenzufügen.

Aussage von Tobias, einem jungen Vater:

„Ich hatte vor Walters Geburt ein bisschen Angst. Nachdem ich jedoch sein Gesicht und sein perfektes kleines Wesen sah, wusste ich, dies war der größte Moment, den ich in meinem Leben erfahren würde. Andere Dinge kommen und gehen, aber die Liebe eines Kindes ist ewig. Ich hatte vorher nie begriffen, was bedingungslose Liebe ist, bis ich in das Gesicht dieses perfekten kleinen Wunders blickte."

Wir rufen in Erinnerung:
9 + 36 = 90
Jede Zuwendung wird jetzt in Gold aufgewogen!

Und Wassilios Fthenakis (Professor an mehreren Universitäten in den USA und Europa) legt nach: *„Wir haben Kleinkinder systematisch* *unterschätzt und unterfordert."* Die Einsicht, dass Kinder von Anfang an hervorragende Lerner sind, wird pädagogisch kaum umgesetzt. Denn wie alle lebenden Systeme entwickelt sich auch das Gehirn nur dann, wenn neuartige Bedingungen auftreten, die die Stabilität der bereits etablierten Interaktionen in Frage stellen.

Die Kunst liegt im Wechselspiel von Stimulation und Loslassen.

Die entscheidende Frage lautet dabei: Von wem geht die Beschäftigung mit Wissensaufbau aus? Von Kindern oder von Erwachsenen? Tun es die Kinder selbst, entspricht das dem Lernen, das sie schon im Mutterleib anstreben.

Die Eltern haben jedoch die wichtige Funktion des Ermöglichens (mittels Stimulation) und des Verankerns von Wissen (mittels intensiver Kommunikation). Letztlich sind sie auch für die „Vermenschlichung des Wissens" verantwortlich.

Es geht dabei gar nicht um Wissensanhäufung. Kein Mensch weiß schließlich heute, welches Wissen Kleinkinder brauchen, wenn sie sich 2030 auf dem Arbeitsmarkt behaupten sollen.

In Wirklichkeit geht es nur um die Entwicklung der Lust auf das Unbekannte. Die Neugierde treibt unser Leben an. Solange wir neugierig sind, kennen wir keine Depression. Und sehen wir uns die Babys an. Niemand ist neugieriger als sie. Sie platzen fast davor.

Das ist auch kein Wunder. Denn ihr Gehirn tut nichts lieber, als zu lernen. In Spitzenzeiten explodiert es geradezu: 1,8 Millionen neue Synapsen entstehen pro Sekunde! Doch nach der frühen Kindheit büßt das Gehirn wegen Nichtgebrauch den Großteil wieder ein.

Je mehr wir also ihre Lust auf das Unbekannte zulassen, umso süchtiger werden Kinder auf das Leben.

Die Reise vom „Wunder-Kind" zum Wunderkind ist wie eine einzige Wanderschaft ins wirkliche Leben. Voller Wünsche und Hoffnungen machen sich die kleinen Wesen auf den Weg:

- Ihr ungeheures emotionales Potenzial zeigen sie mittels ihrer Gabe, unverfälschte Sympathie und reine Empathie zu vermitteln: die **LIEBE**.
- Die körperliche Nähe zu ihren engsten Bezugspersonen gibt ihnen das Vertrauen und die Selbstsicherheit, aus denen eine lebensnotwendige Eigenschaft entsteht: der **MUT**.
- Erst durch die unterschiedliche Stimulation durch das Weibliche und das Männliche kann das volle mentale Bewusstsein erblühen: die **INTELLIGENZ**.
- Durch die Befriedigung der wichtigsten Bedürfnisse wird die Basis für das soziale Empfinden gelegt: der **GEMEINSCHAFTSSINN**.

Das ist alles, was wir im Leben benötigen.

Worum geht es wirklich?

Aus ganzheitlicher Sicht geht es primär darum, menschliches Leiden auf allen Ebenen zu verhindern oder zu vermindern. **Und wenn einmal der Zusammenhang zu psychischen** (Verhaltensauffälligkeiten, Depressionen, Egozentrik, Konzentrationsstörungen etc.), **sozialen** (Kontaktstörungen, kriminellem Verhalten, sozialer Isolation etc.) **und geistigen Erkrankungen** (deformiertem Welt- und Menschenbild, fehlender Orientierung etc.) **hergestellt ist, dann ist völlig klar, dass das auch wirtschaftliche Konsequenzen hat.**

Die positive Lebensformung während der Schwangerschaft und in den ersten drei Lebensjahren wirkt sich unmittelbar auf die Gesellschaft aus. Dieses Wissen sollte uns Mut machen, mit Herz und Verstand unsere Chancen zu nützen. Dafür erhalten wir ein ganz besonderes Geschenk …

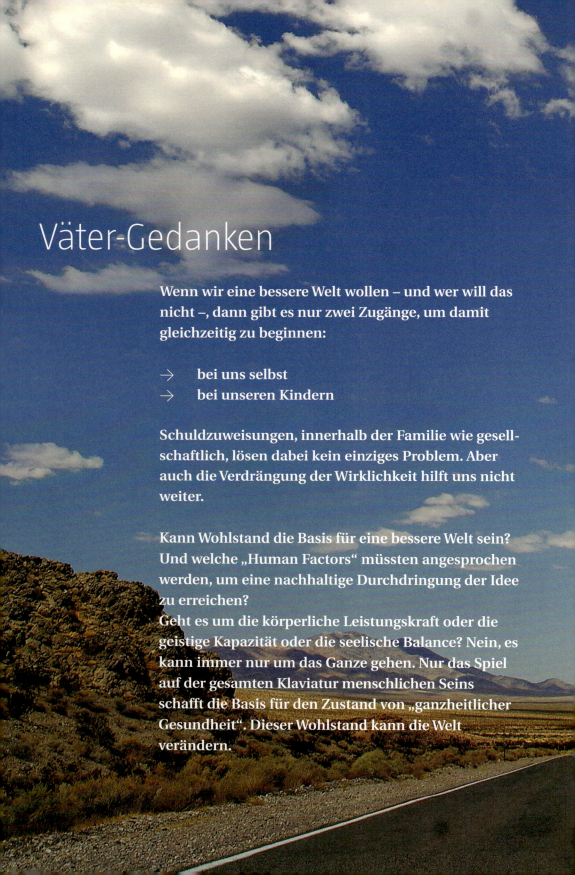

Väter-Gedanken

Wenn wir eine bessere Welt wollen – und wer will das nicht –, dann gibt es nur zwei Zugänge, um damit gleichzeitig zu beginnen:

→ bei uns selbst
→ bei unseren Kindern

Schuldzuweisungen, innerhalb der Familie wie gesellschaftlich, lösen dabei kein einziges Problem. Aber auch die Verdrängung der Wirklichkeit hilft uns nicht weiter.

Kann Wohlstand die Basis für eine bessere Welt sein? Und welche „Human Factors" müssten angesprochen werden, um eine nachhaltige Durchdringung der Idee zu erreichen?
Geht es um die körperliche Leistungskraft oder die geistige Kapazität oder die seelische Balance? Nein, es kann immer nur um das Ganze gehen. Nur das Spiel auf der gesamten Klaviatur menschlichen Seins schafft die Basis für den Zustand von „ganzheitlicher Gesundheit". Dieser Wohlstand kann die Welt verändern.

Wir haben eine Chance,

wenn wir unsere Vaterschaft als einen aktiven Prozess unserer persönlichen Entwicklung verstehen.
Wir werden dabei intuitiv in die Lage versetzt, ständig das Ganze im Auge zu haben. Vertrauen wir diesen Empfindungen mit dem nötigen Gefühl für Verantwortung, aber auch der gewissen Leichtigkeit, werden wir entkrampft die richtigen Schritte für uns und unsere Kinder gehen.

Kinder träumen von Menschen, die Weltrekorde aufstellen, oder von Genies. Aber in der Sparte „Vorbilder zum Anfassen" brauchen sie uns Väter. Auf die sie vertrauen können. Und Vorbilder müssen „sichtbar" und „greifbar" sein.

Der Weg zum gesunden* Kind

→ Nur wer sät, kann ernten!

→ Die Gesundheit und Intelligenz unserer Kinder führen zu mehr Wohlstand für alle!

→ Wenn wir die Statistiken um jährlich 5 % verbessern, sind wir bald am Ziel!

→ Das Geheimnis des Super-IQ und des Super-EQ!

→ Wenn die Fenster zu sind, kann es zu spät sein!

→ Das „Wunder-Kind", „alles" steht in unserer Macht!

→ Such den „Regenbogen"!

→ Vorbilder muss man sehen können!

* Gesundes Kind heißt: körperliche, seelische, geistige, soziale und spirituelle Gesundheit in der Babyzeit als Basis für das gesamte Leben bis ins hohe Alter (= ganzheitliche Gesundheit).

RAUM FÜR MEINE GEDANKEN

....

....

....

....

....

....

....

Die Freude eines Mannes auf Kind und Vaterschaft, seine Bereitschaft zur Babypflege, ja sogar sein ausdrücklicher Wunsch nach mehr Engagement – dies alles spielt nur bedingt eine Rolle für seinen tatsächlichen Einsatz. Entscheidend ist vielmehr die Einstellung der Frau. Denn er kann von seinem eigenen Geschick noch so überzeugt sein – wenn die Frau ihrem Partner die Kompetenz abspricht, die Kinder angemessen betreuen zu können, dann gibt es nur zwei Möglichkeiten für ihn: **Entweder er überzeugt sie von seinen professionellen Vater-Qualitäten, oder er gibt auf und rührt keinen Finger.**

Aber – liegt es wirklich an den Frauen, an den Müttern, ob die Männer zu neuen Vätern werden? Wohin geht die Suche der Frauen, was sind ihre Ziele, was sind ihre tatsächlichen Sehnsüchte?

2

DIE NEUE MUTTER

Nicht Übermutter, nicht Rabenmutter – nur du

Das Selbstbewusstsein aus Frau-Sein, Mutter-Sein, Anders-Sein.

Europa heute

„Hallo Europa, wie geht es dir?"

(Originalzitate von Europäerinnen und Europäern)

„Die Frau hat zwar heute eine sehr gute Ausbildung, aber die Gleichberechtigung, die Gleichstellung der Geschlechter ist noch nicht verwirklicht."

„Wenn eine Frau sich durch etwas Besonderes auszeichnet, wird immer noch darauf hingewiesen, dass es sich um eine Frau handelt."

„Oft kriegen Frauen erst an der Wechselgrenze ihr erstes Kind. An der Grenze zur biologischen Machbarkeit. Weil sie sehen, dass die Spaßgesellschaft für ihr Leben doch nicht so viel gebracht hat."

„Heutzutage ist das Problem, dass eine Frau, die ein Kind will, arbeiten muss, um die Familie mitzuerhalten. Und das ist keine Wahl, sondern das ist eine Not."

„Frauen sind emanzipiert. Das ist die Theorie. In der Praxis arbeiten Frauen heute mehr als früher, sowohl im Kreis der Familie als auch am Arbeitsplatz."

„In meinem Freundeskreis sind sehr viele junge Väter, die immer noch klassischerweise sagen: ‚Ich hätte gerne ein Bier!' Und die Frau Akademikerin läuft und bringt das Bier."

Liebling,

es ist mir ein Bedürfnis, dir heute diesen Brief zu schreiben.
Du weißt, dass ich dich sehr liebe. Ich liebe dich so, wie du bist – mit all deinen (scheinbaren) Fehlern.

Früher hat es mich geärgert, wenn du sonntags lange geschlafen hast und ich schon ungeduldig auf dich gewartet habe, weil wir am Vortag einen Ausflug beschlossen hatten. Und es hat mich geärgert, wenn du alle deine Sachen im Wohnzimmer verstreutest. Ich bin auch nur ein Produkt meiner Eltern, und Ordnung war mir von meiner Mutter anerzogen. Ich habe mich aber auch geärgert, wenn deine Mutter zu lange bei uns zu Besuch war.
Und dann sagtest du eines Abends: „Wir bekommen ein Kind."

Du sagtest es ohne Pathos in der Stimme, aber mit einer zärtlichen Bestimmtheit. Dein Gesicht drückte zwar keine Regung aus, aber deine Augen waren von Neugierde geweitet.

Ich sah darin einen Schimmer, den ich bisher noch nie entdeckt hatte. Und eine Art von Frage lag auf deinem schönen Gesicht.

Diesem Fragen, diesem stummen Fragen, begegnete ich später wieder: Der Arzt legte mir unseren Sohn in meine Arme, und wieder entdeckte ich diese unendliche Neugierde in deinen geweiteten Augen. Du sagtest (fast tonlos): „Wir haben ein Kind." Als wärst du dir nicht sicher, dass ich auch weiß, was das bedeutet.

Erst später, viele Monate später, lernte ich dich verstehen – begriff ich das Wort „wir" und die Neugierde in deinen Augen. Ja, Liebling, ich denke, wir haben die geteilte Elternschaft recht gut hingekriegt.

Ich liebe dich sehr. Anders als früher, aber auf jeden Fall noch mehr.

PS. Es tut mit leid, wenn du dich jetzt manchmal ärgerst, wenn unser Baby und ich sonntags bis mittags im Bett herumbalgen und unsere Sachen in der ganzen Wohnung herumliegen. Verstehe mich. Ich bin reifer geworden. Übrigens: Warum fährt Oma schon wieder nach Hause?

Die Entwicklung der Frauen

Mama, ich möchte zurück in die Höhle!

Mama, mach mich wieder gesund!

NOMADISCHE KULTUR
Die Mutter als Garantie für das
Überleben des Stammes

AGRAR-WIRTSCHAFT
Die Mutter als Expertin für Heilkunde,
Erziehung und Geburtshilfe

Mama, ich will zu dir!   Stellt ihr jetzt zusammen die Welt auf den Kopf?

INDUSTRIE-ZEITALTER
Die Mutter als billige Arbeitskraft
im Konflikt zwischen Beruf und Kind

INFORMATIONS- & WISSENS-ZEITALTER
Die Mutter als gleichwertige Partnerin
zwischen Beruf und Kind

Viel wurde über die tragikomischen Helden der aufblühenden technischen Revolution in den Fünfzigerjahren des vorigen Jahrhunderts geschrieben:
→ Die pflichtbewusste Frau am Herd, die artigen Kinder an ihrem Rocksaum, der verantwortungsvolle Mann, unterwegs, um alles zu finanzieren.
→ Der Aufbruch in den Sechzigerjahren schuf dann den sanften Mann. Den Frauen gefiel das (anfänglich), später sahen sie darin ihre Chance für ihre neue Selbstbehauptung, vor allem durch den Beruf.

Heute, am Beginn eines neuen Jahrtausends, haben wir gut ausgebildete, emanzipierte Frauen, die wissen, was sie wollen, aber auch wissen, dass sie es von uns Männern NOCH nicht bekommen werden. Denn die Emanzipation traf uns Männer völlig unvorbereitet, und viele von uns stehen noch heute dieser Tatsache hilflos gegenüber. Doch die Zeit der Ideologien und Rollenklischees ist am Beginn des 21. Jahrhunderts vorbei. Es geht jetzt um Chancengleichheit für die Frau, den Mann und die Kinder.

Wie kann zeitgemäße Mutterschaft aussehen?

Aussage von Evelyn, einer jungen Mutter:

„Heute ein Kind zu bekommen, ist wie in ein politisches Minenfeld zu steigen. Auf der einen Seite sind all die ‚traditionellen' Mütter, die scheinbar glauben, sobald man ein Kind hat, ist alles, wofür man in seinem Leben gearbeitet hat, vorbei. Du bist Mutter, und das ist es auch schon. Jede Frau, die noch mit der Welt beschäftigt ist, ist eben keine gute Mutter. Auf der anderen Seite sind die Feministinnen, die fordern, dass eine Frau sofort wieder arbeiten geht und alle ihre Mutterschaftsbelange fallen lässt. Für die hat eine Mutter, die zuhause bleibt, die Emanzipationsbewegung verraten. Ich liebe meinen Sohn. Ich will für ihn da sein. Ich weiß auch, dass ich einen gleichwertigen Platz in der Welt für mich will. Die Tragödie der modernen Mutter ist, dass es keine Rolle für die gibt, die ich sein will."

Auf der Suche nach dem aktuellen Bild der Mutter muss man vorab das vielfältige Rollenverständnis der heutigen Frauen erfassen.

Verständlicherweise will keine Frau in ein allgemeines Bild gepresst werden, sondern wünscht sich eine sehr spezifische Definition. Trotzdem sind die Auslöser für die großen Veränderungen klar erkennbar. Die Forderung nach Gleichstellung hat sich am stärksten in der Bildung und im Zugang zu – fast – allen Berufssparten ausgewirkt. Um auf diesem Weg den Männern Paroli bieten zu können, stehen die Frauen unter einem enormen Stress. Der mediale Druck mittels künstlicher Vorbilder zwingt sie, in ihren Rollen als Frau, Mutter, Partnerin, Hausfrau und Berufstätige immer perfekt zu sein.

Daraus ergibt sich auch eine neue Komplexität. Ohne das Klischee der coolen, unabhängigen Powerfrauen zu bemühen, fühlen sie sich doch hin- und hergerissen zwischen einem neuen Freiheitsdrang und dem erfüllten Frau-Sein durch ihre Mutterschaft. Ausgehend von den beiden Alternativen „Karriere oder Kind" müssen sie erst zu der Synthese „Karriere UND Kind" finden.

Das nötige Selbstbewusstsein und Selbstwertgefühl wäre bei den Frauen wohl vorhanden, nun liegt es an uns Männern, dies durch eine gelebte Partnerschaft zu ermöglichen. Und an den gesellschaftlichen Rahmenbedingungen, Zeit und Geld für diese Leistung bereitzustellen.

Dem Wunsch nach beruflicher Entwicklung und eigenständiger Lebensgestaltung steht irgendwann die Sinnfrage im Weg: *„Will ich mich auch durch mein Mutter-Sein identifizieren?"* Frauen wollen und können heute alles machen und haben, nur nicht alles gleichzeitig.

Unbestritten ist, dass die Frauen enorm an Stärke gewonnen haben, was sich auch in ihrer Erotik und Ausstrahlung ausdrückt und ihre Leidenschaft, zu leben, fördert. Viele Männer tun sich mit dieser Entwicklung noch schwer und ziehen sich überfordert von den Frauen zurück.

Ist das der Grund, warum Frauen immer später, immer weniger oder überhaupt keine Kinder bekommen?
Sie fühlen sich oft alleingelassen und überfordert. Sie tragen zumeist die volle Verantwortung für das „Innenleben" der Familie. Als Mutter fühlen sie sich gesellschaftlich isoliert.

Hier ein realistisches Statement einer Mutter:

„Freiheit und Kinder ist eine Illusion! Die ersten Jahre sind eine große Herausforderung, und die persönliche Freiheit, die Mobilität und Flexibilität sind sehr eingeschränkt. Dafür bekommen wir ein Selbstwertgefühl, das wir nur durch die Mutterschaft erleben können. Aber wir brauchen auch unsere Freiräume, Pausen und Zukunftsperspektiven. Da muss der Mann einspringen. Dabei geht es nicht um Alibihandlungen, sondern um eine echte, aktive Vaterschaft."

Es gibt aber auch einen anderen Zugang – aus der Sicht einer Therapeutin –, und der ist mindestens ebenso wichtig: *„Ich erwarte mir durch ein neues Elternschafts-Modell originellere, fröhlichere Mütter, die ihren Alltag viel variantenreicher leben können, statt missmutig, gestresst und deprimiert zu sein; es würde mehr Lust geben, mehr Spaß, mehr Sex – und damit vielleicht auch mehr Kinder!"*

In Deutschland geht eine Ära zu Ende, die Ära der Rabenmütter. Jetzt wird voll auf die externe Kleinkindbetreuung gesetzt. Von nun an braucht keine berufstätige Mutter ein schlechtes Gewissen zu haben, denn es werden ja hochwertige Betreuungs- und Bildungseinrichtungen mit freundlichen und kompetenten Mitarbeitern gefordert. Gewiss, ein solches Angebot ist bisher weder überall zu haben noch zu erreichen. Aber die Politik bemüht sich.

Ein Krippen-Konzept eines Berliner Trägervereins schreibt derzeit 15 Minuten individuelle Zuwendung durch die Erzieherin pro Tag vor. Denn laut Pädagogen spielen Kinder unter drei Jahren ja sowieso meist für sich allein (!).

Für die Politik dreht sich das Rad der Zukunft weiterhin nach rückwärts.

Die Söhne sind die Väter von morgen!

An der Selbstständigkeit der Frauen und Mütter mittels Berufsausübung rüttelt hier niemand. Aber ist unsere Phantasie wirklich darin erschöpft, dass wir das Problem einfach denen umhängen, die keine Stimme haben? Außer lästig zu brüllen. Also den Babys!

Die Mütter können mit unserer vollen Unterstützung rechnen, denn es ist die Frage nach den Vätern zu stellen. Es geht das Gerücht, dass die Herren schon bei einem lächerlichen Papa-Monat aufschreien würden. Doch der Aufschrei wird nicht von der Angst vor ihren Neugeborenen ausgelöst, sondern von der Sorge eben diese nicht ernähren zu können, sollte die Auszeit vom Job bei den Chefs nicht positiv aufgenommen werden. Immer wieder hört man von Männern die tolle Väter sein wollen, doch lieber auf der sicheren Seite bleiben und den Arbeitsplatz, die Aufstiegsmöglichkeit und die Gunst des Chefs nicht verlieren wollen und dürfen und deshalb ist auch die Wirtschaft ist gefordert, die Flexibilität nicht immer nur auf die Arbeitnehmer abzuschieben, sondern bei sich zu beginnen, will sie in Zukunft noch selbstmotivierte Mitarbeiter haben. Und die Politik wird endlich zu rechnen beginnen müssen, oder will sie ihre Kosten in Zukunft auf immer weniger Menschen verteilen?

Die Frauen haben viel gefordert in der letzten Generation und auch einiges – wenn auch viel zu wenig – erreicht!

Muss Deutschland, muss Europa erst auf die nächste Männergeneration warten? Auf die neuen Väter, Wirtschaftstreibenden, Politiker? Oder werden dann die neuen Frauen an deren Positionen stehen und endlich für sich, ihre Männer und ihre Kinder entscheiden?

Die Babypsychologen und -therapeuten sind sich einig, dass die wichtigste Anforderung an Mütter (aber auch an Väter) ihre „Anwesenheit" ist! Erst dadurch können sie ihr Einfühlungsvermögen, die Bedürfnisbefriedigung der Babys, ihre Hilfeleistung unmittelbar dann, wenn es erforderlich ist, einbringen. Noch wichtiger ist diese Präsenz für die spontane Verarbeitung von Schmerz und Freude. Und wie soll im Rahmen eines klar und häufig zu kurz bemessenen punktuellen Zeitabschnitts die – für Babys so wichtige – sichere Bindung aufgebaut werden?

Natürlich hat die Qualität dieser gemeinsam verbrachten Zeit einen hohen Stellenwert. Vor allem wenn es um die Frage des stimmigen Umgangs mit Müttern in der Schwangerschaft und bei der Geburt geht. Und darum, dass Mütter nach der Geburt nicht sich selbst überlassen werden sollen. Überall da ist einfühlsame Professionalität einzufordern.

Müttern muss auch bewusst werden, dass sie ihre Söhne zu zukünftigen Vätern heranwachsen lassen. Und dass sie von den Vätern ihrer Kinder nur dann echte Hilfestellung erwarten können, wenn sie imstande sind, ihre Babys loszulassen.

Die Mütter und Väter brauchen daher die richtigen Rahmenbedingungen, um ihre Anwesenheit in der heutigen Zeit auch ohne Existenzängste erfüllen zu können.

Dass Frauen den Großteil der Familien- und Elternarbeit übernehmen, ist nicht das zufällige Resultat privater Entscheidungen, sondern gewachsener gesellschaftlicher Machtverhältnisse: Über die biologisch evidenten Unterschiede zwischen Männern und Frauen hinaus (Frauen können Kinder austragen, gebären, stillen) ist kein für die Aufteilung der Familienarbeit relevanter Geschlechtsunterschied erwiesen. Die gesellschaftliche Zuweisung von Familientätigkeiten (ohne biologische „Zuweisung") an Frauen und nicht ebenso an Männer ist diskriminierend und mit dem Recht aller Menschen auf die freie Berufswahl nicht vereinbar. Sie muss überwunden werden.

Das Universum der Frauen

Immer mehr Frauen streben nach einem selbstbestimmten Leben in einer erfüllten Partnerschaft. Noch sind sie mitten in diesem Entwicklungsprozess.

SELBSTVERWIRKLICHUNG UND SELBSTERFÜLLUNG
- Gestern gut ausgebildet.
- Heute vor der Frage: Kinder JA oder NEIN!
- Morgen mit ihrem Partner die PROFESSIONELLE ELTERNSCHAFT teilen.
- Übermorgen – dank ihrer Mutterschaft mit neuer Qualifikation – wieder voll in den Beruf einsteigen.

DIE NEUE STÜTZE
Die geänderte Vaterrolle:
- Nicht Softie, nicht Kumpel soll er sein, sondern echter Partner für die Mutter in den ersten drei Lebensjahren des Kindes.
- Überzeugendes Vorbild für die Kinder soll er sein (nicht autoritär, aber Autorität).

DER AKTUELLE ANSPRUCH
- Ihr Verantwortungsgefühl.
- Ihr Bekenntnis zu ihrer „Lebenslust".
- Ihre Suche nach dem „Sinn des Lebens".
- Ihre „Eigenständigkeit" und ihr Wunsch nach „persönlicher Freiheit".

TRAUM UND WIRKLICHKEIT
- Das „öffentliche" Bild der Frau (sie steht unter dem Diktat des Zeitgeistes, sie soll schlank, schön und begehrenswert sein).
- Wie die Frau wirklich ist (ihre Bildung und Berufstätigkeit führten zu einem neuen Selbstbewusstsein, aber auch zu einer enormen Mehrfachbelastung – Beruf, Partner, Kind und Haushalt).

DIE AKTUELLE UMFRAGE

DER WUNSCH

Frage an die Mütter: **Wie viele Kinder wünschen Sie sich?**

	Deutschland	Frankreich	Italien	Schweden	Großbritannien	USA
eines	14,6	6,5	10,3	7	8,6	10,7
zwei	61	42,7	51	37,5	37,2	38,5
drei	16,6	38,2	29,5	42,2	27,6	28,5
vier und mehr Kinder	7,8	12,6	9,2	13,3	26,6	22,3

(Angaben in %) Quelle: my way, Online-Umfrage

61 % der deutschen Frauen wünschen sich zwei Kinder, 24,4 % drei und mehr! Dass es dennoch nicht dazu kommt, liegt ganz und gar nicht bei ihnen …

DIE REALITÄT

Frage an die Mütter: **Warum bekommen Ihrer Meinung nach Frauen keine Kinder?** (Mehrfachnennungen möglich)

	Deutschland	Frankreich	Italien	Schweden	Großbritannien	USA
gesundheitliche Gründe	42,9	39,4	22,4	21,9	37,4	43,3
kein passender Partner	49,3	26,8	34,7	51,6	36,2	36,4
negative Zukunftsperspektive für das Kind	46,4	33,3	24,7	25,8	28,8	37,9
finanzielle Gründe	66,1	41,5	45,4	46,9	44,1	56,7
berufliche Gründe	68,7	48,4	40,8	35,9	45,7	42,8
persönliche Freiheit	57,8	54,1	50,9	39,8	53,9	56,6

(Angaben in %) Quelle: my way, Online-Umfrage

66,1 % der deutschen Frauen bekommen nach Ansicht der befragten Mütter keine Kinder, weil es an Geld fehlt, 68,7 % aus beruflichen Gründen!

Frage an die Mütter: Was ist das Wichtigste in Ihrem Leben?

(Mehrfachnennungen möglich)

	Deutschland	Frankreich	Italien	Schweden	Großbritannien	USA
erfüllte Partnerschaft	69,1	26,9	14,6	43	41,4	52,3
für andere da sein	46,3	32,9	20,8	43	34,7	45,2
das Leben genießen	60,7	61,4	25	71,1	59,4	62,8
Mutterschaft	33,3	59,4	41,8	55,5	42,3	56
Familie	76,4	72,3	58,2	72,7	61,9	72,1
die Welt verbessern	9,6	17,3	19,5	10,9	14,3	23,9

(Angaben in %) Quelle: my way, Online-Umfrage

Die Familie als „Wichtigstes im Leben" steht bei allen Frauen, egal welcher Nation, im Vordergrund – angeführt von den Deutschen mit 76,4 %. In Deutschland steht auch die Partnerschaft im Vordergrund: mit 69,1 %. Die Voraussetzungen für ein kinderreiches Deutschland wären also gegeben, dennoch sieht nur ein Drittel das „Wichtigste im Leben" in der Mutterschaft.

Brief einer anonymen Mutter

Du aus mir geborenes Wesen!

Ich habe mich so auf dich gefreut und war überhaupt nicht auf dich vorbereitet. Du zeigst mir mit deinem überschäumenden Lebenswillen meine Grenzen auf. All meine Fehler und Unzulänglichkeiten haben eine lange Geschichte, von denen ich mich – dank dir – versuchen kann zu befreien. Diese Selbstwahrnehmung gibt mir erstmals die Chance, mich so, wie ich eben bin, zu akzeptieren. Und das bitte ich auch dich. Ich spüre, wie aus diesem gegenseitigen Vertrauen uneingeschränkte Liebe entsteht. Deine Lust zu leben überträgt sich auf mich und gibt mir die Kraft, sie mit meinem Mann, deinem Vater, auszuleben.
Wenn du mir ein Zeichen gibst, werde ich versuchen, dich loszulassen.
Aber ich werde immer für dich da sein, um dich aufzufangen.

Wie sieht Ihr Brief an Ihr Baby aus? Schreiben Sie uns unter www.myway.org!

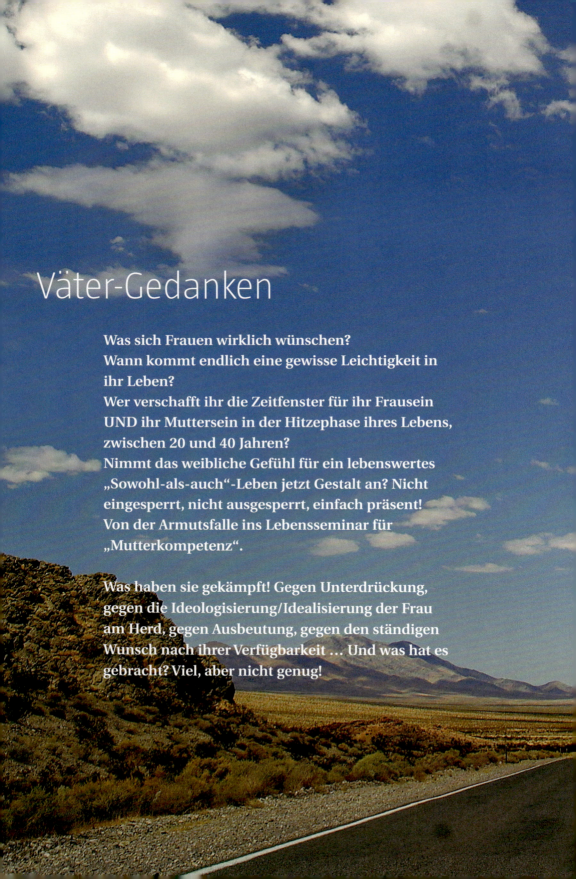

Väter-Gedanken

Was sich Frauen wirklich wünschen?
Wann kommt endlich eine gewisse Leichtigkeit in ihr Leben?
Wer verschafft ihr die Zeitfenster für ihr Frausein UND ihr Muttersein in der Hitzephase ihres Lebens, zwischen 20 und 40 Jahren?
Nimmt das weibliche Gefühl für ein lebenswertes „Sowohl-als-auch"-Leben jetzt Gestalt an? Nicht eingesperrt, nicht ausgesperrt, einfach präsent!
Von der Armutsfalle ins Lebensseminar für „Mutterkompetenz".

Was haben sie gekämpft! Gegen Unterdrückung, gegen die Ideologisierung/Idealisierung der Frau am Herd, gegen Ausbeutung, gegen den ständigen Wunsch nach ihrer Verfügbarkeit … Und was hat es gebracht? Viel, aber nicht genug!

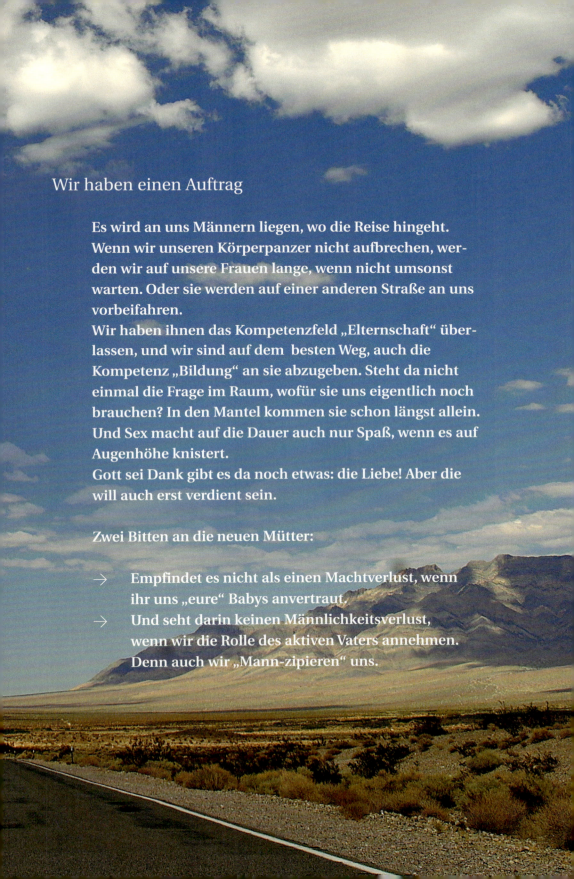

Wir haben einen Auftrag

Es wird an uns Männern liegen, wo die Reise hingeht. Wenn wir unseren Körperpanzer nicht aufbrechen, werden wir auf unsere Frauen lange, wenn nicht umsonst warten. Oder sie werden auf einer anderen Straße an uns vorbeifahren.

Wir haben ihnen das Kompetenzfeld „Elternschaft" überlassen, und wir sind auf dem besten Weg, auch die Kompetenz „Bildung" an sie abzugeben. Steht da nicht einmal die Frage im Raum, wofür sie uns eigentlich noch brauchen? In den Mantel kommen sie schon längst allein. Und Sex macht auf die Dauer auch nur Spaß, wenn es auf Augenhöhe knistert.

Gott sei Dank gibt es da noch etwas: die Liebe! Aber die will auch erst verdient sein.

Zwei Bitten an die neuen Mütter:

→ Empfindet es nicht als einen Machtverlust, wenn ihr uns „eure" Babys anvertraut.
→ Und seht darin keinen Männlichkeitsverlust, wenn wir die Rolle des aktiven Vaters annehmen. Denn auch wir „Mann-zipieren" uns.

Der Weg zum gesunden* Kind

→ Entlastete Mütter? Ja, bitte!

→ Aktive Vaterschaft = lustvollere Partnerschaft!

→ Starke Mütter erzeugen starke Väter!

→ Was ist der Unterschied zwischen einem Konzernchef und einer Mutter?

→ Frauen lieben Vorbild-Väter!

→ Sex knistert auf Augenhöhe!

→ Kinder ja, aber nicht um jeden Preis!

* Gesundes Kind heißt: körperliche, seelische, geistige, soziale und spirituelle Gesundheit in der Babyzeit als Basis für das gesamte Leben bis ins hohe Alter (= ganzheitliche Gesundheit).

RAUM FÜR MEINE GEDANKEN

VERTIEFUNGEN ZU DIESEM KAPITEL
von CHRIS BOBEL (Buch 3, ab Seite 51).

Die Zukunft gehört den Babys. Aber wo sind die Mütter, die dazu „Ja" sagen? **Und vor allem: Wo gibt es die Väter, die süchtig sind – süchtig nach der neuen Männlichkeit?** Der neue Mann – nicht mehr traditionell, pragmatisch, unsicher, nicht mehr „bloßer Ernährer", sondern der verantwortungsbewusste und sich selbst spürende Vater, der sich mit Lust dem Leben, das er gezeugt hat, hinwendet? Gibt es bald immer mehr solcher Väter? Und was sagen die Mütter dazu? Die Wirtschaft? Und wie wird die Gesellschaft reagieren?

3

DER NEUE VATER
Männer brauchen Babys

Wie konnten wir uns selbst so lange betrügen?

Europa heute

„Hallo Europa, wie geht es dir?"

(Originalzitate von Europäerinnen und Europäern)

„Es braucht zwei, damit ein Kind entsteht, und es braucht beide für die Erziehung."

„Letztendlich sind das die wirklichen Überlegungen: Geh ich jetzt arbeiten, gehst du jetzt arbeiten? Und da verdient der Mann meistens mehr, und daher geht er auch arbeiten. Also müsste man die Gehälter ändern."

„Es ist eine tolle Vorstellung, wenn man als Vater von jungen Kindern tatsächlich die Kinder öfter sehen könnte. Das ist wahrscheinlich null Prozent machbar, aber wäre trotzdem schön – jeder arbeitet halbtags. Das wäre traumhaft."

„Ich muss meine Frau unterstützen, weil die auch nicht sagen kann: ‚Lassen wir ihn halt alleine da, ich gehe jetzt auch weg.'"

„Vor einiger Zeit noch war es ja so, dass der Mann, der mit Kindern und Staubsauger unterwegs war, doch eher so der durchgeknallte Öko-Heini war und wahrscheinlich arbeitslos und asozial. Heute ist es wirklich schon ‚in', sich mit einem Kind zu zeigen oder auch den Kochlöffel zu schwingen …"

„Ich als Frau sehe jemanden mit zwei Händen und Füßen – wir können beide die gleiche Rolle spielen."

Männer werden mit einem Schrei zu Vätern
Väter bleiben es ein Leben lang
Väter wollen auch noch Männer sein
Väter kennen oft nicht ihren Rang

Väter werfen ihre Kinder in die Luft
Väter schlafen vor den Babys ein
Väter schneiden gerne mal Grimassen
Väter wollen keine Krieger sein

Väter sind Helden für die Kleinen
Väter bauen Burgen in den Sand
Väter lieben ihre Frauen anders
Väter halten Zukunft in der Hand

Ernst Beinstein

Das Universum der Männer

Im Spannungsfeld zwischen „altem" und „neuem Rollenbild" sowie einer materialistischen und idealistischen Weltsicht lassen sich fünf Typologien von Männern ableiten:

MATERIALISMUS

DIE SOLISTEN
(der Materialist im alten Rollenbild)

„Workaholics" sind die klassischen Vertreter des alten Industriezeitalters, geprägt durch ihre traditionelle Männerrolle. Sie gehen in ihrer Arbeit so auf, dass sie ihre Umgebung nur noch als Mittel zum Zweck wahrnehmen.

DIE ICH-AG
(der Materialist im neuen Rollenbild)

Die sogenannte „kreative Klasse" ist ein Abbild des Wissens-Zeitalters. Sie ziehen selbstständige Tätigkeit vor, wobei sie in allen Einkommens- und Gesellschaftsschichten vorkommen können. Sie haben ein gewisses Talent zur Partnerschaft.

ALTES ROLLENBILD

DIE SINGLES

Immer mehr Männer werden freiwillig oder unfreiwillig zu Singles. Sie sind für eine – von den jungen Frauen immer mehr geforderte – echte Partnerschaft noch nicht reif.

NEUES ROLLENBILD

DIE LEBENS-KÜNSTLER
(der Idealist im alten Rollenbild)

Verankert im alten Rollenbild, sind sie mit sich und der Welt im Reinen. Ihr „gesunder" Egoismus ist für eine dauerhafte Partnerschaft nicht von Vorteil.

DIE LEBENS-PARTNER
(der Idealist im neuen Rollenbild)

Sie sind offen für ein neues Männerbild, das mit der Erwartungshaltung zeitgemäßer Frauen korrespondiert. Aus ihrer Werthaltung holen sie sich ihre Kraft und Verlässlichkeit für eine echte Partnerschaft.

© my way

IDEALISMUS

Hallo Papa, hallo Trainer,

ich brauche dir nichts über dein Zeit-Management zu erzählen, du weißt selbst, was richtig und was wichtig ist für dich. Aber über mich solltest du etwas wissen: Ich habe kein Zeit-Management. Stell dir vor: Für mich ist jeder Moment, den ich mit dir und Mama verbringen kann, das Allerwichtigste. Da gibt es nichts, was ich zuerst erledigen müsste, nichts, was für mich nicht verschiebbar wäre, und schon gar nichts, auf das ich verzichten müsste, um mit euch zusammen zu sein. Ich bin einfach das Baby, ihr seid meine Welt. Aber wenn einer von euch beiden wegmuss oder gar nicht erst nach Hause kommt (und das bist leider meistens du, Papa), dann fehlt mir etwas, dann ist mein Leben nicht mehr so schön.

Wie gesagt, ich bin kein Business-Baby, ich stelle keine detaillierten Forderungen, ich habe keinen Aktionsplan, wann wir wo was spielen müssen und mit welchem Erfolg wir rechnen. Ich will einfach nur, dass du da bist, ich will dich hören, sehen, fühlen, dich riechen, und das Wichtigste: an dir wachsen. Du hilfst mir so unsagbar viel beim Großwerden, bei meiner Entwicklung, du bist mein Cheftrainer, daher brauche ich dich jeden Tag, weil jeder Tag ein Endspiel für mich ist.

Versteh es endlich, du hast dreißig Jahre Zeit, berufliche Karriere zu machen, aber nur drei Jahre, um ein Vater zu werden. Du hast zwei Jobs, und beide sollten dir gleich stark am Herzen liegen. Also sei bei den Terminen mit mir genauso pünktlich und engagiert wie in deinem Business. Klar musst du bei diesem immer deinen Mann stehen, aber du bist auch ein Künstler. Du formst ein Leben, einen Menschen, und das ist ein einmaliges Kunstwerk in nur einem Original. Da gibt es keine Kopien.

Babys brauchen Männer!

Jetzt schaffen wir eine neue Welt

Wir lassen uns nicht mehr unterkriegen:
Nicht von der Gesellschaft. Nicht von der Wirtschaft. Nicht von der Politik. Und auch nicht von unseren Frauen.

Liebes Baby, hier ist die Antwort:

Ich weiß, du kannst diesen Brief nicht lesen – und auch nicht verstehen. Wozu auch? Für dich sind Argumente nicht wichtig. Du lebst im „Jetzt", in deinen berechtigten Ansprüchen. Du hast ein Recht auf Mama. Du hast ein Recht auf mich, deinen Papa. Aber genauso habe ich ein Recht auf dich. Dieses Recht fordere ich heute für alle Väter ein.

Die Natur meint es gut mit uns Männern. Sie hat uns mit einem größeren Sinn für Familie ausgestattet als alle Väter in der Tierwelt. Physiologisch verantwortlich sind dafür die Senkung des Testosteron- und der Anstieg des Prolaktinspiegels nach der Geburt unserer Kinder.

Wir Männer sind daher gewappnet, uns aktiv in die Vaterrolle einzubringen. Also für unsere Kinder in den ersten drei Lebensjahren da zu sein, wenn sie uns am allernotwendigsten brauchen: unsere männliche Berührung, unsere männliche Verhaltensweise, unser männliches Spiel. Die Babys sind bereit für uns. Sie strecken ihre Ärmchen nach uns Vätern aus. Sie wollen unsere Haut spüren … von uns getragen werden … von uns die Welt erfahren … nicht eine kurze Stunde irgendwann am Abend, wenn wir selbst durch die Tagesmühen energielos sind: Unsere Kinder wollen uns anstecken mit ihrem großen Lebensgefühl … sie wollen ihr „Jetzt" in uns „hineintragen" … damit wir auch von ihnen lernen (… und da gibt es eine ganze Menge zu lernen).

Wir können tatsächlich babysüchtig werden. Wir können tatsächlich lernen, die Menschen um uns positiver zu sehen, die Welt in ihrem ursprünglichen Sinn zu erleben.

Aber was tun wir?

Nehmen wir die uns entgegengestreckten Arme unserer Kinder in ihren ersten drei Lebensjahren an?

Nützen wir diese einmalige Chance, unserem Leben eine entscheidende glückliche Wendung zu geben?

Ist das „Ganze" nicht wenigstens einen Versuch wert?

Wer ist wirklich reich?

Beruf → Liebe → mit Partner Schwangerschaft → Geburt → große Gefühle

Ist der Vater in den ersten Monaten vor allem Beschützer und Stabilisator der Mutter-Kind-Beziehung, so wird er ab dem sechsten Lebensmonat der Geburtshelfer der Selbstständigkeit des Kindes. Väter verhalten sich anders mit ihren Kindern als Mütter – sie sind körperbetonter, herausfordernder, weniger beschützend. Dieses „Spiel des Vaters" ist genauso ein wichtiger Faktor in der Entwicklung des Kindes wie die „sichere Bindung zur Mutter". Heinz Kindler bezeichnet die Väter als Link zwischen Kind und Außenwelt, eine Funktion, die ebenfalls schon sehr früh wahrgenommen werden sollte.

Die meisten Väter entdecken ihre Töchter und Söhne erst mit vier Jahren – meist zu spät, um noch Wesentliches zu bewegen.

Derzeit sind sie vom Zauber der ersten drei Jahre weitgehend noch ausgeschlossen.

Daran sind wir Männer selbst schuld. Wir haben bislang nicht aufbegehrt gegen ein System, das sich gegen uns, gegen unsere Fähigkeiten und gegen unsere Bedürfnisse richtet. Denn noch immer werden wir fast ausschließlich über unsere Arbeit definiert: seitens der Wirtschaft, der Politik, der Gesellschaft, aber auch seitens der Frauen:

Ist dieser gordische Knoten überhaupt lösbar?

Wir tragen den genetischen Code der Abwesenheit in uns. Wir werden zu Kriegern erzogen und haben die Pflicht zu siegen. Heute geht es vermehrt um den Kampf am und um den Arbeitsplatz. Aber stets fühlen wir uns für die Existenzsicherung verantwortlich. Daraus beziehen wir bis heute unsere Identität. Dabei werden wir durch die alten gesellschaftlichen Zwänge wie Macht, Ruhm, Erfolg und Geld angetrieben.

Hautkontakt → **Tragen** → **Respekt** → **Partnerschaft** → **Beruf**

Väter haben es dadurch schwerer, ihre Rolle zu finden, als Frauen: Frauen und Männer werden nicht als Mütter oder Väter geboren. Erst durch einen langsamen seelischen Reifungsprozess und viele Entscheidungsschritte können sie in diese Rollen hineinwachsen. Durch ihre biologischen Funktionen fällt es Frauen in der Regel leichter, die übernommene Mutterrolle mit ihren Bedürfnissen in Einklang zu bringen und daraus ihre Identität abzuleiten. Männer stehen hier vor größeren Problemen. Sie beziehen ihre wichtigste Identität aus ihrem Beruf (Prof. Horst Petri, Berlin).

Wirklich reich ist jedoch der, der es schafft, seinen eigenen Lebensrhythmus zu finden. Dabei spielt ZEIT eine wesentliche Rolle. Eigenzeit und Zeit für das, was einem im Leben wichtig ist. Aber auch der Mut zur Langsamkeit. So entwickeln wir die Sensibilität und Aufmerksamkeit für die kostbaren Dinge im Leben.

Jetzt, da unsere Frauen in ihren Emanzipationsbestrebungen nicht mehr die besseren Männer werden wollen, sondern selbstbewusste, eigenständige Frauen, sind wir Männer aufgefordert, auch unsere eigene Rolle zu überprüfen. Mit welchen männlichen Attributen wollen wir in Zukunft unser Leben gestalten und lebenswert erfüllen? Die heutigen jungen Männer, die in ein langsam entstehendes neues Weltbild hineinwachsen, haben erstmals die Chance, ihren Kampftrieb um den emotionalen Entdeckertrieb zu bereichern.

Da auch sie nahezu ausschließlich vaterlose „Söhne von Müttern" sind, bedarf es einer echten Initialzündung. Das lässt sich nicht über die Vernunft steuern. Um diese Erziehungs- und Alltagserfahrung schrittweise aufzulösen, bedarf es einer „Überschwemmung der Gefühle"! Der intensive Kontakt mit dem Baby in den ersten Jahren ist die große Chance, diese Empfindung zu erlangen.

Männer brauchen Babys!

Papa ist so wichtig wie Mama

Die heute noch verbreitete Auffassung, die Mutter sei die wichtigere Bindungsperson und der Vater letztlich entbehrlich, ist falsch:

In der Entwicklung eines Kindes spielen Mutter und Vater eine gleichwertige Rolle, mehr noch, die ausgewogene und ergänzende „Arbeitsteilung" pusht die kindliche Entwicklung in allen Bereichen. Die Annahme, dass der Vater stets hinter der wichtigsten Bezugsperson, der Mutter, zurückstehen müsse, gilt längst als überholt. Väter beeinflussen in der Regel andere, aber genauso wichtige Aspekte der kindlichen Entwicklung wie Mütter: Während Mütter ihren Körper den Kindern während der Schwangerschaft und Stillzeit „zur Verfügung stellen", bevorzugen Väter in der Folgezeit den körperlichen Einsatz beim Herumtollen mit ihrem Nachwuchs und verzichten dabei sehr häufig auf Spielzeug.

Der Wechsel zwischen aufregenden und ruhigen Spielphasen gehört zu den wichtigen Stimulationszyklen, die Kinder für ihr Fortkommen brauchen. Dass sie dies intuitiv zu spüren scheinen, zeigen Untersuchungen mit Zweieinhalbjährigen, von denen zwei Drittel den Vater als Spielkameraden bevorzugten.

Väter setzen ein Kind wieder auf ein Fahrrad, nachdem es gestürzt ist; sie benutzen bei Kleinkindern längere Sätze, kompliziertere Worte und weniger rhythmische Satzmelodien (während sie mit Neugeborenen genauso „angepasst" und simpel sprechen wie Mütter). Sie lehren die Kleinen hartnäckiger, Frustrationen beim Lernen auszuhalten.

Die Zuständigkeitsbereiche der Elternteile können am treffendsten mit „Gefühlswelt" und „Weltbezug" überschrieben werden. Mütter sind in der Regel für die innere Gefühlswelt zuständig und haben eine sehr relevante Bedeutung in der Ausbildung des zukünftigen Sozialverhaltens ihrer Kinder. Sie trösten, machen Mut, geben Schutz und prägen auf diese Weise entscheidend den Umgang des Kindes mit negativen Emotionen wie Traurigkeit und Angst. Väter kümmern sich um die praktischen Dinge und steuern damit den Weltbezug. Kurz: Sie machen ihre Kids fit und bereiten sie auf die Anforderungen der Umwelt vor.

Aktiv und partnerschaftlich, so präsentiert sich der Vater zumindest bei den unter 45-Jährigen. Bei Familienentscheidungen herrscht meist Gleichheit zwischen Vater und Mutter. Selbst für die Annahme, dass Väter an der Disziplinierung angeblich häufiger Gefallen finden und mehr strafen als Mütter, gibt es keine empirischen Beweise. Dass der moderne Mann Gefühle zeigen kann, sich seiner weichen und schwachen Seiten längst nicht mehr schämt und sich zärtlich und fürsorglich um seinen Nachwuchs kümmert, ist stark im Kommen.

Was früher noch Seltenheitswert besaß, wird heute selbstverständlicher: Immer mehr Väter bevölkern Spielplätze, begleiten ihr Kind zum

Mutter- bzw. Vater-und-Kind-Turnen, wechseln Windeln und kennen die Kleidergrößen und das Lieblingsessen ihrer Kleinen.

Und vor allem sind sie vom ersten Augenblick an mit dabei: Viele Väter erleben heute die Geburt ihres Babys mit.

Auch Kyle Pruett von der Universität Yale sieht noch erhebliches Potenzial: Väter bilden eine gigantische emotionale Reserve innerhalb der Gesellschaft, und diese Ressource könne und müsse man noch erheblich stärker anzapfen. Schädliche Nebenwirkungen seien nicht zu erwarten, schreibt der Psychologe. Schließlich sei die Ressource „natürlich, erneuerbar und weitgehend ungiftig".

Wichtig ist, dass eine Anzahl von Faktoren am Arbeitsplatz das Engagement von Vätern bei ihren Kindern beeinflussen kann. Das Erste ist die Flexibilität der Arbeitszeiten. Marsiglio stellte eine positive Verbindung zwischen der Anzahl von Stunden tagsüber, die angestellte Väter nicht an ihrer Arbeitsstätte verbrachten, und der Menge von Freizeit, die mit ihren Kindern verbracht wird, fest. Diese Daten deuten darauf hin, dass, wenn Väter tagsüber Freizeit zur Verfügung haben, sie dafür offen sind, diese Zeit mit ihren Kindern zu verbringen. Interessant ist, dass Väter, die flexible Arbeitszeiten annehmen, um für ihre Kinder zu sorgen, ein besseres Gefühl des Gleichgewichts und der Perspektive in ihrem eigenen Leben haben.

Warum sind Väter so wichtig?

Die Psychologin Penelope Leach, Vorsitzende der britischen Gesellschaft für Kindheitsentwicklung:

„Kinder brauchen Väter, weil wir eine Einheit sind, die von einer Mutter und von einem Vater abstammt. Wir sind die Kombination zweier Menschen, von zwei genetischen Sätzen und zwei Familiensträngen. Und diese Biologie ist tief verwurzelt in der menschlichen Kultur.

Wenn ich Zucker und Milch in meinem Kaffee haben will, ist es eben nicht dasselbe, wenn ich zwei Portionen Zucker, aber keine Milch bekomme. Vater und Mutter ergänzen einander in ihren Unterschieden; das ist nicht nur spannend, sondern auch nützlich. Außerdem verändert sich die Bindung der Kinder im Laufe ihres Lebens – mal brauchen sie die Mutter, mal den Vater. Ich gehe sogar noch weiter: Je mehr Menschen ein Kind hat, denen es zutiefst zugetan ist, desto sicherer fühlt es sich. Mutter und Vater zusammen bilden einen viel stärkeren Kokon der Sicherheit, als es einer allein bieten kann. Entscheidend ist das Komplementäre."

Matthias Franz, Professor für Psychotherapie und Psychosomatische Medizin an der Universität Düsseldorf:

„Das Kind lernt durch die Interaktion von Mutter und Vater, wie eine Beziehung funktioniert. Außerdem ist der liebevoll präsente Vater eine Person, an der das Kind zusätzlich lernen kann, sich zu behaupten."

Welche Folgen hat die aktiv erlebte Vater-Kind-Beziehung für die Gesellschaft?

Vatersein – das Staunen über neues Leben

Obwohl es natürlich auch eine vorgeburtliche Kommunikation mit dem Baby gibt, ist die Geburt ein Ereignis, das ganz plötzlich alles verändert. Da ist auf der einen Seite das völlig Neue, auf der anderen Seite die plötzliche Erkenntnis, dass Mann bis dahin in einer völlig reduzierten, einseitig rationalen Welt gelebt hat. Was bis jetzt „Welt" war, entpuppt sich nun als Teil, als bloßer Ausschnitt der Welt.

Das Kind wird zum Beweis dafür, dass das bisher Wahrgenommene nicht alles war. Das „Sorgen für" ist etwas völlig anderes als „Geld verdienen für". Spätestens jetzt hat uns die Welt der Emotionen wieder, die beim Erwachsen-Werden und besonders in der beruflichen Karriere so sorgfältig verloren gegangen ist.

Eine vergessene Welt neu entdecken

Das Baby kommuniziert, aber es kommuniziert anders. Emotional, körpersprachlich, drastisch. Dabei muss jeder die Welt des anderen neu erlernen. Als Erwachsener findet man sich dadurch mit einer unmittelbaren, archaischen, minimalistischen, emotionalen, symbolischen Ausdrucksweise konfrontiert – die Mann längst verlassen hat.

Um in einer reduzierten rationalen Welt leben zu lernen, haben wir das alles verdrängt. Nun legt das Baby seine Finger auf diese geschlossenen Wunden und lehrt uns, diese vergessene Welt neu zu erfühlen.

Ein neues Wir-Gefühl

Durch dieses (Beinahe-)Aufeinanderprallen zweier gänzlich verschiedener Welten entsteht ein neues Wir-Gefühl, das weit mehr ist als das Kommunizieren zweier Ichs auf gleicher Ebene. Dabei lernt Mann wirklich für das Leben, dass Kommunikation immer ein Überschreiten des Ich zum tatsächlichen Wir ist.

Das lässt sich in der Erwachsenenwelt bequem verschleiern und wird auch immer verschleiert. „Kommunikation" kann dabei Selbstdarstellung bleiben. Das Baby kann damit absolut nichts anfangen und holt uns von diesem Podest herunter. Andererseits umfasst diese „urtümliche" Kommunikation mit dem Baby eine viel größere Bandbreite und reicht vom (gemeinsamen) seligen Da-Sein bis zum mehr oder weniger gekonnten Windelwechseln.

Sich neu definieren

So ist es beinahe müßig zu fragen, wer in dieser Beziehung mehr lernt. Baby und Vater stehen beide vor einer völlig neuen Situation. Während Baby das In-der-Welt-Sein lernen muss, sollte Vater das In-der-Ganzheit-Leben neu lernen. Selbst wenn man die Partnerbeziehung als etwas Ganzheitliches interpretiert, so hat wohl jeder (nur) seinen unvollständigen Teil zum Ganzen hinzugefügt. Nun geht es darum, sich durch die neuen Erfahrungen mit dem Baby selbst als Ganzes zu definieren.

Eine neue Lebenskultur

War es bisher genug, sich über die Welt und das eigene Verhältnis zu und in ihr zu definieren, so stellt sich jetzt – durch dieses „Hereinbrechen" neuen Lebens – die Frage, was denn Leben wirklich ist und wie ein lebendiges Verhältnis zu dem, was Leben ausmacht, möglich ist. „Welt" ist nicht mehr genug. „Leben" wird plötzlich wichtig.

Die wirklich wesentlichen Fragen konnten in der „Welt" negiert werden, weil sie hier gar nicht gestellt werden können. Durch den neuen Lebensabschnitt treten Fragen wie „Woher kommen wir?" und „Wohin gehen wir?" in den Vordergrund. Ursprung und Ziel des Lebens werden zu einer brennenden Frage – zunächst stumm gestellt durch das Neugeborene.

Eine neue Offenheit für Entwicklung

Hat Mann heute sein Soll als Erwachsener erreicht (Pubertät, Familie, Beruf, Karriere), so endet das ohne nennenswerte Entwicklung irgendwann in einem mehr oder weniger dunklen „Lebensabend".

Dagegen führt das aktive Leben mit dem Kind in ein neues Lebensstadium und außerdem zu der Einsicht des Nie-fertig-Seins. Der Mensch ist ein Wesen, das in Entwicklung ist, diese Tatsache ist in der Vergangenheit durch die Überbetonung der Statik von Ich und Besitz verloren gegangen.

Das aktive Erleben und Mitleben mit dem Kind führt auch zu einem parallelen Sich-Mit-Entwickeln.

Eine neue Welt erleben

Die „erwachsene" Berufswelt ist heute weitgehend von der Vergangenheit geprägt: einerseits von der Jäger- und Sammlerzeit (neue Märkte „erobern", Zielgruppen, Konkurrenz), andererseits von der Pubertät (sich messen, sich bestätigen, besser sein müssen etc.) – die Betonung der Differenz: „einer gegen alle".

Das Baby eröffnet eine völlig andere Welt: Umsorgen, Fürsorge, „da sein für" – die Betonung der Einheit und Liebe: „alle für einen".

Eine neue Entwicklung zum Frieden

Die aktive Vaterrolle kann durchaus auch als Entwicklung zum Frieden gesehen werden.

Das Baby erstickt jedes „Gegen" im Keim und provoziert ein uneingeschränktes „Für". Wenn diese Haltung von der emotionalen Ebene ausgehend generalisiert wird, führt das zum Aufbrechen der begrenzten Weltsicht – in der es immer zu Kollisionen mit dem Anderen bis hin zu Kriminalität, Krieg und Terrorismus kommen muss. Es führt aber auch zu einer ganzheitlichen Sicht, in der die Welt eine Einheit bildet, in der kein Platz mehr ist für „Auseinandersetzungen" (weil man sich bei Unstimmigkeiten „zusammensetzt").

Auch wenn es nicht so ist, dass die aktive Vaterrolle alle Probleme löst, so kann sie doch eine neue Weltsicht und ein neues Menschenbild erzeugen, was wiederum Voraussetzung dafür ist, Probleme anders anzugehen.

Natürlich haben wir schlagartig Frieden, wenn wir die Welt als ganze und eine sehen, aber das müssten alle tun, und das ist das Problem.

Was aber möglich ist: eine Kultur des Friedens aufbauen, die langsam Gesellschaft, Politik, Medien, Kunst und Kultur durchdringt und eine Art „Gegenwelt" oder „Gegenkultur" gegen Bestehendes aufbaut. Dass dies trotz anerkennenswerter Versuche bis heute nicht gelungen ist, liegt wahrscheinlich daran, dass das ohne den offenen Rahmen eines ganzheitlichen Welt- und Menschenbildes, der alle Lebensbereiche durchdringt, einfach nicht möglich ist.

Die aktive Vaterrolle kann die Einsicht vermitteln, dass sich Leben nicht ausschließlich rational erfassen lässt. Dass es primär darum geht, sich unmittelbar auf das Baby einzulassen. Sich-Einlassen, Vertrauen, Erfahrung sind gefragt, nicht die einseitig rationale Welt des abstrakten „Nicht-Vaters".

Das wäre aber ein gewaltiger Schritt in Richtung des Sich-Einlassens mit der Ganzheit und Einheit des Lebens „jenseits" aller Vielfalt, die wir Spiritualität oder Religiosität nennen.

Eine Gesellschaft, die den Vätern die Möglichkeit gibt, ihre traditionelle Versorgerrolle zeitweise zu verlassen, um sich stärker der Betreuung ihrer Kinder zu widmen, ermöglicht nicht nur der nächsten Generation weitaus größere Entwicklungschancen, sie wird auch für sich selbst – unabhängig von den zunächst damit verbundenen Mehrausgaben – sozial, kulturell und ökonomisch davon profitieren.

Das sagen deutsche Väter*

→ **26 %:** „Fühle mich den Anforderungen nicht immer gewachsen."

→ **28 %:** „Zu wenig Zeit für mich selbst."

→ **33 %:** „Kinderarztbesuche und der Kauf von Kinderkleidung sind auch Vater-Aufgaben!"

→ **35 %:** „Ich habe Angst, den Job zu verlieren und die Familie nicht ausreichend versorgen zu können."

→ **53 %:** „Ich stehe nachts auf, wenn das Baby schreit."

→ **59 %:** „Ich würde gerne mehr Zeit mit meiner Familie verbringen und leide unter der Doppelbelastung Job und Familie."

→ **59 %** haben den innigen Wunsch, dabei zu sein, wenn das Baby das erste Wort sagt, den ersten Schritt tut …

→ **60 %:** „Es ist selbstverständlich, die Kleinen zu wickeln, zu füttern, mit ihnen zu toben und zu kuscheln …"

→ **70 %:** „Kinder machen das Leben erfüllter, intensivieren die Partnerschaft und erhöhen die Zufriedenheit!"

→ **72 %:** „Ich sorge mich um die Zukunft meiner Kinder."

→ **81 %:** „Ein guter Vater ist, wer so viel Zeit wie möglich mit seinen Kindern verbringt."

Welche Aspekte kritisieren Väter an sich selbst am häufigsten?

→ **38 %:** das Unvermögen, die eigenen Gefühle zeigen zu können,

→ **45 %:** geistig nicht immer bei der Sache zu sein,

→ **51 %:** Ungeduld und zu wenig Zeit zu haben.

Interessant ist der Vergleich zwischen Familien mit ein oder zwei Kindern und Familien mit mehr als zwei Kindern:
Je mehr Kinder, desto weniger sorgen sich die Väter um die Zukunft.

* Forsa-Befragung im Auftrag des Magazins ELTERN.

DIE AKTUELLE UMFRAGE

DER WUNSCH

Frage an die Väter: **Wie viele Kinder wünschen Sie sich?**

	Deutschland	Frankreich	Italien	Schweden	Großbritannien	USA
eines	21	7,6	13	15,1	10,7	10,4
zwei	58,1	49,3	58,3	60,2	58,3	52,8
drei	14,9	32,9	22,7	19,9	23,8	24,1
vier und mehr Kinder	6	10,2	6	4,8	7,2	12,7

(Angaben in %) Quelle: my way, Online-Umfrage

Die Mehrheit der deutschen Väter wünscht sich derzeit ein bis zwei Kinder: 79,1 %. Hätten Sie das gedacht? Diese Umfrage fand im November 2006 statt. Also ein halbes Jahr nach Einführung der neuen Familien-Reform in Deutschland. Das Ergebnis ist ein eindeutiger Beweis dafür, dass es dringend anderer Initiativen bedarf.

DIE REALITÄT

Frage an die Väter: Warum bekommen Ihrer Meinung nach Frauen weniger Kinder als früher? (Mehrfachnennungen möglich)

	Deutschland	Frankreich	Italien	Schweden	Großbritannien	USA
finanzielle Gründe	46,5	28,1	47,7	65	36,9	53,4
berufliche Gründe	29,3	45,3	49,7	42,2	44	52,9
weniger Zeit für Kinder	6,2	15,1	30,3	1	12,5	45,5
spätere Partnerschaft	6,1	6,3	46,7	27,6	8,9	28,2
längere Ausbildungszeit	2,7	3,2	19,3	1	2,4	22,6

(Angaben in %) Quelle: my way, Online-Umfrage

„Aus finanziellen und aus beruflichen Gründen bekommen Frauen weniger Kinder als früher", meint die Mehrheit der Väter zwischen Berlin, London und New York.

Es bedarf also eines Modells, das die Eltern aus der Sackgasse „Job ODER Kind" hinausführt. Wie kann ein solches Modell aussehen?

Die Einstellung der neuen Väter

ZUM KIND

Erkenntnis:
Sie vermissen selbst ein Vorbild.

Vorbild:
Sie sind nicht autoritär, aber Autorität.

Verantwortung:
Sie erkennen sich als Bindungsperson.

Präsenz:
Sie verfügen daher über Gefühle, Stärke, Verlässlichkeit.

Recht:
Sie sind für gemeinsames Sorgerecht nach Trennung.

ZUR PARTNERIN

Unterstützung:
Sie sind für die Gleichstellung der Frauen.

Stabilität der Partnerschaft:
Sie sind nicht Softie und kein Macho. Sie unterliegen daher geringeren Trennungsgefahren.

Teilung:
Sie sind bereit, Beruf/Babyzeit/Haushalt zu teilen.

ZUR GESELL-SCHAFT

Akzeptanz:
Sie schaffen eine tolerantere und stabilere Gesellschaft.

Neue Männlichkeit:
Sie sorgen für eine gewaltfreiere Gesellschaft.

Verantwortung:
Sie ermöglichen eine sozialere Gesellschaft durch ganzheitlich gesündere Bürger.

ZU WIRT-SCHAFT UND POLITIK

Nutzen:
Sie kehren mit sozialer Kompetenz zurück in den Beruf.

Nutzen:
Sie tragen zum Imagegewinn der Wirtschaft bei.

Forderung:
Sie setzen sich für die Rahmenbedingungen für eine aktive Vaterschaft ein.

Verantwortung:
Ihr Beitrag schafft die Voraussetzungen für eine zukunftssichere Struktur der Bevölkerung.

Väter-Gedanken

Wir hören immer wieder, dass Männer, die in einen Familienverbund „eingebettet" sind, länger leben als Singles. Ist ja auch nachvollziehbar. Wir fahren vorsichtiger Auto, verzichten weitgehend auf Extremsportarten, trinken weniger Alkohol und rauchen kaum.

Das heißt aber nicht, dass wir auf alles verzichten. Im Gegenteil: Wir machen mehr Bewegung, obwohl wir weniger in den Fitness-Club gehen. Wir essen regelmäßiger und – jedem Vorurteil zum Trotz –, Studien belegen, dass wir mehr Sex haben. Gelegenheit macht Liebe. Das soll übrigens gut gegen Falten sein, sagt uns ein Anti-Aging-Guru.

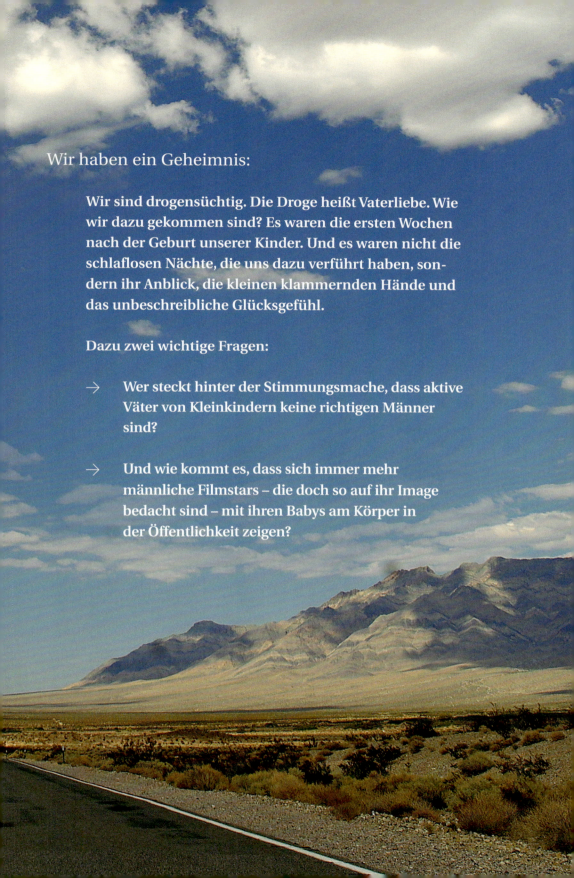

Wir haben ein Geheimnis:

Wir sind drogensüchtig. Die Droge heißt Vaterliebe. Wie wir dazu gekommen sind? Es waren die ersten Wochen nach der Geburt unserer Kinder. Und es waren nicht die schlaflosen Nächte, die uns dazu verführt haben, sondern ihr Anblick, die kleinen klammernden Hände und das unbeschreibliche Glücksgefühl.

Dazu zwei wichtige Fragen:

→ Wer steckt hinter der Stimmungsmache, dass aktive Väter von Kleinkindern keine richtigen Männer sind?

→ Und wie kommt es, dass sich immer mehr männliche Filmstars – die doch so auf ihr Image bedacht sind – mit ihren Babys am Körper in der Öffentlichkeit zeigen?

Der Weg zum gesunden* Kind

→ Welcher Männertypus sind Sie – und ist es der, den Sie anstreben?

→ JETZT mit dem Baby lachen – denn morgen ist bald gestern!

→ Ehen können zerbrechen, aber Vatersein ist ein Vertrag auf Lebenszeit!

→ Männer brauchen Babys. Und Babys brauchen Männer!

→ Nein! zu Softies – Ja! zu Soft Skills!

→ Wir hätten schlagartig Frieden, wenn …

→ Es gibt eine Sucht, die nicht schädlich ist!

* Gesundes Kind heißt: körperliche, seelische, geistige, soziale und spirituelle Gesundheit in der Babyzeit als Basis für das gesamte Leben bis ins hohe Alter (= ganzheitliche Gesundheit).

RAUM FÜR MEINE GEDANKEN

....

....

....

....

....

....

....

VERTIEFUNGEN ZU DIESEM KAPITEL
von CHRIS BOBEL (Buch 3, ab Seite 51).

Warum werden immer mehr Ehen geschieden?
　Kann es uns egal sein, wenn fast jedes zweite Kind in Europa mit getrennten Eltern leben muss?

Es geht nicht um Schuld und Unschuld, sondern um eine „Väterentbehrung" mit katastrophalen Folgen für die Kinder.

Eine frühe Vater-Kind-Beziehung als organische Ergänzung zur Mutter-Kind-Beziehung wird auch in Zukunft nicht jede Trennung verhindern. **Aber vielleicht kann sie im Leben danach für alle Beteiligten einige Probleme gar nicht erst entstehen lassen ...!**

… und ein trauriger Aspekt dazu:
DIE TRENNUNGS-
VÄTER

Es kann den Moment im Zusammenleben von Frau und Mann, aber auch Mutter und Vater geben, da eine Trennung nicht zu vermeiden ist. Beide Teile können aber schon in der intakten Beziehung die Basis dafür legen, dass eine Bindung zu den Kindern auch danach in einem weitgehend schmerzfreien Rahmen möglich ist.

Interessanterweise gibt es zu den Auswirkungen von Trennungen eine Fülle von Untersuchungen und Studien, die einen rationalen Blick zulassen. Wir versuchen bewusst, diese Thematik so emotional zu sehen, wie sie nun einmal ist, aber unsere Zugänge so sachlich wie möglich darzustellen.

Die gesellschaftliche Entwicklung und ihre Opfer

Die wirtschaftlichen Veränderungsprozesse der letzten Jahrzehnte verlangten von uns Männern die ganze Kraft und Konzentration. Neue Berufsbilder, ständige Weiterbildung, Flexibilität und Mobilität vereinnahmten unseren Alltag.

Gut, dass es wenigstens den ruhenden Pol und Ausgleich in der Beziehung und der Familie gibt, dachten wir. Das gute alte Patriarchat funktionierte noch. Und die Partnerinnen holten sich ihr Selbstwertgefühl im Job und als Mutter.

Der Frauenbewegung gaben wir – in der Diskussion – ihren Raum, solange zuhause alles beim Alten blieb. Dass wir es mit einem wirklich revolutionären Prozess zu tun haben, lässt sich jedoch heute nicht mehr leugnen. Wir Männer haben einfach die Entwicklung in Richtung einer „Geschlechterdemokratie" übersehen. Jetzt stehen wir völlig unvorbereitet vor einem Beziehungschaos, und niemand hat uns beigebracht, wie Männer damit umgehen sollen.

Die Folge ist totale Verunsicherung, die – je nach Charakter – unterschiedlichen Ausdruck findet. Die Verhaltensweisen gehen von verletztem Rückzug bis zu aggressivem Gewaltakt. In jedem Fall sehen wir uns plötzlich in einer ungewohnten Opferrolle.

Bei jedem Zerfall der alten Ordnung gibt es Opfer. Die Frage ist immer, wie man verhindern kann, dass sie auf der Strecke bleiben:

→ Wir **Männer** müssen akzeptieren, dass es mit unserer „Herrschaftsideologie" zu Ende geht. Und das ist gut so, auch für uns Männer. Macht erzeugt immer eine negative Reaktion. Sehen wir uns doch das Verhalten von Müttern an, die uns in ihrer Ohnmacht unsere Kinder entziehen. Es liegt also an uns, einerseits hier loszulassen und andererseits auch im Innenleben einer Beziehung präsent zu sein.

→ Die **Frauen** mussten diesen steinigen Weg hinaufsteigen, um auf Augenhöhe mit ihren Partnern leben zu können. Sie haben dabei entdeckt, dass bei diesem Aufstieg die Luft für sie dünner wurde. Die Mehrfachbelastung durch Job, Partnerschaft, Selbstverwirklichung führt immer öfter zu der Entscheidung, keine Kinder zur Welt zu bringen. Das kann für sie zu einer Form von Vereinsamung führen.

→ Die **Kinder** sind in dieser Phase die eigentlichen Opfer! Denn bei der intensiven Selbstfindung von Frau und Mann bleibt für sie wenig Zeit und Raum. (Der Boom von Kleinkindkrippen ist ein sehr markantes gesellschaftliches Zeichen.) Dabei sind es die Kinder, die aufgrund ihrer Bedürfnisse ein organisches Gleichgewicht in der gleichberechtigten Elternbeziehung schaffen können.

Bei der Neuverteilung des Beziehungskuchens sollten wir daher die Kinder nicht vergessen und ihnen die Rosinen überlassen. Sie werden es uns danken.

Solange die Frauen, die Männer und die Kinder in diesem Entwicklungsprozess nicht ihren neuen Platz gefunden haben, sind alle Opfer.

Macht und Ohnmacht

Macht ist grundsätzlich kein Wert an sich. Wie mit Macht umgegangen wird, das erst kann Gegenstand einer Bewertung sein. Ohnmacht hingegen ist immer ein Ausdruck von Hilflosigkeit.

Spätestens seit Beginn der Industriegesellschaft (ca. ab 1870) haben sich die Machtverhältnisse in der Familie klar definiert, sie bilden die Struktur eines traditionellen Familienmodells:

→ der Vater als Vertreter der Familie nach AUSSEN,

→ die Mutter als Gestalterin des Familienlebens nach INNEN.

Das Spannungsfeld Macht – Ohnmacht in einer **traditionellen Familie:**

	MACHT	OHNMACHT
VATER	→ Ernährer → Entscheider → Statusträger	→ keine aktive Vater-Kind-Beziehung (Abwesenheit des Vaters)
MUTTER	→ Mutter-Kind-Beziehung → Erzieherin → Haushaltsführerin	→ Unselbstständigkeit → keine fundamentale Entscheidungsgewalt

Seit den Emanzipationsbestrebungen einer starken Frauenbewegung sind auch die Machtverhältnisse in Bewegung geraten.

Wirklich Fahrt aufgenommen hat die Selbstständigkeit der Frauen in der letzten Generation. Primär verantwortlich war dabei das Bildungsniveau, in diesem Punkt befinden sich Frauen inzwischen in vielen Ländern der westlichen Welt bereits auf der Überholspur gegenüber ihren männlichen Konkurrenten.

Die Frauen konnten dadurch Ohnmachtgefühle abbauen, ohne dass sich aber bei den Machtstrukturen zwischen Frau und Mann viel bewegte.

Im Verlauf eines Generationenwechsels treffen nicht mehr die Männer, sondern die Frauen eine ganz wesentliche Entscheidung: nämlich über die Trennung.

Frauen haben über ihre höhere Bildung auch verstärkt ins Wirtschaftsleben Einzug gehalten. Dennoch sind die höherwertigen Positionen nach wie vor überwiegend in Händen der Männer.
Noch unausgewogener zwischen Frauen und Männern ist das Lohnniveau. Das heißt, Männer verdienen signifikant mehr als Frauen in vergleichbaren Jobs und generell sowieso, weil Frauen verstärkt in Teilzeitjobs arbeiten.

Das wiederum besiegelt zu einem Großteil die Frage, wer die Kinderbetreuung in der Familie übernimmt.

Spätestens dann schnappt die alte Macht-Ohnmachts-Falle wieder zu.

Das identitätsstiftende Selbstwertgefühl

Das Zusammenleben in einem Familiengeflecht unterliegt einem höchst komplexen System:

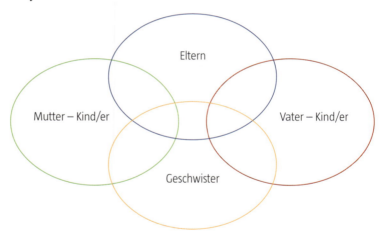

Je ausgewogener die einzelnen Beziehungscluster in sich agieren, umso mehr positiven Input können sie in das gemeinsame System einbringen und dieses damit festigen. Im Idealfall kann jeder Einzelne daraus sein Selbstbewusstsein und seine Konfliktfähigkeit stärken. Aus dieser Kraft können wieder alle anderen schöpfen. Die Dominanz eines Clusters führt zu einer Schieflage, die alle anderen Cluster negativ beeinflusst. Durch Inaktivität einer dieser Beziehungsebenen kommt es wieder zu einer Überbewertung (oder Belastung) eines oder mehrerer anderer Ebenen.

Alleinerziehung oder ein Einzelkind reduzieren die Komplexität, jedoch meist zu Lasten einer Machtzuspitzung.

Daraus sind auch die familienpolitischen Probleme – in die wir aufgrund von gesellschaftlichen Individualisierungsansprüchen geschlittert sind – ablesbar, sie spiegeln sich in den immer höheren Trennungsraten.

Das ideale Gegenmodell ist eine für beide Teile befriedigende und reife Partnerschaft von Mann und Frau.
Der Aufbau einer aktiven Bindung zu den Kindern von Mutter UND Vater, unter Berücksichtigung der Bedürfnisse der Kinder, ist eine weitere wichtige Voraussetzung. Aus dieser Sicherheit heraus können die Geschwister eine starke und bleibende Zuwendung entwickeln.

Aussage von Richard, einem Scheidungskind:
„Ich glaube, mein Vater hielt seine Aufgaben uns gegenüber für erfüllt, wenn er Unterhalt zahlte. Klar, ich weiß, dass wir auf dieses Geld angewiesen waren. Aber wir waren auf noch viel mehr als nur das angewiesen. Papa war wie der Weihnachtsmann am Wochenende. Er behandelte uns ganz besonders, *wir fühlten uns immer wie Könige, wenn wir bei ihm waren. Aber eigentlich war das nicht genug. Ich glaube, ich hätte lieber mehr Anwesenheit von Papa in meinem Leben gehabt als all die netten Dinge, die sein Geld uns kaufte. Ich weiß, er tat es, weil er nicht wusste, wie er sonst seine Liebe zeigen konnte. Aber seine Liebe war mehr als ein Preisschild."*

Die Trennungsproblematik

Die einvernehmliche Erfassung der Trennungsproblematik kann schon deshalb kaum gelingen, da jede und jeder Betroffene die Lage natürlich aus seiner ganz persönlichen Sicht einstuft.

Und wenn nach einer Trennung der Eltern das Sorgerecht nicht einvernehmlich geklärt werden kann, also ein Gerichtsbeschluss das Sorgerecht regeln muss, gibt es immer einen oder mehrere Verlierer.

Zumeist trifft es den Vater. Daran ist die traditionelle Abwesenheit der Väter (im Sinne einer passiven Vaterschaft) zu einem hohen Grade mit schuld.

Aus der Sicht der Versorgungsökonomie können sowohl die Väter als auch die Mütter zu den Leidtragenden zählen. Meistens sind es alle drei. Dass die betroffenen Kinder immer verlieren, egal wie eine Trennung geregelt wird, sei hier nur am Rande erwähnt.

Genauso sei die Wichtigkeit vermerkt, dass Kinder zu beiden Elternteilen einen kontinuierlichen Kontakt für ihre ganzheitliche Entwicklung brauchen.

Die Trennungsväter

Die traditionellen Väter

Bei den traditionellen Vätern gibt es zwei Untergruppierungen, deren Verhalten von der Familiengeschichte und ihren eigenen Charaktereigenschaften her unterschiedlich geprägt ist.

Die bisherigen „Klassiker" unter den Vätern

Dabei handelt es sich um Männer, die das traditionelle Rollenbild verkörpern. Sie finden ihre persönliche Identität im Beruf, mit dem sie das Familieneinkommen absichern. Die Partnerinnen sorgen überwiegend für die Kinder und den Haushalt. Es ist jedoch klar, dass es sich dabei um ein „Auslaufmodell" handelt.

Diese Väter werden nach einer möglichen Trennung von ihren Partnerinnen weiterhin die ökonomische Versorgung der Kinder (und eventuell auch der Partnerin) übernehmen. Ihr Kontakt zu den Kindern – der sich auch bisher in Grenzen hielt – wird weiter abnehmen. Denn es wurde ja nie eine echte Bindung hergestellt. Interessanterweise tritt bei diesen Vätern öfters der Fall ein, dass nach der Trennung ein intensiverer Zugang zu den Kindern besteht als vorher.

Die „Bindungslosen"

Für ihr Verhalten kann es viele Gründe geben, und nicht alle liegen in ihrer Verantwortlichkeit. Letztlich ist die Wirkung auf ihre Kinder schlechter, als hätten diese gar keine Väter. Kindesmisshandlung ist nur die schreckliche Spitze dieses Eisberges. Am anderen Ende stehen zutiefst verunsicherte Männer, die mit ihren Schuldgefühlen nicht zu Rande kommen.

Die Kämpfer unter ihnen versuchen kompromisslos und aggressiv, das Recht auf ihre Kinder durchzusetzen. Egal ob die Kinder ihnen aufgrund ihres Verhaltens entzogen wurden oder sich die Mütter mittels Kindesentzugs bei ihren Expartnern rächen wollen.

Diejenigen, die resigniert haben, können die schmerzliche Situation bei den kurzen Kontakten mit ihren Kindern nicht ertragen und ziehen sich daher ganz von ihnen zurück.

Versagen und/oder Desinteresse sind schließlich der Auslöser für ihren totalen (ökonomischen und/oder emotionalen) Rückzug von ihren Partnerinnen und ihren Kindern.

Die neuen Väter

Bei den neuen Vätern muss man zwischen solchen mit höheren und niedrigeren Einkommen unterscheiden. In beiden Fällen sind die Partnerinnen berufstätig, und es gilt eine vereinbarte Aufteilung der Pflichten hinsichtlich der Kinderbetreuung und der Hausarbeit.

Die Väter mit höheren Einkommen

Sie sind in der glücklichen Lage, ihre Erwerbstätigkeit mit einer aktiven Vaterschaft zu verbinden.

Diese Väter streben nach einer Trennung zumeist das alleinige Sorgerecht für ihre Kinder an oder suchen nach Wegen für eine sinnvolle Teilung der Elternschaft.

Da es hier – im Falle einer Trennung – seltener zu finanziellen Streitigkeiten kommt, ist ein intensiver Zugang zu den Kindern in der Regel gesichert. So besteht oft auch ein gutes Einvernehmen zwischen den getrennten Partnern, was einer reibungslosen Teilung der Betreuung der Kinder zugutekommt.

Die präsenten Väter mit niedrigen Einkommen

Hier schlägt die ganze Ungerechtigkeit des Lebens voll zu. Ihre Kinderorientierung ist oft höher als ihre Erwerbsorientierung. Sie haben viel Zeit in die Familie investiert und dafür ihre Verdienstmöglichkeiten vernachlässigt. Natürlich haben sie speziell von ihren Kindern viel zurückbekommen und würden es – aufgrund dieser Erfahrung – auch wieder so machen. Hört sich das nicht wie ein klassisches Mutterschicksal an?

Mehr noch, denn die Folgen sind oft der Verlust ihrer Kinder. Gerade für diese Väter ist eine flüchtige Begegnung mit den Kindern (alle zwei Wochen) besonders schmerzhaft. Ihre Kinder werden wohl die frühere aktive Präsenz nie vergessen, aber ihr Leben spielt in einer neuen Realität, und dort kommen diese Väter eben nur noch am Rande vor.

Es wird daher entscheidend sein, inwieweit die Mütter hier der emotionalen Einstellung ihrer Ex-Männer – im Sinne der Kinder – eine Chance geben.

Vater-Entbehrung aus der Sicht der Kinder

Es ist unbestritten, dass für die Kinder ein elterlicher Trennungsprozess ein schmerzhaftes und traumatisches Ereignis darstellt. Ihre Gefühlswelt ist nachhaltig erschüttert.

Der Verlust des Vaters wiegt umso schwerer, je früher die Trennung erfolgt. Vor allem hinsichtlich eines reduzierten Selbstvertrauens, das Kinder auf sich bezogen und gegenüber dem sozialen Umfeld entwickeln.

Der Verlust des Vaters hat für Söhne stärkere Auswirkungen, weil er sich auf die männliche Identitätsfindung negativ auswirken kann.

Töchter hingegen haben größere Probleme hinsichtlich der Entwicklung ihres Selbstwertgefühls.

Während für die konfliktgeladene Partnerschaft vielfältige Lösungsmöglichkeiten angeboten werden, bleibt die Gesellschaft den Kindern eine Erklärung schuldig, wie in weiterer Folge ihr Umgang mit der neuen „Elternschaft" gestaltet und gelebt werden kann.

Psychisch alleine gelassen, werden sie rasch zum Spielball der elterlichen Befindlichkeit. Hin- und hergerissen zwischen Schmerz und Angst, bauen sich auch – mehr als Selbstschutz und zur Erhaltung ihres eigenen Gleichgewichts – Gefühle der Wut und Rache auf.

Dies trifft in der ersten Trennungsphase zumeist die Väter, deren Ansehen vor den Kindern in den Nachscheidungskämpfen von den Müttern häufig weiter demontiert wird. Ob bewusst oder unbewusst, berechtigt oder schuldlos, ist für die Kinder irrelevant.

In einer späteren Phase der Trennungsverarbeitung durch die Kinder entwickeln diese eine Form des „gesunden Egoismus", und sie beginnen, die Eltern gegeneinander auszuspielen.

Auswirkungen auf die Entwicklung der Kinder

Das Risiko, dass ein Kind nach der Trennung vom Vater – oft Jahre später – eine psychologische oder psychiatrische Betreuung benötigt, ist viermal größer als bei einem Kind aus intakter Familie. Die häufigsten Probleme sind Verhaltensstörungen, Aggressionen, fehlende Impulskontrolle und offensichtliches Fehlverhalten in der moralischen Entwicklung.

Ein Auszug aus nachgewiesenen Auffälligkeiten in der Entwicklung von Scheidungskindern:

Die geistige Entwicklung

Die meisten Studien zu Schulerfolgen belegen ein niedrigeres Leistungsniveau bei Trennungskindern.

Söhne sind davon signifikant stärker betroffen als Töchter.

Söhne werden in ihrer männlichen Ausprägung gehemmt und kompensieren dies durch übertriebenes Männlichkeitsverhalten.

Mädchen werden oft als ängstlich und unsicher beschrieben, mit einer starken Neigung zu Anpassungsschwierigkeiten.

Die moralische Entwicklung

Hier gibt es kein einheitliches Forschungsbild, da Moral an sich keine Persönlichkeitseigenschaft darstellt.

Die Entwicklung der Geschlechterrollen

Töchter getrennter Eltern heiraten tendenziell früher und lassen sich öfter scheiden.

Söhne aus vaterlosen Familien haben diesbezüglich weniger Auffälligkeiten.

Die bio-psychosoziale Entwicklung

Hier ist zu berücksichtigen, dass offizielle Institutionen vaterlose Kinder von Haus aus als behandlungsbedürftiger einstufen als Kinder aus intakten Familien.

Psychische Labilität und geringes Vertrauen in andere stehen im Vordergrund.

Die psychosexuelle Reifung bei Söhnen wird durch das fehlende Gesamtbild einer Familie (Triangulierung) beeinträchtigt.

Die Erkrankungsrate sowohl im physischen als auch im psychischen Bereich liegt ebenfalls höher.

Es kann nicht unerwähnt bleiben, dass nach dem Ausscheiden des Vaters aus dem Familiensystem die emotionale Überforderung in der Mutter-Kind-Beziehung eine logische Konsequenz ist.

Die Fakten und ihre Folgen für Trennungskinder

Die möglichen Folgen der Trennung vom Vater treten oft erst in späteren Altersstufen ein.

Die schwersten Folgen im Überblick:

→ **in der Pubertät**
- → Drogen- und Alkoholsucht
- → Selbstmorde
- → Gewaltexzesse

→ **im Erwachsenenalter**
- → Neurosen
- → Depressionen

Das Ergebnis einer „vaterlosen Gesellschaft"

Kinder, die ohne aktive Vaterschaft aufgewachsen sind, sind:

- 5-mal mehr gefährdet, Selbstmord zu begehen!
- 14-mal mehr gefährdet, Vergewaltigungen zu begehen!
- 10-mal mehr gefährdet, Drogen zu nehmen!
- 20-mal mehr gefährdet, ins Gefängnis zu kommen!
- 33-mal mehr gefährdet, ernstlich körperlich misshandelt zu werden!

Väter-Gedanken

Wir sollten nicht erst dann um unsere Kinder kämpfen, wenn wir Gefahr laufen, sie zu verlieren. Es beginnt bereits bei unserer Partnerbeziehung. Da genügt es nicht, aus Liebe ein Kind zu zeugen und anschließend wieder in die alten Rollenbilder zu fallen. Die Gesellschaft – also wir alle – müssen eine grundlegende Neugestaltung der Geschlechterbeziehung schaffen. Es bedarf eines Aufeinander-Zugehens und eines gegenseitigen Anerkennens und Sorgens.

Die Frauen haben ihre ersten Schritte geschafft und beginnen für sich, neben ihrer Orientierung nach innen einen zweiten Horizont in der Außenwelt zu gestalten. Das heißt, wir Männer müssen in dieser Außenwelt etwas Platz machen und dafür das entstandene Vakuum in der Innenwelt mit unserer neuen Männlichkeit füllen.

Durch unsere Kinder haben wir einen wunderbaren emotionalen Ansporn, diesen Schritt zu gehen. Es bedarf eigentlich nur einer „Einstiegsdroge", um für uns zu erkennen, was wir uns bisher vorenthalten haben. Aber auch, was uns bisher von der Gesellschaft, der Wirtschaft und unseren Frauen vorenthalten wurde.

In der Gesellschaft ist eine verstärkte Akzeptanz der aktiven Vaterschaft zu spüren. Die Wirtschaft denkt dort um, wo es bisher nicht wehtat. Zynisch gesagt beschränkt sich das primär auf babygerechte Autoausstattung. Wenn das allgemeine Bewusstsein die neue Elternschaft verankert hat, kann sie schnell zur (Konsumenten-)Macht werden. Wer immer hier vonseiten der Wirtschaft vorangeht, wird in Zukunft reiche Ernte einfahren können. Wir sind überzeugt, dass die Besten das Gespür dafür haben. Für die Politik geht es nicht um Versorgung, sondern um eine Verantwortung für die Zukunft des Landes. Es geht ganz einfach um gesündere und glücklichere Nachkommen.

Wir haben einen Vorschlag:

Wenn die Ernährerrolle aufgeteilt wird, kann auch die Betreuerrolle von Frau und Mann gestaltet werden. Die Grundvoraussetzung ist Lohngleichheit von Frau und Mann für vergleichbare Arbeit. Letztlich müssen dann auch die Frauen bereit sein, uns Männer diesen Weg konsequent gehen zu lassen. Das heißt für sie, uns zu vertrauen, loslassen zu können und ihre übermächtige Mutter-Kind-Beziehung mit einer längst fälligen Vater-Kind-Beziehung zu teilen.

Es gibt kein Zurück zur alten „heilen Familie". Aber wie kann der neue Zufluchtsort aussehen?

Die Familie hat dann eine Zukunft, wenn sie sich zu einer selbstbewussten neuen Form von Partnerschaft zwischen Müttern und Vätern entwickelt …

4

PROFESSIONELLE ELTERNSCHAFT

Wie viel Herz, Mut und Verstand haben wir?

Wie wird die Welt aussehen, wenn wir unsere Träume verwirklichen?

Europa heute

„Hallo Europa, wie geht es dir?"

(Originalzitate von Europäerinnen und Europäern)

„Immer will man von den Menschen, dass sie Kinder kriegen, man gibt ihnen aber keine finanzielle Hilfe."

„Es wäre ein gutes System, wenn beide weniger arbeiten würden und mehr Zeit für das Kind hätten. So muss die Frau ihren Arbeitsplatz nicht aufgeben, und der Mann hilft auch mit."

„Wir sind die Generation, die vieles auf den rechten Platz rücken soll."

„Es ist noch immer nicht durchgedrungen, wie wichtig und gut flexible Arbeitszeiten sind. Nicht nur für die Kindererziehung. Das verbessert die Arbeitsleistung, weil glückliche Leute zur Arbeit kommen, die nicht gestresst und nicht so oft krank sind."

„Gerade bei den Unternehmen ist diese Ansicht von früher – ein Mann arbeitet und die Frau ist eigentlich mehr so die Hausdame – noch sehr ausgeprägt."

„Ich kann mich erinnern, als ich meinem Chef erzählt habe, dass ich eine leitende Funktion mit 25 bis 30 Stunden pro Woche innehaben will. Das mache ich jetzt noch. Seit zwölf Jahren."

„Für die Elternschaft müssten Eltern honoriert werden. Dann könnten wir uns das ganze Geld, das wir da in Sozialsysteme reinstecken, sparen und es sinnvoller einsetzen und hätten mehr Erfolg."

Die größte Chance Europas ist die soziale und wirtschaftliche Gleichstellung zwischen Mann und Frau

Es ist die fehlende Gleichstellung von Frau und Mann, die für die meisten familiären und sozialen Probleme verantwortlich ist.

Schon gleicher Lohn für gleiche Tätigkeit würde die Familienarbeit revolutionieren. Denn dann gäbe es das ökonomische Argument für „Vater im Job, Mutter zu Hause" nicht mehr. Und wo der Vater bei der Kleinkindbetreuung aktiv mithilft, steigt nicht nur die Lebensqualität eines Kindes sprunghaft an, sondern auch die Wahrscheinlichkeit für ein zweites Kind von 51 % auf 81 % (Soziologin Berna Miller Torr).

Das lässt sich sehr deutlich anhand von drei europäischen Kulturkreisen ablesen:

	Frauen im Beruf	Kinder je Frau
Schweden	70,5 %	1,9
Deutschland	59,3 %	1,3
Italien	45,4 %	1,1

In Schweden ist sowohl die Gleichstellung zwischen Mann und Frau als auch die Einbindung der Väter in die Kinderbetreuung europaweit am stärksten verankert.

Wieso wird in den meisten EU-Ländern das rückwärtsgewandte Denken noch immer aufrechterhalten?

→ Die Unternehmen können nicht daran interessiert sein. Denn der derzeitige Veralterungsprozess Europas verhindert nachhaltig das notwendige Wirtschaftswachstum.

→ Und den Staaten fehlen immer mehr Nachkommen, die den Finanzhaushalt finanzieren sollen.

→ Selbst führende Rufer in der Wüste fanden bisher wenig Widerhall. Ist den Medien das Thema zu wenig sexy?

Es ist eine Tatsache, dass der ehemalige Präsident der USA Bill Clinton* ausdrücklich festgestellt hat, dass *„das größte soziale Einzelproblem in unserer Gesellschaft die zunehmende Abwesenheit von Vätern vom Heim ihrer Kinder sein könnte, weil es zu so vielen anderen sozialen Problemen beiträgt"*.

* Bill Clinton war von 1993 bis 2001 der 42. Präsident der USA.

Elternschaft muss als zweiter Beruf von Staat und Wirtschaft anerkannt werden!

Was bedeutet PROFESSIONELLE ELTERNSCHAFT?

PROFESSIONELLE ELTERNSCHAFT vereint berufliche Entfaltung UND partnerschaftliche Elternschaft für Mutter und Vater.

Daraus gestalten wir – PROFESSIONELL – die besten Voraussetzungen für unsere Kinder und unsere private und berufliche Zukunft.

Professionell heißt: **KOMPETENZ ZEIGEN!** Es ist unprofessionell, sich mal schnell morgens und abends und wochenends mit seinen Babys zu beschäftigen. Niemand kann es sich leisten, seinen Job als Unternehmens-Mitarbeiter „so nebenbei mit der linken Hand" zu erledigen. Auch in der Familie haben Amateure keinen Platz.

Erfahren Sie auf den nächsten Seiten, wie PROFESSIONELLE ELTERNSCHAFT im Detail funktioniert. Sie werden überrascht sein, wie einfach dieses neue LEBENSPHASEN-MODELL umzusetzen ist. Wie leicht wir es finanzieren können. Und welch enormen Nutzen wir alle daraus ziehen.

PROFESSIONELLE ELTERNSCHAFT bedeutet ein schöneres Leben für uns alle ...

Familienarbeit (durch Mütter UND Väter) wird in den ersten drei Lebensjahren des Babys finanziell und gesellschaftlich unterstützt.

Dabei geht es nicht um „Almosen", nicht um Familien- oder Kindergeld und schon gar nicht um „Schmarotzertum", sondern um ein neues Selbstverständnis für alle Mütter und Väter. Sie vollbringen hoch qualifizierte Tätigkeiten und werden dafür finanziell entlastet. So einfach ist das. Und vor allem gerecht.

Dass aktive Eltern weiterhin den größten Beitrag leisten, sollte auch der Gesellschaft bewusst sein.

Die sieben Höhepunkte der PROFESSIONELLEN ELTERNSCHAFT sind:

1.
Elternarbeit wird gesellschaftlich anerkannt!
(also jene Leistungen, die für die Entwicklung von Kleinkindern bis zum dritten Lebensjahr zu Hause erbracht werden)

2.
Mutter und Vater teilen sich die Betreuung der Babys!
(also ein lebenswertes Miteinander der Bindungspersonen für die Babys – dies wird auch zu stabileren Partnerbeziehungen führen)

3.
Ab sofort gilt kontinuierliche „Elternzeit" statt punktuelle „Qualitätszeit"!
(also die Entscheidung für Beruf UND Elternschaft statt der Frustfrage Job ODER Kind)

4.
Das Lachen der Babys ist das Wichtigste!
(die wissenschaftlich abgesicherte Zuwendung ist Basis für ganzheitlich gesunde, glückliche und kluge Kinder)

5.
Wir nutzen alle Chancen!
(also das optimale Nützen der frühkindlichen Entwicklung, bei der die Babys bis zu 90 % geformt werden, durch die aktive Anwesenheit der Mütter UND Väter)

6.
Wir machen uns selbst reich!
(durch den „Drei-Jahres-Workshop" mit gesicherter Berufsentwicklung, denn Elternarbeit ist „Learning for the Job")

7.
Wir schöpfen aus dem „Wunder-Kind"!
(also das Nützen des großartigen Chancenpotenzials, das die Natur den Babys mit auf ihre Lebensreise gibt, für eine blühende Zukunft des Landes)

PROFESSIONELLE ELTERNSCHAFT ermöglicht die Erfüllung der Lebens-Formel

9+36=90.

Innenwelt – Außenwelt

Spätestens mit der Entwicklung von der Agrar- und Handwerkszeit in das Industriezeitalter entstand die Trennung von Familienleben und öffentlichem Leben.

Innenwelt

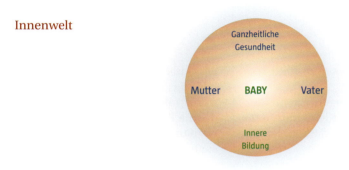

Außenwelt

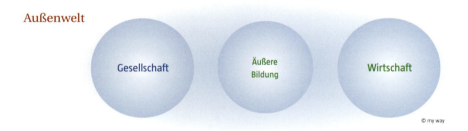

Jetzt im auslaufenden Industriezeitalter erleben wir eine immer deutlichere Entleerung des familiären „Innenlebens". Ausgelöst durch die starke Zunahme an Trennungen und auch ungewollter oder gewollter Alleinerziehung.

Hinzu kommt das völlig ungelöste Problem, wie man dem berechtigten Wunsch der Frauen nach beruflicher und mütterlicher Verwirklichung gerecht wird.

Aber auch der Druck der Wirtschaft zu mehr Flexibilität und Mobilität der Mitarbeiter nimmt zu.

Das Auslagern der Kleinkindbetreuung in Babykrippen ist oft die einzige Option, den Anforderungen des Alltags gerecht zu werden.

Das Ergebnis ist eine starke Verlagerung unserer Prioritäten in Richtung „Außenwelt".

Die Folge davon: Unsere Kinder erhalten in der so entscheidenden Entwicklungsphase – in den ersten drei Lebensjahren – nicht die spontane Zuwendung und Betreuung, die sie von ihren Bindungspersonen – Mutter UND Vater – benötigen.

Die neue Balance

Wir alle, aber vor allem unsere Kinder, brauchen das Fundament einer sicheren Innenwelt.

Dort kann in konzentrierter Form ihre umfassende „erste Bildung" stattfinden:
→ Die **emotionale Entwicklung** durch Nähe und Liebe.
→ Die **intellektuelle Stimulation** z. B. über Sprachen oder Musik.
→ Die **soziale Erfahrung** über eine sichere Bindung, und zwar sowohl durch die mütterliche als auch durch die väterliche Seite.

Die Summe dieser kontinuierlichen Zuwendungen ermöglicht das Heranwachsen eines ganzheitlich gesunden Menschen.

Mit diesem natürlichen Selbstbewusstsein ausgestattet, sind wir offen für eine erfolgreiche Entwicklung in der Außenwelt.

Um die persönlichen und beruflichen Lebenschancen erfüllend zu nützen, bedarf es einer ausgewogenen Balance zwischen unserem Innen- und Außenleben.

Dadurch kann das persönliche Innenleben (Eigenleben, Partnerschaft, Elternschaft) und die Außenorientierung (Beruf, Weiterbildung, Freizeit) in einem sich befruchtenden Spannungsfeld gestaltet werden.

Der geniale Balance-Akt kann in den ersten drei Jahren der Elternschaft erlebt werden.

Um die Anforderungen beider Welten zu erfüllen, bedarf es einer Konzentration **auf das Wesentliche:**
1. Aus der Elternsicht bedeutet das eine faire TEILUNG der Betreuung und Entwicklung des Kindes zwischen Mutter und Vater.
2. Dadurch ist für BEIDE Elternteile eine 60 %ige Konzentration auf den eigenen Job gesichert.

Die positiven Folgen für das weitere Leben aller Beteiligten werden stark von der tatsächlichen Erfahrung in dieser Lebensphase geprägt werden.

Ein ausgewogenes Innen- und Außenleben und der Ausbau der sozialen Kompetenz führen zur ganzheitlichen Gesundheit und zu einer optimalen Lebensentwicklung …

Die Entwicklung zu einem neuen, glücklicheren Lebensphasen-Modell in Deutschland

Die Zeit um 1900

| Alter | 18 | 40 | Lebenserwartung 50 Jahre |

unsere Ur-Ur-Ur-Großmütter durchlebten 22 Jahre intensiver Mutterschaft = 44 % der Lebenszeit

sie bekamen durchschnittlich 3,8 Kinder

Die Zeit um 2000

Alter   28 32   Lebenserwartung 80 Jahre

nur noch vier Jahre intensive Mutterschaft = 5 % der Lebenszeit

aber nur noch durchschnittlich 1,3 Kinder

Die Zeit um 2020

Alter   29 35   (9+36=90)   Lebenserwartung > 90 Jahre

ideale sechs Jahre PROFESSIONELLE ELTERNSCHAFT = je 3,3 % der Lebenszeit von Mutter und Vater

immerhin wieder durchschnittlich 2,2 Kinder

Sie sehen selbst:

Wir werden immer älter und bekommen immer weniger Kinder.

Eine Mutter um 1900 hat fast die Hälfte ihres Lebens in aktiver Mutterschaft verbracht. Bei dem heutigen Modell PROFESSIONELLE ELTERNSCHAFT und einer ausgewogenen Kinderzahl (durchschnittlich 2,2 Kinder je gebärfähiger Frau) würden Mutter und Vater nur noch je 3,3 % ihrer Lebenszeit in eine aktive Elternschaft investieren. Das ist doch überraschend, finden Sie nicht auch?

Die neue Vereinbarkeit von Beruf und Elternschaft

Berufseinstieg	**PROFESSIONELLE ELTERNSCHAFT**	Existenzausbau	**PROFESSIONELLE ELTERNSCHAFT**
18 Jahre			40 Jahre
höhere Bildung oder Berufsbildung = **1. Berufsbildungsphase** Theorie oder Praxis		berufliche Weiterbildung oder berufliche Entwicklung = **2. Berufsbildungsphase** neue Qualifikationen durch aktive Elternschaft	
	Familienkompetenz für die **1. geteilte Elternschaft** Mutter und Vater teilen sich drei Jahre beim Kind		Kompetenzausbau für die **2. geteilte Elternschaft** Mutter und Vater teilen sich drei Jahre beim Kind

In der heißen Lebensphase – zwischen 20 und 40 Jahren – soll **alles** passieren. Der bisherige Lebensrhythmus der westlichen Welt stellt uns deshalb vor die existenzielle Entscheidung „Karriere **oder** Kinder".

Das Modell PROFESSIONELLE ELTERNSCHAFT ermöglicht einen natürlichen Ablauf der Ausbildung beziehungsweise der beruflichen Entwicklung – aber auch eine „Teilung der aktiven Elternschaft" zwischen Mutter und Vater für die ersten drei Lebensjahre der Babys.

Somit kann endlich aus einer „Entweder-Beruf-**alles**-Kind"- eine „Sowohl-Beruf-**als-auch**-Kind"- Entscheidung getroffen werden. Das ist ein großer Schritt in eine neue Zukunft, in der endlich wieder der Mensch im Mittelpunkt steht. Dieses Modell gibt den Eltern auch die Möglichkeit, die erworbenen Kompetenzen aus Beruf und Elternschaft „wechselseitig" zu nützen. Das ist eine unglaubliche Chance für uns alle!

Weder die Partnerschaft noch die Elternschaft hören nach drei Jahren auf – aber auch danach gilt: Was nicht in der Zeit der Schwangerschaft und den ersten drei Lebensjahren des Babys und der Elternschaft angelegt wurde, das wird auf dem weiteren Lebensweg – der Eltern wie der Kinder – immer schmerzlich fehlen. Die Lebens-Formel $9+36=90$ begleitet uns durch unser gesamtes Leben.

PROFESSIONELLE ELTERNSCHAFT

… und so sieht das neue „Job-Kind-Modell" PROFESSIONELLE ELTERNSCHAFT für Mutter UND Vater aus:

80 % Einkommen für 60 % Job – für Mutter UND Vater!

PROFESSIONELLE ELTERNSCHAFT setzt mit der Geburt eines Babys ein. Sie dauert bis zum dritten Geburtstag. Mutter und Vater konzentrieren in dieser Zeit ihre Berufstätigkeit auf zirka 60 % und teilen sich partnerschaftlich
→ die Baby-Betreuung.

MUTTER UND VATER ERHALTEN IN DIESER ZEIT JE 80 % IHRES BISHERIGEN EINKOMMENS.

Die Differenz von 60 % auf 80 % investiert der Staat in seine Zukunft.

Auf diese Weise können Mutter und Vater
1. ihre Elternschaft UND
2. ihre Partnerschaft voll ausleben,
3. die berechtigten Bedürfnisse ihrer Babys stressfrei erfüllen,
4. ihre beruflichen Präsenz (zu ca. 60 %) engagierter ausüben und
5. ihre Qualifikationen für ihren vollen Berufswiedereinstieg noch wesentlich steigern (durch den Erwerb neuer Kompetenzen).

PROFESSIONELLE ELTERNSCHAFT heißt auch berufliche UND persönliche Weiterentwicklung!

Selbstverständlich lässt sich die PROFESSIONELLE ELTERNSCHAFT nicht von einem Tag auf den anderen durchsetzen. Natürlich wird es viele Diskussionen darüber geben. Und manche werden auch von Skepsis geprägt sein. Das ist gut so. Dadurch wird es möglich sein, das persönliche Idealmodell zu finden.

Denn PROFESSIONELLE ELTERNSCHAFT muss sehr individuell gesehen werden. Die verschiedenen Familienanforderungen sind zu beachten. Schließlich haben derzeitige „Nur-Hausfrauen" trotz Baby die Chance, (halbtags) in ihren früheren Job zurückzukehren, wenn sie ihre Partner dazu bringen, die PROFESSIONELLE ELTERNSCHAFT mit ihnen zu teilen.

Die individuelle Wahlfreiheit muss unbedingt gewahrt bleiben!

Die Abstimmung auf den eigenen Arbeitsrhythmus, aber natürlich auch mit dem Arbeitgeber, mag auf den ersten Blick eine unüberwindbare Herausforderung sein. Aber gab es nicht immer scheinbar unüberwindbare Hindernisse, wenn eine neue Zeit neue Sichtweisen erforderlich machte? Die Berufstätigen haben ihre Mobilität und Flexibilität längst bewiesen. Nun ist auch die Wirtschaft aufgerufen, die gesellschaftspolitischen Bedürfnisse zu erkennen. Denn sie wird in Zukunft gesündere, erfolgreichere, aggressionskontrolliertere und lebensfrohere Mitarbeiter und Konsumenten benötigen, um ihre Existenz zu sichern.

Das Thema „Arbeit" wird sich im entstehenden Wissenszeitalter auch neu definieren müssen. Die sogenannte „kreative Klasse" zeigt es bereits vor, wohin sich die Arbeitsprozesse entwickeln. Individueller, konzentrierter, aber auch vielfältiger. Vom Home Office bis dahin, dass Arbeit überall stattfinden kann. Es wird allen mehr Beweglichkeit (im Kopf) abverlangen, aber es wird auch zu mehr persönlicher Freiheit führen.

Wenn die EU einen so gewaltigen Kraftakt wie die Durchsetzung des Euro schaffte, kann man dann nicht auch auf die Unterstützung für ein die Zukunft sicherndes und bedürfnisgerechtes Elternmodell hoffen?

Gerade in der jungen Generation ist der neue Zukunftsmut zu spüren. Ihre existenziellen Fragen lauten:
→ „Wie kann ich eine sichere und glückliche Partnerschaft aufbauen und leben?"
→ „Was muss ich tun, damit meine Kinder ihre Lebenschancen optimal entfalten können?"
→ „Wer unterstützt mich dabei, und wer behindert mich?"

Die Welt ist eine Kugel, und auch Sie entscheiden, wohin sie rollt!

PROFESSIONELLE ELTERNSCHAFT

Was PROFESSIONELLE ELTERNSCHAFT für die Eltern in Deutschland finanziell bedeutet:

Das Rechenbeispiel

	OHNE KIND Vollzeit	**ELTERNSCHAFT** Variante A: Mutter zu Hause	**ELTERNSCHAFT** Variante B: Mutter mit Teilzeitjob, Baby in Krippe
Die Frau / Mutter erhält	€ 1.400	€ 470*	€ 700
Der Mann / Vater erhält	€ 1.750	€ 1.750	€ 1.750
abzüglich Fremdbetreuung			€ – 200
TOTAL	**€ 3.150**	**€ 2.220**	**€ 2.250**

* gilt nur für 24 Monate

PROFESSIONELLE ELTERNSCHAFT
in den ersten drei Lebensjahren des Babys
(für 60 % Job 80 % Einkommen)

Die Mutter erhält €	1.120
Der Vater erhält €	1.400
TOTAL	**€ 2.520**

Hier teilen sich Familie, Wirtschaft und Staat fair die Kosten. Deutschland muss endlich in seine Zukunft investieren!

Wie PROFESSIONELLE ELTERNSCHAFT zu finanzieren ist:

Was Ihr Baby (ein neuer Mensch) Deutschland schon rein steuerlich bringt

	€
Einnahmen durch Beiträge und Leistungen an Sozialversicherungen	
davon:	
gesetzliche Rentenversicherung	139.300
gesetzliche Krankenversicherung	69.800
soziale Pflegeversicherung	20.600
Arbeitslosenversicherung	10.800
gesamt	240.500
Einnahmen durch Steuerleistungen	
Einkommenssteuern	102.000
Verbrauchssteuern	125.400
gesamt	227.400
Ausgaben durch steuerfinanzierte Leistungen	
Kinderbetreuung und Bildung	− 136.000
familienpolitische Leistungen	− 64.900
Beteiligung an den Opportunitätskosten	− 119.800
sonstige steuerfinanzierte Leistungen	− 104.400
Ausgleich	34.100
gesamt	− 391.000
Steuerlicher Gewinn für den Staat pro Kind:	**76.900**

Die dreijährige PROFESSIONELLE ELTERNSCHAFT kostet den Staat 42.000 Euro für beide Elternteile. Der steuerliche Gewinn beträgt knapp 77.000 Euro. Wohlgemerkt pro Kind. Und nur an Steuern. Die „volkwirtschaftliche Wertschöpfung" ist viel höher. Als Beispiel dazu dient das BIP (Bruttoinlandsprodukt) pro Kopf. Hier verdient der Staat pro Staatsbürger jährlich 27.552 Euro (das bedeutet, dass jede Deutsche und jeder Deutsche im Schnitt diesen Betrag für den Staat erwirtschaftet). Bei einer Lebenserwartung von 80 Jahren sind das über 2,2 Millionen Euro. Dieser finanzielle Nutzen steigt, je mehr Kinder es gibt und je gesünder, intelligenter und glücklicher sich diese zu Erwachsenen entwickeln. Von dieser positiven Seite profitiert jeder Einzelne von uns, da der Staat seinen Mehr-Profit an seine Bürger weitergeben muss – in Form von Zuwendungen und Steuererleichterungen. Aber PROFESSIONELLE ELTERNSCHAFT bringt weitere finanzielle Vorteile ...

PROFESSIONELLE ELTERNSCHAFT

PROFESSIONELLE ELTERNSCHAFT spart uns auch viel Geld!

Wie wichtig das neue Modell PROFESSIONELLE ELTERNSCHAFT für uns alle ist, beweisen viele Untersuchungen: Jeder Euro, den wir heute zur Förderung frühkindlicher Entwicklung ausgeben, wird später einmal fünf Euro bei Sozialhilfe, psychiatrischer Betreuung und Gefängnissen einsparen.

Milliarden-Einsparungen sind bei Einführung der PROFESSIONELLEN ELTERNSCHAFT in Deutschland schon nach nur einer Generation möglich:

REDUZIERUNG VON NICHT MEHR BENÖTIGTEN
- → **FAMILIENPOLITISCHEN LEISTUNGEN** (derzeit 3,5 Milliarden Euro jährlich)
- → **GEFÄNGNISSEN** (derzeit 2 Milliarden Euro jährlich!)

REDUZIERUNG VON NICHT MEHR BENÖTIGTEN KAMPAGNEN GEGEN
- → **ALKOHOL** (bisher 20,8 Millionen Euro jährlich)
- → **DROGEN** (bisher ca. 150 Millionen Euro jährlich)

REDUZIERUNG VON NICHT MEHR BENÖTIGTEN SONDER-PROGRAMMEN FÜR
- → **BILDUNG** (ca. 4 Milliarden Euro jährlich)
- → **GESUNDHEIT** (insbesondere zur Behandlung psychischer Erkrankungen, derzeit über 21 Milliarden Euro jährlich)

In der Stadt München kostet die Erhaltung eines einzigen Kinderkrippenplatzes bis zu 15.000 Euro jährlich, die PROFESSIONELLE ELTERNSCHAFT 14.000 Euro jährlich. Damit werden die laufenden Kosten für Personal, Strom, Gas und Diverses abgedeckt. Die Schaffung von 84 Plätzen in sieben verschiedenen Orten in Bayern kostete zuletzt rund drei Millionen Euro, ein Babyplatz also rund 35.000 Euro. Aber das ist noch nicht alles: Die Betreuerinnen und Betreuer müssen fachkundig ausgebildet werden. Das sind noch einmal bedeutende Summen.

Laut EU-Verordnung muss Deutschland bis 2013 auf rund 704.000 Betreuungsplätze für Babys zwischen null und drei Jahren aufstocken. Das bedeutet eine Investition von bis zu 21 Milliarden Euro und jährliche Mehrkosten von bis zu sechs Milliarden Euro.

Haben Sie nicht auch den Eindruck, dass in der EU diesbezüglich der Zug rückwärts fährt statt vorwärts?

PROFESSIONELLE ELTERNSCHAFT

Wir können nicht länger die Hauptlast auf den Eltern abladen. Die Gesellschaft muss endlich auch aktiv werden!

Bei PROFESSIONELLER ELTERNSCHAFT erhalten Mutter und Vater für ca. 60 % Arbeit jeweils 80 % ihres bisherigen Einkommens. Die 20 % Differenz werden vom Staat getragen.

Das also sind die finanziellen Rahmenbedingungen der PROFESSIONELLEN ELTERNSCHAFT.

Die EU kann ihr Problem der extremen Veralterung – die ab 2030 schlagend werden wird – und die immer größeren Gesundheits-, Abhängigkeits- und Sicherheitsprobleme nur dadurch lösen, dass sie HEUTE intensiv über das Modell der PROFESSIONELLEN ELTERNSCHAFT diskutiert und schon MORGEN die nötigen Maßnahmen ergreift.

Estland reagierte hektisch auf das drohende Aussterben. Die UNO hat Estland vorgerechnet, dass es 2050 gerade noch 676.000 Bewohner (derzeit 1,36 Millionen) haben wird. Seit 2004 zahlt der Staat dem Elternteil, der zu Hause beim Baby bleibt, ein Jahr lang etwa den Lohn, den er oder sie zuvor im Job bekommen hat. Diese Lösung ist eine typische Reaktion, wenn einem Land das Wasser bis zum Hals steht. Es wird jedoch das Bildungsniveau des Landes senken und damit die langfristige Wettbewerbsfähigkeit gefährden.

Die deutsche Bundeskanzlerin Angela Merkel in einer Video-Botschaft am 17. Juni 2006: „Ich weiß, dass viele Arbeitgeber längst erkannt haben: Wer Kinder erzieht, entwickelt Organisationstalent, Improvisationkünste und Kreativität – und ist damit ein Gewinn für das Unternehmen. Familienfreundliche, flexible Unternehmen sind Unternehmen mit Zukunft." **Wir zahlen jetzt, oder wir zahlen später. Wir handeln entweder jetzt als Gemeinschaft, um unsere Kinder zu fördern, oder wir werden auch später als Gemeinschaft wegen unserer kollektiven Nachlässigkeit dafür bestraft werden. Dies ist eine große Herausforderung für unsere Zukunft.**

Alleinbetreuende

Gewollt oder ungewollt, durch eine langwierige Krankheit, einen Todesfall, eine Trennung, kann es dazu kommen, dass für Kinder bereits im Kleinkindalter ein Elternteil teilweise oder gänzlich nicht vorhanden ist. Ein Umstand, der in der letzten Generation stark an

Bedeutung zugenommen hat – für die meisten Betroffenen stellt er neben einer enormen wirtschaftlichen Herausforderung auch eine starke körperliche und seelische Belastung dar.

Diese tapferen Menschen und ihre Kleinkinder darf das Modell der PROFESSIONELLEN ELTERNSCHAFT nicht im Regen stehen lassen. Auch Alleinbetreuende sollen die Chance erhalten, ihren Beruf mit der Betreuung ihrer Kinder zu vereinbaren. Das heißt, dass auch sie zu 60 % berufstätig sein sollen, um sich in der übrigen Zeit selbst um ihre Kinder kümmern zu können. Dafür erhalten sie vom Staat eine Unterstützung in der Höhe von 20 % ihres Einkommens.

Für Kinder von Alleinbetreuenden muss nach der einjährigen Elternzeit eine besonders sensible Form der teilweisen „Außer-Haus-Betreuung" geschaffen und vom Staat finanziert werden:

Die neue Ganztags-Krippe

Diese Form der Krippe stellt sich wie folgt dar: Die Leitung wird immer einer akademisch ausgebildeten Kraft anvertraut. Diese wird von einer geprüften Assistenzperson unterstützt. Für diese beiden Positionen sollten immer eine Frau **und** ein Mann vorgesehen sein. Außerdem sind alle Mütter oder Väter von alleinbetreuten Kleinkindern in diesen Krippen rollierend in die Betreuung involviert. Eine Betreuungsperson sollte maximal drei Kinder in ihrer ausschließlichen Obhut haben.

Alle mit der Betreuung der Kleinkinder befassten Personen haben den Qualitätsstandard von PROFESSIONELLER ELTERNSCHAFT zu erfüllen.

Der Idealfall:
Die 60 %-Tätigkeit der Alleinbetreuenden erfolgt in der „neuen Krippe", wo ihre Kinder untergebracht sind. Dafür erhalten sie 80 % ihres Einkommens.

Der Normalfall:
Alleinbetreuende verbringen – neben ihrer 60 %igen beruflichen Tätigkeit (wofür sie 80 % des Einkommens bekommen) – mindestens zwei halbe Tage pro Woche in der Krippe ihrer Kinder. Für diesen Einsatz wird von der Krippe eine zusätzliche Vergütung bezahlt.

In beiden Fällen ist damit sichergestellt, dass – neben dem fixen Personal – stets Bezugspersonen der Kinder in den Krippen präsent sind.

PROFESSIONELLE ELTERNSCHAFT

Bitte bedenken Sie:

→ Eltern finanzieren während der ersten drei Lebensjahre eines Kindes zusätzliche Kosten von über 15.000 Euro, obwohl sie der Welt ein Kind schenken.

→ Eltern verzichten während einer dreijährigen PROFESSIONELLEN ELTERNSCHAFT auf durchschnittlich 23.000 Euro infolge ihrer 20 %igen Einkommensreduzierung.

→ Der Staat investiert in die laufenden Kosten der Kinderkrippen während 30 Monaten pro Kind bis zu 38.000 Euro, obwohl die Wissenschaft in aller Welt vor Krippen warnt.

→ Den Staat kostet die dreijährige PROFESSIONELLE ELTERNSCHAFT für beide Elternteile maximal 42.000 Euro, er spart ein Vielfaches durch eine gesündere, aggressionskontrolliertere und kreativere Gesellschaft und profitiert darüber hinaus durch erhöhte Steuereinnahmen von mindestens 77.000 Euro aus den unteren Einkommenskategorien nebst weiteren Mehreinnahmen aus der „volkswirtschaftlichen Wertschöpfung".

→ Letztlich sind aber für die Staatsfinanzen der Zukunft nicht die Sozialkosten entscheidend, sondern vor allem Wachstum, Produktivität und Innovationskraft der künftigen Gesellschaft. Und ob es in Zukunft überhaupt ausreichend Menschen im Lande gibt, die diese Anforderungen erfüllen können.

Die PROFESSIONELLE ELTERNSCHAFT einzuführen, heißt also, eine dringende Verpflichtung gegenüber den Eltern einzulösen. Denn sie ist nicht nur unter dem Aspekt zu sehen, dass Kinder durch sie gesünder aufwachsen und später psychisch und physisch stabiler sind, sondern dass sie sich vor allem auf das System Familie auswirkt. Wie es dem Kind im Fall einer PROFESSIONELLEN ELTERNSCHAFT unendlich besser geht, so kann es der gesamten Familie besser gehen.

Es gibt Zeiten, da muss man der Welt einen Stoß geben!

Ein offenes Wort an die Manager von Wirtschaft und Politik

Was ein Mitarbeiter einem Unternehmen bringt, ist auf allen Ebenen gut durchleuchtet. Aber die durchschnittliche Wertschöpfung eines Menschenlebens, also die quantitative Leistung eines Menschen für die Gesellschaft, in der er lebt, ist noch immer eine große Unbekannte.

Warum ist das so? Was steckt dahinter? Woher kommt dieses Desinteresse? Wieder können wir hier auf das heute gängige reduzierte Menschenbild verweisen, das einseitig auf Materielles ausgerichtet ist und das eigentlich Menschliche missachtet. Erst wenn sich in bestimmten Regionen eine schrumpfende Bevölkerungsentwicklung zeigt, werden die ökonomischen Folgen schmerzhaft transparent.

Sollten wir nicht selbstbewusst auf unser gewinnbringendes Dasein pochen? Haben wir nicht das Recht auf Gegenleistungen, dort wo wir sie für uns und die Gesellschaft am sinnvollsten benötigen? Aufgepasst, wir sprechen von Leistungen, die sich mehrfach bezahlt machen!

Für die Wirtschaft ist es ein völlig normaler Vorgang und doch ein hohes Risiko, in die Entwicklung ihrer Produkte und Dienstleistungen erst einmal voll zu investieren, um später (vielleicht) einen Gewinn daraus zu erzielen.

Nur beim Menschen wird in seiner sensibelsten und produktivsten Entwicklungsphase (den ersten Lebensjahren) einmal abgewartet, was daraus wird. Erst in das fertige (aber gerade aus diesem Grund unfertige oder bereits verbildete) „Menschenmaterial" wird dann – vielleicht – investiert.

Es ist offensichtlich, dass diese späten Investitionen das größere Risiko bedeuten, während eine Investition am Anfang des Lebens „Produktionsfehler" vermeidet und damit enorme Chancen eröffnet.

Können Sie verstehen, dass ein und derselbe Manager (ob in der Wirtschaft oder in der Politik) hier mit zwei Denkmustern arbeitet?

Hat man in den Personalbüros schon einmal etwas von „Elternkompetenz" gehört, die man in dieser Qualität in keinem noch so teuren Seminar und Fortbildungsprogramm erhält?

Und ist es dort schon bekannt, dass motiviertere und ausgeglichenere Mitarbeiter ihre Tätigkeit „in konzentrierter Form" gewissenhafter und kreativer erbringen?

DIE AKTUELLE UMFRAGE

Frage an die Mütter und Väter: Jeder Elternteil arbeitet 60 % im Job – in den ersten drei Babyjahren – und verbringt die restliche Zeit zu Hause mit dem Kind. Für welche Tätigkeit würden Sie sich entscheiden, wenn beide Elternteile trotzdem 80 % des Einkommens erhalten?

Antworten der Mütter

	Deutschland	Frankreich	Italien	Schweden	Großbritannien	USA
für geteilte Elternschaft (60 % Job, 80 % Einkommen)	74	85,7	86,7	87	89,1	68,8
trotzdem für Vollzeit-Beschäftigung	26	14,3	13,3	13	10,9	31,2

(Angaben in %) Quelle: my way, Online-Umfrage

Antworten der Väter

	Deutschland	Frankreich	Italien	Schweden	Großbritannien	USA
für geteilte Elternschaft (60 % Job, 80 % Einkommen)	72,2	78	73,7	76,4	73,8	74,9
trotzdem für Vollzeit-Beschäftigung	27,8	22	26,3	23,6	26,2	25,1

(Angaben in %) Quelle: my way, Online-Umfrage

Europa sagt „Ja!" zur geteilten Elternschaft!

DIE AKTUELLE UMFRAGE

Frage an die Väter: Wodurch würden Ihrer Meinung nach gesündere und aggressionskontrolliertere Kinder heranwachsen?

	Deutschland	Frankreich	Italien	Schweden	Großbritannien	USA
Baby wird von der Mutter zu Hause versorgt	14,6	12,7	7,7	9,5	17,8	25,9
Baby wird vom Vater zu Hause versorgt	2,2	1,2	1,3	1,4	2,4	2,9
Baby wird von den Eltern (abwechselnd) zu Hause versorgt	49,4	48,9	40	54,9	47,6	53,1
Baby ist in der Krippe	2,3	2,2	5,3	2,7	1,2	1,6
solange es genug Liebe bekommt, ist es egal, wo und von wem es versorgt wird	31,5	35	45,7	31,5	31	16,5

(Angaben in %) Quelle: my way, Online-Umfrage

In allen befragten EU-Ländern – außer Italien – wird von der Mehrheit der Väter empfunden, dass eine abwechselnde Versorgung der Babys durch die Eltern zu glücklicheren und aggressionskontrollierteren Kindern führt. Angeführt wird die Gruppe von Schweden (54,9 %), Deutschland (49,4 %) und Frankreich (48,9 %). Auch amerikanische Väter sind dieser Meinung (53,1 %).

Eine klare Absage wird den Krippen erteilt: zwischen 98,8 % und 94,7 %!

Frage an die Mütter: Würden mehr Frauen Kinder zur Welt bringen, wenn die Aufgabe als Mutter zu einem zweiten Beruf erklärt würde?

	Deutschland	Frankreich	Italien	Schweden	Großbritannien	USA
ja	81	70,5	77,7	81,9	75,1	76,3
nein	7	10,3	8,8	7,9	11,3	9,7
weiß es nicht	12	19,2	13,5	10,2	13,6	14

(Angaben in %) Quelle: my way, Online-Umfrage

„Ja!", sagt die Mehrheit der befragten Mütter in Deutschland (81 %), aber auch in den anderen Ländern der EU (zwischen 70,5 % in Frankreich und 81,9 % in Schweden). Auch in den USA ist es nicht anders (76,3 %). Wirtschaft und Politik haben einen klaren Weg vorgezeichnet.

Drücken wir
den Knopf!

KREATIVITÄT · LEBENSFREUDE · ENTWICKLUNG · FORSCHUNG · NATUR/KULTUR

zufriedenere Mütter und Väter
(in glücklicheren Partnerschaften)

mehr Kinder

ganzheitlich gesündere Menschen
(körperlich, seelisch, geistig, sozial, spirituell)

reichere Gesellschaft · profitablere Wirtschaft · friedlicherer Staat

MEHR NUTZEN FÜR JEDEN EINZELNEN!

↑

**INPUT
9 + 36 = 90**

↑

bedingungsloser
Respekt

Tragen

Hautkontakt

Familienbett

Stillen

Bonding

sanfte Geburt

stressfreie Schwangerschaft

© my way

PROFESSIONELLE ELTERNSCHAFT
Die Gewinner

Gewinner Kinder

Ganzheitliche Gesundheit wirkt sich nicht nur auf die Kinder- und Jugendzeit aus, sondern auf das gesamte Leben. Körperliches, seelisches, geistiges, soziales und spirituelles Wohlbefinden ist die Basis einer gesunden Welt.

Gewinner Mütter

aus der Sicht der Familie
→ gelöste Existenzfrage (nicht „Job ODER Kind", sondern „Job UND Kind")
→ gutes Gewissen („Baby nicht in der Krippe"/„genug Zeit für mein Kind")
→ keine Diskriminierung (billige Arbeitskraft)
→ Image-Gewinn
→ keine Opferrolle („Warum immer ich?")
→ Gleichstellung mit dem Partner
→ deutlich höhere Lebensqualität
→ mehr Zeit für sich selbst
→ konfliktfreiere Partnerschaft
→ ganzheitlich gesünder leben
→ stressfreieres Familienleben

aus der Sicht der Wirtschaft
BESSERER JOB = MEHR GELD durch neu erworbene Kompetenzen während PROFESSIONELLER ELTERNSCHAFT
(= Training on the Job):

→ Kreativität mit allen Sinnen
→ soziale Kompetenz
→ Zeit- und Krisenmanagement
→ Realitätssinn
→ Improvisationsfähigkeit
→ vernetztes Denken
→ viel Körperwissen
→ ganzheitlicher Blick
→ hohes Einfühlungsvermögen
→ Kommunikationssicherheit

All dies sind Fähigkeiten, die man in dieser Qualität und Nachhaltigkeit in keinem Seminar erlernen kann.

Gewinner Väter

aus der Sicht der Familie
- in der einen Hand das Geld, in der anderen Hand das Glück
- hohe Erfüllung statt schlechtes Gewissen
- lebenswichtige Bindungsperson statt Baby-Entfremdung
- Vaterkompetenz statt Rückzug
- Befriedigung in der Vaterschaft statt Isolation
- Familienglück statt Trennungs-Vater
- Soft Skills und Hard Facts

aus der Sicht der Wirtschaft
FRÜHER BLOSS „MITARBEITER", BALD MANAGER:

In allen Lebenssituationen bewährt, Nerven wie Stahl, die Kreativität voll ausgelebt, geduldig, psychologisch gereift, Tag und Nacht belastbar, krisensicher, loyal, tolerant, begeisterungsfähig.

Die Vaterzeit ist keine vergeudete Zeit. Sie ist die bestangelegte Investition in einen lebenswerten Wohlstand.

Gewinner Gesellschaft

Der Nutzen für Sie als Gesellschaft:
- → Eine Gesellschaft, die die Bedürfnisse der Kinder schon ab deren Lebensbeginn respektiert, entwickelt höhere Immunität gegen Intoleranz.
- → Menschen, die ihre körperliche, seelische, geistige, soziale und spirituelle Kapazität voll ausschöpfen, sind kreativer, demokratischer, friedfertiger.
- → Aus dieser Nachhaltigkeit schöpft eine Gesellschaft die Kraft für eine zufriedene Gesellschaft.
- → Eine Gesellschaft, die in ihre Zukunft investiert, signalisiert ihren Willen nach eigener Zukunftsgestaltung.
- → Eine Gesellschaft wird heute (u. a.) an ihren Wissenschaftlern gemessen, sie könnte in Zukunft an ihren Mitgliedern mit ganzheitlicher Kompetenz gemessen werden.

Gewinner Wirtschaft

Der unmittelbare Nutzen für Sie als Unternehmer:
- → Eine saubere Trennung zwischen Elternschaft und Arbeitswelt; dadurch der Wegfall der unzumutbaren Mehrfachbelastung speziell der Mütter, verbunden mit einer signifikanten Leistungssteigerung durch erhöhte Motivation und weniger Krankheitsausfälle bei einer konzentrierten Tätigkeit.
- → Durch den Übergang vom Industriezeitalter in die „Wissensökonomie" entsteht sowohl im Kreativbereich als auch im Dienstleistungssektor ein verstärkter Bedarf an Kompetenzen, die speziell (bei Männern fast ausschließlich) in der PROFESSIONELLEN ELTERNSCHAFT entwickelt werden: die sogenannten Soft Skills.
- → Jene Unternehmen, die als erste die Signale der Zeit erkennen und die PROFESSIONELLE ELTERNSCHAFT aktiv unterstützen, werden durch Treue und hohe Leistungsbereitschaft ihrer jetzigen und zukünftigen MitarbeiterInnen profitieren.

Der zukünftige Nutzen für Sie als Unternehmer:
- → mehr Babys/Kinder/Jugendliche/Erwachsene = mehr Konsumenten = mehr Umsätze/mehr Gewinn,
- → ganzheitlich gesunde Kinder („Hänschen lernt bereits, was Hans braucht") = gesündere, intelligentere, kreativere, qualifiziertere, gebildetere, sprachgewandtere, lebenslustigere weibliche und männliche Mitarbeiter mit klaren Zielen = Ausschöpfung aller Ressourcen,
- → maximale Identifikation der weiblichen und männlichen Mitarbeiter mit den Unternehmen = gefestigte und krisengeschützte Strukturen,
- → Steigerung der Wettbewerbsfähigkeit,
- → profitable Marktabschöpfung,
- → Imagegewinn gegenüber MitarbeiterInnen und KonsumentInnen

Gewinner Politik

Der Nutzen für Sie als Politiker:

Das Heranwachsen einer weitaus gesünderen, intelligenteren und insgesamt glücklicheren Gesellschaft macht gewaltige Ressourcen für die Zukunft frei. Es kann daher nur eine umfassende, ganzheitliche Betrachtung und Beachtung geben. Dafür gibt es auch einen wissenschaftlichen Begriff, der endlich in die Alltagssprache Einzug finden muss: BIO-PSYCHOSOZIALE GESUNDHEIT.

An vielen Universitäten und Akademien wird fundiertes Wissen zu diesem Thema geschaffen. Wird es auch beachtet? Dort liegt das Potenzial. Wir müssen den Prozess einfach umdrehen. Derzeit sind wir eine reine Reparaturgesellschaft. Für viel Geld versuchen wir, den Betroffenen ein einigermaßen erträgliches „Restleben" zu sichern. Die Finanzierung der Vorsorge für eine lebenswerte Zukunft würde einen Bruchteil der hinfälligen Folgekosten betragen.

Machen wir nicht Tagespolitik, sondern Menschenpolitik!

Eine Politik, die ihren Bürgern in überzeugender Form signalisiert, für sie wirklich „da" zu sein, wird sich zunehmender Sympathiewerte erfreuen. Das Investment in die PROFESSIONELLE ELTERNSCHAFT wird sich in nur einer Generation bereits als erfolgreich erweisen. Diese wohl größte friedliche Revolution der letzten Jahrhunderte kann es tatsächlich schaffen, dass sich die Menschen im beginnenden Wissenszeitalter auf die wesentlichen Werte Partnerschaft und Elternschaft und echte Lebensqualität besinnen.

Wie kann man nun all dieses Wissen in das Bewusstsein der Menschen führen?

Wir nehmen unsere Zukunft jetzt selbst in die Hand!

Fast jeder großen Idee, Erfindung, Entdeckung der letzten Jahrhunderte wurde zuerst mit Unverständnis begegnet. Von Edison bis Internet. Was man nicht mit Händen greifen kann, will man auch nicht verstehen.

Wer hätte je gedacht, dass wir im Weltraum spazieren gehen?

Wer hätte jemals gedacht, dass wir über Satelliten fast jeden Punkt der Erde von kleinen Mobilfunk-Geräten aus erreichen können?

Dass stets vorhandener Unglaube sich rechtzeitig verflüchtigte, um Platz zu schaffen für Neues, ist großen Visionen zu verdanken. Nur Visionen verstehen es, blockiertes Denken zu überspringen und die Zukunft in die Gegenwart zu holen.

Nun stehen wir vor der wahrscheinlich größten Veränderung in unserer Gesellschaft: PROFESSIONELLE ELTERNSCHAFT ist keine waghalsige Erfindung oder plötzliche Entdeckung, sondern die logische Konsequenz unseres neuen Wissenszeitalters.

Es geht nicht nur darum, unsere Kinder glücklicher zu machen, sondern uns alle.

Zuerst müssen wir UNS retten, dann unsere Umwelt!

Keine Angst!
Alles ist möglich!

Hier einige Beispiele gesellschaftspolitischen Bewusstseinswandels, an die anfangs niemand geglaubt hatte:

→ **Die Entwicklung der Frauen:**
Kaum eine junge Frau lebt heute in der Vorstellung, nicht berufstätig zu sein. Wie sah das noch vor ein, zwei Generationen aus?

→ **Die Ökologiebewegung:**
Wie haben wir unsere Kinder ausgelacht – lachen wir heute noch? Die Schnellsten wollen nicht nur die Welt retten, sie machen auch gute Geschäfte damit.

→ **Die modernen Kommunikationsmedien, der Computer:**
Was haben diese Entwicklungen innerhalb von einer Generation wirtschaftlich und gesellschaftlich ausgelöst? Ohne sie würde alles zusammenbrechen!

Die Industriezeit mit ihren mechanischen Abläufen ist ein Auslaufmodell. Jetzt sind Kreativität, Kommunikationsfähigkeit und Dienstleistungsqualität gefragt. Das heißt, der Mensch tritt wieder ins Zentrum.

Die EU hat sich (2000 in Lissabon) zum Ziel gesetzt, zum dynamischsten und wettbewerbsfähigsten Wirtschaftsraum der Welt zu werden.

Die Voraussetzung dazu ist ein junges, ganzheitlich gesundes und kompetentes Europa.

Der erste Schritt dazu ist das elementare Zukunftsmodell PROFESSIONELLE ELTERNSCHAFT.

Väter-Gedanken

Die Fakten liegen auf dem Tisch. Jetzt haben wir es in der Hand, die generationenübergreifende Abwesenheit der Väter zu beenden.

Wir wissen, aktive Elternschaft wird uns nicht geschenkt, nicht von der Wirtschaft und nicht vom Staat. Aber die Kraft einer neuen europäischen Zivilgesellschaft wird uns dabei helfen.

Der Weg zum gesunden* Kind

→ Wir schaffen ein besseres Europa!

→ Die 7 Höhepunkte der PROFESSIONELLEN ELTERNSCHAFT!

→ Statt 44 % Mutterschaft 3 % Elternschaft!

→ Teilen wir uns die Hitze des Lebens: 60 % Job – 80 % Lohn!

→ So werden wir besser im Job, glücklicher in der Familie!

→ Babys lassen die Staatskasse klingeln!

→ Bereits über 72 % der Eltern befürworten die PROFESSIONELLE ELTERNSCHAFT.

→ Wir alle sind Gewinner, wenn wir in die Zukunft investieren!

* Gesundes Kind heißt: körperliche, seelische, geistige, soziale und spirituelle Gesundheit in der Babyzeit als Basis für das gesamte Leben bis ins hohe Alter (= ganzheitliche Gesundheit).

RAUM FÜR MEINE GEDANKEN

....

....

....

....

....

....

....

Wie geht es weiter?
Nutzen wir unsere Jahrhundert-Chance!

5

DIE JAHRHUNDERT-CHANCE

Bereiten wir eine Revolution vor!

Die Menschheit ist erst 15 Minuten alt. Die nächsten Sekunden entscheiden!

Die wirklich brennende Frage lautet:

„Was geschieht mit uns und unserer Gesellschaft, wenn PROFESSIONELLE ELTERNSCHAFT nicht ermöglicht wird?"

(Hier eine kleine Auswahl. Der wirkliche Schaden ist nicht beschreibbar.)

Aus der Sicht der Babys:
Ohne sichere und störungsfreie Bindung zu den Eltern bleiben viele Chancen in der frühkindlichen Entwicklung ungenützt:

Der organische Aufbau ihrer sozialen Beziehungsfähigkeit wird behindert.

Aus der Sicht der Frauen und Mütter:
Sie werden auch in Zukunft zwischen Job und Mutterschaft aufgerieben, nichts von beiden ist wirklich erfüllbar:

Immer öfter bleiben Frauen kinderlos oder werden Spätgebärende mit Einzelkindern.

Aus der Sicht der Väter:
Es wird ihnen weiterhin das Recht auf aktive Teilnahme am Entwicklungsprozess ihrer Babys verwehrt:

Die Jahrhunderte andauernde Abwesenheit der Väter wird prolongiert.

Aus gesellschaftlicher Sicht:
Die gesellschaftliche Akzeptanz von Elternschaft wird weiter abnehmen, was zu einer Spaltung der Gesellschaft und zu noch mehr Intoleranz führen kann:

Der Wunsch nach persönlicher Freiheit wird die Beziehungsfähigkeit weiter schwächen.

Aus wirtschaftlicher Sicht:
Gestresste Mütter und frustrierte Väter sind keine gesunde Basis für motivierte Mitarbeiter, eine wichtige Voraussetzung im ständig härter werdenden Wettbewerb:

Viele Kompetenzen – die gratis während der aktiven Elternschaft erworben werden (sogenannte „Soft Skills") – stehen den Unternehmen weiterhin nicht zur Verfügung.

Aus politischer Sicht:
Die wichtigste Ressource eines Landes sind seine Menschen. Die Altersstruktur eines Landes entscheidet über Wachstum, Produktivität und Innovationskraft:

Immer weniger Kinder bedeuten immer weniger Geld für Bildung, Gesundheit, Infrastruktur und Alterssicherung.

Denken wir europäisch, denken wir sozial: Denn wir alle wollen besser leben!

PROFESSIONELLE ELTERNSCHAFT
Ein neues Bewusstsein ist geboren

Das alte Erziehungsmodell:

DIE GENERATIONEN-ENTWICKLUNG

ERWACHSENE: unbewältigte Kindheitstraumen

KINDER: problematische Formung während der Schwangerschaft und in den ersten drei Jahren

KINDESKINDER: problematische Formung wird automatisch weitergegeben

KINDESKINDER: problematische Formung wird automatisch weitergegeben

MÖGLICHE FOLGEN

negatives Erleben → Krankheiten, Abhängigkeiten, Kriminalität → unerfülltes Leben

Der neue Weg:
9+36=90

DIE GENERATIONEN-ENTWICKLUNG

KINDER: positive Formung wird automatisch weitergegeben

KINDER: positive Formung wird automatisch weitergegeben

KINDER: positive Formung während der Schwangerschaft und in den ersten drei Jahren durch **PROFESSIONELLE ELTERNSCHAFT**

ERWACHSENE: neues Bewusstsein für eine gesündere und friedlichere Welt

MÖGLICHE FOLGEN

ganzheitliche Gesundheit und Intelligenz → Wohlstand Geborgenheit Sicherheit → erfülltes Leben

Das Recht des Babys

Es ist geradezu unglaublich, dass wir im 21. Jahrhundert, im dritten Jahrtausend, nachdem wir alles, aber schon wirklich alles festgeschrieben haben, eine Gruppe von Menschen glatt vergessen haben: unsere Babys – die Träger unserer Gesellschaft. Haben wir sie bewusst vergessen?

In der UN-Kinderrechtskonvention gilt die Definition: „Ein Kind ist jeder Mensch, der das 18. Lebensjahr noch nicht vollendet hat." (Artikel 1).

Damit wurde endlich festgehalten, dass auch Kinder vollwertige Menschen sind (und nicht ein Eigentumsgegenstand der Eltern). Alle daraus abgeleiteten Übereinkünfte tragen im Zentrum das Recht des Kindes, als eigenständiges Subjekt unserer Gesellschaft akzeptiert und nicht bloß als Objekt betrachtet zu werden.

Es besteht ein großes Defizit am UN-Übereinkommen für die Rechte der Kinder: „… dass diese Rechte an keinem Gerichtshof einklagbar sind und immer noch einen ‚Appell an den guten Willen' darstellen." Auch in der Familienpolitik werden Kinder nicht als eigenständige Gruppe betrachtet, sie verschwinden vielmehr hinter dem „System Familie" und dem (alten) gesellschaftspolitischen Ziel, dieses traditionelle System zu schützen – daran ändert auch das neue Kindschaftsrecht nichts.

Betrachtet man nun die UN-Kinderrechtskonvention aus der Perspektive „Baby", dann fällt auf, dass in keiner Weise auf die besonderen Bedürfnisse des Babys eingegangen wird. Nun kann man dagegenhalten, dass ohnehin das „Recht des Kindes auf Wohlergehen" (Art. 3, 18) und „Gesundheit" (Art. 24) festgeschrieben ist – was unzweifelhaft anzuerkennen ist.

Doch hat sich klar ergeben, dass das Baby im Vergleich zu älteren Kindern eben noch zusätzlichen Schutz, besondere Zuwendung und Beachtung und Pflege („Caring", „Bonding" etc.) braucht. Die erste und wichtigste Prägungsphase des Menschen, die „Baby-Zeit", ist von ungleich wichtigerer Bedeutung für das gesamte Leben als die späteren Jahre.

Trotz der gesteigerten Aufmerksamkeit für das Kind bleibt der früheste Teil der Kindheit in der UN-Konvention also praktisch unerwähnt. Dennoch erachten wir die UN-Konvention als enorm wichtigen Meilenstein auf dem Weg ins Wissenszeitalter und als ausgezeichnete Grundlage für weitere Präzisierungen in Richtung „Recht des Babys".

Das Recht des Babys

Wie kann also ein Recht des Babys aussehen, das eine Präzisierung und Vertiefung der Kinderrechte ermöglicht und den

Bedürfnissen des Babys in seinen ersten Lebensmonaten Rechnung trägt?

Viele der Aspekte führen nahezu direkt zu Konsequenzen, die für ein „Baby-Recht" relevant sind:
→ das Recht auf ungestörtes Wachsen und Werden,
→ das Recht auf die Bedürfnisse nach angemessener sinnlicher Stimulation während einer stressfreien Schwangerschaft,
→ das Recht auf eine möglichst natürliche und sanfte Geburt mit entsprechendem Bonding und einer anschließenden sicheren und vertrauensvollen Bindung zur Mutter und zum Vater,
→ das Recht auf eine auf die Bedürfnisse des Babys abgestimmte positive Formung bis zum dritten Geburtstag und vor allem
→ das Recht auf die Anwesenheit beider Elternteile (PROFESSIONELLE ELTERNSCHAFT) als Grundlage für die friedvolle Begleitung des Babys zur Kindheit.

Das Baby hat wie jeder Mensch das Recht auf Bedürfnisbefriedigung. Doch das Baby hat noch „keine Stimme" (im doppelten Sinn des Wortes), während etwa ältere Kinder und Jugendliche in der Öffentlichkeit zunehmend gehört werden.

Daher muss eine der zentralen Aufgaben eines Baby-Rechts sein, diese Bedürfnisse zu artikulieren und Maßnahmen zu fordern, die eine Befriedigung der Baby-Bedürfnisse sicherstellen.

Dies ist eines der Forschungsziele der internationalen my way-Stiftung und ihrer Academy for Professional Parenting.

Das wissenschaftliche Manifest

Die 7 unverzichtbaren Bedürfnisse von Kleinkindern

T. Berry Brazelton (Professor an der Harvard Medical School) und Stanley I. Greenspan (Professor für Pediatrics und Psychiatry an der George Washington University) fordern für Kinder:

1.
kontinuierlich fördernde Beziehungen:
Jedes Baby braucht ein warmes, inniges Verhältnis zu seinen Eltern über einen Zeitraum von Jahren, nicht Monaten oder Wochen. Dies ist viel wichtiger für die emotionale und intellektuelle Entwicklung als frühzeitiges geistiges Lernen oder erzieherische Spiele. Sollte diese Beziehung nicht vorhanden oder unterbrochen sein, so kann das Kind eine Behinderung in Bezug auf Vernunft, Adaption und Bindung bekommen. Babys brauchen diese fördernde Interaktion die meiste Zeit über, wenn sie wach sind.

2.
physischen Schutz und Geborgenheit:
Sowohl im Bauch als auch im Kleinkindalter brauchen Kinder eine Umgebung, die Schutz vor physischen und psychischen Gefahren, chemischen Einflüssen und Gewalt bietet.

3.
Förderungen, die den individuellen Unterschieden gerecht werden:
Jedes Kind hat ein einzigartiges Temperament. Die Erfahrungen sollten darauf abgestimmt werden, um die individuelle Natur eines Kindes zu fördern, um so Lern- und Verhaltensstörungen zu verhindern. Das ermöglicht es dem Kind, sich innerhalb seines Potenzials voll zu entwickeln.

4.
entwicklungsgerechte Fürsorge:
Kinder verschiedenen Alters brauchen Fürsorge, die sich ihrer jeweiligen Entwicklungsstufe anpasst. Unrealistische Erwartungen können Kinder in ihrer Entwicklung hemmen.

5.
Limits, Strukturen und Erwartungshaltungen:
Kinder brauchen Strukturen und Disziplin. Sie benötigen Disziplin, die von ihnen akzeptierte Grenzen mit sich bringt, um Aggressionen richtig zu katalysieren und friedliche Konfliktlösungen zu ermöglichen. Sie brauchen ein Belohnungssystem und kein Modell, das Fehler aufrechnet.

6.
stabile, unterstützende Gemeinschaften und Kulturen:
Um sich ganzheitlich und integriert zu fühlen, müssen Kinder in einer stabilen Gemeinschaft aufwachsen. Das bedeutet eine Kontinuität in den Werten innerhalb der Familie und Kultur sowie die Auseinandersetzung mit Unterschieden.

7.
eine gesicherte Zukunft:
Alle Bedürfnisse zu befriedigen, sollte unsere oberste Priorität sein. Wenn wir hier versagen, gefährden wir die Zukunft unserer Kinder.

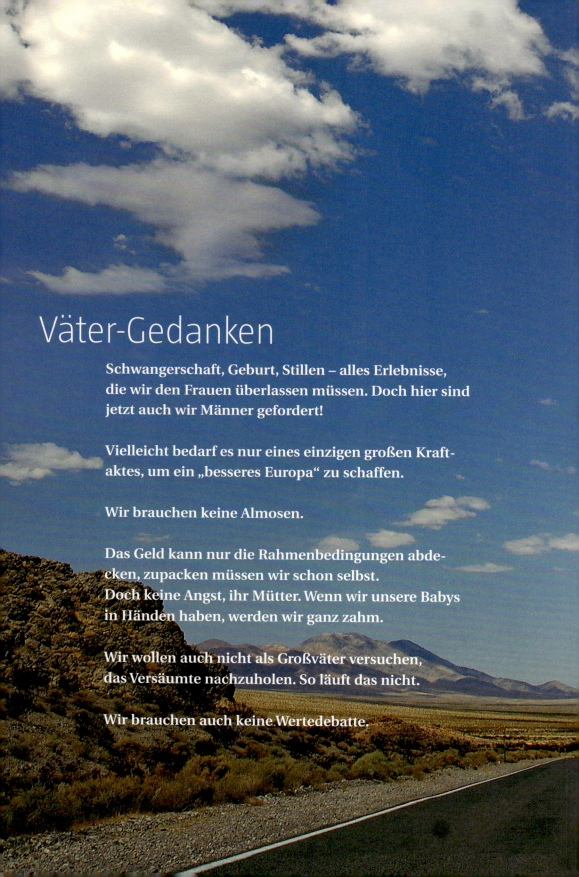

Väter-Gedanken

Schwangerschaft, Geburt, Stillen – alles Erlebnisse, die wir den Frauen überlassen müssen. Doch hier sind jetzt auch wir Männer gefordert!

Vielleicht bedarf es nur eines einzigen großen Kraftaktes, um ein „besseres Europa" zu schaffen.

Wir brauchen keine Almosen.

Das Geld kann nur die Rahmenbedingungen abdecken, zupacken müssen wir schon selbst. Doch keine Angst, ihr Mütter. Wenn wir unsere Babys in Händen haben, werden wir ganz zahm.

Wir wollen auch nicht als Großväter versuchen, das Versäumte nachzuholen. So läuft das nicht.

Wir brauchen auch keine Wertedebatte.

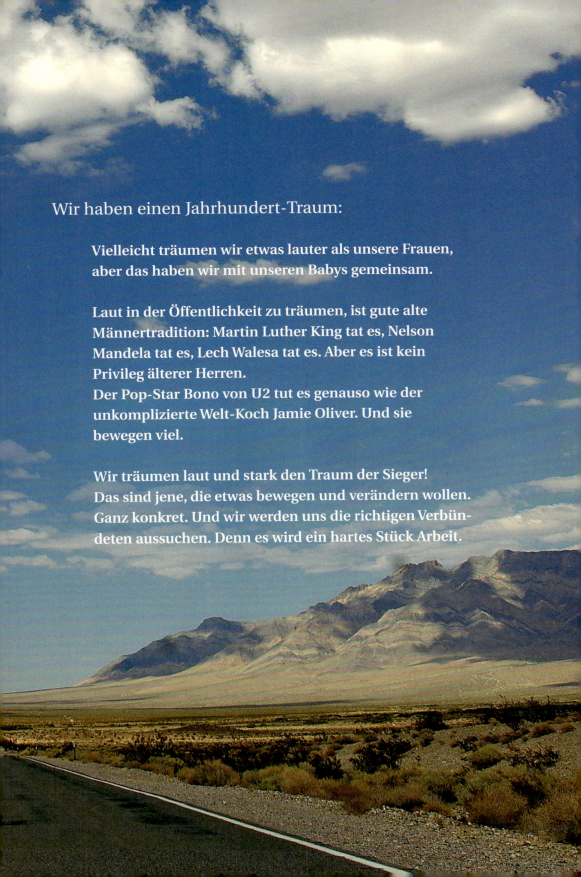

Wir haben einen Jahrhundert-Traum:

Vielleicht träumen wir etwas lauter als unsere Frauen, aber das haben wir mit unseren Babys gemeinsam.

Laut in der Öffentlichkeit zu träumen, ist gute alte Männertradition: Martin Luther King tat es, Nelson Mandela tat es, Lech Walesa tat es. Aber es ist kein Privileg älterer Herren.
Der Pop-Star Bono von U2 tut es genauso wie der unkomplizierte Welt-Koch Jamie Oliver. Und sie bewegen viel.

Wir träumen laut und stark den Traum der Sieger! Das sind jene, die etwas bewegen und verändern wollen. Ganz konkret. Und wir werden uns die richtigen Verbündeten aussuchen. Denn es wird ein hartes Stück Arbeit.

Der Weg zum gesunden* Kind

→ Der neue Generationen-Zug ist eine Reise in ein glücklicheres Jahrhundert!

→ Wir brauchen keinen Wertewandel!

→ Alles beginnt beim Bewusstseinswandel!

→ Chancen lassen wir uns nicht entgehen – schon gar nicht die Jahrhundert-Chance!

→ Auch Babys brauchen Rechte!

* Gesundes Kind heißt: körperliche, seelische, geistige, soziale und spirituelle Gesundheit in der Babyzeit als Basis für das gesamte Leben bis ins hohe Alter (= ganzheitliche Gesundheit).

RAUM FÜR MEINE GEDANKEN

....

....

....

....

....

....

....

....

Warum jetzt noch zögern? Die Reise durchs Leben ist das faszinierendste Abenteuer der Menschheitsgeschichte. **Machen wir sie zu einem Triumphzug!**

6

DIE REISE DURCHS LEBEN
Schreiben Sie Geschichte

Wer nicht spart, wird alles gewinnen.

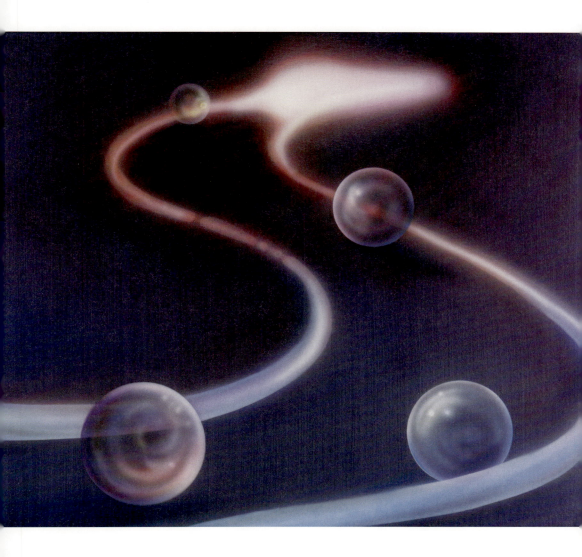

SCHWANGERSCHAFT

Gestern Nacht lag ich mit offenen Augen da, und meine Gedanken wanderten. Ich hörte dein Herz schlagen, mein Kind, dein kleines Herz. Und ich glaubte dich zu sehen: deine Augen waren geschlossen, dein friedliches Gesicht und dein kleiner Körper vollkommen entspannt. Ich bilde mir ein, dass du kurz deine Augen öffnetest, mich liebevoll ansahst und mir ein Lächeln schenktest.

Ich bin lange so dagelegen, in der Hoffnung auf ein weiteres Lächeln von dir.

Als ich am nächsten Morgen aufwachte, fühlte ich mich wahrhaftig als Vater ...

GEBURT

Als die Ärztin dich hochhebt, ich dich nach neun Monaten „Versteckspielens" zum ersten Mal sehe und höre, warte ich neugierig auf das „Glückshormon Vater". Vergeblich! Ich blicke in die Augen deiner Mutter, suche darin das überschäumende Mutterglück, den Taumel der Erlösung, den Tanz der tausend Gefühle. Stattdessen entdecke ich in ihren Augen Staunen – grenzenloses Staunen! Staunen, was alles möglich ist. Staunen, dass es dich gibt.

12. MONAT

Wenn ich dich restlos glücklich lachen sehe, wenn du das Glück förmlich herauslachst, ja sogar herausschreist, dann frage ich mich – und ich frage mich das immer und immer wieder: Warum kann ich nicht so glücklich sein?

Seit du zur Welt gekommen bist, entdecke ich immer mehr, was Leben heißt, was wirkliches Leben bedeutet – warum kann ich mich nicht so „richtig" fühlen?

Und beinahe neidvoll beobachte ich, wie du die Welt unbekümmert erlebst und wie du mit deinen beschränkten Möglichkeiten, allein mit Gestik und Stimme, dein wahres Ich verteidigst – und ich frage mich immer mehr: Warum kann ich nicht so ehrlich sein?

Zu deinem ersten Geburtstag wünsche ich mir, nur einen Tag, wahrlich wenigstens nur einen einzigen Tag, du zu sein. Ich wünsche mir zu deinem ersten Geburtstag, dass wir Erwachsene von unseren Babys lernen. Denn irgendwann müssen wir ja auch einmal so glücklich, so „richtig" und so ehrlich gewesen sein. Aber warum, warum haben wir das verlernt? Warum nur, frage ich mich voller Entsetzen.

Ein Baby zeigt uns, wie es sich fühlt. Fühlt es sich „richtig" (hat es also genug zu essen, ist es an der Brust der Mutter wohl behütet, fühlt es sich in den Armen des Vaters sicher), sonnt es sich in seinem Glück. Und zeigt uns das. Geht ihm etwas ab (stört ihn etwas an seiner Umgebung, möchte es etwas haben), zeigt es uns das ohne jeden Kompromiss. Es reckt seine Ärmchen oder schreit seinen Wunsch, sein Befinden, einfach heraus. Es lässt sich nicht erpressen, schon gar nicht täuschen.

Wir Erwachsenen schmeicheln und umschmeicheln uns, gehen mit der Wahrheit oft um wie mit einem Feind, lassen uns durch tausend Banalitäten die Ruhe des Tages und der Nacht rauben, machen den Verstand zu unserem obersten Herrn, hecheln Freizeitabenteuern nach, machen Kompromisse über Kompromisse – und versäumen zu leben. Richtig zu leben. Zu leben wie ein Baby. Zu leben wie du.

Dieses Vergessen verhindert, dass ich sagen kann: Ich bin glücklich! Ich fühle mich „richtig"! Ich bin ehrlich! Ich habe mir vorgenommen, zu deinem zweiten Geburtstag diese Sätze in die Welt hinauszuschreien! Und alle, alle sollen es hören!

Danke, Baby. Ich habe schon im ersten Jahr deines Lebens viel von dir gelernt.

24. MONAT

Liebes Baby, du lehrst mich, richtig zu fühlen … richtig zu leben … richtig zu lieben …

Was Gefühl und Leben und Liebe wirklich sind, habe ich entdecken dürfen, als ich von einer Reise zurückgekehrt war. Damals hatte ich dich einige Tage nicht gesehen. Ich bin in den Garten eingetreten, und du bist unter der großen Birke mit deiner Mutter gestanden. Als du mich bemerkt hast, haben sich deine Augen weit geöffnet. Mit großen Pupillen hast du mich angestarrt. Mit einem Blick, der aus unendlicher Tiefe zu kommen schien. Um deinen Mund spielte kein Lächeln. Minutenlang hast du mich so angesehen. Es hat mir fast das Herz gebrochen, deine Traurigkeit über meine Abwesenheit nachträglich nachzuleiden. Endlich hast du deine Arme erhoben und sie nach mir gestreckt. Ich habe dich liebevoll aufgenommen und an mich gedrückt. „Papa … Papa …", hast du immer und immer wieder geflüstert. In deinem Ton schwang eine Zärtlichkeit, die ich nie für möglich gehalten hätte …

In diesem Augenblick, ich werde ihn nie vergessen, habe ich das tiefe Glück empfunden, geliebt zu werden … Lange sind wir so gestanden … Mit deinen zarten Händchen hast du über meine Haare gestrichen … und über mein Gesicht … und immer wieder hast du geflüstert: „Papa … Papa." Deine Mama ist vor uns gestanden, und aus ihren Augen leuchtete Glück …

Warum weigern wir uns, von unseren Babys zu lernen?

36. MONAT

Heute haben wir drei Kerzen auf deiner Geburtstagstorte angezündet.

Du hast wie immer fasziniert in die kleinen Flämmchen geschaut, als sie hochzüngelten und das Wachs langsam auf die von Mama gebackene Torte tropfte …

Die Tropfen haben in uns Erinnerungen ausgelöst … wir haben dir Stress zugefügt, als Mamas Ärztin im 5. Monat der Schwangerschaft uns zu einer Fruchtblasen-Untersuchung riet … es könnte mit dir etwas nicht in Ordnung sein …

Wir haben dich intensiv getragen … wir haben unsere Haut an deine geschmiegt … du schläfst noch heute mit uns … und wir haben dich nie schreien lassen … und dir immer bedingungslosen Respekt gezollt … diese Formung hat deinen schlechten Start ins Leben korrigiert …Wir alle haben die Chance, Mängel zu korrigieren!

Ihr Babys seid wie Schutzengel! Wenn ihr unseres Respekts gewiss seid, könnt ihr manchen Kraftakt bewältigen …

Nun wirst du in den Kindergarten gehen, und wir werden noch weiter loslassen … du wirst Freunde und Freundinnen gewinnen … und neue Erfahrungen sammeln … und du wirst Schritt für Schritt weitergehen …

Noch bist du ein Kind … bald wirst du ein Jugendlicher sein … und rascher, als es uns lieb ist, wirst du erwachsen sein … und doch werden wir uns mit dir freuen … und du mit uns … du und deine Partnerin werdet eure Kinder noch „richtiger" formen als wir… und wir werden zurückdenken an die Zeit, als du uns anvertraut wurdest … als ein geborgtes Geschenk … ein Geschenk, wie es größer nicht sein könnte … für das es sich lohnt, zu leben …

„Danke, Baby, wir haben viel von dir gelernt!"

Schreiben Sie uns Ihre Gefühle: www.myway.org

Natürlich benötigt ein Kind auch nach seinem dritten Lebensjahr eine stabile Elternschaft.

Aber durch sein neues Bildungsverhalten setzt eine „nach außen orientierte Lebensphase" ein ...

„Hallo Europa, wie geht es dir?"

(Originalzitate von Europäerinnen und Europäern)

„Mann zu sein, ist nicht die Fähigkeit, Leben zu erzeugen, sondern die Fähigkeit, Leben zu formen."

„Eltern sind die ultimativen Zeitreisenden. Die Vergangenheit informiert uns. Und der Einfluss, den wir auf unsere Kinder und unsere Kindeskinder haben, bedeutet buchstäblich, dass wir die Unendlichkeit berühren."

So schaffen wir ein neues Europa ...

Im vergangenen Jahrhundert verließen die klügsten Köpfe Europa und machten Amerika zu einer Weltmacht.

Heute ist es unser Auftrag, der kommenden Generation den physischen, psychischen und sozialen Raum zu schaffen, in dem Phantasie, Kreativität und Lebensfreude entstehen können.

Erfüllen wir uns den Traum von einer sicheren und lebenswerten Zukunft in einem glücklichen Europa!

Bescheren wir uns und unseren Kindern den größten Gewinn!

Gewidmet
meinen Kindern Walter und Erich
und allen Babys dieser Welt

Dank
an meine Frau Natalie, meinem Freund Karl F. Stifter, meinem Wegbegleiter Ernst Beinstein und allen, die dieses Projekt unterstützen, allen voran Stefan Frei.

Wissenschaftliche Begleitung:
Chris Bobel und Kyle Pruett (USA), Peter S. Cook (Australien), Ludwig Janus (Deutschland), Evelin Kirkilionis (Usbekistan), Frédérick Leboyer (Frankreich), Karl F. Stifter (Österreich), Kotoko Suzuki (Japan), Mandy Young (Südafrika)

Gestaltung und Begleitung
Isabella Poredos, Daniel Adolph, Helmut Stefan
Assistenz: Susanne Feichtinger
Der Weg des Lebens 1–16: Michael Fleck
Fotos: Pedro Salvadore
Illustrationen: Ander Pecher
Layout & Grafiken: Fuhrer

Umfragen
Wenn nicht anders angegeben,
wurden alle Umfragen online im Auftrag der internationalen my way-Stiftung durchgeführt.

Hinweis
Der Reinerlös aus den Verkäufen dieses Buches fließt der internationalen my way-Stiftung und der „Academy for Professional Parenting" zu Forschungszwecken, für Initiativen und Elternhilfen zu. Mehr unter www.myway.org.

© by Tantum, 2010, Vienna

Dieses Werk ist urheberrechtlich geschützt. Die dadurch begründeten Rechte, insbesondere die der Übersetzung, des Drucks, des Vortrags, der Entnahme von Abbildungen und Tabellen, der Funksendung, der Mikroverfilmung oder der Vervielfältigung auf anderen Wegen und der Speicherung in Datenverarbeitungsanlagen, bleiben vorbehalten. Zuwiderhandlungen unterliegen den Strafbestimmungen des Urheberrechtsgesetzes.

ISBN:978-3-200-01887-7

Erich Bruckberger

Buch 3

Die neuen Eltern

Wie 9+36=90 die Welt verändert

9 + 36 = 90®
Die Lebensformel

Tantum

Für unsere Kinder

9+36=90 kann das Bewusstsein der Menschen verändern.
Dann ist auch der Klima-Wandel kein Problem mehr.

Erich Bruckberger

Das wissenschaftliche Manifest

Die 7 unverzichtbaren Bedürfnisse von Kleinkindern

T. Berry Brazelton (Professor an der Harvard Medical School) und Stanley I. Greenspan (Professor für Pediatrics und Psychiatry an der George Washington University) fordern für Kinder:

1.
kontinuierlich fördernde Beziehungen:
Jedes Baby braucht ein warmes, inniges Verhältnis zu seinen Eltern über einen Zeitraum von Jahren, nicht Monaten oder Wochen. Dies ist viel wichtiger für die emotionale und intellektuelle Entwicklung als frühzeitiges geistiges Lernen oder erzieherische Spiele. Sollte diese Beziehung nicht vorhanden oder unterbrochen sein, so kann das Kind eine Behinderung in Bezug auf Vernunft, Adaption und Bindung bekommen. Babys brauchen diese fördernde Interaktion die meiste Zeit über, wenn sie wach sind.

2.
physischen Schutz und Geborgenheit:
Sowohl im Bauch als auch im Kleinkindalter brauchen Kinder eine Umgebung, die Schutz vor physischen und psychischen Gefahren, chemischen Einflüssen und Gewalt bietet.

3.
Förderungen, die den individuellen Unterschieden gerecht werden:
Jedes Kind hat ein einzigartiges Temperament. Die Erfahrungen sollten darauf abgestimmt werden, um die individuelle Natur eines Kindes zu fördern, um so Lern- und Verhaltensstörungen zu verhindern. Das ermöglicht es dem Kind, sich innerhalb seines Potenzials voll zu entwickeln.

4.
entwicklungsgerechte Fürsorge:
Kinder verschiedenen Alters brauchen Fürsorge, die sich ihrer jeweiligen Entwicklungsstufe anpasst. Unrealistische Erwartungen können Kinder in ihrer Entwicklung hemmen.

5.
Limits, Strukturen und Erwartungshaltungen:
Kinder brauchen Strukturen und Disziplin. Sie benötigen Disziplin, die von ihnen akzeptierte Grenzen mit sich bringt, um Aggressionen richtig zu katalysieren und friedliche Konfliktlösungen zu ermöglichen. Sie brauchen ein Belohnungssystem und kein Modell, das Fehler aufrechnet.

6.
stabile, unterstützende Gemeinschaften und Kulturen:
Um sich ganzheitlich und integriert zu fühlen, müssen Kinder in einer stabilen Gemeinschaft aufwachsen. Das bedeutet eine Kontinuität in den Werten innerhalb der Familie und Kultur sowie die Auseinandersetzung mit Unterschieden.

7.
eine gesicherte Zukunft:
Alle Bedürfnisse zu befriedigen, sollte unsere oberste Priorität sein. Wenn wir hier versagen, gefährden wir die Zukunft unserer Kinder.

Prof. Dr. Gerald Hüther:

„Ich glaube nicht, dass Wissenschaft irgendetwas fordern kann aufgrund von Erkenntnissen, die sie gewonnen hat, sondern ich denke, dass neue wissenschaftliche Erkenntnisse sich in der Bevölkerung ausbreiten müssen.

Dass viele Menschen verstehen lernen, welche Voraussetzungen Kindern geboten werden müssen, damit sie die in ihrem Gehirn angelegten Potentiale auch wirklich entfalten können. Und wenn immer mehr Menschen verstehen, was so wichtig ist für Kinder, dann können sie auch entsprechenden Druck auf die Politiker ausüben. Dann wären die Politiker gefragt, die entsprechenden Maßnahmen zu ergreifen."

Prof. Dr. Gerald Hüther ist Leiter der Zentralstelle für Neurobiologische Präventionsforschung der Universitäten Göttingen und Mannheim/Heidelberg.

Buch 3

Buch 1		Wie Kinder gesünder, glücklicher, aggressionsfreier werden
EUROPA HEUTE	11	
	13	„HALLO EUROPA, WIE GEHT ES DIR?"
DIE ZEIT IST REIF	17	
	19	1 DIE PRÄGUNG Ist es Zufall oder Glück, ob eine Lebensformung positiv oder negativ ausfällt?
	45	2 DIE SCHWANGERSCHAFT Es kommt im Leben auf die kleinen Dinge an
	75	3 DIE GEBURT – mit Babys Augen Ich will zurück nach Hause
	101	4 DIE GEBURT – mit den Augen der Eltern Die Familien-Hochzeit
	121	5 HAUTKONTAKT UND STILLEN Die Magie der Berührung
	143	6 TRAGEN UND FAMILIENBETT Wie heißen die begehrtesten Plüschtiere der Welt?
	167	7 SCHREIEN UND RESPEKT Ich will leben, intensiv und laut
	203	8 DIE KRIPPE Eine Einrichtung für die Erwachsenen
	231	9 DIE EMOTIONALE KINDESMISSHANDLUNG Wo ist mein Schutzengel?
	257	10 DIE NEUE CHANCE Es ist (fast) nie zu spät

Buch 2

EUROPA MORGEN

Wie junge Mütter und Väter einen neuen Staat schaffen

11

23   1   GANZHEITLICHE GESUNDHEIT
Wir wissen nicht alles, aber wir wissen mehr,
als wir glauben

51   2   DIE NEUE MUTTER
Nicht Übermutter, nicht Rabenmutter – nur du

75   3   DER NEUE VATER
Männer brauchen Babys

107   DIE TRENNUNGSVÄTER

125   4   PROFESSIONELLE ELTERNSCHAFT
Wie viel Herz, Mut und Verstand haben wir?

175   5   DIE JAHRHUNDERT-CHANCE
Bereiten wir eine Revolution vor!

191   6   DIE REISE DURCHS LEBEN
Schreiben Sie Geschichte

Buch 3

GLOBALES WISSEN

Wie 9+36=90 die Welt verändert

11

15   Ludwig JANUS (Deutschland)
Vorgeburtliche und geburtliche Traumen

27   Evelin KIRKILIONIS (Usbekistan)
50 Millionen Jahre „Traglingstradition"

39   Karl F. STIFTER (Österreich)
Frühkindliche Lernvoraussetzungen für Sexualisation
und Liebesfähigkeit

51   Chris BOBEL (USA)
Die Vision von einem familienfreundlichen Utopia

65   Peter S. COOK (Australien)
Positive Auswirkungen einer engen Eltern-Kind-Bindung

79   Kotoko SUZUKI (Japan)
Die traditionellen japanischen Bräuche bei Geburt
und Kinder-Betreuung

87   Mandy YOUNG (Südafrika)
Die Ökotherapie

GLOBALES WISSEN

Globales Wissen aus erster Hand!

Die my way-Stiftung hat sieben internationale Wissenschaftler aus den verschiedensten Fachrichtungen gebeten, die Wichtigkeit der Lebensformung während der Schwangerschaft und in den ersten drei Lebensjahren eines Menschen aus ihrem jeweiligen Blickpunkt zu beleuchten und zu dokumentieren.

Die folgenden Seiten sind eine kurze Reise durch eine große Welt. Lassen Sie sich überraschen …

Vorgeburtliche und geburtliche Traumen

„Der Brücke ins Leben fehlen ein paar Teile ..."

LUDWIG JANUS
Deutschland

Ludwig Janus ist Psychoanalytiker, früherer Präsident der „Internationalen Studiengemeinschaft für pränatale und perinatale Psychologie und Medizin" (ISPPM) und Mitherausgeber der „Internationalen Zeitschrift für pränatale und perinatale Psychologie und Medizin". Er ist weiters Autor von „Der Seelenraum des Ungeborenen" und „Die Psychoanalyse der vorgeburtlichen Lebenszeit und der Geburt".

Ludwig Janus ist Vater von drei Töchtern und drei Söhnen.

Erst in den letzten zwei Jahrhunderten wurde entdeckt, dass die Erfahrungen, die wir als Kinder gemacht haben, in unserem erwachsenen Erleben fortwirken können.

Dabei war die Beobachtung der Tiefenpsychologie vor einhundert Jahren bedeutsam, dass seelische Schwierigkeiten, unter denen wir als Erwachsene leiden, durch Verängstigungen und Verunsicherungen in der Kindheit bedingt sein können. Man dachte dabei zunächst an die Erfahrungen des drei- bis fünfjährigen Kindes. Vorerst war unklar, ob dies auch für die Zeit davor gälte. Nur langsam und in vielen einzelnen Schritten wurde im Laufe des letzten Jahrhunderts entdeckt, dass auch unsere vorsprachliche Lebenszeit als Baby und als Kind, während und vor der Geburt, zu unserer eigenen Erlebensgeschichte gehört.

Als Menschen lernen wir mit eineinhalb bis zwei Jahren das Sprechen. Wir sprechen dann über die Dinge, die uns gerade wichtig sind, nicht aber über die Ereignisse in unserer Babyzeit, während der Geburt oder in der vorgeburtlichen Zeit, seien sie auch noch so bedeutsam gewesen. Diese vorsprachlichen Ereignisse sind scheinbar vergessen. Erst allmählich hat man erkannt, dass die vorsprachlichen Ereignisse durchaus erlebt wurden. Sie können in unseren Gefühlen, in unseren Körperempfindungen und in unseren Phantasien und Träumen fortleben. Sie haben sich also unserem Gedächtnis eingeprägt. Dieses Gedächtnis ist vorsprachlich, ganzheitlich und körperlich – es wird das ganze Ereignis in all seinen Empfindungen, Gefühlen und Zuständlichkeiten gespeichert.

Diese Urerfahrungen bleiben als eine Art Hintergrundfilm in unserem Leben erhalten und können sich, durch äußere Ereignisse aktiviert, als positive oder negative Gefühle und Empfindungen bemerkbar machen.

Entdeckt wurden diese Zusammenhänge zunächst am dramatischen Ereignis einer belastenden Geburt. Man erfand das einprägsame Wort „Geburtstrauma", um auszudrücken, dass das Kind seine Geburt als traumatisch und mit großer Angst erleben kann. Hierdurch kann das Kind in seinem Verhältnis zur Welt verunsichert und negativ vorgeprägt sein. In so einem Fall scheut es alle Veränderungen, Konflikte und Krisen und wirkliche Konfrontationen, die das „Geburtstrauma" wieder aktivieren könnten. Eine Situation, die in diesem Sinne Geburtsgefühle und Geburtsängste auslösen kann, ist z. B. das Ende einer wichtigen Beziehung oder auch das Ende einer psychotherapeutischen Behandlung. Krisenhafte Gefühle von Verlust, aber auch von Neuanfang können damit verbunden sein. Der Psychoanalytiker Otto Rank (1924) entschlüsselte dies als eine Wiederholung von Geburtsgefühlen. Die Rede vom „Geburtstrauma" ist aus heutiger Sicht einseitig, weil in der Geburtserfahrung auch enorme positive Potenziale enthalten sind: Die Geburt ist ein erstes großes Abenteuer, eine große Leistung, die uns unsere vitalen Kräfte und unseren Lebenswillen erleben lässt. Dies kann unsere spätere Kraft, Grenzen zu überschreiten und neue Welten zu suchen und zu gestalten, bestätigen.

Es dauerte dann noch einmal gut zwanzig Jahre, bis der ungarische Psychoanalytiker Nandor Fodor (1949) noch weiter zurückging und entdeckte, **dass auch vorgeburtliche traumatische Ereignisse lebenslange Auswirkungen haben können und durch entsprechende Belastungen aktiviert werden können.**

Das können Unfälle der Mutter während der Schwangerschaft sein, der Verlust von Angehörigen oder auch soziale Notsituationen und Ablehnung der Schwangerschaft bis hin zu Abtreibungsversuchen. Erst ganz allmählich begann und beginnt man sich mit diesen Zusammenhängen auseinanderzusetzen. Sie haben das frühere Allgemeinverständnis gegen sich, dass das seelische Erleben beim Kind erst mit der Sprache, also mit eineinhalb bis zwei Jahren, beginnt, und dass das Kind davor gewissermaßen nur reflexhaft reagiert. Auch hier erkannte man erst später die enorme Bedeutung guter vorgeburtlicher Erfahrung als Quelle von Vertrauen und Zuversicht.

Parallel zu diesen Entdeckungen der vorsprachlichen Erlebenswelt des Kindes wurde die Besonderheit der menschlichen Frühentwicklung erkundet. Erst in den 20er-Jahren stellte man fest, dass die Geburt, obwohl sie ein „natürliches" Ereignis ist, in viel größerem Ausmaß, als man bis dahin angenommen hatte, eine Grenzbelastung für den kindlichen Organismus ist. Häufiger als gedacht sind die Verformungen des Kopfes bei der Geburt auch mit Verletzungen in diesem Bereich verbunden[1]. Von daher war klar, **dass die Geburt für das Kind je nach Verlauf mit großer oder auch überwältigender Angst und verwirrenden Gefühlen verbunden sein kann.**

Die menschliche Geburt hat die Besonderheit, dass sich wegen des querovalen Beckeneingangs und des senkrecht hierzu stehenden Beckenausgangs das Kind gewissermaßen durch den Geburtskanal „hindurchschrauben" muss. Daraus ergeben sich verschiedene Komplikationsmöglichkeiten, die von den Geburtshelfern im Einzelnen analysiert wurden. Wachsendes medizinisches Wissen machte es möglich, dass Geburten immer sicherer wurden, wozu auch die Kaiserschnittoperation und ihre Entwicklung wesentlich beitrugen. Geburt und Geborenwerden haben dadurch viel von der Angst und dem Schrecken verloren, mit denen sie wegen der Todesgefahr für das Kind und die Mutter immer verbunden waren. Erst aufgrund dieser gewachsenen Sicherheit können wir uns heute der seelischen Seite der vorgeburtlichen Lebenszeit und der Geburt unbefangener und unbelasteter annähern. Dass dies seit

[1] Schwartz 1964

dreißig, vierzig Jahren in immer breiterem Maße geschieht, hat auch den Grund, dass das Kind vor der Geburt durch vorgeburtliche Filmaufnahmen und Ultraschall sichtbar und damit im wahrsten Sinne des Wortes unübersehbar wurde.

Eine weitere Vertiefung im Verständnis der Besonderheit des menschlichen Lebensanfangs war die Klärung, dass menschliche Babys biologisch zu früh geboren werden. Der Biologe Adolf Portmann (1969) sprach von einer „physiologischen Frühgeburtlichkeit". Der Grund hierfür liegt darin, dass der Beckenring wegen des aufrechten Ganges fest und geschlossen sein musste. Gleichzeitig wurde aber in der Stammesgeschichte der Kopf wegen des größeren Hirnvolumens immer größer. Die „Lösung" war eine Verkürzung der Schwangerschaft, damit das Kind trotz seines größeren Kopfumfanges geboren werden konnte. Darum sind menschliche Babys besonders hilflos und haben eine vergleichsweise lange Babyzeit.

Im Vergleich zu den Primaten sind menschliche Mütter und Väter in besonderer Weise fürsorglich und haben einen ausgeprägteren Familiensinn. Dadurch ermöglichen sie ihren so empfindlichen Babys ein Überleben. Die Familie bildet also im ersten Lebensjahr einen elementaren Schutzraum. Dieser Schutzraum ist ein sozialer Beziehungsraum, der den biologischen Mangel der zu frühen Geburt und der langen Hilflosigkeit des Babys überbrückt. Und die gesellschaftliche Gruppe wiederum schützt die familiären Räume mit der Ausbildung ihrer besonderen Gruppenkultur.

Zusammenfassend können wir sagen, dass nicht die Geburt allein die Brücke in die Kindheit ist, **sondern dass die Geburt zusammen mit der Babyzeit die Brücke vom vorgeburtlichen Raum zur Kindheit bildet.** Diese Brücke kann je nach kulturellen Bedingungen sehr unterschiedlich gestaltet sein und ist auch immer wieder in unterschiedlicher Weise gefährdet. Wie sie gestaltet ist, steht in tiefer Wechselwirkung mit der Gesamtkultur, wird durch sie geprägt und prägt diese gleichzeitig. Die aus biologischen Gründen unvollständige und gefährdete Lebensfähigkeit des Babys im „extrauterinen Frühjahr" wird, und dies ist spezifisch menschlich, durch ein Zusammenwirken von Instinkt und Kultur überbrückt.

Nachdem man zu Anfang des letzten Jahrhunderts gelernt hatte, unverarbeitete Kindheitsnöte als Wurzel späterer Nöte des Erwachsenen ernst zu nehmen, fragte man weiter, welche Bedeutung die Erfahrungen aus der davor liegenden Säuglingszeit und der Zeit vor der Geburt haben könnten. Hier waren zunächst nur ahnungshafte Aussagen möglich. So vermutete Sigmund Freud vor der Geburt einen Zustand seliger Selbstverliebtheit, den er „primären Narzissmus" nannte, nach dem wir uns im späteren Leben immer wieder zurücksehnen. Alfred Adler wiederum vermutete umgekehrt, dass der Stress der Mutter vor der Geburt das

Kind nachhaltig beeinträchtige, und formulierte, „alle Minderwertigkeit" sei „embryonalen Ursprungs". Unsere Mängel hätten also ihre Wurzel in vorgeburtlichen Beeinträchtigungen. Dies waren tiefe Ahnungen, doch erst Mitte des vergangenen Jahrhunderts trauten sich einige wenige Forscher konkreter zu werden. So beschrieb der ungarische Psychoanalytiker Nandor Fodor am Beispiel von einzelnen Patienten den Zusammenhang zwischen vorgeburtlichen Traumen und späteren Vernichtungs- und Vergiftungsängsten. In den 60er-Jahren experimentierte man mit den Wirkungen von LSD, einer Substanz, die einen in eine Art Traumzustand versetzt, in dem auch ganz frühe Erlebnisse wieder lebendig werden können. Diese Möglichkeit nutzte der griechische Psychiater Athanassios Kafkalides (1995), indem er das LSD Patienten mit schweren seelischen Problemen gab, die während ihrer vorgeburtlichen Zeit Beeinträchtigungen erlitten hatten. **Die Patienten konnten in dem durch das LSD erzeugten Traumzustand an vorgeburtliche Erinnerungen herankommen.** Kafkalides konnte durch diese Untersuchungen zeigen, wie bedeutsam das vorgeburtliche Milieu für das spätere Selbst- und Welterleben ist.

Hierzu das Beispiel eines „zurückweisenden Mutterleibes" („rejecting womb"). Eine schwer depressive Patientin, die sich seit ihrer Kindheit wie ein verängstigtes Tier fühlte, sich vor allem und jedem fürchtete, berichtete in der LSD-Sitzung Folgendes:

„Als ich meine Mutter schwanger sah, fühlte ich, dass ich in ihrem Bauch war, und sie schlug mich fürchterlich. Mir wurde klar, dass sie mich abtreiben wollte, und ich fühlte mich ängstlich, weil jeder gegen mich war, und ich fühlte mich sehr schwach ... Ich fühle mich ständig tot und verteidige mich ständig. Wann komme ich aus dieser Situation heraus?"[2]

2 Kafkalides 1995, S. 65

Umgekehrt können positive Selbst- und Weltgefühle ihre Wurzel darin haben, dass das Kind sich erwünscht und willkommen fühlt in einem „accepting womb", d. h. in einem „annehmenden Mutterleib". **Es ist möglich, sich unter Anleitung in frühere Erlebenszustände bis in die vorsprachliche Zeit und sogar bis in die Zeit vor die Geburt hinein innerlich zurückzuversetzen und dabei in einer traumartigen, ahnungshaften Weise mit ganz frühen Erfahrungen in Berührung zu kommen.**

Man spricht hier von Regressionen oder Rückführungen. In solchen Regressionssitzungen kann es unter günstigen Bedingungen möglich sein, sich in die Mutterleibssituation hinein zurückzuversetzen. Dabei kann man die Erfahrungen tiefen Glücks, paradiesischen Aufgehobenseins und eines wunderbaren Getragenseins machen und sich vollständig genährt, gewärmt und umfassend sicher fühlen. Manchmal ist es auch möglich, mit großer Evidenz den Zusammenhang mit guten Situationen der Mutter in der Schwangerschaft herzustellen.

Es stellen sich zur Beschreibung dieser positiven vorgeburtlichen Gefühle wie von selbst Worte aus dem religiösen Bereich ein, die man mit dem Ausdruck „ozeanische Gefühle" zusammenfassen kann. Das Kind kann unter guten Bedingungen vor der Geburt elementare Erfahrungen eigener Kraft und eigener Vitalität machen, die in das spätere Selbst- und Lebensgefühl hineinstrahlen.

Positive vorgeburtliche Erfahrungen sind eine lebenslange Quelle für Zuversicht und Selbstvertrauen in einer Welt, die oft so gar nicht unseren Erwartungen entspricht.

Aus den LSD-Versuchen von Kafkalides kann man schließen, dass in Erfahrungen beglückender Sexualität auch glückhafte Urerfahrungen aus der Zeit vor der Geburt wieder lebendig werden können, etwa im Gefühl eines „himmlischen" Schwebens. Ebenso können Grenzerfahrungen in der Natur, wie sie die romantische Malerei in der Weitung von Landschaften ins Kosmische dargestellt hat, hier eine Wurzel haben. Auch in rauschhaften Zuständen wird die Verbindung zu positiven Anfangserfahrungen gesucht. Drogen können hier ein Kurzschluss sein, der einen verhängnisvollen Sog ausübt. Die Erforschung der Auswirkungen von positiven vorgeburtlichen Gefühlen ist bisher weniger entwickelt. Die Leidfolgen früher Unglückserfahrung standen bisher ganz im Vordergrund des Interesses, weil von diesen eine stärkere Motivation ausging, die Zusammenhänge zu verstehen.

Mitte des letzten Jahrhunderts begann die wissenschaftliche Forschung zu den Auswirkungen vorgeburtlicher Erfahrungen mit der Untersuchung der Folgen von vorgeburtlichem Stress bei Menschen und bei Tieren, die in vielfältiger Weise zeigte, **dass – vereinfacht ausgedrückt – gestresste Mütter gestresste Kinder zur Welt bringen, die dann unruhig, empfindlich, krankheitsanfällig und in ihrem Verhalten verunsichert sind**[3]. Was aus solchen frühkindlichen Belastungen wird, hängt ganz wesentlich von den familiären Bedingungen und von den gegebenen Verarbeitungsmöglichkeiten ab. Im ungünstigen Fall addieren sich die Traumen, im günstigen Falle können sie in einem guten und akzeptierenden Milieu aufgearbeitet werden, was meist unbewusst im kindlichen Spiel und in der Beziehung mit den Eltern geschieht. So kann etwa Ängstlichkeit aus einer Notsituation während der Geburt durch Alleingelassen- oder Weggegeben-Werden danach unheilvoll vertieft werden oder eben unter günstigen Bedingungen durch Erfahrungen von Sicherheit und Zuwendung allmählich verarbeitet werden.

In den 60er- und 70er-Jahren wurde dann die Bedeutung der nachgeburtlichen Mutter-Kind-Bindung entdeckt und auch die praktische Konsequenz daraus gezogen – Mutter und Kind wurden nicht mehr wie früher getrennt, sondern durften zusammen-

---

[3] Van den Bergh 2002

bleiben[4]. Ihr Bedürfnis, sich nach dem Abenteuer der Geburt kennenzulernen und Zeit für die neue Ebene der Beziehung zu haben, wurde ernst genommen. Der Fachausdruck hierfür war „Rooming-in". Vieles, was heute selbstverständlich ist, war damals ganz neu und ungewohnt. Ganz vorsichtig und tastend waren darum die Annäherungen an die vorgeburtlichen Erfahrungen und die vorgeburtliche Beziehung, wie sie oben beschrieben wurden. **Doch allmählich sahen immer mehr Eltern in der vorgeburtlichen Kontaktaufnahme mit dem Kind die Chancen für eine Vertiefung der Eltern-Kind-Beziehung und für einen guten Lebensbeginn.** Was anfangs revolutionär und übertrieben erschien, gewann rasch Eingang in die sich entwickelnde Kultur eines beziehungsorientierten Umgangs mit Schwangerschaft und Geburt[5].

4 Klaus, Kennel 1983

5 Janus 1995

Diese Entwicklung schuf in der Öffentlichkeit ein neues Interesse an Fragen um Schwangerschaft und Geburt. Dadurch wurden auch die Psychotherapeuten dazu angeregt, die Frühzeit der Biografie mehr und mehr in ihre Aufmerksamkeit einzubeziehen und bei ihren Patienten die Frage zu klären, ob ihre Zeugung gewollt oder ungewollt war[6]. Besonders umschriebene traumatische Belastungen während der Schwangerschaft, wie ein Unfall, eine soziale Notsituation oder der Verlust eines nahen Angehörigen der Mutter, konnten in ihrer Folgewirkung im späteren Erleben als Neigung zu Panikreaktionen sowie Vernichtungs- und Verlustängsten intuitiv erfasst werden.

6 Häsing, Janus 1999, Levend, Janus 2000

Die Erfahrungen aus den LSD-Sitzungen konnten die Wahrnehmung für diese Zusammenhänge schulen. Eine massive Ablehnung der Schwangerschaft, die später nicht durch bessere Bedingungen verarbeitet werden kann, kann die Erwartungen an Beziehungen und die Welt folgenreich negativ vorprägen. **Dies kann zur Konsequenz haben, dass sich negative Urerfahrungen lebenslang immer wieder in den Beziehungen wiederholen oder reinszenieren, wenn es nicht gelingt, die Zusammenhänge zu durchschauen und aus der Wiederholung „auszusteigen".** Umgekehrt ermöglichen positive vor- und nachgeburtliche Erfahrungen ein Zutrauen zu sich und der Welt, das die Kraft und den Mut gibt, viele Schwierigkeiten zu meistern.

Das Urvertrauen, das man früher in positiven Kindheitserfahrungen begründet sah, hat – wie wir jetzt aus vielen Beispielen wissen – seine ursprünglichen Wurzeln in einer positiven vorgeburtlichen Beziehung, die dann nach der Geburt auf einer neuen Ebene „wieder gefunden" wird. Dies findet unmittelbar nach der Geburt im ersten Kontakt zur Mutter und zum Vater statt, der darum so bedeutsam ist.

Einen Sonderfall stellen die zu früh geborenen Kinder dar. Ihr Übergang von der Mutterleibswelt in die Säuglingswelt ist durch die Entbehrungen der Frühgeburtssituation belastet. Sie müssen ihre erste Lebenszeit in einem unbehaglichen Inkubator verbringen, den kontinuierlichen Kontakt mit der Mutter vermissen und vielerlei medizinische Maßnahmen wie Blutabnahme usw. über sich ergehen lassen. Lange Zeit stand hier das körperliche Überleben im Vordergrund. In den letzten Jahren wird aber deutlich, wie sehr auch diese Kinder auf seelische Unterstützung bei ihrem Weg in die Welt angewiesen sind, damit sich eine sichere Bindung entwickeln kann[7]. Andernfalls kann die Schwächungs- und Entfremdungserfahrung der Frühgeburtssituation als eine sich immer wieder wiederholende Belastung mit ins Leben genommen werden. Dies kann in Form von Selbstentwertungs- und Entfremdungsgefühlen in Belastungssituationen gegenwärtig werden. Auch in Liebesbeziehungen kann die Entfremdungserfahrung im Inkubator störend hineinwirken. Darum ist das Kangarooing, d. h. das Halten des frühgeborenen Kindes am Körper der Mutter oder des Vaters, eine so bedeutende Alternative zum Inkubator, weil hier die emotionale Kontinuität gewahrt wird.

[7] W. E. Freud 2003

Bei der Entdeckung der Bedeutung der Geburt wurde zunächst die traumatische Seite betont. Doch gewann man im Laufe der Zeit, wie schon erwähnt, immer mehr auch ein Gespür für die Geburt als Grunderfahrung von sich selbst in einem tiefen Veränderungsgeschehen, in dem beim Wechsel von der Mutterleibswelt in die nachgeburtliche Welt alles anders wird.

Dieser Wechsel kann je nach den Bedingungen der Geburt als ein Abenteuer erlebt werden, als eine „Himmelfahrt" oder eine „Höllenfahrt", als ein Verhängnis, eine Qual oder auch als eine Erlösung und „Neugeburt". Auch diese Erfahrung ist in einer gefühlsmäßigen Weise dafür prägend, wie wir später Veränderungen und Entwicklungen erleben.

Die Geburt kann hier schwächend sein und die Folge haben, dass wir später Veränderungen meiden. Sie kann aber auch stärkend und ermutigend sein, sodass wir immer wieder neue Transformationen und Aufbrüche in neue Welten suchen. Die Heldengeschichten von siegreichen Drachenkämpfen und Abenteuern sprechen in einer symbolischen Sprache hiervon, worauf ich noch zurückkomme.

Wenn unsere Geburt ein so prägendes Erlebnis ist, wie viele Beispiele zeigen, dann erscheint es mir für jeden Menschen bedeutsam, sich mit den Bedingungen seiner Geburt und den möglichen Nachwirkungen auseinanderzusetzen. Dies gilt natürlich noch mehr, wenn es bei einer Geburt Schwierigkeiten gab, sie verzögert war, es zu einem Stillstand kam oder eine medizinische Intervention wie Saugglocke oder Kaiserschnitt nötig wurden. Die Art und Weise, wie wir tiefere Lebensveränderungen erfahren, kann dadurch vorgeprägt oder auch verzerrt werden. Dann kann es fruchtbar sein, sich mit diesen Verzerrungen eigens auseinanderzusetzen.

Hierfür entwickeln sich auch allmählich Selbsterfahrungsmöglichkeiten. Man kann sich die Art der Nachwirkung auch ein Stück weit selbst ableiten:

Bei einem Geburtsstillstand kann die Folge sein, dass später Stockungen, wie das Warten vor einer Supermarktkasse oder im Verkehrsstau, nur schwer ertragen werden können; bei einer Saugglockengeburt kann eine Ängstlichkeit in Nähesituationen entstehen. Die Erfahrung einer Geburt per Kaiserschnitt kann sich in folgenden Eigentümlichkeiten widerspiegeln: Passivität in Situationen, die rasches Handeln erfordern, Abwehrverhalten gegen Einflüsse von anderen, die Schwierigkeit, zielstrebig zu handeln, und Schwierigkeiten mit Grenzen.

In den letzten Jahren sind die frühen Bindungsbedürfnisse des Kindes im Anschluss an die Entdeckungen von John Bowlby sehr intensiv untersucht worden[8]. Man unterscheidet die sichere Bindung von der unsicher-vermeidenden und der chaotischen Bindung. Die Bindungsforschung konnte zeigen, welch langfristige Bedeutung diese frühen Bindungsformen für die Gestaltung späterer Beziehungen haben. Insbesondere muss heute der Psychotherapeut um diese Zusammenhänge wissen, aber auch für den Laien kann es nützlich sein, sich mit seinem Bindungs- und Beziehungsstil und dessen Vorgeschichte auseinanderzusetzen. Als man die Bedeutung der Bindung und der Art des Verbundenheitsgefühls in der frühen Elternbeziehung entdeckte, gewann der Aspekt des Kontinuums so etwas wie eine wissenschaftliche Begründung. Nur im Kontinuum menschlicher Nähe und Bezogenheit kann sich Bindungssicherheit entwickeln. Darum kommt heute in der Regel das Kind nach der Geburt auf den Bauch der Mutter, und die Eltern bekommen Zeit, den Kontakt zu ihrem Kind aufzunehmen und es zu begrüßen[9]. Und dabei knüpft die nachgeburtliche Beziehung an die vorgeburtliche an.

8 Brisch 1999

9 Kennell, Klaus 1997

Vom inneren Fühlen und Empfinden her kennen sich die Mutter und das Ungeborene schon sehr innig. Und nach der Geburt setzen sie diese Beziehung auf einer neuen Ebene fort. Und je mehr auch der Vater schon mit dem Ungeborenen Kontakt aufgenommen hat, desto vertrauter wird er dem Kinde sein.

Durch Experimente kann man zeigen, dass das Kind nach der Geburt nicht nur die Stimme der Mutter erkennt, sondern ebenso die des Vaters oder auch die von Geschwistern.

Junge Eltern können heute von Anfang an eine Orientierung über die elementaren Bedürfnisse ihrer Kinder haben, die es früher in der Geschichte nicht gegeben hat. Dadurch ist es in den letzten Jahrzehnten zu einer dramatischen Verbesserung in den Eltern-Kind-Beziehungen in einem größeren Teil der Gesellschaft gekommen.

Dies ist neben der großen Sicherheit der Geburt heute ein Grund dafür, dass wir uns in den letzten Jahren auch den Bedürfnissen des Neugeborenen und des Kindes während und vor der Geburt einfühlend nähern können und aus dem hierdurch gewonnenen Wissen auch Konsequenzen ziehen können.

Die Lebensbedingungen der Kinder beeinflusst die ganze Atmosphäre einer Gesellschaft: Belastende Erfahrungen in der Kindheit wie Abwertung, Vernachlässigung und Gewalt werden vielfach von den späteren Erwachsenen in Form gewalttätigen grausamen Handelns erneut „in Szene" gesetzt. Das ist die prägende Wirkung von Kindheitserfahrungen.

Dass in den mitteleuropäischen Kulturen heute zunehmend Frieden herrscht, hängt ganz wesentlich mit der Verbesserung der Situation der Kinder zusammen. Unter Mithilfe von westlichem Einfluss wurde der Umgang mit Kindern allmählich gewandter, die Kinder wurden weniger geschlagen. Auch hier gilt: Nur ein Kind, das eine bestätigende, kontinuierliche und sichere Elternbeziehung erlebt hat, kann später als ein guter Demokrat die Meinung des anderen wirklich gelten lassen kann, ohne von Angst oder Feindseligkeit übermannt zu werden. Eine bedeutsame Rolle spielt hier sicher auch die Emanzipation der Frau. Die frühere Abwertung und Diskriminierung der Frauen beeinträchtigte ihre Möglichkeiten, ihren Kindern wirklich zu begegnen und sie in ihren Bedürfnissen zu respektieren.

Meine Ausführungen sollten die Grundlagenbedeutung der Wissenschaft vom Menschen und seiner Entwicklung sowie die Besonderheiten der menschlichen Geburt verdeutlichen. Aus biologischen Gründen verlangt die Geburt Mutter und Kind mehr ab und ist eine größere Grenzbelastung als bei den uns vergleichbaren Säugetieren.

Die Babyzeit und die damit verbundene Hilflosigkeit sind durch unsere „Frühgeburtlichkeit" verlängert. Beides muss dadurch ausgeglichen werden, dass die Gesellschaft die Mutter unterstützt, damit sie dem Kind trotz des biologischen Mangels der verkürzten Schwangerschaft einen ausreichenden Entwicklungs- und Bindungsraum bieten kann.

Man könnte es auch so ausdrücken: Der Brücke ins Leben fehlen einige Teile, die durch den sozialen Einsatz der Eltern ersetzt werden müssen. Dies schafft gleichzeitig wieder den Nährboden für verantwortliche Kultur, insofern das Kind erlebt, wie die Eltern, indem sie einen Schutzraum bilden, überhaupt erst sein Leben ermöglichen. Hier ist der Wurzelgrund für die späteren gesellschaftlichen Schutzräume bis hin zum „Schoß der Kirche" oder auch der Geborgenheit „meines Vereins" oder „meiner Partei".

Durch das im letzten Jahrhundert erarbeitete Wissen um die Grundbedürfnisse des Kindes während und nach der Geburt besitzen wir heute ein mächtiges Mittel zur Verfriedlichung unserer Gesellschaften und zur Unterstützung verantwortungsvoller Humanität.

Literaturverzeichnis – Ludwig Janus

Brisch, K. H.: Bindungsstörungen. Klett-Cotta: Stuttgart 1999.

Fodor, N.: The Search for the Beloved. A Clinical Investigation of the Trauma of Birth and the Prenatal Condition. University Books: New York 1949.

Freud, W. E.: Pränatale Bindung, das Pränatale Kontinuum und die psychologische Seite der Neugeborenen-Intensivpflege. In: Freud, W. E.: Remaining in Touch – zur Bedeutung der Kontinuität früher Beziehungserfahrungen. Edition Déjà-vu: Frankfurt 2003.

Häsing, H., Janus, L. (Hrsg.): Ungewollte Kinder. In: text-o-phon: Wiesbaden.

Janus, L.: Entwicklungen zu einer neuen Kultur im Umgang mit Schwangerschaft und Geburt. In: Gebären – Ethnomedizinische Perspektiven und neue Wege. VWB: Berlin 1995.

Janus, L.: Wie die Seele entsteht? Mattes: Heidelberg 1997.

Kafkalides, A.: The Knowledge of the Womb. Mattes: Heidelberg 1995.

Klaus, M., Kennell, J.: Mutter-Kind-Beziehung. Kösel: München 1983.

Klaus, M., Kennell, J., Klaus, P.: Der erste Bund fürs Leben. Rowohlt: Reinbek 1997.

Levend, H., Janus, L. (Hrsg.): Drum hab ich kein Gesicht – Kinder aus ungewollten Schwangerschaften. Echter: Würzburg 2000.

Portmann, A.: Fragmente zu einer Lehre vom Menschen. Schwabe: Basel 1969.

Puhar, A.: Die Kindheitsursprünge des Krieges in Jugoslawien. In: Janus, L., Kurth, W. (ed.): Psychohistorie, Gruppenphantasie und Krieg. Mattes: Heidelberg 2000.

Rank, O.: (1924) Das Trauma der Geburt. In: Psychosozial, Gießen 1998.

Rank, O.: (1932) Der Künstler. In: Psychosozial, Gießen 2000.

Schwartz, P.: (1964) Geburtsschäden bei Neugeborenen. Gustav Fischer: Jena.

Van den Bergh, B.: The effect of maternal stress and anxiety in prenatal life on fetus and child. In: Janus, L. (ed.): The Significance of Early Childhood for Later Life and Society, 2002. Bezug: Sekretariat der ISPPM, Friedhofweg 8, 69118 Heidelberg.

50 Millionen Jahre „Traglingstradition"

„Mit der Forderung, allein einzuschlafen, verlangen wir von einem Baby eine unmögliche Leistung."

EVELIN KIRKILIONIS
Usbekistan

Evelin Kirkilionis ist Gründungsmitglied der Forschungsgruppe „Verhaltensbiologie des Menschen", Autorin von „Ein Baby will getragen sein" und Mitautorin des „Lexikon der Biologie" sowie von „Mein Kind in guten Händen – Wie Kinderbetreuung gelingen kann".

Evelin Kirkilionis hat einen Sohn.

Homo sapiens sapiens ist zweifellos ein evolutionäres Erfolgsmodell. Millionen von Jahren zog er auf der Suche nach Nahrung in kleinen Gruppen umher, entwickelte ein ausgefeiltes Kommunikationssystem und erweiterte seine körperlichen Möglichkeiten durch Werkzeuge – um schließlich heute hinter einem Computer schweigend via Internet mit der gesamten Welt zu kommunizieren.

Millionen von Jahren trugen Mütter ihre Säuglinge während der Suche nach Nahrung am Körper, eingebunden in die soziale Kleingruppe, unterstützt bei der Betreuungsaufgabe durch die Gemeinschaft – um heute, weitgehend allein für die Kindbetreuung zuständig, ihr Baby in ein ruhiges, separates Zimmer in sein Bettchen zum Schlafen niederzulegen.

Vielleicht ebenfalls Millionen von Jahren gebaren Mütter ihre Kinder in einer ihnen bekannten Umgebung, im Kreise vertrauter, erfahrener Frauen – um heute umgeben von kaum bekannten Hebammen und Ärzten ihr Kind zur Welt zu bringen, in einem sterilen, apparativ perfekt ausgestatteten Kreißsaal.

Seit Langem steht außer Frage, dass unsere Arbeits- und Lebensgewohnheiten keineswegs denen unserer durch Evolution entstandenen Jäger- und Sammlergesellschaft entsprechen. **An diese heutigen Lebensbedingungen sind wir trotz unserer jahrtausendealten sesshaften Lebensweise nach wie vor nicht angepasst** – wohl wissend, dass hier so manches Mal die Ursachen für Krankheitserscheinungen und auffällige Entwicklungen zu suchen sind. Allmählich wächst auch das Unbehagen an der körperfernen, vom Kinderwagen und frühzeitiger Disziplinierung geprägten Betreuungsmethode unseres Kulturkreises.

Unsere vormenschlichen Ahnen betreuten ihren Nachwuchs ähnlich wie die uns heute verwandtschaftlich am nächsten stehenden Menschenaffenarten wie Schimpanse oder Bonobo. Die Jungen wurden ständig mitgenommen und verbrachten die frühe Lebensphase im engen Körperkontakt mit der Mutter, wobei sie sich mit Händen und Füßen frontal an ihrem Bauchfell anklammerten.

Für diesen Typ des Nachwuchses, der hieran angepasste, ganz charakteristische anatomische und physiologische Eigenschaften und Verhaltensbesonderheiten aufweist, prägte Hassenstein[1] den Begriff „Tragling". Nicht nur zu Beginn der Evolution des Menschen forderte die nomadische Lebensweise das beständige Mitnehmen des Nachwuchses.

Der menschliche Säugling ist ein Tragling, auch heute noch. Sein Platz ist am Körper vertrauter Menschen. Wir können von einer vier bis fünf Millionen Jahre alten Anpassung an das Getragenwerden ausgehen – bezie-

1 Hassenstein 1970

hen wir die vormenschliche Stammesgeschichte mit ein, sogar von einer rund 50 Millionen Jahre umfassenden „Traglingstradition".

Dieser stehen rund 10.000 Jahre gegenüber, in denen theoretisch ein Ablegen des Babys im Schutze einer Behausung möglich gewesen wäre. 10.000 Jahre sind für die menschliche Spezies jedoch eine viel zu kurze Zeitspanne, als dass sich genetische Veränderungen hätten manifestieren können.

Es ist daher kaum verwunderlich, dass Babys zunächst genau das nicht tun, was man von ihnen erwartet, wenn man sie in einem ruhigen, separaten Raum allein zum Schlafen ins Bett legt. In stammesgeschichtlicher Zeit war für einen Säugling Alleinsein gleichbedeutend mit Verlassensein. Eine lebensbedrohliche Situation also, die er mit allen ihm zur Verfügung stehenden Mitteln beenden musste. Sein Verlassenheitsweinen heute ist ein vehementes Signal an die Umwelt, ihn aus dieser beängstigenden Lage zu befreien.

Denn in den ersten Lebensmonaten kann ein Baby nicht erkennen, dass seine Eltern auch weiterhin existieren, wenn sie nicht zu hören, zu sehen, zu riechen oder fühlen sind.

Erste Anzeichen der so genannten Objektpermanenz sind mit einem halben Jahr zu erkennen. (Objektpermanenz ist die Fähigkeit zu wissen, dass etwas auch dann noch existiert, wenn es momentan nicht wahrgenommen werden kann.) Erst mit etwa neun Monaten weiß ein Kind sicher, dass etwas weiterhin existiert, auch wenn es nicht immer wahrzunehmen ist.

Mit der Forderung, allein einzuschlafen, verlangen wir von einem Säugling eine Leistung, zu der er in den ersten Lebensmonaten auch kognitiv nicht fähig ist.

Das Thema Schlafen ist wohl einer der wichtigsten Punkte, der über das Kontinuum-Konzept in die Diskussion um gängige Erziehungspraktiken einging. Ein Baby kann lernen, dass sein Weinen erfolglos bleibt, doch damit ändert sich nichts an seinen Bedürfnissen und Ängsten. Es findet sich lediglich mit einer solchen Situation ab.

Ein Säugling ist nicht nur hinsichtlich seines Bedürfnisses nach beständigem Körperkontakt an die Traglingssituation angepasst, sondern auch durch die sich hieraus ergebende Körperhaltung. Babys reagieren mit einer charakteristischen Beinstellung, werden sie hochgehoben, um auf die Hüfte gesetzt zu werden: mit der so genannten Spreiz-Anhock-Haltung. Die Oberschenkel werden dabei zu mehr als einem rechten Winkel angezogen, meist um 100 oder 110 Grad angehockt, während sie gleichzeitig eine

Spreizstellung von durchschnittlich etwa 47 Grad (gemessen von der Körpermedianebene) einnehmen. In dieser Haltung kann ein Kind durch Anpressen des gesamten Beins aktiv den Hüftsitz unterstützen[2].

2 Kirkilionis 1992, 1999

Die Spreiz-Anhock-Haltung, die eine ideale Orientierung von Oberschenkelkopf zu Hüftgelenkpfanne veranlasst, fördert die normale Ausreifung der noch weitgehend knorpeligen Strukturen des Hüftgelenkes. Eine Streckstellung begünstigt hingegen eine Dysplasie. (Unter der so genannten angeborenen Hüftdysplasie versteht man eine zu flache, gegebenenfalls zu steil stehende Hüftgelenkpfanne, was im Erwachsenenalter zu erheblichen gesundheitlichen Problemen führen kann.) Unterbleibt das phylogenetisch erforderliche Tragen in dieser Beinhaltung, unterbleibt auch das evolutionsbiologische Zusammenspiel von Form und Funktion[3].

3 Schiefenhövel 1996, Wahl 2001

Bei nordamerikanischen Indianerstämmen traten ausgeprägte Dysplasien bei 12,3 % der Säuglinge auf, wurden sie entsprechend der Tradition in gestreckter Körperhaltung auf so genannte „cradle boards" gebunden. Verwendete man diese Tragebretter nicht mehr, sank der Wert auf 1,2 %, was dem damaligen Durchschnitt auch in der nichtindianischen Bevölkerung entsprach[4].

4 Salter 1968

Kulturübergreifend sind in traditionalen Gesellschaften Säuglinge fast ununterbrochen in Körperkontakt mit der Mutter oder einer anderen vertrauten Person. Getragen und gehalten vom Vater, Tante oder Großeltern, herumgeschleppt von Geschwistern, nehmen sie an allen Aktivitäten teil, ohne ständig im Zentrum des Interesses zu stehen. Werden sie unruhig, bringt man sie sofort zur Mutter zurück, damit sie beruhigt oder gestillt werden können. Da die Arbeitswelt üblicherweise nicht von den sonstigen Lebensbereichen getrennt ist, bleibt das Baby in der Nähe der Mutter und ermöglicht so dieses stark entlastende „allo-mothering" durch andere Betreuungspersonen. Abgesehen von den Schlafenszeiten sind Babys nur etwa 50 % des Tages bei ihr.

In traditionalen Kulturen hört man Säuglinge nur kurz schreien, da ihre Bedürfnisse sofort befriedigt werden. **Es vergehen etwa zehn Sekunden zwischen dem kindlichen Signal und der Reaktion der Mutter.** Nicht die Schreihäufigkeit ist geringer im Vergleich zu westlichen Kulturen, sondern die Schreidauer [5].

5 Schiefenhövel 1996, Schiefenhövel 1984, Barr 1990, Bensel 2003

Die Stillsituation ist in traditionalen Kulturen zwanglos, selbst reguliert und problemlos. Koliken sind unbekannt, auch das Ausspucken der Milch, ebenso das bei uns übliche Halten über der Schulter und das berühmte Bäuerchen. Die Gründe sieht man mit darin, dass die Kleinen nach dem Stillen meist bald wieder aufrecht sitzen. Falls es Verdauungsprobleme gäbe, würde das Bäuchlein dabei automatisch massiert. Zudem bereiten die kleinen Portionen, die ein Säugling durch das häufige Stillen aufnimmt, kaum Schwierigkeiten. Als Tragling, der fast ständig Zugang zur vergleichsweise fett- und eiweißarmen Milch hat, ist er an diese geringen Stillabstände angepasst.

Eine Mutter der südafrikanischen Jäger-und-Sammler-Gesellschaft Kung-San stillt ihr Baby drei- bis viermal in der Stunde. Selbst in unserem westlichen Kulturkreis gibt es auffällige Unterschiede. Mütter in Kopenhagen stillen ihr Baby durchschnittlich alle 2,3 Stunden, während in Rostock 4,2 Stunden von einer Stillmahlzeit bis zur nächsten vergehen. Doch Stillen ist mehr als nur Nahrungsgabe. Nach etwa vier Minuten hat ein Baby über 84 % der benötigten Menge aufgenommen[6]. Anschließend wird zwar weiterhin immer wieder etwas getrunken, doch meist handelt es sich dabei um ein für das Wohlbefinden des Kindes nötiges Kontaktsaugen. Der Kontakt zur Brust ist eines der intensivsten Beruhigungssignale.

[6] Bensel 2003

Getragenwerden heißt nicht nur ständig Körperkontakt haben, sondern auch ständig in Bewegung sein. Dabei handelt es sich um Wahrnehmungen, die die Anwesenheit einer Betreuungsperson signalisieren. Diese Reizkombination beruhigt ein Baby nicht nur in dem Sinne, dass es in der sicheren Gewissheit der Nähe seiner Bezugsperson sofort einschlafen kann, wenn es müde ist. Entsprechend seines momentanen Aktivitätszustands regt das Tragen auch an. Denn ist ein Baby munter, kann es sich der Umwelt zuwenden, ebenfalls in der beruhigenden Gewissheit der Nähe seiner Sicherheitsbasis. **Aus der erhöhten Position am Körper seiner Eltern erhält ein Baby zudem mehr Anregungen als im Kinderwagen, von dem aus es lediglich undeutliche Umrisse der Eltern wahrnehmen kann.** Häufig getragene Säuglinge sind in ihrer wachen Zeit eher im sogenannten aufmerksamen Wachzustand, d. h. sie sind munter, aufmerksam und der Umwelt zugewandt.

Tragen beruhigt aber auch in dem Sinne, dass diese Babys weniger als Nicht-Tragekinder weinen. Auffallend ist, dass im zweiten Monat der ansonsten übliche „Schreigipfel" ausbleibt, d. h. eine Phase mit auffällig viel Unruhe- und Schreiperioden. Diese Babys erleben demnach nicht nur weniger durch Weinen ausgefüllte, belastende Stresszeiten, sondern verbringen auch ihre Wachphasen viel mehr in positiver Grundstimmung, in der sie offen für vielfältige Erfahrungen sind [7].

[7] Schiefenhövel 1996, Bensel 2003, Hunziker 1990

Die wohl älteste Form des Kindertransportes, das „Traglings-Konzept" also, hat nicht nur Bedeutung für die allgemeine körperliche Entwicklung, sondern auch für die gesunde Ausbildung des kindlichen Hüftgelenks und die Stillsituation. Unerwähnt blieb, wie Tragen alle Sinnessysteme beständig anregt und welche Bedeutung dies für die Ausreifung des zentralen Nervensystems hat. Ebenso die Bedeutung für die Entwicklung des Körpergefühls und Körperbewusstseins. **Tragen beeinflusst aber auch die emotionale und soziale Entwicklung und die Eltern-Kind-Beziehung – und bleibt nicht ohne Wirkung auf die tragende Person selbst.**

Eltern und Kind sind für eine gelungene Bindungsbeziehung gut gerüstet. So können Eltern auf unbewusste Fähigkeiten zurückgreifen, die ihnen den Umgang mit und den Zugang zu ihrem Baby erleichtern. Doch dieses so genannte intuitive Elternprogramm ist störanfällig. **Es kann nur zum Tragen kommen, wenn nicht Stress, Unsicherheit und Unruhe seine Aktivierung verhindern.** In unserer Gesellschaft, in der Eltern meist zum ersten Mal wirklich mit einem Baby umgehen, wenn es ihr eigenes ist, kann schon diese Unsicherheit ihre unbewussten Elternfähigkeiten beeinträchtigen. Mangels eigener Erfahrungen greifen sie zu einer Reihe von manchmal widersprüchlichen Ratgebern, die sie eher daran hindern, ihren eigenen elterlichen Gefühlen nachzugeben.

Wie oft werden Mütter und Väter von verschiedener Seite davon abgehalten, ihr weinendes Baby aufzunehmen und zu beruhigen, weil sie fürchten, es unbotmäßig zu verwöhnen und einen kleinen Tyrannen heranzuziehen. *„Er weint ja nur, weil er sich langweilt"* oder *„weil er nicht allein schlafen will"* zeigen zwar, dass Eltern die Bedürfnislage ihres Babys erkannt haben. Doch dieses Weinen wird als unbotmäßiger Anspruch und Störung des Tagesablaufs interpretiert statt als unbefriedigte Lernbereitschaft oder Kontaktsucheverhalten.

Ein großes Maß an Körperkontakt zwischen Eltern und Kind zieht sich als positiver roter Faden durch die Untersuchungen der Eltern-Kind-Bindung. Während des Tragens wird dem Baby intensiver Körperkontakt gewährt, aber nicht nur ihm. Die Eltern selbst fühlen jede Regung ihres Babys, spüren, ob ihr Kleines gleich aufwachen wird, die Windel gerade zum Einsatz kommt, es unruhig wird.

Durch den Körperkontakt können Eltern die Bedürfnisse ihres Babys eher erfassen – und sich schon im Voraus auf einen Windelwechsel einstellen oder nach einem geeigneten Ort zum Stillen umsehen. Kein langes Quengeln oder Weinen ist nötig, bis den Bedürfnissen des Babys nachgekommen werden kann. Auf der anderen Seite werden die Eltern durch ein meist zufriedenes Baby belohnt und können sich kompetent in ihrer neuen Elternrolle fühlen. Sich kompetent erleben bedeutet, sicher zu handeln, eher auf seine intuitive Elternschaft Zugriff zu haben, zuversichtlicher auch in schwierigen Situationen zu sein, die dann zumeist auch als weniger kritisch betrachtet werden. All dies lässt Eltern bereiter auf die Bedürfnisse ihrer Babys eingehen.

Diese Bereitschaft, feinfühliger zu reagieren, unterstützt andererseits den Aufbau einer sicheren Bindung vonseiten des Kindes. Das hat wiederum eine positive Wirkung auf die Eltern – ein ständig sich gegenseitig bestärkender Prozess, wurde er einmal in Gang gesetzt.

Der Beziehungsaufbau aufseiten des Kindes wird zunächst weitgehend vom Verhalten der Erwachsenen bestimmt. Eltern, die feinfühlig auf die Bedürfnisse ihres Babys und seine Signale eingehen, sind Eltern, zu denen Kinder eine sichere Bindung aufbauen können.

Feinfühligkeit bedeutet, dass 1) Eltern die Befindlichkeit des Säuglings früh wahrnehmen und 2) seine Äußerungen auch richtig interpretieren. Aber auch dass 3) die Reaktion prompt erfolgt, sodass ein Säugling die Verbindung zwischen seinem eigenen Verhalten und der elterlichen Handlung herstellen kann. Und schließlich dass 4) die Reaktion angemessen ist und im Einklang mit dem Entwicklungsstand des Säuglings steht.

Mit dem Begriff „Feinfühligkeit" wird also eine ganze Reihe elterlicher Verhaltensleistungen zusammengefasst, die weitreichende Wirkung auf das Kind haben. Durch die Einfühlsamkeit der Eltern erfährt ein Baby, dass es nicht hilflos den Gegebenheiten ausgeliefert ist, sondern etwas bewirken kann. So entstehen erste Gefühle der eigenen Effektivität und Kompetenz. Seinen Hilferufen aus dem momentanen Unbehagen heraus folgt eine Reaktion der Eltern. Ihr sofortiges und angemessenes Verhalten vermittelt ihm, dass es sich auf die Verfügbarkeit seiner Bezugspersonen verlassen kann. Verlässliche Zusammenhänge zwischen seinen Signalen und den Reaktionen der Eltern herstellen zu können, gibt Sicherheit[8].

Dass die Feinfühligkeit der Eltern durch Tragen gefördert wird, belegt eine Untersuchung in Familien, deren soziale Situation eher als kritisch beurteilt wurde und daher auch ein ungünstiger Verlauf der Eltern-Kind-Beziehung absehbar war. Vor der Entlassung aus dem Krankenhaus bat man einen Teil der Mütter, zukünftig möglichst regelmäßig einen Tragesack zu verwenden.

In den Nachfolgeuntersuchungen reagierten diese Eltern, die ihre Babys etwa dreimal die Woche getragen hatten, einfühlsamer auf ihre Kinder als die der Nichttragegruppe. Weitere Beobach-

8 Schleid 1997, Grossmann, Grossmann, Kindler, Scheurer-Englisch, Spangler, Stocker, Suess, Zimmermann 2003

tungen zeigten, dass die getragenen Kinder später tatsächlich auch statistisch abgesichert häufiger sicher an ihre Mütter gebunden waren als die Kinder der anderen Gruppe[9]. Die Mütter hatten durch die Verwendung der Tragehilfe mehr als sonst üblich Körperkontakt zu ihren Babys, reagierten daher feinfühliger, was wiederum das Bindungsverhalten des Kindes positiv beeinflusste.

Die klassischen Untersuchungen zur Eltern-Kind-Bindung von Baltimore, Bielefeld und deren Nachfolgearbeiten belegten die enge Beziehung zwischen elterlicher Feinfühligkeit und der später beobachtbaren sicheren Bindung des Kindes. Ebenso zu vielen als positiv bewerteten kindlichen Verhaltenseigenschaften.

So weinen sicher gebundene Kinder seltener, zeigen kaum ärgerliches, aggressives oder ängstliches Verhalten und sind allgemein ausgeglichener.

Es existiert ein ausgewogenes Verhältnis zwischen selbstständigem Spiel und Freude am Kontakt mit der Mutter, die Kinder suchen ihre Nähe im Leid, lösen sich aber ebenso wieder von ihr, sobald sie getröstet sind. **Sie haben längere eigenständige Spielphasen, und bereits gegen Ende des ersten Lebensjahrs sind diese Kinder eher bereit, auf Ge- bzw. Verbote der Eltern einzugehen und ihre Anweisungen zu befolgen. Eltern profitieren tatsächlich schon bald von ihrer anfänglichen Antwortbereitschaft**[10].

Feinfühliges Eingehen auf die Kinder mit all ihren individuellen Eigenschaften schließt mit ein, dass Mütter sich auch zurücknehmen und nicht ihre eigenen Pläne auf Kosten der Kinder durchsetzen, sondern mit ihnen kooperieren. Durch all diese mit dem Wort „Feinfühligkeit" zusammengefassten Verhaltensaspekte kann bereits ein Säugling das Vertrauen entwickeln, dass seine Bezugsperson verfügbar ist und helfend eingreifen wird, wenn die Notwendigkeit dazu besteht.

Diese Sicherheit ermöglicht einem Kind, seine Umwelt neugierig zu erkunden und seinen Aktionsrahmen allmählich altersgemäß zu erweitern.

Die Angst vor einem verwöhnten Kind, die körperliche Distanziertheit, die frühzeitige Anregung zur Autonomie in unserem westlichen Kulturkreis verunsichern dagegen mehr. Selbstständigkeit ist eher bei körperlich und emotional enger Beziehung zwischen Kind und Eltern im Säuglingsalter möglich. Bei Vergleichen englischer bzw. amerikanischer Kinder mit denen aus traditionalen Kulturen erwiesen sich z. B. die Kinder der südafrikanischen Kung-San in verschiedener Hinsicht als selbstständiger[11].

[9] Anisfeld, Casper, Nozyce, Cunningham 1990

[10] Schleid 1997, Grossmann, Grossmann, Kindler, Scheurer-Englisch, Spangler, Stocker, Suess, Zimmermann 2003

[11] Schiefenhövel 1984, Konner 1976

Das Thema Tragen kann nicht ohne einen kurzen Blick auf verschiedene Tragehilfen betrachtet werden.

Heute sind eine ganze Reihe Tragesackmodelle auf dem Markt. Einfach zu handhaben, verlocken diese Hilfen zum schnellen Gebrauch. Doch gerade Tragebeutel sollten auf ihre Tauglichkeit hin kritisch geprüft werden. Denn leider standen für ihre Konstruktion nur selten die anatomischen Gegebenheiten eines Säuglings Pate.

Um ein Baby bereits in den ersten Lebenswochen aufrecht tragen zu können und dabei die prophylaktische Wirkung der Spreiz-Anhock-Haltung gegen eine Dysplasie auszunützen, müssen die Hilfen bestimmte Anforderungen erfüllen. Auch kann das Baby seinen Rücken noch nicht selbst stabilisieren und muss am Körper des Tragenden Halt finden.

Ein wichtiger Punkt, denn von medizinischer Seite befürchtet man häufig spätere Wirbelsäulenschäden, da ein frühzeitig aufrechtes Tragen den Rücken eines Babys zu stark belasten würde. Derartige Ängste entbehren jedoch jeglicher Grundlage, wie die Ergebnisse einer langfristig angelegten Studie inzwischen zeigten[12].

12 Kirkilionis 1999, Kirkilionis 1992

Den Rückenbereich eines Babys ausreichend unterstützen heißt, dass er von der Tragehilfe fest umschlossen sein muss. So wird der Oberkörper des Kindes an den Körper des Erwachsenen gedrückt und das Baby richtet sich eng angeschmiegt an Mutter oder Vater auf. Viele Tragesäcke sehen nur eine Stabilisierung des kindlichen Rumpfes durch den Zug der beiden Träger vor, die vom Rückenteil zur Schulter der Mutter nach oben ziehen. So bleibt oft zu viel Platz zwischen beiden, und das Baby sinkt in sich zusammen.

Natürlich ist eine ausreichende Stabilisierung des Köpfchens wichtig. Bei der überwiegenden Mehrzahl der Tragsäcke ist jedoch die Beinhaltung des Kindes der kritischere Punkt. Um die gesunde Ausreifung der Hüftgelenke zu unterstützen, sollten die Beinchen eine Haltung ähnlich der während des seitlichen Hüftsitzes einnehmen. Um eine derartige Hockstellung auch bei frontaler Trageweise zu unterstützen, muss der Stoffsteg zwischen den Oberschenkeln des Babys möglichst breit sein. Er sollte am besten von Kniekehle zu Kniekehle reichen, falls nicht ein Übersack das Strecken der Beinchen verhindert. Meist ist dieser Steg jedoch zu schmal, oder die für die Oberschenkel vorgesehenen Aussparungen sind nach unten orientiert. In beiden Fällen hängen die Beinchen weitgehend gestreckt herab. Diese Stellung forciert eher eine Hüftdysplasie, als dass sie sie verhindert.

Bei einer Verwendung von Tragetüchern muss bei den verschiedenen Bindetechniken natürlich ebenfalls auf eine ausreichende Unterstützung des kindlichen Rückens und auf die richtige Beinhaltung geachtet werden. Es gibt inzwischen eine Vielzahl von Bindevarianten, die man sich am besten von einer geübten Person zeigen lässt. Für ganz Kleine ist die so genannte „Wickelkreuztrage" ideal, da selbst Ungeübte bald damit zurechtkommen[13].

Es erfordert etwas Geschick, um schnell und sicher mit einem Tragetuch umgehen zu können, doch der enge Kontakt mit dem Baby belohnt die anfängliche Mühe. Eine Mutter formulierte es so: „Ich fühle mich fast noch ein klein bisschen schwanger."

13 Kirkilionis 1999

Literaturverzeichnis – Evelin Kirkilionis

Albrecht Wahl, S.: Omsorg for og sosialisering av spedbarn – en evolujonær modell. In: Tidskrift for Psykologi (3): 46–54, 2001.

Bensel, J.: Was sagt mir mein Baby, wenn es schreit? Oberstebrink: Ratingen 2003.

Field, T. M. (ed): Touch in early development. Lawrence Erlbaum: Hillsdale/NJ 1995.

Grossmann, K. E., Grossmann, K. H., Scheurer-Englisch, H., Spangler, G., Stocker, K., Suess, G. J., Zimmermann, P.: Die Bindungstheorie: Modell, entwicklungspsychologische Forschung und Ergebnisse. In: Keller, H. (ed): Handbuch der Kleinkindforschung. 3. korrigierte, überarbeitete und erweiterte Auflage, Hans Huber: Bern, 51–96, 2003.

Hassenstein, B.: Tierjunges und Menschenkind im Blick der Vergleichenden Verhaltensforschung. Berichte des Naturwissenschaftlich-Medizinischen Vereins in Innsbruck, Bd. 58: 35–50, 1970.

Hunziker, U.: Der Einfluss des Tragens auf das Verhalten des Säuglings. In: Pachler, M. J., Straßburg H-M (eds): Der unruhige Säugling. Fortschritte der Sozialpädiatrie, Bd. 13, Hanseatisches Verlagskontor: Lübeck 235–239, 1990.

Kirkilionis, E.: Das Tragen des Säuglings im Hüftsitz – eine spezielle Anpassung des menschlichen Traglings. In: Zoologische Jahrbücher 96 (3): 395–415, 1992.

Kirkilionis, E.: Ein Baby will getragen sein. Kösel: München 1999.

Konner, M. J.: Maternal care, infant behavior and development among the !Kung. In: Lee RB, de Vore I (ed): Kalahari hunter-gatherers. Studies of the !Kung San and their neighbours. University Press: Cambridge, Massachusetts, 218–245, 1976.

Liedloff, J.: Auf der Suche nach dem verlorenen Glück. Beck: München 1995.

McGrath, S. K.: The Effect of Doula Support on Cesarean Rates and Parenting Behavior. Poster Presented at XIIth Biennial International Conference on Infant Studies, Brighton, United Kingdom, 16./19. July 2000.

Salter, B.: Etiology, pathogenesis and possible prevention of congenital dislocation of hip. In: Canadian Medical Association Journal 98: 933–945, 1968.

Schiefenhövel, S., Schiefenhövel, W.: Am evolutionären Modell – Stillen und frühe Sozialisation bei den Trobriandern. In: Gottschalk-Batschkus CE, Schuler J (eds): Ethnomedizinische Perspektiven zur frühen Kindheit. VWB – Verlag für Wissenschaft und Bildung, 263–282, 1996.

Schiefenhövel, W.: Bindung und Lösung – Sozialisationspraktiken im Hochland von Neuguinea. In: C. Eggers (ed): Bindung und Besitzdenken beim Kleinkind. Urban & Schwarzenberg: München, Wien, Baltimore, 51–80, 1984.

Schleid, M.: Die humanethnologische Perspektive. In: Keller, H. (ed): Handbuch der Kleinkindforschung. 2. überarbeitete Auflage, Hans Huber: Bern , 27–51, 1997.

Frühkindliche Lernvoraussetzungen für Sexualisation und Liebesfähigkeit

„Das Menschliche im Menschen entwickelt sich in Beziehung zu menschlich entwickelten Menschen."

KARL F. STIFTER
Österreich

Dr. Karl F. Stifter ist Gründer des „Institutes für Sexualtherapie und Perineometrie", klinischer Psychologe und Trainer für spirituelle Energie sowie Autor von „Die dritte Dimension der Lust – Das Geheimnis der weiblichen Ejakulation", Berlin, Ullstein 1988. „Lustgedanken – Erotik für Fortgeschrittene", Edition S, Wien 1992.

Karl F. Stifter ist Vater eines Sohnes.

Sonntag, 17. Oktober 1920, 9.00 Uhr morgens im indischen Bundesstaat Uttar Pradesh:

Reverend J. A. L. Singh, ein anglikanischer Geistlicher, möchte heute dem Spuk endgültig ein Ende machen. Schließlich gehört die Bekämpfung des Aberglaubens zu seinen wichtigsten Aufgaben. Die Eingeborenen haben ihm wiederholt von einem Manuschbagha, einem Menschengeist, erzählt.

Im dichten Dschungel, etwa zehn Kilometer vom Dorf Godamuri entfernt, treffen er und seine Helfer auf einen riesigen, verlassenen Termitenhügel, in dem der Geist wohnen soll. Die Arbeiter beginnen mit zitternden Händen, in die Wände eine Öffnung zu hacken. Plötzlich schießen zwei ausgewachsene Wölfe heraus und flüchten. Kurz darauf tritt eine knurrende, zähnefletschende Wölfin ans Tageslicht. Da sie sich nicht vertreiben lässt, wird sie mit einem Pfeil getötet. Jetzt können die Arbeiter ungehindert weitergraben.

Endlich! Die Wand bricht durch und gibt den Blick auf einen kesselförmigen Raum frei. Es riecht unerträglich nach Wolf. In der hintersten Ecke des Unterschlupfs kauern ängstlich vier Wesen. Zwei von ihnen sind halbwüchsige Welpen, die zwei anderen schauen tatsächlich geisterhaft und undefinierbar aus.

Bei genauerem Hinsehen wird klar, dass es sich nicht um die besagten Manusch-bagha, sondern um zwei Menschenkinder handelt! Sie sind nackt, die Köpfe ein einziges großes Haarknäuel. Die Kinder gehen fletschend und knurrend auf allen vieren in Stellung und starren die Männer bedrohlich an. Nichtsdestotrotz werden die Wolfskinder gefangen genommen und in das Waisenhaus von Midnapur gebracht, das der Reverend und seine Frau leiten. Anfänglich müssen sie in einen Käfig gesperrt werden, weil sie ständig versuchen auszureißen.

Beide Findlinge sind Mädchen: Die etwa Achtjährige bekommt den Namen Kamala, die ungefähr Zweijährige wird Amala genannt.

Niemand konnte sich erklären, wie die beiden unter die Wölfe geraten waren. Damals geschah es immer wieder, dass Wölfe Kleinkinder rissen. Vielleicht, so die Vermutung, waren die Mädchen von einer trächtigen Wölfin verschleppt worden, deren Mutterinstinkt bereits so stark war, dass sie in den Kleinen keine Beute sah.

Singh und seine Frau bemühten sich fürsorglich um die zwei armseligen Wilden, die lange heftigen Widerstand leisteten, sich baden und waschen zu lassen. Hitze und Kälte schienen sie einfach nicht zu spüren. Jede Art von Kleidung rissen sie sich vom Leib. Noch lange verzehrten sie nur rohes Fleisch, das sie stahlen. Selbst vor Aas machten sie nicht Halt, von dem sie sogar die Geier verjagten. Mit menschenunüblich scharfer Nase witterten sie es schon von Weitem. In der Dunkelheit sahen beide vorzüglich. Den Tag verbrachten sie meist dösend, gegen Abend wurden sie munter. Nachts strichen sie furchtlos draußen umher und heulten nach Wolfsmanier ganz erbärmlich. Beide hielten Menschen offenbar nicht für Artgenossen, sondern fühlten sich viel mehr zu Hunden und anderen Tieren hingezogen. Menschen mieden sie, fauchten, kratzten und bissen. Es dauerte ganze sieben Jahre, bis sich Kamala eindeutig den Menschenkindern zugehörig fühlte.

Ein Jahr nach der Gefangennahme starb Amala an den Folgen einer Infektion, Kamala lebte sieben Jahre länger. Sie wurde somit um die 16 Jahre alt. Trotz viel Geduld und Mühe lernte sie nie richtig sprechen.

Es dauerte drei Jahre, bis man Kamala beibrachte, ohne Hilfe auf zwei Beinen zu stehen. Fortbewegen konnte sie sich zeit ihres Lebens nur auf allen vieren. Erst kurz vor ihrem Tod entwickelte sie die menschenübliche Furcht vor der Finsternis und fand Gefallen an Kleidung[1].

[1] Blumenthal 2003

Pfingstmontag, 26. Mai 1828, 4.00 Uhr nachmittags in Nürnberg (Deutschland):

Auf dem Unschlittplatz findet man den etwa 17-jährigen Kaspar Hauser, das berühmteste Findelkind Europas. Er war seit seiner frühesten Kindheit völlig isoliert und bei Dämmerlicht in einem Kerker eingesperrt. Er wird dem Amtsarzt Dr. Preu vorgeführt, der Folgendes befindet:

„So viel ist klar ... dass man es hier mit einem Menschen zu tun hat, der nichts von seinesgleichen ahnt, nicht isst, nicht trinkt, nicht fühlt, nicht spricht wie jeder andere, der nichts von gestern, nichts von morgen weiß, die Zeit nicht begreift, sich selber nicht spürt."[2]

[2] Wassermann 1983

Beide Fälle verdeutlichen sehr eindrucksvoll – wie ungefähr hundert andere Fälle von isoliert aufgewachsenen und verwilderten Kindern auch –, wie sehr der Mensch als Kulturwesen auf Lernprozesse angewiesen ist. Sie veranschaulichen ferner, wie erstaunlich unfertig, aber auch wie unglaublich formbar wir eigentlich geboren werden.

Tierjunge müssen im Vergleich dazu viel weniger lernen. Das hat zwei Gründe.

Zum einen kommen sie „lebensfertiger" auf die Welt. Der Schweizer Biologe Adolf Portmann meint, die menschliche Schwangerschaft müsste 21 Monate dauern, damit Neugeborene einen mit Säugetieren vergleichbaren Ausbildungsgrad erreichen³.

Zum anderen sind sie wesentlich instinktgesteuerter. Das hat zur Folge, dass sie sich nicht nur viel Lernen ersparen, sondern dass ihr Verhaltensrepertoire nur eingeschränkt ausbildbar ist. Ein Katzenbaby, das unter Hunden aufwächst, wird sich immer katzentypisch benehmen und niemals den Briefträger attackieren. Einem Elefanten muss nicht beigebracht werden, ein Elefant zu sein. Er ist einfach einer.

Uns dagegen bleibt nichts erspart, denn außer unseren Körperfunktionen und Reflexen müssen wir so ziemlich alles lernen. Für die grundlegendsten Fertigkeiten brauchen wir die Chance dazu schon in den allerersten Lebensjahren. Sie sind später nicht mehr nachzuholen. Dazu gehört nicht nur das Sprechen.

Die eingangs als Beispiele angeführten Extremfälle von „Verwahrlosung" zeigen, dass wir sogar den menschentypischen, aufrechten Gang lernen müssen. Ja mehr noch: Wie bei Wolfskindern zu erkennen ist, muss selbst das Gefühl, ein Mensch zu sein, erworben werden! Geschweige denn, ein Mensch mit Gefühl zu sein. Kein Zweifel: **Das Menschliche im Menschen entwickelt sich in Beziehung zu menschlich entwickelten Menschen!** Tugenden wie Dankbarkeit, Ehrlichkeit, Mitgefühl, Freundlichkeit, Liebenswürdigkeit und Liebesfähigkeit werden nicht vererbt.

Der deutsche Arzt August Rauber, der 1885 über die „verwilderten Idioten" geschrieben hat, sieht in diesen deutliche Zeugen für die Beschaffenheit des urgeschichtlichen Menschen. Er meint:

*„Sie sagen uns viel, indem sie uns mit unbezwinglicher Gewalt davon in Kenntnis setzen, was denn eigentlich Kultur sei."*⁴

Der „Mensch pur", in seiner „reinsten Form", also völlig unsozialisiert, ist ein nacktes Tier. Ein Wesen, das an einer „dementia ex separatione" leidet; also an Schwachsinn aus Gründen der Absonderung. Es mag für das Überleben animalisch scharfe Sinne entwickeln können, aber keinen Sinn für Sinnlichkeit.

Harry F. Harlow, Professor an der Universität von Wisconsin, wollte schon vor fünfzig Jahren durch eine bemerkenswerte Versuchsreihe an über hundert Rhesusaffen herausfinden, welche Faktoren die „Liebe" begründen und aufrechterhalten⁵.

Er trennte die Äffchen gleich nach der Geburt von ihrer Mutter und steckte sie zirka drei Monate lang in einen Käfig, in dem sich zwei Ersatzmuttergestalten befanden. Eine davon bestand aus einem nackten Drahtgestell, das er mit einer Milchflasche und einer Wärmequelle versah. Die andere Mutterattrappe bekam nichts von diesen lebenswichtigen Attributen, ihr wurde bloß ein flauschig weiches Frotteetuch übergezogen.

Harlow stellte überrascht fest, dass von allem Anfang an die Affenbabys die „Plüschfigur" als die eigentliche Mutter ansahen. Sie hielten sich fast ausschließlich bei ihr auf und kuschelten sich fest an sie. Sie suchten auch bei ihr Schutz, wenn sie Angstreizen ausgesetzt wurden. Die Äffchen holten sich zwar ihre Nahrung bei der „Drahtgestell-Mutter", aber etwas noch Wichtigeres für die Mutter-Kind-Bindung, noch grundlegender als die warme, Leben spendende Muttermilch, bekamen sie von der anderen Attrappe: **Berührungsbehaglichkeit.** Das ist die grundlegendste Essenz nicht nur der Mutterliebe, sondern auch Grundvoraussetzung für die spätere erotische Liebesfähigkeit. Liebe geht buchstäblich durch die Haut.

Das erkannte auch Anna Freud, die Tochter des Begründers der Psychoanalyse: *„Die lustvolle Berührung der Körperoberfläche vonseiten der Mutter spielt eine vielfache Rolle für das Kind. Sie libidinisiert die einzelnen Körperteile, hilft dem Aufbau des Körper-Ichs, steigert den Narzissmus und befestigt gleichzeitig die Objektbeziehung zwischen Mutter und Kind."* [6]

6 Freud 1968

Die jahrhundertelange und mancherorts bis heute praktizierte Unart, Babys wie Mumien in Wickelpölster zu schnüren, ist und macht stumpfsinnig. Sie ist Beweis für die Abgestumpftheit und rohe Beziehungslosigkeit, mit der wir uns instinktlos und bar jeder feinfühligen Empathie die Kinder vom Leib halten.

Doch so essenziell die frühkindliche Berührungsbehaglichkeit für die sexuelle Entwicklung ist, es bedarf dazu noch wesentlich mehr. Das wurde Harlow klar, als er die an den Mutterattrappen aufgezogenen Tiere später im Zusammenleben mit normal aufgewachsenen Artgenossen beobachtete: Obwohl mit drei Jahren geschlechtsreif, hatte sich im Laufe von sechs Jahren kein einziges dieser armen Wesen gepaart.

Seinen Berichten zufolge waren die mit den beiden Attrappen aufgezogenen Weibchen über die sexuellen Annäherungsversuche der Männchen völlig verstört und wussten nicht, wie sie reagieren sollten. Manchmal verhielten sie sich feindlich und bissen. Jene, die schließlich doch trächtig wurden, verhielten sich völlig teilnahmslos beziehungsweise reagierten überhaupt nicht auf ihr Neugeborenes, obwohl ihr Junges normal auf sie reagierte. Sie sahen nie direkt auf das Kleine, sondern starrten ins Leere. Die mutterlos aufgewachsenen Mütter wischten das Kind von ihrem Bauch in derselben gleichgültigen Art, mit der sie Fliegen abwischen würden[7].

7 Harlow 1963

Von den Männchen wiederum, sowohl von jenen, die an Attrappen allein, als auch von denen, die zusammen mit Weibchen an Mutterersatzgestalten aufgezogen wurden, vollzog keines die Begattung, wenn sie mit brünstigen Weibchen zusammenkamen. Sie wussten mit ihnen nichts anzufangen. Irgendetwas muss sich also in einer normalen Mutter-Kind-Beziehung abspielen, damit der libidinöse Trieb in Form des Sexualverhaltens in Funktion tritt. *„Auf irgendeinem uns noch unbekannten Weg übermittelt die Mutter dem Kind die Fähigkeit zu normalem Geschlechtsverhalten"*, rätselte Harlow[8].

8 Mitscherlich 1964

Die Antwort darauf fand der in Wien geborene Psychoanalytiker René Spitz, der seit 1956 an der University of Colorado in Denver arbeitete: Was der Mutterattrappe entscheidend fehlt, so meint er, ist die **Wechselseitigkeit** des Austausches von emotionalen Handlungen zwischen ihr und dem Kind.

Harlow experimentierte mit dieser Überlegung insofern, als er zwei gleichaltrige Affenbabys miteinander in einem Käfig an ein und derselben „Frotteemutter" aufzog. Bemerkenswerterweise stellte sich bald heraus, dass sich die beiden Äffchen die ganze Zeit über fest aneinander klammerten und später unfähig waren, mit anderen Affen eine Beziehung einzugehen. Sie konnten auch kein Spiel beginnen, geschweige denn sexuell agieren. Psychologisch gesehen nicht weiter überraschend, denn diese Art von „Wechselseitigkeit" wird dem Namen überhaupt nicht gerecht, denn zwei gleichaltrige Affen bilden gemeinsam eine völlig ausgewogene Bedürfnisgleichung. Befriedigungen können in diesem geschlossenen System gar nicht „wechseln".

Eine ideale Mutter-Kind-Beziehung trägt hingegen andere Wesensmerkmale: Sie ist charakterisiert durch unendlich viele zirkuläre soziale Wechselbeziehungen.

Eine lebende Affenmutter ist, ebenso wie eine Menschenmutter, der Dynamik des Lebens unterworfen und hat dementsprechend auch andere Bedürfnisse, als mit dem Kind ständig und ausschließlich eine symbiotische Wesenseinheit zu bilden. Es gibt nebenbei viele andere Tätigkeiten und soziale Verpflichtungen, denen sie nachgehen muss.

Das Baby kann damit durchaus fertig werden, denn es besitzt innerhalb der Mutter-Kind-Einheit ein Maß an Eigenständigkeit und Lebensneugier, die höher ist, als früher angenommen wurde. Entwicklungspsychologen sprechen heute, bei aller biologischen Unfertigkeit und mütterlichen Abhängigkeit, vom „kompetenten Säugling".

Sigmund Freud ging noch davon aus, dass das Baby eine Art polymorph-perverses Triebbündel ist, nur darauf bedacht, sich zugunsten eines Nirwana-ähnlichen Zustandes von seinen Triebspannungen zu befreien.

Neueste Forschungsergebnisse belegen jedoch, dass Neugeborene sich beispielsweise auch dann Umweltreizen zuwenden, wenn ihre Grundbedürfnisse, wie etwa Hunger und Durst, befriedigt sind.

Die Entdeckung des Zusammenhangs zwischen eigenem Tun und Veränderung in der Außenwelt hat einen immens motivierenden Einfluss auf das Baby. Selbst wenn es satt ist, dreht es noch den Kopf, um zu sehen, ob es damit erreichen kann, dass die Milchflasche wieder erscheint. Zwar trinkt es dann nicht mehr, aber es lächelt. *„Nicht der Reiz motiviert, sondern der Akt des Herbeirufens und das damit verknüpfte Gefühl, etwas in der Außenwelt in vorhersagbarer und erwartbarer Weise als Resultat eigener Anstrengung bewirken zu können"*, sagt Martin Dornes, Professor am Institut für Medizinische Psychologie am Universitätsklinikum in Frankfurt[9].

9 Dornes 2001

Durch solche Erfahrungen lernt das Kind nicht nur die Grundlagen von Selbstvertrauen, sondern auch zunehmendes Zutrauen, seine Bedürfnisse in der Welt befriedigen zu können. Ohne diese Lernmöglichkeiten kann sich später ein gerichtetes Wollen, wie etwa ein lüsternes Begehren hinsichtlich eines auserwählten Sexualobjektes, nicht störungsfrei entwickeln. Zumindest nicht die damit verbundene selbstverständliche Laszivität und tändelnde Frivolität, die dem erotischen Spiel des Flirtens und Verführens eigen ist.

Um diese für das spätere Sexualleben so fundamentalen Lernprozesse zu ermöglichen, sind jene Faktoren seitens der Mutter von besonderer Bedeutung, welche die von René Spitz postulierte echte Wechselseitigkeit auch tatsächlich ermöglichen.

Eine unerlässliche Bedingung dafür ist beispielsweise das „Spiegeln" durch die Mutter. Das bedeutet, dass sie die Reaktionsweisen des Kindes, seine Gefühle und Wahrnehmungen erkennt und sie ihm „zurückkommuniziert". **In diesem Fall sieht sich das Kind im Antlitz der Mutter quasi selbst.** Es bleibt ohne diesen Spiegel und wird ihn in seinem späteren Leben vergeblich suchen, wenn es darin nur die vorwurfsvolle Not der überforderten oder enttäuschten Mutter sieht.

Daniel Stern, Professor für Psychologie an der Universität Genf, geht davon aus, dass die Mutter die Gefühle des Kindes nicht nur spiegelt, sondern auch **moduliert**. So könnte sie etwa mit ihrem Gesichtsausdruck den Affekt des Kindes spiegeln, während sie mit der Tonlage ihrer Stimme den Affekt moduliert. Durch die Spiegelung fühlt sich das Baby „richtig", durch die Modulation wird das Gefühl reguliert, so dass das Kind sowohl den Affekt wie auch seine Regulation verinnerlicht[10]. Mit einer erinnerten Situation sind also nicht nur die Gefühle des Kindes in dieser Situation, sondern gleichzeitig auch die Gefühle der Mutter verbunden. **Dass alle angeführten Wechselwirkungen durch häufiges Tragen im ersten Lebensjahr leichter ablaufen können, liegt auf der Hand.**

10 Stern 2000

Babys wissen noch nichts von Schande. Sie empfinden das Manipulieren an den Genitalien als sehr angenehm. Im ersten Lebensjahr sind Kinder natürlich nur selten zu jenem zielgerichteten Verhalten fähig, das zur systematischen Masturbation erforderlich wäre. Es kommt mehr oder weniger zu einem eher zufälligen Betasten der verschiedenen Körperteile und so auch der Sexualorgane. René Spitz untersuchte das autoerotische Spiel und stellte 1946 etwas völlig Unerwartetes fest:

Im ersten Lebensjahr besteht ein eindeutig positiver Zusammenhang zwischen dem kindlichen Genitalienspiel und seinem Entwicklungsquotienten einerseits und eine ebensolche positive Entsprechung dieser autoerotischen Aktivität mit der Güte der bestehenden Mutter-Kind-Beziehung andererseits.

Spitz wagte erst 18 Jahre später, diese Beobachtung zu veröffentlichen, gelten doch Kinder seit dem 17. Jahrhundert als asexuelle Unschuldswesen[11].

11 Spitz 1964

So schrieb etwa der Puritaner John Earle (1628): *„Das Kind ist die genaue Abbildung Adams, ehe er von Eva oder dem Apfel kostete."* **Aber nicht die Kinder sind von vornherein asexuell, sie werden vor allem durch Mütter desexualisiert, die selbst eine eigene ungelöste Körperproblematik haben und deshalb die essenziell wichtige Berührungsbehaglichkeit nicht herstellen können.**

12 Kentler 1994

So berichtet beispielsweise Kentler[12], stellvertretend für viele Autoren, von drei Jungen im Alter zwischen 16 und 19 Jahren, die trotz intakter Genitalfunktionen völlig asexuell waren. Sie waren in einem extrem körperfeindlichen Milieu aufgewachsen. Beispielsweise pflegte eine der Mütter jedes Mal beim Baden und Säubern ihres Kindes Latexhandschuhe überzustreifen, weil sie direkten Hautkontakt vermeiden wollte.

Ich selbst habe in meiner langjährigen Tätigkeit als Sexualtherapeut in den Krankengeschichten von Patienten mit „sexueller Appetitlosigkeit" auffallend oft feststellen müssen, dass ihnen während ihrer Kindheit körperliche Zärtlichkeit nur mangelhaft zuteil wurde. Manchmal sogar ganz bewusst und methodisch, um sie nicht zu verzärteln. Zum Teil verständlich, wo doch noch vor fünfzig Jahren populäre Experten davor warnten, Babys nicht unnötig anzufassen oder gar zu streicheln[13].

13 Holt 1948

Statt mit horriblen Fällen aus meiner Praxis zu schockieren, erzähle ich lieber eine Begebenheit, die zwar subtiler, aber ebenso illustrativ ist:

Es waren kürzlich einige liebe Freunde zum Abendessen bei uns geladen. Mein 21-jähriger Sohn kam nach einem langen Tag verspätet dazu, begrüßte höflich die Gäste, küsste mich auf die Wange und legte dabei seinen Arm um meine Schulter. Ein anwesender Gynäkologe nahm mich wenig später zur Seite, sah mich verstört und betroffen an und sagte: *„Mir war das eben sehr peinlich, wie du mit deinem Sohn umgehst. Gerade du müsstest doch wissen, dass so etwas nicht normal ist. Hast du denn keine Angst, dass er homosexuell wird?"*

Die Regensburger Experimentalpsychologen Karin und Klaus Grossmann haben herausgefunden, dass der Einfluss des Vaters vor allem ab dem zweiten Lebensjahr besonders zum Tragen kommt.

Sie haben auch erforscht, worin der Angelpunkt dieser Beziehung liegt[14]: Insgesamt wurden 47 Zweijährige, jeweils mit ihrem Vater als Partner, zehn Minuten lang beim Spielen mit Knetmasse beobachtet. Die Väter wurden mittels einer speziellen Skala beurteilt nach ihrem sensiblen Einfühlungsvermögen, ihrer Unterstützung des kindlichen Neugierverhaltens und für ihr behutsam herausforderndes, interaktives Spielverhalten mit ihren Kindern. Das Ergebnis dieser Langzeitstudie, die „ihre" Kinder bis ins junge Erwachsenenalter begleitete, war frappant:

14 Grossmann 2001

Es zeigt, dass der Einfluss früher väterlicher Spielfeinfühligkeit derart immens ist, dass die Auswirkungen noch zwanzig Jahre später nachweisbar sind.

Kinder feinfühlig spielender Väter zeigen später eine höhere emotionale Sicherheit in neuen, herausfordernden Situationen, entwickeln mehr Selbstvertrauen und Vertrauen in die Zuwendungsbereitschaft anderer und sind in Beziehungen wesentlich autonomer. Mehr noch:

Die väterliche Spielfeinfühligkeit gegenüber dem Zweijährigen bestimmte nicht nur die Qualität des Vater-Kind-Verhältnisses in späteren Jahren, sondern sagte sogar die Wertschätzung des erwachsen gewordenen Kindes gegenüber seinem Liebespartner zwanzig Jahre später voraus.

Entsprechende Tests mit der Spielfeinfühligkeit der Mütter haben solche Zusammenhänge nicht erbracht. Die Studie beweist somit klar, welche Verantwortung auch Väter für die Entwicklung der Liebesfähigkeit ihrer Kinder haben!

Es besteht also ein deutlicher Geschlechtsunterschied im Einfluss der Eltern auf die Entwicklung ihrer Kinder. Väter scheinen die Rolle von Müttern vor allem im Bereich des kindlichen Explorationssystems zu ergänzen. Die Entwicklungspsychologen sehen den Vater weniger in der Funktion eines mütterlichen Betreuers. Er ist der „andersartige Interaktionspartner", der das Kind ermuntert, Neues zu tun, der dem Kind auf abenteuerliche Weise Lebenslust macht. Insofern ist er für das Kind eine Bereicherung und für die Mutter eine Erleichterung.

Das zu sein wird dem Vater aber nur gelingen, wenn er weiß, dass sich hinter der Erhetzung des Wohlstandes durch Zeitnot eine tückische Form der Lieblosigkeit verstecken kann.

Tiefe Lust braucht die grundsätzliche Erfahrung von konzentrierter Zuwendung, von Tiefgang, von Lebensmut und kontemplativer Besinnlichkeit. Dann kann Sinnlichkeit möglich werden.

Literaturverzeichnis – Karl F. Stifter

Blumenthal, P. J.: Kaspar Hausers Geschwister. Auf der Suche nach dem wilden Menschen. Deuticke: Wien, Frankfurt 2003, Kapitel 9.

Dornes, M.: Der kompetente Säugling. Fischer: Frankfurt/M 1993. (12. Aufl. 2001), S. 238.

Freud, A.: Wege und Irrwege in der Kindesentwicklung. Huber & Klett: Bern und Stuttgart 1968, S. 179 f.

Grossmann, K. E.: Einflüsse väterlicher Spielfeinfühligkeit. Die Bedeutung der ersten Lebensjahre für die Persönlichkeitsentwicklung. Ergebnisse der Bindungsforschung. Vortrag anlässlich der Jahrestagung der Deutschen Liga für das Kind „Beziehung und Erziehung in der frühen Kindheit" am 2./3. 11. 2001 in der Berliner Charité. Papier des Psychologischen Institutes der Universität Regensburg.

Harlow, H. F., et. al.: The Maternal Affectional System of Rhesus Monkeys. In: Rheingold H. L. (ed): Maternal Behavior in Mammals, Wiley: New York 1963.

Holt, L. E.: The Care and Feeding of Children. Appleton-Century: New York 1948.

Kentler, H.: Täterinnen und Täter beim sexuellen Missbrauch von Jungen. In: Rutschky, Wolff (ed.): Handbuch sexueller Missbrauch, Klein: Hamburg 1994, S. 143–156.

Mitscherlich, A.: Auf dem Weg zur vaterlosen Gesellschaft (1963). Piper: München 1996.

Portmann, A.: Biologe und Geist, Edition Nereide: Göttingen 2000.

Rauber, A.: Homo sapiens ferus oder die Zustände der Verwilderten und ihre Bedeutung für die Wissenschaft, Politik und Schule. Denickes: Leipzig 1885.

Spitz, R. A.: Zum Problem des Autoerotismus, Psyche; Jg. 18/1964, Heft 5, S. 241–272.

Stern, D. N.: Die Lebenserfahrung des Säuglings. Klett-Cotta/J. G. Cotta'sche Buchhandlung Nachfolger 2000, 7. Aufl. (Erstveröffentlichung: 1985).

Stifter, K. F.: Creating Perineal Awareness as a Basic Therapy of Coital Anorgasmia. In: Matsumoto, S. (ed.): Sexuality and Human Bonding. Int. Con. Ser. 1095. Elsevier: Tokyo 1996, S. 427–430.

Wassermann, J.: Caspar Hauser oder die Trägheit des Herzens. Langen-Müller Verlag: München 1978.

Die Vision von einem familienfreundlichen Utopia

„Es ist unsere Aufgabe, mehr zu tun."

CHRIS BOBEL
USA

Chris Bobel ist Professorin für Womens Studies und Autorin von „The Paradox of Natural Mothering".

Chris Bobel ist Mutter einer Tochter und eines Sohnes.

"Ein bemerkenswertes Merkmal der gegenwärtigen Einstellung zur Erziehung ist die Tendenz, die Eltern für alles, was mit den Kindern in der Gemeinschaft schiefgeht, verantwortlich zu machen, während gleichzeitig erwartet wird, dass alle Eltern die Erziehungsaufgaben allein bewältigen, ohne jegliche Hilfe von der Gemeinschaft oder der Regierung." [1]

In den Vereinigten Staaten werden ungefähr 99 % aller Babys im Krankenhaus geboren[2]. Nur 69,5 % der Mütter stillen ihre Babys, und nur 32,5 % stillen länger als sechs Monate[3]. Die überwältigende Mehrzahl der Babys schläft in ihrem eigenen Bett[4]. Es mag merkwürdig erscheinen, dass solche Praktiken nicht der Norm entsprechen, da es im Überfluss Fakten gibt, die beweisen, was Befürworter „Kontinuum-korrekte" Praktiken nennen. Befürworter der natürlichen Geburt führen zum Beispiel an, dass eine Geburt ohne Medikamente und mit einem Minimum an Interventionen gesündere Babys, gesündere Mütter und auch ein stärkere Bindung zwischen den beiden zur Folge hat[5]. Es gibt eine Vielzahl von dokumentierten Vorteilen, die sich für das Baby durch das Stillen ergeben, einschließlich der Stärkung des Immunsystems durch die Lieferung von Antikörpern, einer verringerten Wahrscheinlichkeit für Allergien und die angemessene Entwicklung des Kiefers, der Zähne, der Sprache und des Gesichts[6]. Außerdem ist bekannt, dass das Stillen das Risiko eines plötzlichen Kindstodes verringert[7].

Für die Mutter bestehen die Vorteile des Stillens in einem verringerten Risiko, an Brust- oder Eierstockkrebs zu erkranken, und in der beruhigenden Gewissheit, dass Nahrung immer vorhanden ist, sogar wenn der Lebensmittel- und Wasservorrat gefährdet sein sollte. Befürworter und Anwender des Familienbetts preisen die Einfachheit nächtlicher Babypflege, während sich das Baby ankuschelt. Alle, so betonen sie, finden dann mehr Schlaf [8]. Diejenigen, die bevorzugen ihr Baby zu tragen, ob nun auf dem Arm, über der Schulter, an der Brust oder in einem langen Wickeltuch, das vorne, an der Seite oder auf dem Rücken zusammengehalten wird, behaupten, dass das Baby ruhig schläft oder zufrieden das Geschehen in seiner Umgebung beobachtet. Mit dem im Wickeltuch getragenen Baby ist es möglich, anderen Aktivitäten nachzugehen, wie der Pflege älterer Kinder, den Hausarbeiten oder anderen Erwachsenenbeschäftigungen. Es gibt wissenschaftliche Erkenntnisse, die diese Art der „Auf-dem-Arm-Pflege" unterstützen. So deuten Untersuchungen an, dass die Wahrscheinlichkeit abnimmt, dass Kinder physische und verbale Aggressivität an den Tag legen, je häufiger sie berührt werden[9]. Weiter zeigen Studien einen Zusammenhang zwischen der Trennung von der Mutter und der Zunahme der Stresshormone sowie einem geschwächten Immunsystem beim Kind[10].

1 Ann Crittenden, 2001:271 (übersetzt aus dem Englischen)
2 siehe Goer 1999
3 Ryan et al. 2000
4 siehe Small 1999
5 siehe Gaskin 2003, Kitzinger 1996, Goer 1999
6 La Leche Liga 1987
7 siehe Cunningham 1976, Konner & Super 1987, McKenna et al. 1997
8 siehe Thevenin 1976 für das oft zitierte Buch über dieses Thema
9 Field 1999
10 Coe et al. 1985

Und das ist noch nicht alles. **Die Anthropologin Meredith Small argumentiert, dass die amerikanische Fixierung auf Kindererziehungspraktiken, die in dem Versuch gründen, die Selbstständigkeit unserer Jüngsten zu fördern, mit den Praktiken der restlichen Welt nicht einhergeht.** In ihrem Buch *Our Babies Ourselves: How Biology and Culture Shape the Way We Parent* (1998) zeigt sie systematisch die Dominanz der körpernah orientierten Kinderpflegepraktiken in den verschiedenen Kulturen. Im globalen Kontext ist es eine Seltenheit, dass ein Baby allein schläft, Pulvermilch trinkt und die meiste Zeit ohne engen körperlichen Kontakt zu einem anderen Menschen verbringt.

Die amerikanischen Babys, herumgeschleppt in Plastikautositzen und festgeschnallt in Wippen und Kinderwägen, stellen das Anormale dar, meint Small. Es ist daher offensichtlich, dass jegliche Vorstellung von „alternativer Kinderpflege" kulturell abhängig ist. Familien, die eine tiefe Eltern-Kind-Beziehung in den Vereinigten Staaten praktizieren, können sich in der Minderzahl fühlen.

Hier sind einige Beispiele:
- Einer stillenden Mutter in New Hampshire wurde verboten, ihr Baby in einem öffentlichen Schwimmbad zu stillen, sie wurde dafür zur Toilette geschickt. Der Bademeister meinte, dass das Stillen eine öffentliche Gesundheitsgefahr darstelle und bei Schwimmbadgästen Anstoß errege. Das Verbot wurde erst aufgehoben, als einige Mütter demonstrativ ein „Still-in" am Pool abhielten. Doch die Protestierenden hatten ihre Kritiker. Eine anwesende Frau sagte, dass andere Kinder dem Stillen nicht ausgesetzt werden sollten, denn „das gibt kein gutes Beispiel"[11].
- Als meine Mutter mich kurz nach der Geburt meiner ersten Tochter besuchte, bekam ich ihre eigene Mutterweisheit zu hören. Es war klar, dass es ihr rätselhaft vorkam, dass ich mein Baby so oft auf dem Arm trug, und sie schalt mich mit der Warnung: *„Wenn du das Baby dauernd trägst, Chrisi, wirst du es bestimmt verwöhnen. Du musst es manchmal absetzen, wie kannst du sonst irgendetwas erledigen?"*

11 Ramer 2002, übersetzt aus dem Englischen

Das ist das amerikanische Klima, in dem „alternative" Familien ihr Bindungselternschaft-Konzept umsetzen und darauf beharren. Warum? Ich vermute, dass sich die natürlichen Mütter, wie auch ich sie studiere (Mütter, die eine Anzahl von „alternativen" Elternschaftpraktiken wählen, wie z. B. Heimgeburt, holistische Gesundheitspflege, Familienbett, verlängertes Stillen und Heimschulung), der tiefen sozialen Konsequenzen bewusst sind, die mit einer radikalen Vision (und Umsetzung) von Familienleben zusammenhängen. Ihre Vorstellung entspricht dem feministischen Konzept einer Gesellschaft, die den Müttern mehr entgegenkommt und ihnen zugesteht, dass sie im Vertrauen auf ihr Urteilsvermögen und ihren Körper wissen, wie sie für ihre Familie zu sorgen haben.

Feministinnen beschäftigen sich schon lange mit der Politik und Praxis der Kindererziehung. Wie kann ein umfassender feministischer Standpunkt NICHT das Erlebnis mit einbeziehen, das im Leben der überwältigenden Mehrzahl der Frauen eine zentrale Rolle spielt? Entgegen weit verbreiteten gegenteiligen Meinungen sind Feministinnen größtenteils nicht gegen die Mutterschaft. In den 60er- und 70er-Jahren beispielsweise argumentierten die meisten Feministinnen nicht für das Ende der Mutterschaft als den Weg zur Befreiung der Frauen. Sie argumentierten vielmehr, den Fokus auf die Mutterschaft zu verschieben als ein utopisches Neuland für gegenkulturelle Ideale und als den metaphorischen Zement, der benötigt wird, um eine bruchstückhafte Bewegung zusammenzuhalten[12].

Anstatt Mütter zu verunglimpfen, wie weit verbreitet angenommen, konzentrierten sich die Mutterschafts-Theoretikerinnen auf die gesellschaftliche Konstruktion der Mutterschaft in dem Versuch, sie von einer (pronatalistischen, essentialistischen) Ideologie zu trennen, die die Institution an sich ghettoisiert[13]. Viele Mutterschafts-Theoretiker, am bekanntesten darunter Sara Ruddick, argumentieren, dass die durch Ausübung der Mutterschaft gewonnene Weisheit benutzt werden kann, um eine soziale Ordnung aufzustellen, die auf „weiblichen Werten" wie Selbstlosigkeit und Fürsorge basiert.

Gegenwärtige feministische Studien über Mutterschaft im amerikanischen Kontext zeigen weiterhin, wie die Arbeit der Mutter im Allgemeinen unterbewertet wird, un- oder unterbezahlt ist, oft isoliert ausgeführt wird und besonders problematisch für Frauen ist, die gesellschaftlich „am Rand" leben.[14]

Diese Realität stellt nicht nur ein Problem für einzelne Mütter dar, sondern macht die sehr schwere Arbeit der Mütter unsichtbar, und das veranlasst Menschen, sich gefühllos darüber auszulassen, „was diese Mütter den ganzen langen Tag denn schon zu Hause machen". Wie Ann Crittenden in ihrem einflussreichen Bestseller *The price of motherhood: Why the most important job in the world is still the least valued* (2001) beweist, „durchdringt die Abwertung der Mutterarbeit fast jede gesellschaftliche Institution. Die Pflege wird nicht nur nicht belohnt; sie wird bestraft."[15]

Als Antwort darauf wird eine allgemein bekannte liberale feministische Forderung erhoben, dass Väter mehr Kinderpflege leisten müssen[16]. Crittenden stellt diese Methode in Frage und schlägt vor, dass der Feminismus eine „frische Strategie" benötigt, die gerade den Wert der Mutterschaft betont[17].

12 Umansky 1996

13 siehe zum Beispiel Rich 1976, Dinnerstein 1976, Katz Rothman 1989, Trebilcot 1983

14 siehe Glenn et al. 1991, Hays 1996, Ladd-Taylor & Umansky 1998, Albelda & Withorn 2002

15 Crittenden 2001, S. 4, übersetzt aus dem Englischen

16 siehe Chodrow 1981 für eine klassische Darstellung dieser Haltung

17 Crittenden 2001

Kann die Eltern-Kind-Beziehung „neue Strategien" bieten? Wie kann die Eltern-Kind-Verbindung das feministische Denken über die Mutterschaft verbinden und erweitern? Erstens, die Eltern-Kind-Beziehung hat das Potenzial, die schädliche soziale Gleichung anzufechten: Eltern = Mutter = erlaubt Vätern und anderen Betreuungspersonen, im Hintergrund zu handeln. Indem Väter und „andere Mütter" einbezogen werden, werden Frauen davon befreit, allein die Kinderpflege zu schultern.

Frauen brauchen die Last nicht allein zu tragen, argumentiert Jean Liedloff, denn ein jeder kann die mütterliche Rolle erfüllen. Sie schreibt:

„Die mütterliche Rolle, die einzige Rolle, die es in den frühesten Monaten erlaubt, mit einem Säugling in Beziehung zu treten, wird instinktiv ausgeübt von Vätern, anderen Kindern und allen, die mit dem Säugling auch nur für einen Moment umgehen. Das Unterscheiden zwischen Geschlecht oder Altersgruppen ist nicht die Angelegenheit eines Babys ... Ein Baby kennt nur eine mögliche Art von Beziehung, und in jedem von uns liegt eine ganze Reihe von Antworten auf seine Impulse. Jeder von uns, jeder Mann, jede Frau, jedes Mädchen und jeder Junge, besitzt also detaillierte Kenntnisse in der Babypflege ..." [18]

[18] Liedloff 1995, S. 35, übersetzt aus dem Englischen

Wenn wir sie beim Wort nehmen, dann ist dies eine wahrhaft feministische Perspektive.

Liedloffs Empfehlungen zur Babypflege, die die Kinder in die Struktur des öffentlichen Lebens integrieren, stellen eine weitere emanzipierende Vision dar, die mit den feministischen Zielen übereinstimmt. **Wenn wie Liedloff vorschlägt, eine Gemeinschaft die Kindererziehung unterstützt, dann nützt dies sowohl Müttern als auch Babys.** Babys unterscheiden nicht zwischen den sie Pflegenden, sagt Liedloff. Jeder – Männer, Frauen und Kinder – ist instinktiv in der Lage, Babys die nötige Pflege zu geben. Liedloff betont, dass die Eltern-Kind-Verbindung sich NICHT auf das Kind konzentriert. Das ermöglicht Müttern und anderen Betreuungspersonen, ihren eigenen und Gruppeninteressen zu folgen, ohne dafür ihre Kinder aufzuopfern. Das geht Hand in Hand mit dem feministischen Ziel der Selbstbestimmung, die Frauen nicht nur die Entscheidung lässt, Mutter zu sein (und wann) oder keine zu sein, sondern auch die Entscheidung, WIE sie als Mutter sein wollen.

Doch in den Vereinigten Staaten von heute macht die Struktur des Arbeitsplatzes aus Müttern und Kindern häufig Gegner. Wenn Mütter für Geld arbeiten, dann arbeiten sie in den meisten Fällen außerhalb des Hauses. Dies macht eine institutionelle Kinderpflege erforderlich. Wenn die Mutter nicht für Geld arbeitet und sich ganztägig selbst der Kinderpflege widmet, dann ist ihre Arbeit nicht nur unbezahlt und verunglimpft, vielmehr pflegt sie ihre Kinder quasi in Isolation.

Dies hat negative Folgen für Mütter wie auch für Kinder, die von Geburt an soziale Wesen sind, behauptet Liedloff. Um sie zu zitieren:

„Eine Frau, die jeden Tag mit ihren Kindern allein gelassen wird, wird abgeschottet von sozialer Stimulation und braucht emotionale und intellektuelle Unterstützung, die sie [die Kinder] ihr nicht geben können. Die Folgen sind für Mutter, Kind, Familie und Gesellschaft negativ." [19]

Mit anderen Worten:

Müttern steht ein volles und vielschichtiges Leben zu. Die sich selbst aufopfernde, nur auf ihre Kinder konzentrierte Mutter schadet allen, sich selbst, den Kindern und der Gesellschaft. Das Argument lautet: Mütter haben ein Recht auf ihr eigenes Leben, und Babys müssen in dieses hineinpassen. Das Leben einer Frau endet nicht mit der Geburt eines Kindes, sondern es bekommt eine neue Dimension inmitten einer Gemeinschaft, die so gestaltet ist, dass sie den vielfältigen Identitäten einer Mutter gerecht wird.

Dies bedeutet eine drastische Abkehr vom Übergang zur Mutterschaft, wie ihn durchschnittliche amerikanische Frauen erleben. In den meisten Fällen bedeutet das Leben mit Kind eine umfassenden Neudefinierung und Neugestaltung des Lebens einer Frau. Eine typische Frage, die jungen Müttern gestellt wird, ist: *„Nehmen Sie Ihre Arbeit wieder auf?"* Hier zerbrechen sich viele Mütter den Kopf darüber, wann sie ihre Schwangerschaft bekannt geben, weil sie befürchten, dass ihre Mutterschaft ihr Berufsleben negativ beeinflussen wird. Zusätzlich zu der „Mutterschaftssteuer" in Form von verlorenem Einkommen (siehe Crittenden 2001) sorgen sich arbeitende Mütter auch um andere konkrete und nicht weniger bedeutende Fragen. Werde ich als Mutter beruflich ernst genommen? Werde ich in meiner Karriere benachteiligt?

Frauen, die beispielsweise als Saisonarbeiterinnen oder Haushaltshilfen beschäftigt sind, arbeiten gewöhnlich so lange, bis sie körperlich nicht mehr arbeiten können, da sie nicht bezahlt werden, wenn sie nicht arbeiten. Sie wissen, dass ein neues Familienmitglied Mehrkosten bedeutet, und können es sich nicht leisten, einen Tageslohn zu verlieren. **Ungeachtet der sozialen Schicht und des Beschäftigungsstatus schauen sich die meisten Eltern, sobald das Baby geboren ist, sofort (und oft schon früher) nach Möglichkeiten zuverlässiger und erschwinglicher Kinderpflege um.** Die (oft) verzweifelte Suche nach einem Pflegeplatz ist für die Eltern mit der erschöpfenden und entmutigenden Erfahrung endloser Telefonanrufe und unzähliger Besuche möglicher Plätze verbunden, die in einem enttäuschenden Eintrag auf einer Warteliste enden.

Wie sieht der Vergleich mit einem typischen Übergang zur Mutterschaft in der südamerikanischen Yequana-Kultur aus? Nach

19 Liedloff 1995, S. 140, übersetzt aus dem Englischen

einer Erholungspause von ihrer natürlichen Entbindung kehrt die Mutter an ihre gewohnte Arbeit zurück, Seite an Seite mit den Mitgliedern ihrer Gemeinschaft. Hier besteht nicht wie in der amerikanischen Kultur eine strenge Grenze zwischen der Welt der Familie und der Welt des arbeitenden Erwachsenen. Dieser fließende Übergang rückt die Mutterschaft in den Mittelpunkt und bietet ein Netzwerk sozialer, materieller und informierender Unterstützung für Mütter (und aufgrund der Nähe natürlich auch für Kinder). In diesem Umfeld reifen Kinder, die kompetent ein Baby mit sich herumtragen, zu Müttern, die später ihr Baby selbstverständlich stets körpernah herumtragen. Yequana-Kinder, die im Familienbett schlummern, schlafen später mit ihren Kindern in einem Bett ohne die typische westliche Angst, im Schlaf ihr Kind zu erdrücken. Yequana-Töchter, die mit stillenden Frauen um sich herum aufwachsen, werden als Mütter davon überzeugt sein, ihre eigenen Kinder ohne Probleme stillen zu können. Sie machen sich kaum Sorgen darüber, ob ihre Milch zum Stillen ausreicht. Kurz gesagt lernen Frauen in einer Kultur, in der Mutterarbeit sichtbar und integriert ist, ihrem Körper und ihren Fähigkeiten zu vertrauen. Sie entwickeln eine kompetente Persönlichkeit, die von einem erweiterten Pflegenetzwerk gestützt wird. Wenn dieses Modell bei den Yequana funktioniert, warum ist es dann eine Ausnahme in der westlichen Gesellschaft?

Welche Umstände im Leben amerikanischer Eltern machen die Umsetzung eines solchen Konzepts teilweise unattraktiv und teilweise unmöglich? Um diese Frage zu beantworten, müssen wir einige typische Merkmale des amerikanischen Lebens näher betrachten, insoweit sie für Eltern von Bedeutung sind. Zunächst einige Fakten:

- **Die meisten Mütter sind berufstätig.** 70 % der verheirateten Mütter und 79 % der alleinstehenden Mütter von Kindern unter 18 Jahren gehen einer bezahlten Beschäftigung nach [20].
- **Väter und Mütter teilen sich Kinderpflege und -erziehung nicht gleichermaßen.** In Familien mit Kindern im Vorschulalter arbeiten Mütter durchschnittlich drei- bis viermal so lange in der Kinderpflege wie Väter [21].

20 US Bureau of Labor Statistics 2001

21 Hays 1999: 99–100

Und einige Thesen:
- **Die meisten Arbeitsplätze sind nicht kinderfreundlich** und/oder so angelegt, dass die Anwesenheit von Kindern nicht praktikabel oder gefährlich ist.
- **Die meisten Arbeitsplätze sind elternfeindlich.** Der typische Arbeitstag kommt den Lebensumständen von Eltern nicht entgegen. Wo und wann können Mütter z. B. Milch abpumpen? Eltern von schulpflichtigen Kindern werden mit anderen Frustrationen

konfrontiert. Kinder werden krank. Kinder müssen zum Fußballtraining und zu Klavierstunden gebracht werden. Die meisten Arbeitsplätze sind jedoch nicht ausreichend flexibel, dass solche Bedürfnisse erfüllbar wären. Ein gutes Beispiel dafür, dass Elternschaft und Arbeitsplatz oft nicht zusammenpassen, ist der parallele Fortbestand des Schultages von 8.00 bis 14.00 Uhr und des Arbeitstages von 9.00 bis 17.00 Uhr. Dies zwingt Eltern, für die Zeit nach der Schule bis zu ihrer Rückkehr von der Arbeit eine anderweitige Betreuung für ihre Kinder zu organisieren. Diejenigen, die Schichtarbeit leisten, werden mit noch größeren Zeitmanagement-Problemen konfrontiert. Alleinstehende Eltern sind diesen Unannehmlichkeiten ganz besonders ausgesetzt.

- **Wir leben in einer Gesellschaft, die die Arbeit der Mutter, die im Allgemeinen ohnehin schon gering geschätzt wird, noch weiter abgewertet, wenn sie von einer Frau ausgeführt wird, der es an kulturellen Privilegien mangelt.**[22]

22 siehe Albelda & Withorn 2002

Angesichts der obigen Ausführungen scheinen Liedloffs Empfehlungen, das Baby immer im engen körperlichen Kontakt zu halten, ziemlich naiv. Es genügt nicht, dass Eltern eine andere Kinderbetreuung wünschen oder wollen – die Kultur, in der Elternschaft, Identität und Arbeit verankert sind, verhindert die Durchführung dieses Programms.

Die folgenden Szenarien verdeutlichen diese Schwierigkeiten:
- Wenn Sie eine Frau sind, deren Krankenversicherung Hausbesuche einer Hebamme nicht bezahlt, und Sie das Geld für eine Hausgeburt nicht haben, dann sind Sie gezwungen, Ihr Baby in einem Krankenhaus zu gebären, **und es wird dadurch deutlich wahrscheinlicher, dass während der Entbindung ein medizinisch nicht notwendiger Hightech-Eingriff vorgenommen wird.**
- Wenn Ihre Arbeit darin besteht, eine Drehmaschine während einer achtstündigen Schicht zu bedienen, dann sind die Chancen gering, dass Sie Ihr Baby in die Werkstatt mitnehmen dürfen.
- Wenn es Ihnen gelingt, einen Betreuungsplatz für Ihr Kind zu finden, während Sie arbeiten, **dann ist es unwahrscheinlich, dass Sie eine Pflegekraft finden, die Ihr Baby den ganzen Tag nah am Körper trägt,** da die Pflegekräfte ohnehin schon unterbezahlt und überlastet sind.
- Wenn Sie eine finanziell schlecht gestellte Frau sind, die staatliche Unterstützung beantragt, um zu Hause bei ihren Kindern bleiben zu können, **dann riskieren Sie, als Sozialhilfe-Schmarotzerin abgestempelt zu werden.**

Es ist klar, dass die Umgestaltung der Eltern-Kind-Beziehung mehr als eine Verpflichtung und abgenutzte Kopie des Liedloff-Buches benötigt. Es verlangt eine bedeutsame soziale Änderung. Um die hier vorgestellte Eltern-Kind-Beziehung anzuwenden, müssen wir den Wert der Mutterschaft und Mutterarbeit erhöhen: Wir müssen eine Vielfalt von Personen in die Kinderpflege einbeziehen und den Arbeitsplatz umarbeiten, um den Eltern und Kindern entgegenzukommen. Sonst werden die meisten Versuche, die neuen Prinzipien einer gelungenen Eltern-Kind-Beziehung einzuführen, scheitern, besonders in Familien, denen das kulturelle Kapital fehlt, das Risiken erlaubt. Um es umgangssprachlich auszudrücken: Wir können nicht alle aus der Reihe tanzen. Daher ist es möglich, wenn wir nicht vorsichtig sind, dass ein Buch wie jenes von Liedloff als eine Waffe gegen Mütter benutzt werden kann.

„Heutzutage ist die Kinderpflegefunktion untrennbar mit der ‚black box' namens Kernfamilie verknüpft. Sie ist privatisiert, und sie ist unsichtbar, sowohl psychisch als auch wirtschaftlich. Die Frage ist, wie schaffen wir engere Verbindungen zwischen Familie und Gemeinschaft?"[23]

Was wird nun speziell benötigt, um ein gesellschaftliches Umfeld zu schaffen, das eine adäquate Eltern-Kind-Bindung fördert? Es folgt hier eine selektive Wunschliste mit Änderungsvorhaben. Das meiste stammt von einer ähnlichen Liste von Ann Crittenden in ihrem Buch *The price of motherhood, why the most important job in the world is still the least valued* (2001). Ich verweise Leser für eine umfassendere Beschreibung vieler dieser Maßnahmen auf ihr Buch. Es ist jedoch nicht mein Ziel, und das ist mir wichtig zu betonen, dass ALLE Familien solche Prinzipien übernehmen, sondern dass ALLE Familien in einer Kultur leben, in der die Übernahme einer solchen Eltern-Kind-Bindung möglich ist. Eine Eltern-Kind-Bindung-freundliche Umgebung wird sicherlich ALLEN Eltern von Vorteil sein, egal ob sie dieses Konzept übernehmen oder nicht.

- **Großzügiger Erziehungsurlaub.** Das US-Bundesgesetz zur Familien- und Gesundheitsbeurlaubung (FMLA, Family and Medical Leave Act) bietet Angestellten in Unternehmen mit fünfzig oder mehr Arbeitnehmern zwölf Wochen unbezahlten Urlaub mit einer Arbeitsplatzgarantie bei der Rückkehr. Aber ist das genug? Im Idealfall sollten die Beurlaubungsbestimmungen eine allmähliche Rückkehr zur Ganztagsarbeit (oder Teilzeitarbeit) erlauben, die Eltern und Kindern genügend Zeit zum Zusammenwachsen gibt.
- **Weitverbreitete Einführung von Gleitzeit, Jobsharing und Teilzeitarbeit mit Sozialversicherungsleistung.** Eltern benötigen Flexibilität, um den Bedürfnissen der Familie, die während eines typischen

[23] Catherine Coon (zitiert in Crittenden 2001, S. 272, übersetzt aus dem Englischen)

Arbeitstags entstehen, gerecht zu werden. Und wenn Ganztagsarbeit ihnen nicht zusagt, dann muss Teilzeitarbeit eine realistische Möglichkeit sein. In den meisten Fällen ist Teilzeitarbeit nicht möglich, weil ein Arbeiter mit dem Gehalt nicht auskommen kann und die gekürzte Wochenarbeitszeit keine Krankenversicherung (oder andere Leistungen) beinhaltet. **Aber Teilzeitarbeit kann funktionieren, für Arbeitnehmer und Arbeitgeber.** In den Niederlanden zum Beispiel besteht ein volles Drittel aller Jobs aus Teilzeitarbeitsplätzen, verbunden mit sozialen Leistungen, die vergleichbar mit denen für Vollzeitarbeitnehmer sind.

- **Entweder von der Regierung oder dem Arbeitgeber (oder beiden) subventionierte Kinderpflege.** Laut US-Volkszählungsamt schlagen für junge Familien die Kosten für Kinderpflege hinter den Ausgaben für Unterkunft und Lebensmittel am meisten zu Buche. Subventionen würden den Familien, denen ein hoher Pflegestandard wichtig ist, bessere Möglichkeiten eröffnen.

- **Eine Gehaltserhöhung für Erziehungskräfte.** Das Gehalt für Angestellte, die Kinder pflegen, muss erhöht werden. Das ermöglicht bessere „Auf-dem-Arm-Pflege", verbessert das Betreuungsverhältnis und senkt die Anzahl der Arbeitnehmer, die ihre Arbeit wegen des niedrigen Lohnes aufgeben. Das Ansehen des Berufs der Kinderpfleger muss erhöht werden. Die Erhöhung des Gehalts, damit verbundene Nebenleistungen und berufliche Qualifizierungen werden viel dazu beitragen, dieses Ziel zu erreichen. **Kurz gefasst: Wir müssen „unsere Mütter" gut bezahlen.** Ein hervorragendes Beispiel für das niedrige Prestige von Kinderpflegearbeit stammt direkt aus der US-Einwanderungsgesetzgebung. Gegenwärtig wird Kinderpflegearbeit als „ungelernte Arbeit" klassifiziert (ungeachtet der Zeugnisse, die von Einwanderern vorgewiesen werden müssen). Offensichtlich bestärken solche Kennzeichnungen die Ghettoisierung dieser wichtigen Arbeit.

- **Anrechnung von Sozialversicherungsansprüchen zum Schutz von Kinderpflegern im Alter.** Rentenansprüche sind ebenso absolut erforderlich wie gerechtere Scheidungsregelungen, die Frauen vor Armut bewahren, indem sie die Kinderpflege als Arbeit einstufen. Es ist unfair, Eltern, die zu Hause bei den Kindern bleiben, zu bestrafen, weil sie kein Geld verdient haben, während sie ihre Kinder zu Hause betreut haben. In Frankreich und Deutschland wird die Zeit, die Frauen außerhalb des Arbeitsmarkts für die Pflege der Familienmitglieder (Jung und Alt) verbringen, auf ihren Rentenanspruch in Teilen angerechnet.

- **Gesetzliche Schutzbestimmungen für das Stillen.** Solche rechtlichen Schutzbestimmungen sehen bestimmte öffentliche Räume am Arbeitsplatz für das Stillen und Brustpumpen vor.

- **Die Einführung der allgemeinen Krankenversicherung.** Weil so viele Eltern außerhalb der Familie arbeiten müssen, um ausreichend krankenversichert zu sein, ist die allgemeine Krankenversicherung absolut erforderlich, damit die Kindererziehung zu Hause eine wirkliche Alternative darstellt. Die Tatsache, dass Mütter und andere Kinderpfleger gezwungen sind zu arbeiten, um ihren Kindern eine angemessene Gesundheitsfürsorge zu sichern, reißt Familien auseinander. **Im Idealfall sollte eine Mutter sich frei für oder gegen den Beruf entscheiden können, nicht nur um ihre finanziellen, sondern auch ihre gesellschaftlichen, körperlichen und seelischen Bedürfnisse außerhalb der häuslichen Umgebung zu befriedigen.**
- **Die Möglichkeit professioneller häuslicher Hebammenpflege.** Zum gegenwärtigen Zeitpunkt muss eine Familie, die zu Hause eine natürliche Geburt mit einem Minimum an Eingriffen wünscht, diese aus eigener Tasche bezahlen. Daher können nur privilegierte Familien die Geburt ihrer Wahl genießen. **Das größtmögliche Angebot an Wahlmöglichkeiten bezüglich der Geburt muss allen Frauen zugänglich sein, egal ob sie dies bezahlen können oder nicht.**
- **Ein Platz für Kinder überall.** Kinder müssen auf allen öffentlichen Plätzen erwünscht sein, einschließlich dem Senat, Sitzungssälen, Demonstrationen, Hörsälen an Universitäten usw. – überall wo Eltern und Kinderpfleger auch hingehen. **Wenn Kinder willkommen sind (und Kinderbetreuung angeboten wird, wenn die Umgebung für Kinder nicht geeignet ist), können die Eltern voll am öffentlichen Leben teilnehmen. Eltern müssen in alle Bereiche des täglichen Lebens voll integriert werden.**

Stellen Sie sich eine Gesellschaft vor, in der auch nur einige dieser Maßnahmen umgesetzt werden. Stellen Sie sich alle unsere Lebensbereiche vor, in denen sich der Klang von Kinderstimmen mit dem Klang von arbeitenden, spielenden, diskutierenden, organisierenden und sich entspannenden Erwachsenen vermischt. Stellen Sie sich eine Zeit und einen Ort vor, in der und an dem die Eltern ihre Kinder so pflegen, wie sie es wirklich wünschen. In dieser Welt, einem familienfreundlichen Utopia, ist die Entscheidung von Eltern, außerhalb des Hauses zu arbeiten, durch den wirklichen Wunsch und nicht durch fehlende Mittel motiviert. Und die Entscheidung der Eltern, mit ihren Kindern zu Hause zu bleiben, ist frei getroffen und kein Rückzug von einem feindseligen Arbeitsplatz, von unzulänglichen Kinderpflegemöglichkeiten oder ein Entgegenkommen für einen wenig hilfreichen Partner.

Hier werden Eltern nicht von Schuld gequält, sondern geschätzt und durch die wirkliche Unterstützung ihrer Gemeinschaft gestärkt. Und als Folge entwickeln sich und gedeihen glückliche Kinder.

Wenn wir bereitwillig akzeptieren, dass eine enge Eltern-Kind-Bindung einen positiven und wichtigen gesellschaftlichen Einfluss hat, dann müssen wir auch die Verantwortung akzeptieren, eine Gesellschaft zu schaffen, die diese Art der Kinderpflege ermöglicht. Väter, die Großfamilie, professionelle Kinderpfleger, Arbeitgeber, Gesetzgeber, Mütter – alle, die wesentlich auf Kinder und die sie Pflegenden einwirken oder einwirken sollten – müssen am Aufbau der gesellschaftlichen Netzwerke teilhaben, die für die praktische Anwendung solcher Prinzipien erforderlich sind. Während ein solches Konzept eng gesehen als eine Reihe von Vorschriften für Mütter interpretiert werden kann (und anschließend denen die Schuld gibt, die diese Erwartungen nicht erfüllen), ist es gleichzeitig vielversprechend hinsichtlich seiner radikalen Auswirkungen auf unsere Gesellschaft.

Es ist unsere Aufgabe, mehr zu tun, als sich diese Gesellschaft nur vorzustellen. Wir müssen sie verwirklichen.

Literaturverzeichnis – Chris Bobel

Albelda, R., Withorn, A.: Lost ground: Welfare, reform, poverty and beyond. South End Press: Cambridge, MA, 2002.

Bobel, C.: The paradox of natural mothering. Temple University Press: Philadelphia 2002.

Crittenden, A.: The price of motherhood: Why the most important job in the world is still the least valued. Henry Holt & Co.: New York 2001.

Cunningham, A. S.: Infant feeding and SIDS. In: Pediatrics. 58: 467–468, 1976.

Department of Labor (2001): Employment status of mothers with own children under 3 years old by single year of age of youngest child and marital status, 2000-1 Annual Averages. Retrieved January 28, 2003 from Department of Labor website: http://www.bls.gove/news.release/famee.t06.htm.

Dinnerstein, D.: The mermaid and the minotaur. Harper & Row: New York 1976.

Field, T.: Preschoolers in America are touched less and are more aggressive than preschoolers in France. In: Early Child Development and Care, 151: 11–17, 1999.

Forsyth, B. W. C.: Colic and the effect of changing formulas: A double-blind multiple cross-over study. In: Journal of Pediatric Research 115: 531–526, 1989.

Gaskin, I. M.: Ina May's guide to childbirth. Bantam Books: New York 2003.

Goer, H.: The thinking woman's guide to a better birth. Berkley Publishing Group: New York 1999.

Gussler, J. D., Briesemeister, L. H.: The insufficient milk syndrome: A biocultural explanation. In: Medical Anthropology 4: 145–174, 1980.

Hays, S.: The cultural contradictions of motherhood. Yale University Press: New Haven 1996.

Katz Rothman, B.: Recreating motherhood: Ideology and technology in a patriarchial society. Norton: New York 1989

Kitzinger, S.: The complete book of pregnancy and childbirth. Knopf: New York 1996.

Konner, M. J., Super, C. M.: Sudden infant death syndrome: An anthropological hypothesis. In: Super, C. M. (ed.): The role of culture in developmental disorders. Academic Press: New York, p. 95–108, 1987.

La Leche League International (1987): The womanly art of breastfeeding (6th ed.). Franklin Park, IL: La Leche League.

Liedloff, J.: The continuum concept. Perseus Books: Cambridge, MA. 1985, rev ed.

McKenna, J. J., Mosko, C., Richard, C., Drummond, S., Hunt, L., Cetel, M. B., Arpaia, J.: Experimental studies of infant-parent co-sleeping: Mutual physiological and behavioral influences and their relevance to SIDS (Sudden Infant Death Syndrome). In: Early Human Development 38: 187–201, 1994.

Rich, A.: Of woman born: Motherhood as experience and institution. Bantam: New York 1977.

Ruddick, S.: Maternal thinking: Toward a politics of peace. Beacon Press: Boston 1995.

Ryan, A. S., Wenjun, Z., Acosta, A.: Breastfeeding continues to increase into the new millennium. In: Pediatrics, 110: 1103 (7), 2002.

Small, M.: Our babies, ourselves: How biology and culture shape the way we parent. Anchor Books: New York 1998.

Trebilcot, J.: (ed.) Mothering: Essays in feminist theory. Rowman & Allenheld: Totowa, NJ, 1983.

Umansky, L.: Motherhood reconceived: Feminism and the legacies of the sixties. New York University Press: New York & London 1996.

Positive Auswirkungen einer engen Eltern-Kind-Bindung

„Elternsein ist die kreativste Tätigkeit der Welt!"

PETER S. COOK
Australien

Peter S. Cook ist Kinderpsychiater, Mitglied am „Royal College of Psychiatrists" in England und Autor des Buches „Early Child Care – Infants and Nations at Risk".

Peter S. Cook ist Vater von drei Töchtern und einem Sohn.

Als Kinder- und Familienpsychiater beschäftige ich mich mit den Betreuungsproblemen, mit denen die Eltern – meist sind es die Mütter – zu mir kommen.

Eines Tages fiel mir auf, dass die Grundsätze, Ansichten und Praktiken, nach denen diese Eltern vorgingen, völlig anders waren als die von meiner Frau und mir. Mir wurde klar, dass Neugeborene aus evolutionärer Sicht Exterogestaten sind und dass das Verhalten eines Babys das Ergebnis eines langen Evolutionsprozesses ist. Um ihre Überlebenschancen zu erhöhen, hatten die Menschen im Laufe der Evolution ein angeborenes Sozialverhalten entwickelt. Daher sollten wir logischerweise auf die Bedürfnisse und das Verhalten unserer Babys eingehen, anstatt zu versuchen, diese zu manipulieren.

Ich untersuchte, wie andere Primaten und vorindustrielle menschliche Gemeinschaften mit ihren Säuglingen umgingen. **Ich kam zu dem Schluss, dass in einem Großteil der westlichen Welt Lehrmeinungen über die eigentliche Natur des Babys vorherrschen, aus denen bestimmte Muster in der Babypflege abgeleitet werden. Diese veranlassen die Mütter, im Widerspruch zu den „biologischen Anlagen" ihrer Babys vorzugehen.** Auf dem Boden eben dieser Lehrmeinungen entwickelte sich ein Konflikt, der im Augenblick der Geburt beginnt. In der Folge laufen die Mütter nicht nur Gefahr, seelisch gestörte Kinder großzuziehen, sondern auch sich selbst um das Gefühl der tiefen Befriedigung zu bringen, das die Natur mit Hilfe der natürlichen Auslese als Belohnung für ein gesundes Verhalten in Müttern und Kindern verankert hat[1]. Da das Verhalten der Mütter und der Gesellschaft von diesen Ansichten ausgeht, ergibt sich oft eine Diskrepanz zwischen den genetisch bedingten „Erwartungen" des Babys und der Art und Weise, wie seine Umgebung tatsächlich darauf reagiert. Ein solcher Widerspruch zwischen unserer Umwelt und unseren genetisch bedingten Anlagen ist eine der häufigsten Ursachen für gesundheitliche Probleme sowohl physischer als auch psychischer Natur. Die Auswirkungen, die eine zuckerreiche Ernährung auf die Zähne hat, sind ein einfaches Beispiel aus dem Bereich der körperlichen Erkrankungen. Ungleich schmerzhafter und schwieriger zu heilen sind jedoch die Verletzungen der Seele!

Warum die frühen Erfahrungen im Zusammenhang mit einer Kontinuum-gerechten Eltern-Kind-Bindung zu befürworten sind und welche Gefahren sich aus dem Fehlen dieser Erfahrungen ergeben, wird im Folgenden dargelegt.

Alle Säugetiere müssen sich bestimmte Verhaltensweisen aneignen. Diese sollen sicherstellen, dass Mutter und Nachwuchs nicht getrennt werden, solange das Junge auf Stillen, Schutz und Betreuung angewiesen ist. Beim Menschen kommt eine weitere

1 Cook 1978

Besonderheit hinzu. Während der ersten neun bis zehn Monate nach der Geburt entwickelt sich das Baby in einer Art „externen Schwangerschaft" noch weiter – so als ob die Schwangerschaft wie bei den Kängurus und anderen Beuteltieren außerhalb des Mutterleibes noch weitergehen würde. Der Grund dafür ist, dass Babys wegen ihrer rasch größer werdenden Gehirne bereits in einem Stadium geboren werden müssen, in dem andere Primaten noch im Schutz der Gebärmutter weiter wachsen können. Der menschliche Geburtskanal ist nicht dafür ausgelegt, ein größeres Gehirn ohne Schwierigkeiten passieren zu lassen.

Babys sind daher sehr verwundbar. Sie sind darauf angewiesen, dass irgendjemand sämtliche ihrer Bedürfnisse befriedigt und jedes Unwohlsein lindert. Um die Mütter dazu zu bringen, ihnen mit der fürsorglichen Zuwendung zu begegnen, die sie benötigen, sind Babys mit der Fähigkeit ausgestattet, anderen ihre Bedürfnisse und Gefühle mitzuteilen. Die Gefühle und die Intuition einer Mutter sind Teil eines ihr von Natur aus mitgegebenen Wissens. Dieses Wissen lässt sie die Bedürfnisse ihres Babys erkennen und angemessen darauf reagieren. Und in gleicher Weise, wie das Elternpaar liebevoll auf die Bedürfnisse seines Kindes eingeht, bekommt es vom Baby bzw. vom Kleinkind im Gegenzug Freude und Befriedigung zurück.

Es liegt auf der Hand: Alle Frauen, genau wie alle anderen weiblichen Säugetiere, haben ihre relevanten Gene von einer langen Ahnenreihe von Weibchen geerbt, die speziell als erfolgreiche Mütter selektiert worden sind. Für jede Frau gilt, dass jede einzelne ihrer weiblichen Vorfahren tausende von Generationen hindurch ein weibliches Kind gebar, das (bis auf wenige Ausnahmen) von seiner Mutter über eine für heutige Begriffe lange Zeitspanne gestillt wurde. Alle diese Mütter waren aus evolutionärer Sicht „erfolgreich", da jedes dieser weiblichen Babys erwachsen wurde und wiederum dasselbe tat.

Dabei waren die Bedingungen, unter denen diese Frauen ihre Kinder großzogen, zumeist viel weniger günstig als heute. Aber sie hatten die Unterstützung einer Familie oder Stammesgruppe.

Die Gene eines jeden Mädchens, das diese Aufgabe nicht erfüllte, wurden aus der menschlichen Rasse eliminiert. Durch diesen Selektionsprozess, der bei den Vätern natürlich wiederum die entsprechenden Prioritäten setzte, wurde jedes Detail unserer anatomischen und biologischen Grundzüge verfeinert. Ganz allgemein kann man also sagen, dass Frauen die naturgegebenen Voraussetzungen dafür mitbringen, ihre Kinder zu versorgen. Dafür brauchen sie aber günstige Bedingungen und die Unterstützung sowie den Rückhalt durch andere Menschen, wie dies in traditionellen Stammesgruppen der Fall ist.

1972 berichtete Emmy Werner über Kleinkinder in fünfzig vorindustriellen Gemeinschaften. Diese machten trotz zahlreicher kultureller und geographischer Unterschiede alle in den ersten Lebensjahren eine Reihe gleicher Erfahrungen. Sie lebten in einem erweiterten Familienverband mit zahlreichen Betreuungspersonen. Sie wurden Tag und Nacht auf Verlangen gestillt, befanden sich in ständigem Körperkontakt mit der erwachsenen Betreuungsperson, die das Kind auf dem Rücken oder auf der Hüfte trug und auch bei ihm schlief. Sie nahmen auch an sämtlichen Aktivitäten der Erwachsenen teil und erhielten dabei häufig sensomotorische Reize. Sie waren keinen starren Verhaltensregeln bezüglich Essen, Schlafen oder Körperpflege unterworfen. Sie mussten im tropischen bzw. subtropischen Klima auch keine Kleidungsstücke tragen, die sie in ihrer Bewegungsfreiheit einengten. Da dies genau dieselben Bedingungen sind wie diejenigen, unter denen die Jungen unserer verwandten nichtmenschlichen Primaten aufwachsen, liegt der Schluss nahe, dass dies die artgerechte Erfahrung für menschliche Babys ist. Jede Abweichung von diesem Muster kann zu Störungen führen.

Fest steht, dass sich Gemeinschaften, in denen die Säuglinge nicht getragen werden oder lustvollen Körperkontakt erfahren, in vielerlei Hinsicht durch eine wesentlich höhere Gewaltbereitschaft auszeichnen.

1950 schrieb Maurice Bevan-Brown in *The Sources of Love and Fear*: Jedermann *„leuchtet ein, dass es die Mutter des Kindes ist oder sein sollte, die die erste Person auf der Welt ist, mit der es eine Beziehung eingeht. Sie verkörpert die erste persönliche Beziehung, die erste soziale Beziehung, die erste sinnliche Beziehung, die erste Liebesbeziehung."* Und der Kinderarzt William Sears appelliert an die Eltern: *„Denkt daran, dass ihr einen zukünftigen Ehemann, eine zukünftige Ehefrau, eine zukünftige Mutter oder einen Vater großzieht ... kreative Elternschaft ist eine Investition in die Zukunft."* [2] Und trotzdem wird die Bedeutung frühkindlicher Erfahrungen für die spätere Persönlichkeitsentwicklung erst in letzter Zeit allgemein anerkannt.

1999 erschien der kanadische Bericht „Umkehrung des wahren Brain-Drain: Studie über die ersten Lebensjahre". Dieser Bericht dokumentiert, wie wichtig eine gesunde Erziehung und mütterliche Fürsorge in der frühen Kindheit für das gesamte spätere Leben ist.

Vom Zeitpunkt der Empfängnis bis zum Alter von sechs Jahren (und insbesondere in den ersten drei Lebensjahren) wird zwischen Milliarden von Gehirnzellen eine komplexe Struktur von Querverbindungen aufgebaut. Von ihr hängt es ab, wie der betreffende Mensch ein Leben lang lernen, reagieren und fühlen wird. Auch die Art und Weise, wie das Gehirn den Hormonhaushalt und das Immunsystem steuert, wird dadurch beeinflusst.

2 Sears 1982, S. 14

So auch der persönliche Umgang mit Stress und die Anfälligkeit für bestimmte Krankheiten.

In der Studie wurde hervorgehoben, dass bei der menschlichen Entwicklung Natur und Erziehung nicht im Widerspruch zueinander stehen, sondern einander wechselseitig ergänzen sollten.

Genetischen Anlagen kann durch frühkindliche Erfahrungen drastisch entgegengesteuert werden.

Die frühkindliche Beziehung zur Mutter oder einer anderen Betreuungsperson scheint für die Herausbildung der physischen und psychischen Reaktionsmuster von ganz entscheidender Bedeutung zu sein. Diese werden ein Leben lang beibehalten. Aber auch die biologischen Verhaltensmuster mütterlicher Fürsorge können durch Einflüsse von außen gestört werden.

Negative Erfahrungen in der frühen Kindheit können bleibende Auswirkungen haben. Diese können später nur schwer überwunden werden.

So wird das Risiko, im späteren Leben zu erkranken, durch die Lebensumstände zwischen dem Zeitpunkt der Befruchtung bis zum Alter von fünf Jahren mitbestimmt: beispielsweise an Bluthochdruck, Diabetes, bestimmten psychischen Erkrankungen wie insbesondere Depressionen oder auch an Herz-Kreislauf-Erkrankungen.

Ernährung, Pflege und Fürsorge wirken sich unmittelbar darauf aus, wie das Gehirn erste Eindrücke miteinander vernetzt. Die Qualität der sensorischen Anregung und der Pflege des jungen Babys durch die Eltern, insbesondere durch die Mutter, kann weitreichende Folgen haben. Da das Stillen zahlreiche Möglichkeiten zum direkten Körperkontakt und zur Stimulation des Geruchssinnes bietet, werden dabei wichtige Erfahrungen vermittelt. Wenn ein Baby von seiner Mutter gestillt und dabei zärtlich gedrückt und in den Armen gewiegt wird, während sie es anlächelt und liebkost, werden seinem Gehirn über die Empfindungen von Wärme, Berührung, Geschmack, Sehen, Hören und Riechen ununterbrochen Sinnesreize übermittelt. **Anhand dieser Reize können im Gehirn Strukturen und Funktionen aufgebaut werden. Diese sind dafür ausschlaggebend, wie das Kind im gesamten späteren Leben Sicherheit und soziale Beziehungen erlebt und empfindet.** Im Gegensatz zur Kuhmilch enthält Muttermilch alle für das Wachstum von Körper und Gehirn erforderlichen Nährstoffe in optimaler Zusammensetzung.

1997 gab die amerikanische Akademie für Kinderheilkunde, American Academy of Pediatrics, folgende Empfehlung ab: Mütter sollten ihre Kinder so lange stillen, wie es von beiden Seiten gewünscht werde, mindestens jedoch ein Jahr lang. Wenn Stillen nicht möglich ist, kann beim Füttern die Stillsituation nachgeahmt werden, indem das Baby während des Fütterns gehalten und liebkost wird.

Nachdem im Jahre 1999 die Early Years Study erschienen war, berichtete in weiterer Folge Mortensen (2002): Abgesehen von den unumstrittenen gesundheitlichen Vorzügen des Stillens besteht ein eindeutiger Zusammenhang zwischen der Stilldauer und der Intelligenz im Erwachsenenalter. **So erreichten beispielsweise diejenigen, die neun Monate hindurch gestillt worden waren, als Erwachsene im Schnitt einen um sechs Punkte höheren IQ als jene, die nur einen Monat lang oder noch kürzer gestillt worden waren.** Dies wurde anhand einer Studie nachgewiesen, an der 2.280 junge Dänen mit einem Durchschnittsalter von 18,7 Jahren sowie 973 Frauen und Männer mit einem Durchschnittsalter von 27 Jahren teilnahmen.

Blurton Jones (1972) untersuchte, ob sich die Menschen als eine Säugetierart entwickelt haben, die ihre Jungen an einem sicheren Platz verwahrt (versteckt) und in regelmäßigen Abständen dorthin zurückkehrt, um sie zu füttern, oder aber ob sie zur Gattung der Traglinge zu zählen sind, wie z. B. die Menschenaffen, die ihre Jungen tragen und häufig füttern. Er schloss aus einer Reihe von anatomischen, verhaltenstypischen und physiologischen Vergleichen, insbesondere aus der Zusammensetzung der Milch, Folgendes: **Der Mensch ist dafür prädestiniert, seine Jungen zu tragen und häufig zu säugen.** Die Umstände, unter denen ein Baby heranwächst, sind allem Anschein nach im Laufe der Evolution seit dem Stadium der uns artverwandten Menschenaffen bemerkenswert konstant geblieben.

Durch das Tragen werden wesentliche Sinnesreize übermittelt. Zwischen 1966 und 1980 untersuchten James Prescott und seine Mitarbeiter am amerikanischen Institut für kindliche Gesundheit und Entwicklung (NICHD[3]) die Gehirne von mutterdeprivierten (ohne die Mutter aufgewachsenen) Affen auf funktionelle und strukturelle Auffälligkeiten. Das Ausbleiben bestimmter Sinnesreize infolge des Fehlens einer mutterähnlichen Bezugsfigur führte dazu, dass die Affenbabys nicht in der Lage waren, affektive (gefühlsbetonte) Bindungen einzugehen.

Sie zeigten abnorme emotionale, soziale und sexuelle Verhaltensweisen. Diese entsprachen eindeutig mikroskopisch kleinen Anomalien des Gehirns im Bereich des Kleinhirns, des limbischen Systems, des Frontal- und Temporallappens sowie der somatisch-sensorischen und der motorischen Zentren der Großhirnrinde. Die Wissenschaftler schlossen daraus, dass diese Anomalien auf das Fehlen der Berührung und der Körperbewegung zurückzuführen waren, die normalerweise vom Gleichgewichtsorgan wahrgenommen werden. Wenn der Säugling direkt mit dem Körper der Mutter verbunden ist, werden diese Reize an das Klein- und das Stammhirn weitergeleitet. Diese Anomalien standen im Zusammenhang mit den Depressionen, der Gewaltbereitschaft und anderen abnormen Verhaltens-

[3] National Institute of Child Health and Development

weisen, die diese mutterdeprivierten Primaten an den Tag legten und die im Video *Rock A Bye Baby*[4] so plastisch dargestellt wurden.

4 „Time Life" documentary 1970

Anhand einer interkulturellen Studie konnte Prescott ähnliche Auswirkungen beim Menschen nachweisen. Er zeigte dabei den Zusammenhang zwischen den Praktiken bei der Kinderaufzucht und der Manifestation friedlicher bzw. gewalttätiger Verhaltensweisen bei 49 Naturvölkern auf. Aus einem Pool von 400 Kulturen wählte er alle aus, von denen bekannt war, inwieweit die Babys auf dem Körper der Mutter bzw. Betreuungsperson getragen wurden: Bei 39 von 49 (80 %) dieser vorindustriellen Gemeinschaften konnte schon allein aufgrund des Grades an „körperlicher Bindung" oder „affektiver Bindung" in der Mutter-Kind-Beziehung exakt gesagt werden, ob es sich um eine friedliebende oder gewalttätige Gesellschaft handelte. Der friedliche oder gewalttätige Charakter der übrigen zehn Kulturen (20 %) konnte aufgrund der Information, ob sexuelle Aktivitäten im Erwachsenenalter erlaubt waren oder bestraft wurden, genau bestimmt werden. **Bei allen 49 Kulturen konnte also allein anhand dieser beiden Faktoren mit 100 %iger Richtigkeit vorausgesagt werden, ob es sich um eine friedliche oder um eine gewalttätige Gesellschaft handelte.**

Prescott schloss daraus, dass damit der Nachweis gelungen sei, von welch vorrangiger Wichtigkeit die vestibuläre Stimulation des Kleinhirns durch Körperbewegungen des Neugeborenen und des Kleinkindes ist.

Er argumentiert, dass das Getragenwerden in engem Körperkontakt unerlässlich ist, und zwar so lange, bis die Zellen in wichtigen Gehirnregionen voll entwickelt sind. Für die Entwicklung von emotional und sozial gesunden Babys und Kindern sei dies die einzig zielführende Methode. Somit auch der beste Schutz gegen Depressionen, asoziales Verhalten, Gewalt und Drogen- bzw. Alkoholmissbrauch und Sucht im späteren Leben.

Derart positive Effekte auf das Gehirn und das Verhalten können durch das Stillen allein nicht erzielt werden. Auch zur Entwicklung eines normalen, mit Liebe gekoppelten Sexualverhaltens trägt ein solcher affektiver Kontakt ganz wesentlich bei. Diese Entwicklung ergibt sich automatisch aus einer einfühlsamen, liebevollen Bindung mit der stillenden Mutter[5].

5 Prescott 1990, 1996, 2001

Dass ein Baby im gleichen Bett oder Zimmer schläft wie seine Eltern, galt in der westlichen Welt noch bis vor kurzem als Tabu. **Dies ist eine weitere Fehlentwicklung der westlichen Zivilisation.** Seit im Jahre 1976 *The Family Bed* von Tina Thevenin erschienen ist, kaufen mehr Paare extrabreite Betten oder stellen das Gitterbett, von dem eine Seite abmontiert wurde, neben ihrem Bett auf. Wenn sie auch allmählich die Vorteile solcher Schlafgewohnheiten entdecken, fühlen sich doch manche von ihnen dadurch in ihrem Schlaf beeinträchtigt, etwas, das die Yequana-Indianer in Liedloffs

Beobachtungen in keiner Weise gestört hat! „Nighttime Parenting" lautet der Titel eines ganz neuen Berichtes von William Sears, einem viel beschäftigten Kinderarzt[6].

Nachdem Bowlby seine Bindungstheorie und Mary Ainsworth ihr Strange-Situation-Instrument zur Messung der Stabilität einer Mutter-Kind-Bindung entwickelt hatten, sind dieser Bindung und ihrer Bedeutung für die spätere Persönlichkeitsentwicklung zahlreiche Forschungsarbeiten gewidmet worden[7]. In der von Alan Sroufe geleiteten Langzeitstudie von Minnesota wurde der Stellenwert frühkindlicher Bindungserfahrungen bei der Herausbildung der Fähigkeit, enge zwischenmenschliche Beziehungen einzugehen, über Jahrzehnte hinweg beobachtet. Dabei stellte sich heraus, dass sowohl frühkindliche Bindungen als auch die spätere Eltern-Kind-Beziehung und Erfahrungen mit Gleichaltrigen für die Beziehungsfähigkeit im Erwachsenenalter eine Rolle spielen. Deren Grad an Intimität, Vertrauen und Gefühlsintensität hängt in erster Linie davon ab, wie Bindungen in der frühen Kindheit erlebt wurden.

Kinder und Teenager mit stabilen Bindungserfahrungen in der Vergangenheit zeichnen sich auf jeder Entwicklungsstufe aus: durch altersadäquate soziale und emotionale Reife, durch Führungsqualitäten, rücksichtsvolles und soziales Verhalten, Selbstbewusstsein, Selbstbeherrschung und Unternehmungslust.

Während der gesamten Kindheit und Jugend kann man am ehesten anhand der vorangegangenen Bindungserfahrungen Prognosen darüber abgeben, ob das Kind ein guter Schüler sein wird – oder ob es psychische Probleme und Verhaltensstörungen entwickeln wird. Die erlebte Bindung in der frühen Kindheit ist aber auch dafür ausschlaggebend, ob sich der junge Erwachsene bei seinen Liebesbeziehungen auf emotionale Nähe einlässt oder dagegen ankämpft. **So wachsen Kinder mit einer stabilen Bindungserfahrung zu Eltern heran, die ihrerseits auf die Bedürfnisse ihrer eigenen Kinder in sehr hohem Maße eingehen.**[8]

Jahrzehntelang war hartnäckig behauptet worden: Kinder tragen keinen Schaden davon, wenn sie nicht von der eigenen Mutter, sondern anderweitig versorgt würden – solange die Betreuung qualitativ hochwertig sei. Daraufhin gründete das amerikanische Institut für kindliche Entwicklung und Gesundheit (NICHD) ein Forschungsnetzwerk zur Untersuchung der Betreuung von Kleinkindern. Es versuchte damit, in der größten jemals durchgeführten Untersuchung über die Auswirkungen dieser Betreuungsform einige strittige Fragen zu klären. Bis jetzt wurden im Rahmen dieser Untersuchung an zehn verschiedenen Orten quer durch die USA etwa 1.000 Kinder ab der Geburt ihre halbe Kindheit hindurch beobachtet. In das Forschungsprojekt sind zahl-

---

6 Sears 1987

7 siehe Karen 1994

8 Sroufe u. a. 1999, Sroufe, Carlson u. a. 1999, Sroufe 2000, Sroufe 2001, Waters u. a. 2000, Roisman u. a. 2001, Breazeale 2001

reiche Wissenschaftler eingebunden. Sie müssen allesamt strenge formale Kriterien beachten. Sie dürfen nur Ergebnisse und Berichte abliefern, über die eine Einigung erzielt wurde.

Verglichen werden die Resultate einer Betreuung durch die Mutter mit den Ergebnissen aller anderen Betreuungsformen, einschließlich der Betreuung durch den Vater oder durch andere Familienmitglieder. Ob gestillt oder mit der Flasche gefüttert wurde, ist bei der Studie kein Kriterium. Im Lauf der Forschungsarbeiten wurden zwar einerseits positive Auswirkungen einer qualitativ hochwertigen Betreuung durch andere Personen als die Mutter festgestellt. Andererseits wurden aber auch diverse Gefahren nachgewiesen, die sich während der frühen Kindheit aus dieser Betreuungsform für die soziale und emotionale Entwicklung ergeben. Dass „schlechte" Kinderbetreuung Risiken birgt, ist seit Langem unbestritten. Dies wurde stets als Argument für die Forderung nach mehr Geld zur Sicherstellung einer „guten" Betreuung angeführt.

Jetzt zeigt sich jedoch, dass auch die Quantität der Betreuung, unabhängig von ihrer Qualität, eine Rolle spielt. Je länger und je früher das Kind zu Beginn seines Lebens nicht von den Eltern, sondern von anderen Personen oder gar Institutionen betreut wird, desto höher sind die Risiken. Und dies unabhängig von der Qualität der Betreuung oder anderen Faktoren wie Bildungsgrad, Familienstand oder wirtschaftlichem Status der Eltern.

Jay Belsky, eines der Gründungsmitglieder des NICHD-Netzwerkes, hat eine Reihe von sozialen und emotionalen Ergebnissen zusammengefasst [9]. Die Aussagekraft des Strange-Situation-Tests zur Bewertung der Stabilität der Mutter-Kind-Bindung wurde bestätigt. Wurde dabei festgestellt, dass die Mutter nur wenig auf ihr Kleinkind einging, so stieg die Wahrscheinlichkeit, dass die Bindung des Kleinkindes mit 15 bzw. mit 36 Monaten an Stabilität verloren hatte. Je mehr Zeit das Kind während der ersten drei Lebensjahre nicht von der Mutter versorgt wurde, desto weniger harmonisch gestaltete sich der Kontakt zwischen Mutter und Kind während dieser Zeitspanne. Weitere Erkenntnisse fasste Belsky wie folgt zusammen: *„Je mehr Zeit Kinder im Baby-, Krabbel- und Vorschulalter von der Mutter getrennt verbringen, desto zahlreicher sind die Verhaltensstörungen, die sie laut Aussagen des Betreuungspersonals im Alter von viereinhalb Jahren bzw. laut Angaben von KindergärtnerInnen und Müttern im Kindergarten an den Tag legen."* Auch zum Zeitpunkt der Einschulung, ein Jahr später, fielen diese Kinder weiterhin als aggressiv und unfolgsam auf. Dabei nahm die Häufigkeit der Verhaltensauffälligkeiten mit der Quantität, also der Dauer des Getrenntseins von der Mutter, zu. **So waren Kinder, die sehr viel Zeit in Betreuungseinrichtungen verbracht hatten, nicht ganz einfach selbstständiger und selbstbewusster als andere.** *„Sie*

9 Belsky 2001, 2002, 2003

zeigten im Gegenteil deutliche Anzeichen von Unsicherheit (Kind braucht z. B. viel Zuwendung, kann nicht warten, ist schnell eifersüchtig), Prahlerei (gibt an, sucht Streit), Ungehorsam und Trotz (fällt anderen ins Wort, widersetzt sich den Anordnungen der Lehrer, widerspricht ihnen, hält sich nicht an die Schulordnung) und Aggressivität (Kind rauft ständig, quält und terrorisiert seine Mitschüler, attackiert sie, macht eigene Sachen kaputt)." Demnach geht *„unabhängig von der Qualität der Versorgung eine verlängerte Verweildauer in Pflegeeinrichtungen Hand in Hand mit größerer Aggressivität und Unfolgsamkeit"*. Daran ändert sich auch ein Jahr später bei den Erstklässlern nichts.

Kinder, die während der ersten Lebensjahre von der eigenen Mutter umsorgt werden, haben die besten Chancen, mit sechs Jahren die entsprechende soziale Reife, bis zum Alter von mindestens acht Jahren einen Entwicklungsvorsprung im kognitiven Bereich und insgesamt bessere Schulleistungen zu erzielen.

Offensichtlich sind die meisten Fachleute aus dem Bereich der Kinderpsychiatrie persönlich folgender Auffassung: Aus der Sicht des Säuglings sei „sehr wichtig", dass die Mutter dem Kind über ein Jahr lang (d. h. 15 Monate lang) „Tag und Nacht fast ununterbrochen" zur Verfügung steht und dass es für den Säugling „ideal" wäre, durchschnittlich 27 Monate lang „hauptsächlich von der Mutter" versorgt zu werden. Das ergaben die (aus 56 Ländern eingelangten) Antworten von 450 der 902 Mitglieder der World Association for Infant Psychiatry and Allied Disciplines. Die Mitglieder hatten sich damit an einer anonymen Befragung beteiligt, die 1997 von Penelope Leach durchgeführt worden ist. Abschließend konnte festgestellt werden:

„Diese Ergebnisse zeigen, dass zahlreiche Fachleute aus dem Bereich der Kinderpsychiatrie der Meinung sind, dass die adäquatesten Betreuungsformen für Kleinkinder eigentlich das genaue Gegenteil von dem sind, was uns die Politiker versprechen, die Bürokraten umzusetzen versuchen und was die Eltern fordern."

Aus den oben vorgestellten Studien ebenso wie aus der klinischen Praxis geht eindeutig hervor, dass eine Kontinuum-gerechte, bindungsstabile Fürsorge durch die Eltern den Grundstein für seelische Gesundheit und emotionale Reife legt. Erst diese ermöglicht, später im Erwachsenenalter als Partner oder als künftiger Elternteil einer neuen Generation für beide Teile befriedigende zwischenmenschliche Beziehungen aufzubauen. Eine Mutter, die ihr Kind großzieht, baut damit eine Beziehung auf, die in der einen oder anderen Form für den Rest des gemeinsamen Lebens bestehen bleibt. Um etwaige Bedenken auszuräumen, dass die damit verbundene, uns von der Evolution in Jahrmillionen eingeprägte Tätigkeit als Mutter einer gut ausgebildeten, modernen jungen Frau möglicherweise nicht würdig sein könnte, möchte ich zum Abschluss eine kurze Passage zitieren. Diese macht deutlich, dass Muttersein eine der kreativsten Tätigkeiten überhaupt sein kann. Die Lehrerin Jenny Cullen sagt dazu Folgendes:

„Bei vielen Erwachsenen wird durch die phantasievolle Beschäftigung mit ihrem Kind eine verschüttete Kreativität wieder zum Leben erweckt. Elternsein bringt eine Summe von Anstößen für zahlreiche Eigenschaften, die kreative Menschen auszeichnen, wie z. B. Humor, Verspieltheit, Neugierde, Flexibilität, hohe Selbstmotivation, Einfühlungsvermögen, Spontaneität, Frustrationstoleranz und Gefühlstiefe. Das Zusammenleben mit kleinen Kindern wirft ständig neue Probleme auf, die einer kreativen Lösung bedürfen. Da ein kleines Kind oft nicht in der Lage ist, seine Absichten oder Probleme eindeutig zu artikulieren, ist es Aufgabe des Vaters/der Mutter, die Probleme des Kindes klarzumachen und mit ihm gemeinsam nach Lösungsmöglichkeiten zu suchen."

Die Elternrolle befindet sich derzeit im Umbruch. Mehr als je zuvor hat heute jeder Einzelne die Möglichkeit, frei darüber zu entscheiden, ob er diese Rolle ausüben und, wenn ja, wie er sie gestalten möchte. In jedem Fall bietet sie eine ganz besondere Chance, sich selbst weiterzuentwickeln und zu einem kreativen Künstler zu werden, der selbst die Choreographie für den gemeinsamen Tanz mit seinem Kind entwirft.

So befriedigend kann die Erfüllung höherer menschlicher Funktionen nur deshalb sein, weil sie auf biologischen Gesetzmäßigkeiten beruht, was wiederum ein weiterer Beweis dafür ist, dass Mütter und Väter, die ihre Elternrolle auf diese Weise leben, sich auf dem richtigen Weg befinden, den uns das menschliche Kontinuum vorgezeichnet hat.

Literaturverzeichnis – Peter S. Cook

Ainsworth, M.: Patterns of Attachements: A Psychological Study of the Strange Solution. Erlaum: Hillsdale, NJ 1978.

Belsky, J.: Developmental risks (still) associated with early child care. In: Journal of Child Psychology and Psychiatry 2001, 42: 845–860.

Belsky, J.: Quantity Counts: Amount of child care and children's socioemotional development. In: Journal of Developmental and Behavioral Pediatrics, 23: 167–170, 2002.

Belsky, J.: Quantity Counts in Child Care. Press Statement March 2003, prepared in relation to publication in Child Development of the NICHD Early Child Care Research Network. Does Amount of Time Spent in Child Care Predict Socioemotional Adjustment During the Transition to Kindergarten? Child Development, in press. 2003 a.

Belsky, J: The Dangers of Day Care. Editorial, The Wall Street Journal, July 16, 2003 (Originally entitled The Politicized Science of Day Care), 2003 b.

Bevan-Brown, C. M., Allan, R. S., Cook, E. F.: The Sources of Love and Fear. In: Christchurch, Raven Press. Also New York and Toronto, Vanguard Press 1950.

Blurton, J. N.: Comparative aspects of mother-child contact. In: Blurton J. N. (ed.): Ethological studies of child behaviour (p. 323). Cambridge University Press: Cambridge 1972.

Bowlby, J.: Maternal Care and Mental Health (p. 10) World Health Organisation: Geneva 1951.

Breazeale, T. E.: Attachment parenting: a practical approach for the reduction of attachment disorders and the promotion of emotionally secure children, 2001. A thesis submitted to the faculty of Bethel College for the degree of Master of Education. May be viewed on http://www.visi.com/~jlb/thesis/attachment.html

Cook, P. S.: Childrearing, culture and mental health: exploring an ethnological-evolutionary perspective in child psychiatry and preventive mental health, with particular reference to two contrasting approaches to early childrearing. In: Medical Journal Aust 1978; Spec Suppl 2: 3–14, 1978.

http://www.naturalchild.org/peter_cook/childrearing.html

Karen, R.: Becoming attached: unfolding the mystery of the infant-mother bond and its impact on later life. Warner: New York 1994.

Leach, P.: Infant care from infants' viewpoint: the views of some professionals. In: Early Dev Parent, 6: 47–58, 1997.

Liedloff, J.: Auf der Suche nach der verlorenen Zeit. Beck: München 1995.

Mortensen, E. L., et al.: The Association Between Duration of Breastfeeding and Adult Intelligence. In: Journal of the American Medical Association, 287, 18: May 8, 2002. 2365–2371, 2002.

NICHD Early Child Care Research Network: Child care and mother-child interaction in the first 3 years of life. Developmental Psychology, 35: 1399–1413, 1999 a.

NICHD Early Child Care Research Network: Early child care and children's development prior to school entry. American Educational Research Journal, 39: 133–164, 2002.

NICHD Early Child Care Research Network: Does Quality of Child Care Affect Child Outcomes at Age 4, 5? Developmental Psychology, 39: 581–593, 2003 a.

NICHD Early Child Care Research Network: Does Amount of Time Spent in Child Care Predict Socioemotional Adjustment During the Transition to Kindergarten? Child Development, 74, 4: 976–1005, 2003 b.

Prescott, J. W.: Rock a bye Baby, „Time Life" documentary film, 1970. Available on http://www.violence.de/tv/rockabye.html

Prescott, J. W.: Affectional bonding for the prevention of violent behaviors: Neuro-biological, Psychological and Religious/Spiritual Determinants. In: Violent Behavior Vol. I, 110–142: Assessment and Intervention. (L. J. Hertzberg, et al., Eds.). PMA Publ.: New York 1990.

Prescott, J. W.: The Origins of Human Love and Violence, In: Pre- and Perinatal Psych. 10: 143–188, 1996.

Prescott, J. W.: Only More Mother-Infant Bonding Can Prevent Cycles of Violence. In: Cerebrum 3(1): 8–9, 124, 2001. http://www.violence.de/prescott/reviews/cerebrum.doc

Roisman, G., Sroufe, L. A., Madsen, S. & Collins, W. A.: The coherence of dyadic behavior across parent-child and romantic relationships as mediated by the internalized representation of experience. In: Attachment and Human Development, 3: 156–172, 2001.

Sears, W.: Creative Parenting. Blackburn North, Victoria, Australia. Collins North 1982.

Sears, W.: Nighttime Parenting. New American Library: New York 1987.

Sroufe, L. A., Egeland, B. & Carlson, E.: One social world: The integrated development of parent-child and peer relationships. In: W. A. Collins & B. Laursen

Sroufe, L. A., Carlson, E., Levy, A. & Egeland, B.: Implications of attachment theory for developmental psychopathology. In: Development and Psychopathology, 11: 1–13, 1999.

Sroufe, L. A.: Early relationships and the development of children. In: Infant Mental Health Journal, 21: 67–74, 2000.

Sroufe, L. A.: From infant attachment to adolescent autonomy: Longitudinal data on the role of parents in development. In: J. Borkowski, S. Ramey & M. Bristol-Power (Eds), Parenting and your child's world. (p. 187–202). Erlbaum: Hillsdale, NJ 2001.

Thevenin, T.: The Family Bed: An Age Old Concept in Child Rearing. Avery publishing. (1976) 1983.

Waters, E., Merrick, S., Treboux, D., Crowell, J. & Albersheim, L. Attachment stability in infancy and early adulthood: A 20-year longitudinal study. In: Child Development, 71: 684–689, 2000.

Waters, E., Merrick, S., Treboux, D., Crowell, J. & Albersheim, L.: Attachment stability in infancy and early adulthood: A 20-year longitudinal study. In: Child Development, 71: 684–689, 2000.

Werner, E.: (1972) Infants around the world: cross-cultural studies of psychomotor development from birth to two years. In: Journal of Cross-Cultural Psychology 1972, 3: 2, 111–134. Cited as reprinted in Chess S, Thomas A. eds. Annual progress in child psychiatry and child development. Brunner/Mazel: New York 1974.

Die traditionellen japanischen Bräuche bei Geburt und Kinderbetreuung

„Babys werden nur ‚zu treuen Händen' empfangen."

KOTOKO SUZUKI
Japan

Kotoko Suzuki ist Associate Professor für Anthropologie, „School of Nursing", Faculty of Medicine.

Kotoko Suzuki ist Mutter von zwei Töchtern.

Bevor ich über die traditionellen Übergangsriten der Geburt schreibe, möchte ich einige erläuternde Bemerkungen über Kinder in Japan, besonders über den Status von Neugeborenen, machen.

In den Riten, die die Menschen das ganze Leben hindurch begleiten, spielt die „Seele" (*tamashii* bzw. *tama*) eine wichtige Rolle. In einer Umfrage von 1995 über den Lebensstil junger Frauen zwischen 25 und 39 Jahren wählten auf die Frage: *„Welcher der folgenden Ausdrücke trifft für ‚ein Kind haben' am ehesten zu?"* 57,6 % der Frauen den Ausdruck „empfangenes Geschenk", weitere 22,3 % entschieden sich für „entstehen". Die Vorstellung, dass Kinder ein „Geschenk der Götter bzw. des Himmels" sind, zeigt sich hier selbst bei modernen Frauen, die in der Großstadt leben und vergleichsweise gebildet sind.

Bereits von alters her bedeutet für Japaner „Geburt" nicht etwa das Entstehen neuen Lebens, sondern ein Kind aus der Götterwelt zu treuen Händen zu „empfangen".[1] Dies kommt auch durch die Idee der Wiedergeburt zum Ausdruck: Wenn ein Kind kurz nach dem Tod eines nahen Verwandten geboren wird, heißt es auch heute noch, in diesem Kind sei der Verstorbene wiedergeboren.

Ein Neugeborenes wird nicht als Mensch betrachtet – zumindest nicht als Mitglied der menschlichen Gemeinschaft. **Kinder bis zum Alter von sieben Jahren gehören der Götterwelt an, wie auch eine entsprechenden Redensart zum Ausdruck bringt: „Bis zum siebten Lebensjahr Götterkind"** *(nanatsu mae wa kami no uchi)*. Daher wird beim Tod eines Kindes in manchen Regionen Japans keine Beerdigungszeremonie so wie bei Erwachsenen durchgeführt. Kinder kehren einfach in ihre Götterwelt zurück, wohingegen Erwachsene als irdische Existenz ihren Weg in die Welt der Götter nehmen. Geburt und Tod wird bei Kindern als schlichtes Hin- und Herwechseln in die jeweilige Welt betrachtet, daher ähneln sich auch ihre rituellen Abläufe.[2]

Das Bewusstsein der jungen modernen Frauen vom „Empfangen" eines Kindes belegt, dass diese Vorstellung auch heute noch lebendig ist. Wie das neue Leben auf dieser Welt in Obhut genommen wird, werde ich nun anhand der Geburtsriten darstellen.

Die Übergangsriten werden gebietsweise unterschiedlich gestaltet. Zu den überregionalen Riten gehören das „Fest des Schwangerschaftsgürtels" (*fukutai-iwai*), das „Fest der siebten Nacht" (*oshichiya*), bei dem das Kind sieben Tage nach der Geburt seinen Namen erhält, der „Gang zum Tempel" (*miya-mairi*) nach einem Monat und das „Fest der ersten Mahlzeit" (*okuizome*), wenn der Säugling hundert Tage alt geworden ist.[3]

Der „Schwangerschaftsgürtel" (*fukutai*) ist eine rein japanische Tradition, selbst in den Nachbarländern China, Korea oder auch

1 Makita 1976

2 Shintani 1992

3 Bunkachō 1977

in Südostasien kommt er nicht vor. Bei dieser Zeremonie wird im fünften Monat der Schwangerschaft ein weißes Baumwolltuch, das ungefähr 35 cm breit und 500 cm lang ist, in halber Breite zu einem Gürtel (*obi*) gefaltet und um den Bauch gewickelt. Dabei herrscht allgemein der Glaube, dass die Geburt besonders reibungslos verläuft, wenn man ihn erstmals am Tag des Hundes anlegt. (Anm. der Übersetzerin: Der Tag des Hundes gilt als Glückstag für eine sichere Geburt, die Bezeichnung der Tage orientiert sich an den zwölf Tierkreiszeichen des chinesischen Kalenders.) **Dahinter steht neben dem Wunsch nach einer sicheren Geburt auch, bewusst zu zeigen, dass man schwanger ist.**

Diese Sitte hat historische Gründe: Bis zur Edozeit (1600–1868) wurden Neugeborene häufig ausgesetzt (*mabiki*) – mit dem Binden des Schwangerschaftsgürtels stand man hingegen für das Leben des Kindes ein. Heutzutage wird sein Gebrauch häufig damit begründet, dass er die untere Bauchregion stabilisiert, dadurch die Rückenschmerzen vermindert und den Bauch gleichmäßig warm hält. Diese Gründe lassen sich medizinisch nicht belegen, gleichwohl wird der Schwangerschaftsgürtel auch heute noch häufig verwendet.

Beim „Fest der siebten Nacht", eine Woche nach der Geburt, erhält das Neugeborene seinen Namen, damit wird ihm menschliche Erkenntnisfähigkeit zugesprochen. Diesen Zeitpunkt wählt man, weil nun die größte Gefahr, dass das Baby an einer Tetanusinfektion erkranken könnte, gebannt und ein gesundes Wachstum zu erwarten ist.

Einen Monat nach der Geburt, wenn Mutter und Kind sich erholt haben, besucht man den für die Familie zuständigen Schrein und erstattet den Göttern Bericht über das Kind.

Das „Fest der ersten Mahlzeit", hundert Tage nach der Geburt (*okuizome*), ist eine Zeremonie, bei der dem Kind rituell erstmals feste Nahrung angeboten wird. Sie bringt den Wunsch zum Ausdruck, dass es dem Kind nie an Nahrung fehlen wird, und – insofern sie in eine Entwicklungsphase fällt, in der der Säugling den Kopf schon selbst halten kann – die Hoffnung, dass das Kind sich normal entwickeln wird.

Am ersten Geburtstag feiert man dann, dass das erste Lebensjahr ohne Zwischenfälle überstanden ist. Dabei werden dem Kind entweder ein großer Reiskuchen oder mit Reiskuchen gefüllte Lackschachteln auf den Rücken gebunden (*mochi-oi* oder *mochi-fumi*). In manchen Gegenden Japans wird die Zukunft des Kindes vorausgesagt, indem man es aus verschiedenen Gegenständen wie Rechenschieber, Tuschreibstein oder Pinsel usw. wählen lässt.

Alljährlich begeht man im März das Mädchenfest (03. 03.) und im Mai das Knabenfest (05. 05.). Zu diesem Anlass bekommen die Kinder von ihren Verwandten spezielle Puppen geschenkt.

Die Riten zu Geburt und Wachstum der Kinder führen die vom Himmel gesandte Seele auf ihren Weg in die Welt der Menschen. **Die Kindererziehung setzt sich daher mit der Frage auseinander, wie man dieses kostbare Geschenk der Götter so aufwachsen lassen kann, dass es keinen Schaden erleidet.**

Auch in Südostasien kann man viele Riten zur Geburt bzw. für die Zeit nach der Geburt beobachten. In Laos befinden sich Mutter und Kind nach der Geburt in einem besonderen Zustand, genannt *kham*. **Diese Zeit beginnt unmittelbar nach der Geburt und dauert von einer Woche bis zu einem Monat, abhängig von Person und Geburtenzahl.** Meist ist die Phase bei der ersten Geburt länger und verkürzt sich bei den folgenden Geburten. In der Zeit des *kham* arbeitet die Mutter nicht, sondern sitzt und wacht auf dem Bett. Holzkohle unter dem Bett sorgt für Wärme. Die ersten fünf Tage nimmt sie nur Reis und Salz zu sich, aber mit der Zeit werden die Speisen vielfältiger. Außerdem trinkt sie große Mengen an Kräutersud. Die Pflanzenarten für diesen Tee werden individuell zusammengestellt. Eine der beiden Großmütter des Neugeborenen sucht Kräuter, die die Gesundheit und das Wohlbefinden der Wöchnerin fördern. Schlüsselfiguren in der Zeit des *kham*, in der das neue Leben empfangen wird, sind der Kindsvater und dessen Mutter. Der Zeitabschnitt wird mit einem Fest abgeschlossen, dem *Ook kham* („das *kham* verlassen"), dazu werden Verwandte, Nachbarn und Geburtshelfer eingeladen, und man feiert das Kind und die Eltern.

Den traditionellen Zeremonien gemeinsam ist, dass Rolle und Status des Ehemanns, der Mutter und anderer Verwandter fest definiert sind. Für die Sozialisierung der Kinder wird darüber hinaus als wichtig erachtet, dass sich neben der Mutter weitere, auch nicht blutsverwandte Personen an der Betreuung beteiligen.

Wie das „zur Obhut erhaltene" und „nicht in die menschliche Gesellschaft integrierte" Neugeborene erzogen wird, stelle ich am Beispiel der Mutter-Kind-Beziehung beim Schlafenlegen und der Art, wie Kinder getragen werden, dar.

Im Japan der Gegenwart finden 99 % der Geburten in Krankenhäusern statt. Nach der Geburt wird das Neugeborene von der Mutter getrennt und im Neugeborenenzimmer versorgt. Alle drei Stunden kann es gestillt werden. In der letzten Zeit zeichnet sich allerdings eine Entwicklung ab, Paragraph 10 der WHO zu berücksichtigen, der die Ernährung mit Muttermilch fördern sowie Mutter und Kind im gleichen Raum belassen will.

Mutter und Kind räumlich zu trennen, geht auf eine Empfehlung des Amtes für Gesundheit und Hygiene der amerikanischen Besatzungsverwaltung nach dem Zweiten Weltkrieg zurück. Gegen die Trennung von Mutter und Kind aus hygienischen Gründen argumentierte schon damals Tatsu Tanaka, eine ausgebildete Hebamme (und eine der

39 ersten weiblichen Abgeordneten bei den ersten allgemeinen Wahlen im April 1946): *„Es ist besser, Mutter und Kind im gleichen Raum zu belassen, denn wenn die Mutter das Kind hört, fließt die Milch besser und die emotionale Bindung zwischen Mutter und Kind entwickelt sich; Japan hat seine eigenen Methoden."*[4] **Im Japan der Vorkriegszeit waren Hausgeburten üblich, und Mutter und Kind schliefen im gleichen Bett. In den sechziger Jahren jedoch verkehrte sich das Verhältnis zwischen Haus- und Krankenhausgeburten ins Gegenteil.**

4 Oobayashi 1989

Der Wohnungsbau wie auch die Art der Schlafstätte auf dem Boden haben Einfluss darauf ausgeübt, wie die Kinder zu Bett gebracht werden. Die Mutter legt sich beim Einschlafen neben das Kind, bis es ein gewisses Alter erreicht hat, und schläft im gleichen Zimmer. Man umschreibt das mit der Redensart „in Form des chinesischen Schriftzeichen für ‚Fluss' schlafen". Dieses chinesische Schriftzeichen besteht aus drei senkrechten Strichen, wobei der mittlere kürzer ist als die beiden äußeren. Es wird als Bild für ein Kind gedeutet, das zwischen den beiden Elternteilen schläft. Auch jetzt schlafen die Kinder häufig bei den Eltern, aber seit Ende der neunziger Jahre wird dies besonders in der Säuglingsphase als hinderlich für die Entwicklung der Selbständigkeit des Kindes angesehen.

In Japan gibt es einen Gesundheitspass, der die Schutzimpfungen und das Wachstum des Kindes von der Schwangerschaft bis zur Einschulung dokumentiert. Über Kindererziehung ist in der Ausgabe von 1965 Folgendes zu lesen:

„5. Benehmen. Gutes Benehmen ist sowohl für die Zukunft des Kindes als auch für seine Umgebung unabdingbar. Benimm fängt bei ganz alltäglichen Dingen an. (…) Von der Unart des Schlafens in einem Bett mit den Eltern ist abzuraten, da sowohl Mutter als auch Kind keine Ruhe bekommen. Hat sich das Kind daran gewöhnt, allein zu schlafen, fängt es von selbst an zu spielen, wenn es aufwacht."

Im Gesundheitspass von 1967 ist eine solche Aussage nicht mehr zu finden. Damit folgt man dem Trend, den engen Kontakt zwischen Mutter und Kind als notwendig für die Betreuung anzusehen.

Über Kinderbetreuung erteilt der Gesundheitspass von 1997 unter der Überschrift „Lesezeichen Kind" folgende Ratschläge:

„Wenn der ein bis zwei Monate alte Säugling weint, er aber weder Hunger hat noch die Windel schmutzig ist, nimmt man ihn auf den Arm. So beruhigt er sich und hört auf zu weinen. Sie brauchen keine Sorge zu haben, dass er sich angewöhnt, bei jeder Gelegenheit zu weinen, damit er auf den Arm genommen wird."

Außerdem wird dezidiert auf die *„Notwendigkeit hinreichenden Spiels und Kontaktes"* hingewiesen. Hinsichtlich der Ratschläge, wie man auf das Kind reagieren sollte, zeigen sich in den letzten dreißig Jahren also deutliche Veränderungen. Aber auch heutzutage befürchten junge Mütter, das Kind zu verzärteln, und besonders die Generation der Großeltern steht dem häufigen Herumtragen sehr ablehnend gegenüber.

Neugeborene sind von der Mutter abhängig, anders als Primaten, deren Junge sich bereits direkt nach der Geburt mit der Hand anklammern können. Damit kommen wir zu der Frage, wie die Aufgabe, Säuglinge zu tragen, gelöst wird.

In Asien sieht man auch heute noch häufig, dass die Kinder mit einem Tuch und Band auf der Hüfte oder auf dem Rücken getragen werden. In Japan wie auch bei bestimmten Bergvölkern in Thailand werden die Säuglinge ebenfalls auf dem Rücken getragen (*onbu*). Diese Transport-Methode hat den Vorteil, dass auch Menschen, deren Neugeborene sich nicht wie die von Primaten festhalten können, das Kind bequem mitnehmen können und die Hände frei haben. Bei einem Forschungsaufenthalt in Laos sah ich, dass beim Bergvolk der Lisu Säuglinge in einem Tuch auf dem Rücken getragen werden.

Kinder gehen zur Schule, nehmen am Unterricht teil oder spielen und haben dabei ihre kleinen Geschwister auf dem Rücken. Das konnte man früher in Japan auch oft beobachten. Mich befremdete diese Beobachtung daher überhaupt nicht, vielmehr interessierte mich, dass sie zu dem Band auch noch ein Tuch benutzten. Aber die junge Lehrerin der Dorfschule wies mich darauf hin, dass nur die Lisu ihre Kinder so tragen, nicht aber Thailänder. Dadurch wurde mir bewusst, dass es hinsichtlich des Tragens von Kindern kulturelle Unterschiede gibt.

Solange Babys ihren Kopf noch nicht selbst halten können, kann man sie nicht auf dem Rücken tragen, in Asien wickelt man die Kinder daher in ein Tuch, das man wie eine Hängematte über der Schulter trägt. In den USA und im Westen werden seit einigen Jahren nach dem Vorbild südostasiatischer Völker ebenfalls Tragetücher benutzt. Ich möchte bei dieser Gelegenheit erwähnen, dass ich bei meinen eigenen zwei Kindern selbstverständlich auch ein Tragetuch wie die Lisu benutzt habe.

So kann man, selbst bei Säuglingen, die den Kopf noch nicht halten können, bequem Hausarbeit und Einkäufe erledigen. Heutzutage werden in Japan die Kinder nach westlicher Manier vor dem Körper gehalten (*maedakko*), aber prinzipiell kann das Kind mit japanischen Bändern sowohl vorne als auch auf dem Rücken getragen werden.

So kann man vielleicht sagen, dass die japanische Tradition des Tragens auf dem Rücken volkskundlich gesehen dem Ziel entspricht, die Seele des Kindes, die man so leicht verlieren kann, auf dem Rücken gewiegt behutsam aufzuziehen.

Literaturverzeichnis – Kotoko Suzuki

Bunkachô (Kulturministerium) (Hrsg.): Nihon minzoku chizu V (Shussan, ikuji) (Das japanische Volk in graphischen Darstellungen V (Geburten, Kindererziehung). Zaidan hôjin kokudo chiri kyôkai: Tokio 1977.

Makita, S.: Jinsei no rekishi. (Geschichte des menschlichen Lebens). Kawade shobô shinsha: Tokio 1976.

Oobayashi, M.: Josanpu no sengo (Hebammen in der Nachkriegszeit). Keisô shobô: Tokio 1989.

Shintani, T.: Nihonjin no sôgi (Beerdigungszeremonien der Japaner). Kinokuniya: Tokio 1992.

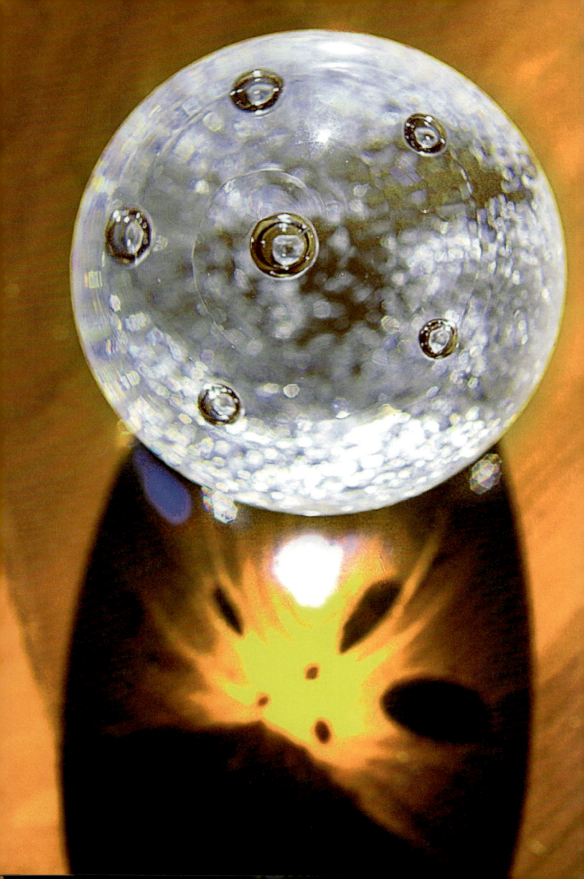

Die Ökotherapie

„Die Tiere lassen uns ahnen, wer wir wirklich sind."

MANDY YOUNG
Südafrika

Mandy Young ist Psychotherapeutin und Lektorin für Psychologie. Sie leitet im Pongola-Reservat ein ökotherapeutisches Programm namens „Wisdom of Elephants" und ist Autorin zahlreicher Fachartikel und journalistischer Beiträge.

Mandy Young ist Mutter einer Tochter und eines Sohnes.

Als ich mich auf die Reise machte, nannte ich mich „Wilder Baum". Eingeborene Völker früherer Zeiten, die keinen Namen für das Leben hatten, gebrauchten ihren Namen als Darstellung dessen, was sie gerade waren.

Sie änderten ihren Namen mit jedem neuen Lebensübergang – ein Brauch, den ich sehr schätze. Ich nannte mich „wild", weil ich genau das war: ein bisschen außerhalb der Schranken. Sehnsüchtig in einem immer stärkeren Wunsch nach Befreiung. Wie die wilden Hunde, die ich aus der Perspektive der vergleichenden Psychologie studierte. Und ein „Baum" wollte ich sein, weil mein Herz am rechten Fleck war: Ich wollte eine tiefverwurzelte Seele sein. Ich wollte jenen, die sich in meinen Zweigen bargen oder an meinen Wurzeln ausruhten, Ruhe, Fruchtbarkeit und Schutz bieten.

Und wenn wir gerade von weiblicher Wildheit sprechen: Clarissa Estés, eine Jung'sche Therapeutin und Geschichtenerzählerin, erklärt uns dazu:

„Wir sind alle erfüllt von dem Verlangen nach wilder Ursprünglichkeit. Gegen diese Sehnsucht gibt es nur wenige kulturell erlaubte Gegenmittel. Man hat uns Scham vor diesem Verlangen anerzogen, und so haben wir gelernt, unsere Gefühle hinter langen Haarsträhnen zu verbergen. Aber der Schatten der wilden Frau lauert immer hinter uns, Tag und Nacht. Wo wir auch sind, ein Schatten trottet immer hinter uns her – und er bewegt sich eindeutig auf vier Beinen." [1]

1 Estés 1996

Für Estés ist eine „wilde Frau" nicht eine, die Unmengen Alkohol trinkt, leichtsinnig und verantwortungslos agiert, sondern eine Frau, die ihre wilde innere weibliche Stärke gefunden hat und sie einsetzt, um kreativ und mutig zu leben. Estés erkannte einige ihrer Wahrheiten über die weibliche Psyche durch die Beobachtung von Wölfen. Ich beschloss, die afrikanischen Wildhunde zu studieren.

Ich lernte eine andere Art des Weiblichen kennen, als ich meine Beobachtungen an ihnen begann. Ich sah zu, wie das Alpha-Weibchen der Meute ihre zwölf Jungen warf. Das Alpha-Männchen stand bereit:

Es half beim Werfen, kümmerte sich aber vorwiegend um das Wohlergehen seiner Gemahlin. Ich bemerkte, dass diese Leithunde, die unter normalen Umständen lebenslang zusammenbleiben, ziemlich konservative Elternrollen ausfüllen. Sie versuchen nicht beide, Futter zu suchen und für die Jungen zu sorgen, vielmehr sind ihre jeweiligen Rollen klar und unterschiedlich ausgeprägt.

Die Elefanten waren die nächsten sozial handelnden Wesen, die mir eine Menge über das Muttertum beibrachten. Muttersein ist der Eckpfeiler in der Elefantenherde, genauso wie in der menschlichen Gesellschaft – eine primäre Aufgabe, die laut Jean Liedloff nach Instinkt verlangt[2]. Also eher von der rechten Ge-

2 Liedloff 1995

hirnhälfte gesteuert werden sollte, aber stattdessen immer mehr an die linke Hälfte abgegeben wird – an die verstandesmäßige Logik.

Was für ein verrückter Gedanke: Wenn wir das erste Mal Eltern werden, sollen wir ein Buch darüber lesen, wie das geht!

In Südamerika gibt es den Stamm der Yequana, die genau wie die Elefanten die uralte Weisheit ihrer Vorfahren bewahrt haben. Ihre leidenschaftliche und nachhaltige Hingabe zum Leben macht diese Menschen so anziehend. Ihr Lachen wirkt ansteckend, und die Harmonie der gemeinsamen Tätigkeit, die den Stamm zusammenhält, ermutigt uns. Was ist es, das sie so zufrieden mit dem Leben macht? Es ist die Tatsache, dass jeder Säugling in den Armen getragen wird.

Ein Kind, das mit einer Yequana-Mutter gesegnet ist, steht von seiner Geburt an in engem körperlichen Kontakt mit ihr. Es trinkt, schläft und bewegt sich in der Sicherheit des mütterlichen Körpers, während sie ihre tägliche Arbeit verrichtet. Es fühlt den Rhythmus ihres Leibes, saugt an ihrer üppigen Brust und genießt die stimulierenden Bilder, Geräusche und Gerüche ihrer Welt. Sie wiederum achtet die Körperrhythmen des Kindes und reagiert auf seine Bedürfnisse wie Schlafen, Füttern, Blasen- und Darmentleerung und auf seine Neugier auf die Welt. Sie „tanzen" miteinander, und in ihrer Reaktion auf seine Bedürfnisse zeigt sie ihm, dass es dazugehört und dass seine grundlegenden, von Gott gegebenen und ihm innewohnenden Bedürfnisse intuitiv und richtig sind. Die in Mutters Schoß begonnene Mutter-Kind-Bindung erfährt eine Bestätigung und Erweiterung, wenn es wächst und davonkrabbelt, denn es kommt immer wieder zurück, um sich ihrer Liebe zu versichern. **Selbst später, wenn aus dem Jungen ein erwachsener Mann geworden ist, kompetent und gebieterisch, kehrt er zurück, um in ihrem Schoß zu weinen, oder er sucht die weiche Umarmung seiner Frau, wenn er Angst hat oder verwundet ist.**

In einem ganz anderen Teil der Welt fanden und finden wir bis heute eine ganz andere Art der elterlichen Fürsorge, deren Resultate uns in Angst und Schrecken versetzen. Alice Miller[3], eine Psychologin des postindustriellen Zeitalters, nennt sie „vergiftete (schwarze) Pädagogik" und macht sie verantwortlich für Zeitgenossen wie Adolf Hitler, Jürgen Bartsch (ein Serienmörder) und, wenn ich ein wenig polemisch sein darf, auch für Männer wie Mugabe und Bin Laden! Diese Führertypen und Massenmörder, die fürchterlich auf ihre eigene Gesellschaft bzw. auf die Welt gewirkt haben, begannen ihr Leben ebenfalls als kleine unschuldige Babys!

Noch ungemütlicher wird es, wenn wir uns selbst betrachten – wie wir unserer Außenwelt ein Spiegelbild unseres inneren Ichs

3 Miller 1983

aufzwingen. Fühlen wir uns nicht entmutigt und wertlos? Versuchen wir nicht, uns immer selbst zu beweisen? Sind wir nicht wütend, weil wir an einem emotionalen oder ökonomischen Entzug leiden, wir nicht immer schon „genug" hatten? Lassen wir die Menschen unserer Umwelt nicht dafür leiden, nützen sie aus oder beherrschen sie? Versuchen wir nicht, unsere innere Leere zu verbergen, indem wir gierig nach Süchten greifen – Drogen, Alkohol, sexuelle Ausschweifungen, Ruhm, Ehrgeiz? Taucht unsere frühe Erfahrung des Verlassenwerdens nicht in den hohen Scheidungsraten wieder auf, oder möchten wir nicht letztlich in einen selbstmörderischen Selbsthass verfallen, wenn es keine Hoffnung mehr gibt?

Das Kind einer „pädagogischen" oder verwestlichten Mutter kennt kaum den Trost der mütterlichen Nähe oder die beruhigende Wirkung der eigenen Körperrhythmen. Es wird in eine sterile Welt hineingeboren und in einem kalten, klinisch sauberen Kinderbett abgelegt. Es wird nicht gefüttert, weil sein Bauch vor Hunger wehtut, sondern weil es acht Uhr morgens, zwölf Uhr mittags oder vier Uhr nachmittags ist.

Um zu überleben, lernt es, sich den geordneten Bedürfnissen seiner Mutter anzupassen. Seine Seele wird zertreten und seine Intuition verschüttet. Es kennt nur die Welt seiner Mutter, aber nicht die eigene. Es weiß, wie man es anstellt, dass es sich sicher und geborgen fühlt und die Oberhand behält. Später wird es sich des zerbrechlichen Bandes zwischen ihnen beiden nie sicher sein, nur wissen, dass es gehorsam sein muss, denn: Je größer die Leere in seinem Herzen, ein desto größerer Edelstein in ihrer Krone[4] muss das Kind sein. Es kennt sich nicht selbst, sondern wird von den Ideologien und Leidenschaften anderer beherrscht.

Mir ist natürlich klar, dass es keine Menschen aus der Frühzeit oder ausreichende Yequana-artige Stämme mehr gibt, von denen wir lernen können – selbst die Aborigines und Buschmänner sind fast alle ausgestorben! Dennoch haben wir noch Tiere mit sozialem Verhalten, die uns eine Ahnung von den Richtschnüren und Prinzipien jener Verhaltensweisen und Beziehungen vermitteln, die wir Menschen verloren haben. Ich empfehle nicht, dass wir uns wie Wildhunde, Elefanten oder Löwen verhalten sollen, sondern ich nehme sie als „Akteure", die wir in den von mir entwickelten Ökotherapieprogrammen beobachten und erfahren dürfen. Ich glaube, dass uns die Tiere dabei helfen können, emotionale und soziale Aspekte ebenso wie die Vorläufer vieler Aspekte unserer eigenen biologischen Funktionen in uns selbst aufzuspüren. Durch die Tiere erkennen wir:

„*... was in uns Fels und was Zement ist: Aggression, Furcht, Unsicherheit, Freude oder Chancen. Weil die Tiere unsere nervösen Angewohnheiten und Geruchsmarken verstehen können, sind wir*

[4] Miller 1986

für sie transparent und verständlich – und damit endlich wir selbst." [5]

Die Tiere lassen uns ahnen, wer wir wirklich sind und was die Schöpfung mit uns vorhatte. Theodore Roszak spricht von einem ökologischen Bewusstsein, das in uns geweckt wird, wenn wir Tiere beobachten:

"… wie Menschen auf die Natur reagieren, ist die Projektion von unbewussten Bedürfnissen und Wünschen. Damit lassen sich die tiefer liegenden Motivationen und Ängste der Menschen erforschen." [6]

Lynda Wheelwright Schmidt, Psychoanalytikerin der Jung'schen Schule, zusammen mit ihrer Mutter, Jane Hollister Wheelwright, Autorin von *The Long Shore*, vertritt ebenfalls die Auffassung, dass das menschliche Zusammenspiel mit der Natur für unser Wohlbefinden wichtig ist:

"… ein großer Teil der heutigen westlichen Psychologie konzentriert sich auf den Schmerz und die Angst vor dem Verlassenwerden, die daher stammen, dass die Kinder zu früh von dem ‚sicheren Ort' bei ihrer mütterlichen Bezugsperson (sei sie männlich oder weiblich) getrennt werden … Die Psychotherapie und andere Formen des psychischen Heilens überbrücken diesen Mangel, indem sie einen sicheren Ort anbieten, ein Wiedererstehen des ursprünglichen ‚sicheren Ortes' bei der (männlichen oder weiblichen) Bezugsperson. Von diesem sicheren Ort aus können die Patienten ausstreifen und Heilung finden – nicht nur für die eigene spezifische Wunde, sondern auch für die Wunde des Verlassenwerdens, die wir alle teilen." [7]

Mit der „Wunde des Verlassenwerdens", die wir alle teilen, meint Lynda Wheelwright Schmidt unsere angeborene, aber vernachlässigte Neigung, uns im Einklang mit der Natur zu entwickeln. Damit unterscheidet sie sich von den meisten verwestlichten Psychologen, und sie beschränkt sich in ihren Gedanken zur menschlichen Entwicklung auch nicht auf das zwischenmenschliche Umfeld, sondern verlangt, dass wir uns mit unserem Zustand der Ökoentfremdung beschäftigen. **Für sie wird die normale menschliche Entwicklung nicht nur durch die Nichterfüllung entsprechender frühkindlicher Bedürfnisse gestört, sondern auch dadurch, dass wir so wenig Zeit darauf verwenden, eine pflegende Bindung mit der wilden Natur zu genießen.** Vielleicht sollten wir daran denken, dass vor tausenden von Jahren unsere Vorfahren, die uns ihr genetisches Erbe weitergegeben haben, in engem Einklang mit der Natur als „Jäger und Sammler" lebten. Das sind unsere Wurzeln, damit haben wir uns als menschliche Spezies an die Welt um uns angepasst. Lynda Wheelwright Schmidt ermutigt die Städter, diesem ursprünglichen Bindungsbedürfnis Aufmerksamkeit zu widmen:

[5] Hogan, Metzger, Peterson 1998

[6] Roszak 1992

[7] Weelwright Schmidt, Hollister 1991

„Allein in der Wildnis erfahren wir auch Angst und Einsamkeit, aber wir können auf Millionen Jahre Erfahrung mit der Wildnis im wörtlichen und körperlichen Sinne zurückgreifen ... **Wenn wir die Wildnis und ihren Mikrokosmos – (sogar) Gärten und Parks – betreten, so eröffnet sich uns die Chance, an diesen Instinkt wieder anzuschließen und unsere zerbrechliche Psyche ausruhen zu lassen von der Anstrengung, in der zivilisierten Welt, die vielen von uns so fremd ist, intakt zu bleiben ...** *Die Verbindung mit dem Therapeuten kann unsere Wunde des Verlassenwerdens heilen, aber die Verbindung mit der Natur bietet uns zusätzlich den Wiederanschluss an die uralten Wurzeln des Ichs."* [8]

8 Weelwright Schmidt, Hollister 1991

Der international bekannte Biologe Edward Wilson stimmt dem im Prinzip zu:

„Die menschliche Spezies verfügt über eine rund drei Millionen Jahre lange Überlebensprogrammierung, wie man im konstruktiven Wechselspiel mit der Natur lebt ... **Liebe und Verbundenheit mit der Natur sind in unseren Genen verwurzelt – das ist genauso ein Teil unserer Geschichte wie Verlieben und Zusammenziehen und Kinder bekommen.** *So vage dieses Wissen auch sein mag, so wissen wir doch im tiefsten Inneren, dass wenn wir auch weiterhin diese Programmierung zurückweisen und keine ehrfürchtige Wechselwirkung mit der Natur aufbauen, wir nicht nur eine wesentliche Dimension unserer Menschlichkeit verlieren, sondern auch letztendlich unseren Heimatplaneten in seiner Funktion als ein sich selbst erneuernder, lebensfördernder Organismus."* [9]

9 Wilson 1992

Ich glaube, die Psychologie wurde erst zu einem notwendigen Wissen, als wir von diesen Spezies-spezifischen Verhaltensweisen abzuweichen begannen.

Im Laufe der Zeit hat sich die Kluft verbreitert und jetzt ein Maß erreicht, wo das, was als normal für unsere psychosoziale und emotionale Entwicklung betrachtet wird, eigentlich abnormal ist! Wir verschließen unsere Augen vor der Tatsache, dass wir verloren und verwirrt sind und geben uns der Illusion hin, dass unser Intellekt uns retten wird!

Peter und Beverly Pickford warnen davor:

„Wenn wir unseren Verstand nicht verwenden, um uns in Bescheidenheit zu üben und uns mit Anstand in unsere Partnerschaft mit der ganzen Erde (und untereinander) zu fügen, dann werden wir nicht einsehen können, dass der Mensch, genau wie der Dinosaurier, entbehrlich ist. **Letztendlich lebt der Mensch in den unendlichen Weiten der Zeit hier auf Probe***, nicht nur als Spezies, sondern auch als ein Indikator, mit dem festgestellt werden kann, ob der Verstand einen Fortschritt oder einen tragischen Fehler der Evolution darstellte."* [10]

10 Brochert 1999

Schon 1982 vermerkt der Psychologe Paul Shephard:

„Das Fundament des inneren und äußeren Einklangs mit der Natur ist heute bei vielen Menschen schwach oder fehlt überhaupt,

besonders bei jenen, die den größten Teil ihres Lebens fern von der Kraft und Stärke der Natur in industrialisierten, technisierten, verschmutzten Riesenstädten verbringen. **Es ist ein wesentliches, wenn auch häufig vernachlässigtes Ziel der ganzheitlichen Erziehung einschließlich der Elternbildung, diese Entfremdung zu verhindern, indem mit Hilfe von Ökotherapieprogrammen die Ökobindung verstärkt wird.** *Diese Entfremdung zu heilen, sollte zu den wesentlichen Zielen der ganzheitlichen Beratung, Psychotherapie und anderer Arten von Heilpraktiken gehören. Viele wenn nicht sogar alle westlichen Heiler müssen sich dieses vitalen Bedürfnisses erst noch bewusst werden."* [11]

11 Shepard 1978

Indem sie die Bindung zur Natur fördern, konzentrieren sich die Ökotherapieprogramme darauf, das Bewusstsein des eigenen Ichs zu stärken. Der Philosoph Simon Weill betont die Bedeutung dieses Prozesses: *„Verwurzelt sein ist wahrscheinlich das wichtigste und gleichzeitig unbekannteste Bedürfnis der menschlichen Seele."* [12] Der Ausgangspunkt, von dem aus jeder Mensch seinen ganz spezifischen Beitrag zu seinem eigenen Stückchen Erde leisten kann.

12 Weill 1991

James Ashbrook, ein Psychologe und Pastoraltherapeut mit Erfahrungen in Neuro- und Religionspsychologie, ist überzeugt, dass *„wir von der Vorherrschaft des neuen Gehirns abrücken und zum Primat und Zweck des alten Gehirns zurückkehren müssen"*.[13] Daraus schließt er: *„Wenn wir den wahren Platz der Menschheit in der Biosphäre und im Universum einnehmen wollen, so müssen wir unbedingt akzeptieren, dass das ganze Denken aus der Natur kommt und nicht funktioniert, wenn es von der Natur abgetrennt wird."* [14]

13 Ashbrook 1989

14 Ashbrook 1995

In der Folge möchte ich klarstellen, wie sich die Paradigmen der Ökotherapie für die Entwicklung der Persönlichkeit und des psychologischen Wohlbefindens ausgeformt haben.

Das zentrale Thema der Objektbeziehungen liegt in dem Verständnis, dass die menschliche Persönlichkeit und Identität herausgebildet werden, wenn das Kind seine wichtigsten „Objekte" (seine Eltern) und seine Erfahrungen aus der Beziehung mit diesen „Objekten", von denen es – im Guten wie im Schlechten – vollständig abhängt, verinnerlicht. In diesem theoretischen Zusammenhang bedeutet das „Umfeld" eine zwischenmenschliche Beziehung zwischen dem Baby und seiner wichtigsten Betreuungsperson, hauptsächlich der Mutter. Was es nicht bedeutet, ist das natürliche Umfeld. In der ökotherapeutischen Erweiterung dieser Theorie wird daher die Beziehung einbezogen, die ein Mensch mit beiden „Umfeldern" eingeht, wenn er seine Identität festlegt. Also *„die verinnerlichte, lieblose, unzuverlässige ‚schlechte' Mutter oder die liebevolle, verlässliche ‚gute' Mutter erfährt und ... in ein Wechselspiel mit den verinnerlichten, Angst erregenden und bedrohlichen Erfahrungen* *mit der ‚schlechten' Erde und den sicheren, fürsorgenden Erfahrungen mit der ‚guten' Erde tritt".* [15]

Die Ökotherapie baut weiters auf dem theoretischen Konzept der „Übergangsobjekte" auf: Diese sind Sicherheit gebende Objekte, auf welche sich das Baby bezieht, wenn die „Mutter" nicht zur Verfügung steht oder abwesend ist. Laut D. W. Winnicott haben diese Objekte für das Kleinkind imaginäre, magische, Schutz und Kraft gebende Funktionen. Ein typisches Beispiel wäre die „Schmusedecke" von Linus, wie sie in der Zeichentrickserie über Charlie Brown eine Rolle spielt. Winnicott bemerkt, dass die Beziehung zu solchen Übergangsobjekten das ganze Leben lang wichtig bleibt und häufig die Form der Kunst oder Religion annimmt. Für Howard J. Clinebell erfolgt die ökotherapeutische Ausweitung dieses Konzeptes durch die Naturerfahrung von Menschen, die sich einer Naturbeziehung hingeben – sei es durch Haustiere, Pflanzen oder in der Wildnis gemachte Erfahrungen. In diese Übergangsobjekte werden enorme Energien investiert, weil sie zur Bezugsperson alternative Quellen für Kraft, Pflege und Schutz darstellen.

Wenn unsere Muttererfahrungen schlecht waren, dann entfremden wir uns nicht nur von uns selbst und unseren Körperfunktionen, sondern neigen (nach den ökotherapeutischen Paradigmen) auch zur Ökoentfremdung – dem Entfernen des Ichs von unserer unvermeidbaren lebensspendenden Abhängigkeit von der Natur – und Ökophobie – der Angst, diese Abhängigkeit auch zuzugeben. Wird also die Neigung und Bindung zu unserer eigenen Bezugsperson getrübt, so wirkt sich das auf unsere Fähigkeit aus, in den ausgewogenen, sorgenden „Armen der Mutter Natur zu liegen".

Diese Theorie des sozialen Systems vertritt die Auffassung, dass die Menschen im Wesentlichen Bindungswesen sind und dass unsere Persönlichkeit im und durch den familiären und soziokulturellen Rahmen geformt wird.

Durch die ökotherapeutische Erweiterung dieser Theorie verstehen wir, dass wir auch ein integrierender Bestandteil der Natur sind. Laut dem ökosystemischen Theoretiker Urie Bronfenbrenner[16] erfolgt die menschliche Entwicklung in gegenseitig reziproken, interagierenden Systemen, die ineinander ruhen. Diese bestehen aus dem Makrosystem (die Welt und unser Universum), dem Exosystem (die soziokulturellen, pädagogischen und politischen Faktoren, die auf uns einwirken), dem Mikrosystem (unsere Familie) und dem ontogenetischen System (wir selbst). Dabei steht das ontogenetische System im Mittelpunkt, während der Überrahmen aus der geophysischen Welt besteht, in der wir leben.

In ihren Gedanken zum ontogenetischen System bzw. unserem Ich-Gefühl meint Clarissa Estés:

„*Das Ich muss keine Berge versetzen. Ein wenig ist genug. Ein wenig kann viel bewirken. Ein wenig kann viel verändern.*"[17]

17 Estés 1996

Wenn wir über das Exosystem nachdenken, also die soziopolitischen, kulturellen und pädagogischen Institutionen, die unsere Identität, Hoffnungen und Wünsche prägen, so fordert uns der Jung'sche Psychoanalytiker Steven Aizenstat auf, Folgendes zu bedenken:

„... menschliches Verhalten ist auf das Tiefste in den Absichten der Natur verwurzelt ... Die Rhythmen der Natur liegen allen menschlichen Interaktionen, religiösen Traditionen, Wirtschaftssystemen, kulturellen und politischen Organisationen zu Grunde. Wird durch diese menschlichen Formen der natürliche psychische Pulsschlag verraten, dann werden Menschen und Gesellschaften krank, wird die Natur ausgebeutet, und ganze Spezies werden bedroht."[18]

18 Wheelwright Schmidt, Hollister 1991

Gemäß der ökotherapeutischen Erweiterung der Systemtheorie definiert sich der Kern der menschlichen Identität innerhalb dieser interaktiven zwischenmenschlichen, soziokulturellen, politischen und pädagogischen Beziehungen, die sich in unserem natürlichen Rahmen einrichten.

Es überrascht daher nicht, dass Familienbande gefördert werden können, wenn wir mit der Gemeinschaft unserer Erde eine sorgende Bindung aufbauen, sei es, indem wir Aids-Waisen viel Zärtlichkeit geben oder mithelfen, ein Stück ursprüngliches Buschland von eindringenden Gräsern zu befreien. Ich habe vor Kurzem eine amerikanische Statistik gesehen, wonach bei jenen Familien, die beisammen bleiben, die Mehrheit regelmäßig miteinander auf Campingtour geht!

Viele ältere Menschen bemerken langsam, dass die selbstreinigenden und selbstheilenden Systeme auf unserem lebenden Planeten immer mehr gefährdet sind, sodass wir unser natürliches Erbe der Artenvielfalt genauso wie unser zellulares Gedächtnis verlieren und nicht mehr an unsere Kinder und Enkel weitergeben können.

Diese ältere Generation sieht daher ihre Nachkommen als Menschen, die mit einem Gefühl der Zukunftslosigkeit und Angst zurückbleiben werden. Lynda Wheelwright Schmidt kommentiert dieses verlorene Erbe wie folgt:

„Der Tod der Wildnis wäre eine unverständliche Erfahrung, die über die Zyklen und Rhythmen von Geburt und Tod hinausreicht. Er wäre eine Sterilisation, eine Einseitigkeit, die so schockiert wie das Gefängnis ... Der Grund, warum ein vom Menschen geschaffenes und in seinen Dimensionen menschengerechtes Phänomen (wie ein Garten oder ein Park) für uns funktionieren kann, liegt daran, dass es auf etwas Größeres, etwas Unendliches hinweist ... Ein Garten ohne Wildnis als Vergleichsmöglichkeit schneidet uns vom Unendlichen ab. Der Ruf, die Wildnis zu retten, ist ein Ruf,

uns alle zu retten ... *Weil wir aus der Wildnis kamen, müssen wir wieder zu ihr zurückkehren, um unser Gefühl des Verlassenseins zu heilen.* " [19]

In einer Zusammenschau der theoretischen und experimentellen Aspekte dieses Beitrags schließe ich einen Auszug aus einem ökotherapeutischen Programm an. Die Klienten sind Jugendliche, die sich lebensbedrohlichen, drogenbedingten Süchten hingegeben haben. Die Namen und Details sind anonymisiert, doch die Dialoge spiegeln echte Konversationen wider.

[19] Wheelwright Schmidt, Hollister 1991

Mandy Y.: *Lass uns ein bisschen plaudern. Wenn ich so sitze und über die Felder sehe, denke ich an die Eingeborenen, die vor vielen Jahren hier lebten. Sie waren der Natur viel näher als wir und lebten vom Jagen und Sammeln. Sie hatten einige interessante Rituale. Wenn ein neues Baby geboren wurde, konsultierte der Medizinmann, welcher der geistliche Führer war, die spirituelle Welt, um das betreffende Tierzeichen festzustellen. Lass uns dieses Wochenende eine spirituelle Wiedergeburt erfahren. Such dir dein eigenes Tier-Totem aus. Ein Tier, ein Vogel oder ein Insekt, mit dem du dich verbunden fühlst oder identifizieren kannst. Allan, was hast du dir ausgesucht?*
Allan: *Einen Adler.*
Mandy Y.: *Erzähl mir mehr.*
Allan: *Ich mag den Adler, weil er ein starker Vogel ist. Er schwebt hoch oben und überschaut alles. Außerdem sieht er sehr klar.*
Mandy Y.: *Du würdest auch sehr gerne alles klar sehen können?*
Allan: *Sicher.*
Mandy Y.: *Besonders von einer erhabenen Position? Das Leben muss für dich manchmal sehr unsicher aussehen.*
Allan: *Ja, da waren einige intensive Erlebnisse in meiner Familie. Mein Bruder starb, als ich 15 war. Er brach sich den Hals beim Rugbyspielen, und sechs Monate später war er tot. Meine Schwester wurde vor zwei Jahren vergewaltigt. Und mein Vater hat Bauchspeicheldrüsenkrebs.*
Mandy Y.: *Nach all dem verstehe ich deinen Drahtseilakt. Hast du deswegen mit dem Marihuana-Rauchen angefangen?*
Allan: *Ich glaube schon. Es half mir, meine Sorgen und Ängste für kurze Zeit zu vergessen.*
Mandy Y.: *Und als du damit aufhörtest, hattest du immer noch dieselben Sorgen?*
Allan: *Ja.*
Mandy Y.: *Danke Allan. Hamish welches Tier hast du gewählt?*
Hamish: *Einen Mistkäfer.*
(alle lachen)
Mandy Y.: *Das ist aber ein ungewöhnliches Tier. Fühlst du dich, als ob du einen Haufen Mist vor dir herschiebst?*

Hamish: *Ich glaube schon. Besonders wenn ich mitten im Ehekrieg meiner geschiedenen Eltern stehe.*
Mandy Y.: *Das ist eine sehr große Belastung. Du hast dir eine Auszeit davon in deiner Marihuana-Welt genommen?*
Hamish: *Ja, aber dadurch hat sich bloß mehr Mist angesammelt.*
Mandy Y.: *Was meinst du?*
Hamish: *Zu dem Haufen, den ich vor mir herrollte, kam noch das Problem mit meinen Eltern und das Marihuana-Problem. Ich schämte mich, es zuzugeben, und meine Schulnoten wurden schlechter. Das war natürlich noch ein großes Stück dazu, zu dem großen Haufen.*
Mandy Y.: *Wenn wir durch ein Ritual wie dieses gehen, dann identifizieren wir uns mit bestimmten Tier-Totems. So wie es die Buschmänner taten. Ich glaube, dann fühlen wir uns zu bestimmten Tieren, Vögeln und Insekten hingezogen, denn durch einen unbewusst ablaufenden Prozess geben sie uns eine Reflexion darüber, wer wir sind und was wir suchen. Ich habe die wilden Hunde gewählt. Weil ich an ihnen die Familienbande schätze, weil ich mich dabei geborgen fühle. Ich lernte, dass Menschen und Hunde früher nicht alleine überleben konnten. Sie sorgten für den anderen auf ihre eigene Art und Weise. Und jeder trug seinen Teil bei. Ich fand heraus, dass ich mein ganzes Leben auf den Kopf stellen musste, um meine eigene Bestimmung zu finden.*
Allan: *Es schaut so aus, als ob du manchmal so wie wir gefühlt hättest. Diese innere Leere. Nur hast du dich zu Gott und der Natur gewandt und wir fingen an, Marihuana zu rauchen.*
Mandy Y.: *So in der Art.*
Allan: *Das klingt, als ob die meisten Leute versagen, weil sie unbedingt Liebe und Anerkennung wollen. Wir suchen eine Wertigkeit oder etwas anderes, um die Leere, die wir so oft in uns spüren, füllen zu können, wenn wir alleine sind.*
Mandy Y.: *Marihuana ist für dich keine Antwort mehr. Einige machen andere Dinge, um die Leere zu füllen und Nähe und Geborgenheit zu erfahren. Du kennst die großen Augen eines Babys, wenn es an der Mutterbrust saugt. Ich frage mich, ob es dem Gefühl entspricht, das du haben willst, wenn du an einer Zigarette oder an einem Joint ziehst oder vielleicht an einer Alkoholflasche? Vielleicht hattest du in deiner Kindheit nicht genug davon. Traurigerweise kannst du in der Gegenwart nicht das haben, was du in der Vergangenheit gebraucht hättest. Ich möchte nicht die Eltern beschuldigen, sie tun ihr Bestes, aber sie haben ihr eigenes Erbe. Da ist kein Platz für Beschuldigungen. So viele in der westlichen Gesellschaft glauben, nicht genug zu haben, und fühlen sich nicht komplett. Dieses schlechte Gefühl bringt sie innerlich in Rage. Unser Inneres kann eine große Auswirkung auf unsere Umgebung haben.*

Zum Guten oder Schlechten. Besonders wenn wir Eltern werden, die ja ein großes Einflusspotenzial auf die Familie im Speziellen und im weiteren Sinne auf die ganze Gesellschaft haben.

Ich muss aufhören. Ich nenne mich nicht mehr „Wilder Baum", mein neuer Name ist „Schmetterlingsvogel", weil ich mit einer langen Wandlung fertig bin. So wie der Schmetterling, der mit gestärkten Flügeln aus dem Kokon steigt, um ein neues Leben zu beginnen.

Am Anfang erschuf Gott Himmel und Erde. Er erschuf die Menschen nach seinem Vorbild und sah, dass es gut war. Ich glaube, der neue Zeitgeist bringt den modernen Menschen zurück zu den vom Schöpfer gegebenen Verhaltensweisen, getränkt mit uralter Weisheit. Ich hoffe, meine Gedanken, Untersuchungen und Erfahrungen inspirieren dich zu deiner eigenen Reise der Wandlung und Selbstfindung.

Sag mir deinen neuen Namen!

Literaturverzeichnis – Mandy Young

Ashbrook, J. B.: The human brain and human destiny: A pattern for old brain empathy with the emergence of Mind. In: Zygon. 24, Nr. 3, 1989.

Ashbrook, J. B.: Letter to Howard J. Clinebell, (1996) Healing Ourselves: Healing the Earth. Fortress Press: Minneapolis 1995 (Words in brackets are those of the writer).

Brochert, P.: African Environment and Wildlife (p. 30) In: Vol. 7, Nr. 3, May/June, 1999.

Bronfenbrenner, U.: The Ecology of Human Development. Harvard University Press: Cambridge 1979.

Clinebell, H. J.: Healing Ourselves: Healing the Earth. Fortress Press: Minneapolis 1996.

Estés, C.: Die Wolfsfrau. Heyne 1993.

Hogan, L., Metzger, D., Peterson, B.: Intimate Nature: The Bond Between Women and Animals. The Ballantine Publishing Group, Random House Inc.: New York 1998.

Liedloff, J.: Auf der Suche nach der verlorenen Zeit. Beck: München 1995.

Miller, A.: For Your Own Good: The Roots of Violence in Child-rearing. Basic Books Inc.: New York 1983

Miller, A.: Du sollst nicht merken. Surhkamp 1981.

Roszak, T.: Voice of the Earth. Simon & Schuster: New York 1992.

Shepard, P.: Thinking Animals: Animals and the Development of Human Intelligence (p. 210). In: Viking Press: New York 1978.

Weill, S.: In: Sale, K.: Dwellers in the Land: The Bioregional Vision. New Society Publishers: New York 1991.

Wheelwright Schmidt, L., Hollister, J.: The Long Shore: A Psychological Experience of the Wilderness. Sierra Club Books: San Francisco 1991.

Wilson, E. O.: author of ‚The Diversity of Life', quoted in Howard J. Clinebell, (1996), Healing Ourselves: Healing the Earth (p. 41–42). Fortress Press: Minneapolis 1992

Winnicott, D. W.: The value of depression, British Journal of Psychiatric Social Work, no. 3, p.123, 1964.

Unsere Babys haben eine Vision:
„Wir sind die Eltern von morgen.
Wir werden zu unseren Kindern so sein,
wie wir es erfahren haben."

Erich Bruckberger